"5·12"汶川地震极重灾区县域经济可持续发展研究

杜　漪　张江甫　孙长勇　陈希勇　著

　　本书为 2017 年四川省社会科学重大项目"5·12 汶川地震灾区县域经济可持续发展研究"（课题编号：SC17SD04）的最终研究成果，四川县域经济发展研究中心 2016 年度重大项目"供给侧结构性改革与县域经济转型发展研究"（课题编号：xyzx1601）的最终研究成果，同时得到四川省社会科学高水平研究团队"新型城镇化与新农村建设融合发展研究团队"的资助。

科 学 出 版 社

北 京

内 容 简 介

　　本书以汶川地震极重灾区 10 县（市）深入调研所获一手资料数据为基础，从经济学、管理学、社会学等视角对极重灾区县域 10 年发展成就、经验和模式进行总结，对其面临的问题和困难做尽量客观的呈现，并提出极重灾区县域可持续发展战略选择的路径。本书具有"三体现""四突出"两大特点：三体现即体现了援建与合作的结合、重建与脱贫的结合、政府与市场的结合；四突出即突出了城乡统筹、生态文明、脱贫攻坚、可持续发展。本书研究成果具有重要的学术价值和实践价值。

　　本书可供区域经济学、县域经济发展、地震灾害管理等研究领域的专家学者进行相关研究参考，也可供广大从事县域经济实际工作的政府相关部门工作人员阅读参考，并可为各级政府部门制定汶川地震极重灾区县域经济可持续发展政策的决策提供参考。

图书在版编目（CIP）数据

"5·12"汶川地震极重灾区县域经济可持续发展研究/杜漪等著. —北京：科学出版社，2019.12

ISBN 978-7-03-057029-1

Ⅰ. ①5… Ⅱ. ①杜… Ⅲ. ①地震灾害-灾区-县级经济-区域经济发展-研究-汶川县 Ⅳ. ①F127.714

中国版本图书馆 CIP 数据核字（2018）第 055196 号

责任编辑：郝　悦/责任校对：贾娜娜
责任印制：张　伟/封面设计：正典设计

科 学 出 版 社 出版

北京东黄城根北街 16 号
邮政编码：100717
http://www.sciencep.com

北京虎彩文化传播有限公司 印刷

科学出版社发行　各地新华书店经销

*

2019 年 12 月第　一　版　　开本：720×1000　B5
2019 年 12 月第一次印刷　　印张：21 1/4
字数：412 000

定价：198.00 元
（如有印装质量问题，我社负责调换）

作 者 简 介

杜漪：女，1966 年生，四川省盐亭县人，经济学博士，绵阳师范学院经济与管理学院院长/教授，绵阳市第十批有突出贡献的中青年专家。主要研究方向：城乡关系问题，县域经济发展。近年来，主持省部级科研项目十余项，已出版学术专著两部，在《财经科学》《当代经济研究》等学术期刊发表论文四十余篇。有三项代表性成果获四川省哲学社会科学优秀成果三等奖，有多项成果获绵阳市哲学社会科学优秀成果一等奖、二等奖、三等奖。

张江甫：男，1982 年生，江西省抚州市人，管理学博士，绵阳师范学院经济与管理学院副教授。主要研究方向：创新管理、区域协同发展。近年来，主持市厅级科研项目五项，在《经济问题探索》《情报科学》《情报理论与实践》《天府新论》等学术期刊发表论文二十余篇，主要代表性成果《基于动态能力的企业知识流动：理论模型与实证研究》获绵阳市涪城区第三届社会科学优秀成果三等奖。

孙长勇：男，1983 年生，山东省兖州人，绵阳师范学院经济与管理学院讲师/硕士。主要研究方向：社会福利、社会政策。近年来，主持市厅级项目五项，参与国家社会科学基金、省部级项目多项，发表论文十余篇。

陈希勇：男，1977 年生，四川省资中县人，管理学博士，四川大学经济学院博士后，绵阳师范学院经济与管理学院副教授。主要研究方向：资源与环境经济、农业经济管理。近年来主持和主研省部级项目十余项，出版学术专著一部，在《西南民族大学学报》《农村经济》等学术期刊发表论文二十余篇，曾获四川省环境保护科学技术奖三等奖、绵阳市第十二次哲学社会科学优秀成果三等奖等奖项。

来自"5·12"汶川地震灾区的报告

2008 年 5 月 12 日那个刻骨铭心的日子，山崩地裂、满目疮痍，锦绣山川化为废墟。灾害无情人有情，在党中央、国务院的坚强领导下，通过三年的对口援建，紧接着七年振兴重建，灾区浴火重生，旧貌换新颜。

我们已进入了中国特色社会主义的新时代，在决胜全面小康，为实现中华民族伟大复兴中国梦而努力奋斗的今天，回顾"5·12"汶川地震的灾后重建所走过的道路、所积累的经验，探索灾区可持续发展的战略、路径，无论对于灾区自身的可持续发展，还是对于贯彻落实党的十九大精神，继往开来、实现中华民族伟大复兴中国梦都是具有重大理论和现实意义的事情。

《"5·12"汶川地震极重灾区县域经济可持续发展研究》选择了"5·12"汶川地震中的 10 个极重灾区县（市）。其中既有山区县，也有平原地区县；既有贫困县，也有经济强县，还有民族地区县。极重灾区县域经济的可持续发展既是"5·12"汶川地震灾区恢复重建的重要基础，同时也直接影响区域的发展和全面建成小康社会国家战略的实现。极重灾区县域经济的可持续发展，不仅在"5·12"汶川地震灾区具有重要的典型性和代表性，对于把握县域经济可持续发展规律也具有重大的理论和实践意义。

该书给人留下最深刻的印象或者说对于正在决胜全面建成小康社会的当代中国最具普遍和现实意义的有以下几点。

第一，对口援建彰显中国特色社会主义制度优越性，更为深入推进区域协调发展战略、精准扶贫战略，以及解决人民日益增长的美好生活需要和不平衡不充分的发展之间的矛盾开启了道路、积累了经验。

"5·12"汶川地震灾区重建第一阶段，按照党中央、国务院的规定，援建省（市）用不低于省（市）上年地方财政收入的 1%支援灾区的重建。在这样的强度下，短短 2～3 年内，极重灾区完成了重建任务。城乡居民住房条件显著改善、公共服务设施功能明显提升、基础设施保障能力显著增强，为灾区重建开了一个好头、奠定了一个坚实的基础。而与此形成强烈对比的是，2011 年日本"3·11"地震，到 2017 年，灾区的废料尚未清空、赔偿还未终结、灾民尚未返家。

汶川地震三年之后，重建的重点转入支援省（市）与受援县（市）建立互利共赢、长期合作机制阶段。最令人鼓舞的是浙江省与极重灾区的青川县从 1996

年就开始了对口支援，"5·12"汶川地震后又作为对口重建单位，自 2011 年启动了十年长效帮扶计划，连续三年每年实施十个特困村建设，开创了全国扶贫从"大水漫灌"到"精准滴灌"的先河。浙江省的帮扶无缝对接，从县级部门到乡村基层、从国有企业到民营企业、从医疗卫生到教育文化、从脱贫攻坚到经济社会发展；浙江省对口支援力度最大，累计安排资金近 90 亿元，共派遣各类专业人才40 余批、4500 多人次帮扶青川县，实行"输血"与"造血"、"扶贫"与"扶智"的深度融合，为青川县培育了一大批叫得响、潜力大、质量高的优势特色产业，培养出各类本土人才两万余人。最关键的是浙江省历届领导一以贯之地高度重视对口扶持工作。时任浙江省领导的习近平、张德江、夏宝龙、赵洪祝、李强、陈敏尔、黄坤明、蔡奇等都先后到青川县，调研视察帮扶工作。历届青川县委、县政府主要领导也先后赴浙江省对接扶贫协作工作。浙江省与青川县的对口扶持所创造的经验，在习近平新时代中国特色社会主义思想中得到了体现，为完成党的十九大提出的解决新时代社会的主要矛盾，建立更加有效的区域协调发展、扶贫攻坚新机制等都有重大的价值和意义。

第二，灾区可持续发展的转型重建道路。马克思主义辩证唯物论认为事物发展的规律是螺旋式上升、波浪式前进的。重建显然不是在原有基础上的简单恢复，而应当是理念、模式、路径等方面的创新，走出一条可持续发展的转型重建之路。

"5·12"汶川地震前的极重灾区县，其共同特征是森林、矿藏等自然资源富集，既是长江上游生态屏障地区，也是龙门山生态脆弱地区，并且无一例外都选择了资源开发型的工业强县的发展模式。摆脱对传统模式和路径的依赖，转型发展是灾区重建的必然选择。

处于震中地区的汶川县水磨镇的华丽转身就是极重灾区县转型发展的杰出典型。地震前的水磨镇是典型的重化工业城镇，聚集了阿坝藏族羌族自治州（以下简称阿坝州）的 63 家高耗能、高污染企业。在收到短期的税利效益的同时，却付出了沉重的生态代价，良好的自然生态环境受到严重污染和破坏。地震后由广东省佛山市对口援建水磨镇，共同重新审视水磨镇在区位、资源、产业等方面的竞争优势，探索转型升级重建道路。经过近十年的努力，水磨镇实现了从工业园区向以体系教育、绿色居住、流通商贸为主的山水环境宜人的服务型城镇转型。2010年成功创建国家 AAAA（以下简称 4A）级旅游景区，2013 年又升格为国家 AAAAA（以下简称 5A）级旅游景区，打造出以"汶川生态新城，西羌文化名镇"为名片的水磨古镇旅游。开辟了环线农业旅游，带动了包括衔凤岩等 7 个村的旅游业发展。在崛起的旅游产业带动下，2017 年全镇经济总收入是地震前的 7.7 倍，年均增速为 22.7%；农民人均纯收入是地震前的 5.16 倍，年均增速为 17.8%。

水磨镇的转型不是个案，10 个极重灾区县（市）不约而同都把旅游业发展成了新兴支柱产业。旅游业收入年均增速大都超过了 20%。其中，2017 年都江堰市旅游业收入超过 150 亿元,安县[①]、北川羌族自治县(以下简称北川县)和绵竹市达到 50 亿元。更为可贵的是极重灾区县以旅游为统领,将品牌、文化、农业、工业、小镇、乡村等与旅游有机融合,摸索出包括"旅游+品牌""旅游+文化""旅游+农业""旅游+特色小镇""旅游+扶贫""旅游+体育"等旅游新业态,推进了重建的科学发展、可持续发展。

第三,极重灾区县转型重建还在滚石上坡的路上。联合国《里约环境与发展宣言》认为,可持续发展是生态可持续发展、经济可持续发展和社会可持续发展三者的有机统一,也是建立在生态可持续性、经济可持续性、社会可持续性基础之上的经济与社会和人与自然的协调发展。用这个标准来审视,极重灾区县的可持续转型发展还面临着诸多挑战和矛盾。

极重灾区 10 县(市)基本上是以资源型产业为主,尤其以采矿、冶炼、加工为骨干的第二产业是县域经济的主体、税利的主体。经过灾后 10 年的重建,这种畸形的产业结构得以明显改善,但第二产业为主的基本格局仍然未发生根本性的转变。至 2017 年彭州市等县(市)的第二产业比重仍然超过 50%,而且彭州市等县(市)的第二产业比重不降反升。

由于地震损毁了部分矿山,加之日趋强化的生态红线约束,以及受市场需求不振、企业经营效益下滑等因素的影响,绵竹市等县(市)的第二产业所占比重整体下降,县域经济综合竞争力排名也逐年下滑。

绵竹市最集中反映了极重灾区县(市)所受的传统经济结构、发展路径的束缚,以及转型的重重困难。一方面,依靠丰富的磷矿资源,磷化工产业是县域经济的传统支柱产业。绵竹市境内既有几十处矿山,也有省级磷化工业园区和四川龙蟒集团有限责任公司(以下简称龙蟒)等大型的磷化工企业。主要依靠磷化工产业,地震前绵竹市多年都是全省工业 10 强县(市)之一。到 2016 年,全市以磷钛化工产业为主的矿产品、化工产品、非金属矿物制品等行业的税收贡献仍占全市国家税务系统和地方税务系统(以下简称国地两税)总收入的 17%。另一方面,主要分布在九顶山省级自然保护区内的 46 个磷矿井,按照国家关于自然保护区内探、采矿权依法有序退出的要求,到 2017 年已封闭 97.1%的井硐。其县级工业产值在四川全省的排名降到第 26 位。境内的磷化工业园区给当地大气、水、土地环境带来严重破坏,这也是环保巡视要求限期整改的问题。

一方面,随着矿权整治工作的推进,关停企业的增多,下游相关产业的迅速衰败,企业转型发展、下岗职工再就业、矿区的生态修复等都需要大量的财力保障;另一方面,财政收入持续下降,替代产业一时难以形成,包括修复灾后形成

[①] 2016 年 4 月 23 日,经国务院批准,撤销安县,设立绵阳市安州区;同年 5 月 20 日,绵阳市安州区正式挂牌。本书中统一称为安县。

的大量地质灾害隐患等工作亟须推进，下岗职工再就业、扶贫攻坚、保民生、促转变等工作使财政的需求与财政供给之间差距增大。

如何走出两难的困扰，破解转型与发展、保护与发展之间的难题，实现可持续的重建发展？极重灾区重建的探索告诉我们出路还在于：首先，要从当地所处的发展阶段、经济发展水平、生态地位，以及主体功能定位等县情出发，不照搬其他国家和地区的模式，选择适合本区域的绿色发展道路和模式。其次，打破旧有的观念束缚和路径依赖，以"大保护"为抓手，倒逼经济转型、生态优先、绿色发展，走出一条"不砍树、不开矿"，经济仍然持续发展的路子。最后，将绿水青山转变为金山银山，破解保护与发展难题。发挥这些地区良好的生态本底的优势，通过培育生态特色产业，发展森林培育、生态旅游、生物质能源、生物质材料、生物制药等循环经济、绿色经济、低碳经济，把生态优势转化为经济优势，变成区域新的支柱产业和脱贫致富重要收入来源。

杜受祜

2018 年 4 月 16 日于成都

目　　录

第四篇　极重灾区县域可持续发展的战略选择

第一篇
极重灾区县域可持续发展的理论基础

内容提要：在对国内外有关研究文献进行梳理后，深入分析已有文献中可供本书研究借鉴的材料和成果，以及现有研究存在的不足，在此基础上构建本书研究的理论框架。

第1章 研究背景与目标

1.1 研究背景和意义

1.1.1 研究背景

2008年5月12日14时28分04秒，四川北部的汶川地区发生里氏8.0级特大地震！这场突如其来的特大地震，使数万同胞不幸遇难，数百万家庭失去世代生活的家园，数十年辛勤劳动积累的财富毁于一旦，数个风景秀丽的小城（镇）、小村庄变成一片废墟……

面对突如其来的巨大灾难，在党中央、国务院和中央军委的坚强领导与统一指挥下，全党、全军、全国各族人民众志成城，灾区广大干部群众奋起自救，国内各界和国际社会积极施援。汶川特大地震发生后，党中央立即行动、统一部署、统筹协调抗震救灾和灾后重建。2008年6月4日，国务院第11次常务会议通过《汶川地震灾后恢复重建条例》，6月8日国务院令第526号予以公布并施行①。6月18日，《汶川地震灾后恢复重建对口支援方案》正式颁布，国务院统一部署对口援建任务，创造性地提出"一省帮一重灾县"，明确要求19个省市以不低于1%的财力对口支援重灾县市3年②。2008年9月19日，《国务院关于印发汶川地震灾后恢复重建总体规划的通知》（国发〔2008〕31号），正式颁发由国务院抗震救灾总指挥部灾后重建规划组牵头编制的《汶川地震灾后恢复重建总体规划》③。从中共中央国务院最高层对灾后重建进行统筹规划设计，提出了"坚持以人为本，尊重自然，统筹兼顾，科学重建"的十六字方针，力争在三年内基本实现灾后恢复重建规划的目标。2011年8月5日，四川省人民政府颁发的《四川省人民政府关于印发汶川地震灾区发展振兴规划（2011—2015年）的通知》（川

---

① 《汶川地震灾后恢复重建条例》，http://www.gov.cn/zwgk/2008-06/09/content_1010710.htm，2017年9月12日。

② 《国务院办公厅关于印发汶川地震灾后恢复重建对口支援方案的通知》，http://www.gov.cn/zwgk/2008-06/18/content_1019966.htm，2017年9月12日。

③ 《国务院关于印发汶川地震灾后恢复重建总体规划的通知》，http://www.gov.cn/zwgk/2008-09/23/content_1103686.htm，2017年9月12日。

府发〔2011〕26号），对经过三年恢复重建的汶川地震灾区发展振兴进行了统筹谋划和科学规划。

震后10年来在全国各族人民大力支援和灾区人民的顽强努力下，"5·12"汶川地震灾区已在抗震救灾、恢复重建、发展振兴等方面取得了重大成就，积累了丰富的经验和可资借鉴的模式与成功案例。"5·12"汶川地震灾区10年发展的成就、经验、模式和案例究竟有哪些？取得这些成就和获取这些经验的源泉究竟在哪里？灾区经济发展还存在什么问题和困难？灾区县域经济可持续发展的长效机制如何建立？这一系列问题都需要我们去做进一步的研究，发现问题、总结经验、升华思路和路径，进而在实践应用中做进一步的推广。

"5·12"汶川特大地震是中华人民共和国成立以来破坏性最强、波及范围最广、灾害损失最大的一次地震灾害。汶川特大地震给地震灾区造成了巨大的经济、社会损失。民政部报告显示，截至2008年9月25日12时，"5·12"汶川特大地震已确认有69227人遇难，374643人受伤，17923人失踪；城乡居民住房大量损毁，基础设施严重损毁，学校、医院等公共服务设施严重损毁，产业发展受到严重影响，生态环境遭到严重破坏，造成的直接经济损失达8451亿元。四川损失最严重，占到总损失的91.3%；民房和城市居民住房损失占总损失的27.4%；学校、医院和其他非住宅用房损失占总损失的20.4%；基础设施包括道路、桥梁和其他城市基础设施的损失占总损失的21.9%。①

北川县、汶川县等极重灾区受灾程度最深，在灾后重建中得到的政策惠及、物质援助和社会服务也最丰富。在随后短短2～3年内，极重灾区完成了重建任务，城乡居民住房条件显著改善、公共服务设施功能明显提升、基础设施保障能力显著增强、产业发展实现再生性跨越、精神家园也得到了同步重建，见证了"中国力量"，彰显了"中国精神"。但这种"短期性运动式重建"也导致物质重建丰富，精神文化修复重建不足；外界支援丰富，自身能力培育欠缺；关注"当前任务"的完成，忽视后续发展的可持续性，导致基础设施超速发展的同时地方财政"债台高筑"等问题的出现。美国、日本等自然灾害多发国家以往的经验表明，重大自然灾害的重建是一个长期工程。在"后重建时代"，由国家高度统筹的灾后对口援助基本结束，政府、非政府组织和社会大众对于汶川地震灾后重建的关注热度逐渐消退的背景下，如何构建极重灾区县域经济发展的长效机制，保证极重灾区经济社会的可持续发展，是政府和社会不能回避的问题。

前事不忘，后事之师，回望过去是为了更好地砥砺前行。2017年是汶川地震灾后重建的第9个年头，经历了3年恢复重建及后续的发展振兴，极重灾区县域

---

① 《汶川地震造成直接经济损失8451亿元》，http://society.people.com.cn/GB/41158/7805669.html，2017年9月9日。

经济高速发展，取得了令人瞩目的成就，但也存在一些不可忽视的结构性问题。基于此，本书拟对"5·12"汶川地震极重灾区震后10年县域经济发展状况展开系统研究。一方面，通过对10个极重灾区的县域经济发展成就和经验的系统梳理与总结，对极重灾区县域经济可持续发展存在的问题、面临的机遇和挑战、可持续发展的战略选择等问题进行深入探讨与分析，提出有关建议，为汶川地震极重灾区的经济社会发展提供决策依据和有益指导。另一方面，通过对灾后重建模式、地震极重灾区县域经济发展模式、可持续发展战略等问题的深入研究，为极重灾区县域经济发展提供理论借鉴，进一步丰富县域经济发展理论。

需要注意的是，10个极重灾县（市）的经济发展水平是存在差异的，这种差异性存在于地震发生前，也在影响着灾后重建。通过地震前后比较，我们发现，北川县、汶川县等国家级贫困县在重建中基础设施建设高速发展，产业结构优化升级，地方经济快速发展，逐渐摆脱贫困县的帽子；而绵竹市、什邡市、都江堰市等县域是汶川地震前四川省经济发展十强县"常客"，什邡市、绵竹市在震前数年间更是高居"榜眼""探花"，却在震后再无缘"金榜题名"，在四川省经济十强县"红榜"中销声匿迹。以上经验表明，灾后重建是多种影响因素并存的复杂的巨系统，所谓灾后重建至少推动四川省经济"前进"十年的言论是否真实合理，是值得思考的。

1.1.2 研究意义

汶川地震是中华人民共和国成立以来破坏性最强、波及范围最广、灾害损失最大的一次地震灾害。相较于一般灾区，极重灾区致灾强度更大、灾情程度更深，人员伤亡惨重、基础设施受到严重损毁、产业发展受到严重影响、生态环境遭到严重破坏、城乡居民住房大量损毁，以及学校、医院等公共服务设施严重损毁。2018年是汶川地震灾后重建的第10个年头，经历了3年对口援建及后续的振兴发展，极重灾区经济高速发展，取得了令人瞩目的成就，也存在一些不可忽视的结构性问题。本书通过系统梳理、提炼经验、总结模式，充分展示"一方有难，八方支援"的中国精神和中国力量，充分展示社会主义制度的优越性，对汶川地震10个极重灾县（市）10年发展的回顾总结，为纪念汶川地震10周年献礼。在此基础上，通过对极重灾区县域经济发展模式的总结提炼，探寻极重灾区县域经济可持续发展的战略选择，为极重灾区未来县域经济差异化发展、可持续发展的精准施策提供有价值的理论借鉴。

运用经济学、管理学、社会学等学科的思维与方法，综合构建地震极重灾区县域恢复重建与可持续发展长效机制的理论分析与研究框架，不仅有助于进一步丰富灾害经济学、区域经济学、公共管理学的理论体系，而且有助于进一步拓展地震灾区恢复重建与发展问题的研究视角。

对汶川地震 10 个极重灾县（市）10 年发展进行回顾与研究，对地震极重灾区县域灾后恢复重建，以及可持续发展长效机制进行深入的探讨和分析，有助于总结我国在自然灾害发生后恢复重建的一些成功经验及在体制机制上的创新，有助于巩固和发展灾后重建成果，为提升灾区县域可持续发展能力，实现灾区县域经济社会的全面振兴发展提供方向性指导和对策建议。

1.2 研究对象与目标

1.2.1 研究对象

"5·12"汶川特大地震波及四川、甘肃、陕西、重庆、云南等 10 个省（自治区、直辖市）的 417 个县（市、区），总面积约 50 万平方千米。2008 年 7 月 22 日，民政部、国家发展和改革委员会、财政部、国土资源部、地震局联合公布《汶川地震灾害范围评估结果》，根据致灾强度、灾情严重程度和地质灾害影响等因素将地震灾区分为极重灾区、重灾区和一般灾区，其中极重灾区共 10 个县（市）全部分布在四川省，分别是汶川县、北川县、绵竹市、什邡市、青川县、茂县、安县、都江堰市、平武县、彭州市；重灾区共 41 个县（市、区），其中四川省 29 个；一般灾区共 186 个县（市、区），其中四川省 100 个。相较于一般灾区，极重灾区致灾强度更大、灾情严重程度和地质灾害影响更严重，以及经济和社会发展情况受地震影响程度更强。本书以汶川地震 10 个极重灾县（市）为研究对象，详见表 1-1。汶川地震 10 个极重灾县（市）主要分布在龙门山断裂带，总共涵盖 212 个乡镇，区域面积为 26 123 平方千米。

表 1-1 极重灾区 10 县（市）基本情况

极重灾县（市）	所属市州	特征（受灾前）
汶川县	阿坝州	民族地区县、贫困县
北川县	绵阳市	民族地区县、贫困县
绵竹市	德阳市	平原地区县、经济强县
什邡市	德阳市	平原地区县、经济强县
青川县	广元市	盆周山区县、贫困县
茂县	阿坝州	民族地区县、贫困县
安县	绵阳市	平原地区县

续表

极重灾县（市）	所属市州	特征（受灾前）
都江堰市	成都市	平原地区县、经济强县
平武县	绵阳市	盆周山区县、贫困县
彭州市	成都市	平原地区县

1.2.2　研究目标

一是通过对汶川地震极重灾区恢复重建成就的系统梳理、对口援建模式的总结提升、恢复重建经验的总结提炼，充分展示众志成城的中国精神和中国力量及其力量源泉，充分展示社会主义制度的优越性。

二是通过对汶川地震极重灾区县域产业结构演进、生态修复建设、文旅产业发展、城乡统筹发展、精准扶贫脱贫等县域经济内涵发展的系统梳理，对极重灾区县域竞争力及其影响因素的实证分析，对极重灾区县域经济发展模式的总结提炼，充分展示汶川地震极重灾区县域 10 年建设发展成就、经验，以及国家制度、政策、战略等在极重灾区县域建设发展中的作用。

三是从极重灾区县域经济发展存在的问题、面临的挑战和机遇的深入分析入手，探寻极重灾区县域经济可持续发展的路径选择，为极重灾区未来县域经济差异化发展、可持续发展、精准施策提供有价值的理论借鉴与决策参考。

1.3　研　究　方　法

1. 文献研究法

对已有相关研究成果的梳理、评述主要采用文献研究法；运用文献研究法对调研中搜集到的一手资料进行整理分析。

2. 调查研究法

本书以对汶川地震极重灾区 10 个县（市）的实地调查数据资料作为研究的基础，主要采用问卷调查、抽样调查、会议访谈等方式。

3. 时间序列法

时间序列是指同一个经济数量指标按照时间先后顺序排列而成的统计数列。它的基本特征是其数值与时间变化关系密切，随着时间的变化，数值序列有某种确定的变化趋势。时间序列法本质上是一种时序预测方法，着重分析经济时间序列内在的意义和随机性质，强化"用数据说话"。

本书运用时间序列法对汶川地震极重灾区县域经济和社会发展状况进行分析，选择汶川地震灾后重建中的三年对口援建、七年振兴发展、未来可持续发展三个历史时期的代表性时间节点，从城乡住房、产业恢复、城镇体系、公共服务、农村建设、基础设施建设、生态恢复、防灾减灾体系建设、精神家园建设等方面全面总结汶川地震极重灾县（市）对口援建概况，在此基础上，总结对口援建的经验、特色与优势。对几种不同的重建模式进行比较研究；从产业结构演进、生态修复建设、文旅产业发展、城乡统筹发展、精准扶贫脱贫五个方面梳理汶川地震极重灾县（市）震后的内涵发展，以此为基础对极重灾区县域竞争力进行综合评价，并对影响极重灾区县域竞争力的因素进行深入分析，找出影响极重灾区县域竞争力的主要因素；从恢复重建模式、政策支持、竞争优势、发展转型等视角进行深入分析，构建汶川地震极重灾区县域经济重建发展长效机制。

4. 综合研究与个案研究相结合

案例研究是一种系统研究方法，它将研究对象置于特定情境中，通过多元数据搜集方式，描述和解释研究对象的发展，并关注特定背景下实物发展的动态过程。本书将汶川地震重灾区灾后重建的经济可持续发展作为研究对象，将经济发展状况、区位特征、政策等作为影响因素，选择汶川地震极重灾区 10 县（市）灾后重建中的典型案例作为研究对象，通过"资料说话""解剖麻雀"式的深度分析，系统研究汶川地震极重灾区对口援建和恢复发展的成就、经验，探讨其发展特色和优势，总结其发展模式，为可持续发展机制的构建提供理论和现实依据。

无论是基础理论、实证分析还是对策研究，既要对 10 个县（市）的总体情况进行全面的考察分析，也要在 10 个县（市）中抽取具有代表性的典型样本进行个案研究。

5. 综合集成法

综合集成法是定性与定量研究相结合的研究方法，是钱学森在 20 世纪 80 年代末 90 年代初首次提出的。综合集成法的实质是把专家体系、信息与知识体系及计算机体系有机结合起来，构成一个高度智能化的人机结合与融合体系，该体系具有综合优势、整体优势和智能优势。本书运用综合集成法对汶川地震灾后重建这一复杂的巨系统进行深入系统研究，揭示灾后重建的政策、融资的运行机制，处理灾后重建的组织管理问题。

基础理论研究和对策研究部分主要运用定性分析方法，在对相关文献进行梳理评述的基础上，构建自己的理论体系，提出对策建议；实证应用研究部分主要运用定量与定性相结合的方法，既需要构建指标体系与数学模型，并运用现代数据统计与处理的相关工具和方法进行定量实证分析，也需要进行定性的分析归纳。

6. 比较分析研究法

本书采用了比较分析研究法，包括空间上的横向对比和时间上的纵向对比，空间上对相关县（市）进行分类比较，时间上对 10 个县（市）10 年发展进行纵向的历史考察分析。

第2章　国内外相关研究评述

在中国知网、万方数据知识服务平台、维普网、超星数字图书馆等数据库以"汶川地震""灾后重建""极重灾区""可持续发展"等为关键词进行主题检索，检索到文献共计 2000 余篇，文献资源丰富，发表时间集中于 2008～2012 年，文献数量在 2008 年达到顶峰，随后逐年下降（图 2-1）。

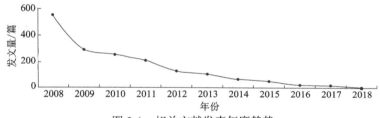

图 2-1　相关文献发表年度趋势

通过梳理文献发现，文献类型包括专著、期刊论文、硕士学位与博士学位论文和报告纪实等，从文献来源看，报告纪实类数量最多，文献来源多为四川省本地研究团队，四川省外研究学者较少。当前学者主要从管理学、经济学、政治学、社会学、建筑规划等学科展开研究，具体研究学科专业领域。

这些研究主要集中于灾后重建模式与机制、重建路径、重建成效与问题，以及灾区经济发展研究等主题。这些研究，既有宏大叙事，也有大量的专题研究。例如，在宏大叙事方面，谢和平（2010）主编的《中国的力量：从汶川与海地震后 20 天看中国的制度、文化和精神》截取汶川地震后 20 天这一短暂时间片段，通过比较、分析、反思，追踪中国的力量源泉所在；北京大学新闻与传播学院"汶川灾后重建模式研究"课题组（2011）以广州市对口援建汶川县为例，从对口援建的客观环境、具体做法、成效和评价等方面系统研究了汶川灾后重建模式。在专题研究方面，徐玖平教授及其研究团队用综合集成模式构建对口援建、融资等灾后重建多个方面的系统工程。

2.1　汶川地震灾后重建模式与机制研究

早期国内外学者对灾后重建的研究主要侧重于自然灾害形成的原因及灾害的

呈现特征等方面，近些年由于重大灾害频发、自然灾害造成的经济损失巨大甚至人员死伤严重等，人们开始关注在自然灾害面前的人类行为和社会反应，以及社会处理紧急情况等社会科学方面的问题。国外学者对于灾后恢复重建的研究，主要集中在灾后恢复重建的理念、原则、模式、路径等方面，既有理论构建，又有大量的实证分析，相关研究比较成熟且成体系。汶川地震的灾后重建开辟了我国灾后重建的新纪元，通过制度创新、体制创新等方式造就出中国特色的灾后重建模式——对口援建。

2.1.1　灾后重建模式研究

对口援建是中国特有的灾后重建模式。对口援建是一种中国式赈灾试验（郭岚，2010），是在中国特定政治生态中孕育、发展和不断完善的一项具有中国特色的政策模式与制度安排（赵明刚，2011）。对口援建的实践和研究兴起于汶川地震后，是在对口支援模式的基础上发展起来的。对口支援又叫结对援助，指中央政府在宏观把握各个区域的社会经济发展水平的基础上，按照区域优势互补的原则，制订方案，确定援建方和受援方的一种政策。按照受援客体的不同，可以将对口支援模式区分为对边疆各民族地区常规性对口支援、对重大工程实施地定向性对口支援和对重大损失灾区救急性对口援建三种政策模式。

总体模式上，张常珊和夏丹（2010）系统梳理了汶川地震的中国模式，提出汶川地震灾后重建的特点是：在领导和组织上，自上而下；在资金扶持上，实行对口支援；在重建效率上，要求高速完成。杨正文（2013）认为，对口援建的灾后重建模式，是在中国政治生态环境中萌芽、发展和不断完善的一项具有中国特色的灾害风险、灾害损失分担模式，是实现跨区域分担灾害风险的创新机制，是促成跨越发展的重建模式。夏少琼（2013）提出，汶川地震对口援建本质上是援建方与受援方在政治、道德与市场上的互动，援建初期，政治体制和道德感召在推动对口支援方面具有关键作用并取得了阶段性成果；但在重建进入到中后期，市场与利益等要素则日益转变为关键因素，援建方政府积极推进双方项目合作，将自身经济发展与受援方的灾后恢复紧密结合起来，以实现双方利益共享。

具体模式上，刘铁（2010）基于汶川地震灾后的重建，提出对口援建在硬件上存在"交钥匙"和"交支票"两种模式，较大或者较为复杂的工程项目多采用"交钥匙"模式，较小或者较分散的一般性工程则采用"交支票"模式，具体采取哪种模式由双方协商确定。于永利（2013）认为，对口援建模式包括对口支援任务分配模式、机构设置模式、内容模式、项目建设模式等，其中任务分配模式包括省级负责模式、向下分包模式、共同负责模式等，内容模式包括全面建设模式和重点扶持模式等。

2.1.2　灾后重建机制研究

2008 年 6 月 18 日，国家发布了《国务院办公厅关于印发汶川地震灾后恢复重建对口支援方案的通知》（国办发〔2008〕53 号）和《汶川地震灾后恢复重建对口支援方案》，标志着"5·12"汶川地震灾后重建对口援建机制的建立（杨正文，2013）。

陈静（2013）提出，对口援助机制包括动力机制、推进机制、协调机制和保障机制。动力机制促进援助模式的形成和援建工作的启动与持续；推进机制推动援建顺利实施；协调机制促进援建各方关系的合理运行；保障机制保障援建圆满完成。其中，动力机制包括内部动力（受援方）和外部动力（中央政府），推进机制包括政府推进、企业推进和第三方推进，协调机制包括政府协调和企业协调，保障机制包括绩效评价、激励、利益补偿和立法。在对口援建机制中动力机制、推进机制和协调机制都在充分发挥作用，但是保障机制的作用比较弱，甚至在很多援助实践中完全没有发挥作用。

黄艳芳（2011）系统研究了对口援建的运行机制，她认为运行机制有目标机制、动力机制、约束机制和督导机制。其中，目标机制是确定对口援建实施的内容，结合援建方的长处与受援方的实际需要开展援助工作。动力机制是建立一种补偿、激励的工作办法，使援建方所耗费的人力、物力和财力不至于白白流失，给予其一定的补偿，对援建效果较好的援建方给予资金或制度的奖励。约束机制包含外部约束机制和内部约束机制。其中，外部约束机制包括政策法规约束、宏观调控约束等；内部约束机制是实施援建的单位、集体、个人都需要遵循的目标管理责任制。督导机制是为了保障援建实施的效果，预防腐败现象的发生而建立的一种机制，包括专项审计资金公开、财务公开、事务公示甚至建立专门的督察机构等。

在汶川地震灾后重建中，上海市对口支援都江堰市灾后重建指挥部认为，对口援建的运行机制有管理机制、激励机制和绩效考核监督机制。其中，管理机制包括援建方和受援方省区市为实施援建工作而建立的常设机构领导工作小组，援建方和受援方省区市政府高层领导的互访制度与联席会议制度，为协调各种关系而定期召开的援建工作会议制度，以及相关职能部门之间的互助协调；激励机制包括援建深层次的作用，即基于政治稳定的考量和经济利益追求的考量；绩效考核监督机制包括社会监督、职能部门监督和法律监督。

在具体问题的研究中，徐玖平和郝春杰（2008）运用综合系统集成模型分析对口援建系统的框架、时空、运行等结构及其整体特性，提出地震灾后对口援建系统工程的综合集成模式，并分别就对口援建集成工程的运作模式和具体实施框架进行了讨论。陈华恒等（2010）从资金的筹集与管理两个方面专门研究了对口援建的资金运行机制，提出资金筹集渠道狭窄、资金管理不够严格、资金使用和监管不严等现存问题，建议通过信息公开、拓宽筹资渠道和加强项目资金的审计与监管等方式解决现存问题。

通过对有关研究的梳理，我们可以得出以下结论：在理念上，我国在汶川地震灾后重建中强调"科学发展观"为核心的"边治理边发展"的理念，将发展的理念嵌入到灾后重建的全过程中。显而易见，"边治理边发展"更加符合我国尤其是西部落后地区的灾后重建，重建是经济社会发展的契机。在模式上，我国灾后重建的机制为对口援建，全国人民在内的中央政府、灾区地方政府和援助政府参与到灾后重建中来。主体的多元产生了极大的重建资本，短时间内迅速完成了大部分的重建任务，充分体现了"集中力量办大事"的社会主义制度优越性和"一方有难，八方支援"的集体主义精神。

同时我们也应该认识到，已有的对于灾后重建尤其是对口援建模式的研究，站位不够高、立意不够深。还需要更深入挖掘出中国特色社会主义道路、理论、制度和文化的优越性。本书通过对极重灾区 10 县（市）重建中的一些典型案例梳理和系统机制构建，总结对口援建的经验，系统梳理汶川地震极重灾区对口援建的成就，归纳出对口援建的一些模式，这些都充分体现了"一方有难，八方支援"的中国精神和中国力量，充分显示了社会主义制度的优越性。

2.2　汶川地震灾后重建路径研究

通过梳理文献发现，灾后县域经济恢复发展路径的研究主要集中在产业恢复与重建、基础设施恢复与重建、生态恢复与重建、公共设施恢复与重建、新农村社区重建五个方面。这些研究集中发表于 2008~2012 年，发表该类文章较多、文章被引用次数较多、影响较大的作者主要有李文东、杜漪、徐玖平、黄寰等。研究内容和类型见表 2-1。

表 2-1　关于灾后重建路径研究文献概览

研究主题	研究内容	作者（按文献年份排序）
产业恢复与重建	产业优化升级；建立产业集群；工业、农业、旅游业的结构优化与可持续发展思路	徐玖平和杨春燕（2008）；刘世庆（2008）；张谷（2008）；王小兰（2009）；李文东（2009）；张艳红和汤鹏主（2009）；张鸿等（2010）；陈建西等（2011）；郑柳青和邱云志（2011）；李柏槐（2011）；丁一和俞雅乖（2012）
基础设施恢复与重建	地震后基础设施重建规划；基础设施重建的管理；基础设施重建的资金筹集；基础设施重建的路径选择；基础设施建设与经济发展	尹强（2008）；夏南凯和宋海瑜（2008）；杨继瑞（2008）；陈锦蓉（2009）；韩正清和杨明明（2011）；段志成等（2013）；韦克难等（2013）

研究主题	研究内容	作者（按文献年份排序）
生态恢复与重建	生态重建的思路、路径、生态经济系统耦合评价	覃继牧等（2009）；黄寰（2009，2014）；何传启（2009）；于进川（2010）
公共设施恢复与重建	公共服务供给的理念、路径、机制；公共设施的重建	魏英瑛等（2008）；李雪萍（2009）；赵兵和杜黎明（2009）
新农村社区重建	新农村建设的模式框架；多元联动机制；农民生计资本；新型城镇化发展路径与模式	杜漪（2009）；段利杰（2011）；戴翔（2013）；陈红莉和丁惠芳（2016）

2.2.1　产业恢复与重建研究

我国"十三五"规划纲要中指出，要大力发展绿色农产品加工、文化旅游等特色优势产业，设立一批国家级产业转移示范区，发展产业集群。李文东（2009）认为，四川灾后重建的关键是产业优化重建。四川在重建产业时，必须调整结构、优化布局、提升层次，从发展思路、重点产业、配套设施等方面加大力度，着力进行产业优化重建，从灾后重建走向产业复兴。徐玖平和杨春燕（2008）在对灾区资源承载力变迁和灾区产业集群现状的分析基础上，提出从工业产业现代化、集群工业园区化、企业+基地+农户农业产业集群化、大项目→产业链→产业集群化、区域特色+地震纪念五个方位调整灾区产业集群，在此基础上构建灾区新型的产业集群。

县域工业既是富民的依托，也是重建的难点。县域工业灾后重建要积极抓住大型企业重建机遇，央属企业重建应把县域工业重建纳入进来，国家应提出鼓励性甚至规定性政策，改变过去人们批评的三线建设"嵌入式"孤立发展的格局。张艳红和汤鹏主（2009）认为，农业产业化经营应作为汶川地震灾后重建农业发展的新思路，灾后重建应在原有的农业产业化基础上，从发展特色农业、完善利益联结机制、发展多种农业产业化经营组织形式及成立针对农业龙头企业和农户的担保公司等方面积极探索灾区农业可持续发展道路。张鸿等（2010）以重灾区典型示范村为例，以农业产业恢复为重点，介绍了彭州市等极重灾区通过科技促进灾区农业生产恢复和生态修复。陈建西等（2011）在对四川省彭州市、安县、北川县、汶川县、茂县等灾区农业重建情况实地调研的基础上，构建了四川地震灾区灾后重建农业可持续发展评价指标体系。丁一和俞雅乖（2012）通过对广元市低碳经济发展状况的调查，提出了在灾后重建中发展低碳农业的优势与路径。

旅游业方面，张谷（2008）提出重建四川旅游需要从五个方面进行转变：从规模扩张向效益提升转变，从专注打造精品旅游景区向全区域线路统筹转变，从服务团体出游向个人自助旅游服务转变，由景区主观的推销向有特色的针对需求的促销转变，管理部门职责由行业管理向促进产业发展方向转变。王小兰（2009）探讨了重大自然灾害对四川的旅游经济的影响，提出要从两个方面进行旅游产业的恢复：一是要恢复人们对四川旅游的信心；二是要制订更加完善、更加合理的旅游规划来指导四川旅游产业的恢复发展。郑柳青和邱云志（2011）通过实地走访和调研，总结出汶川灾后旅游振兴发展的"三高一统"模式，即高目标引导、高起点规划、高质量建设、统筹整体推进旅游重建工作，实现以旅游为主导，整体推进交通条件和接待设施升级、城镇和新农村建设、旅游产业全链关联互动、旅游资源整合和路线打造、民族文化保护和新文化注入、标准规范和品牌树立等重建路径，进而实现了旅游支撑系统改善、特色旅游村寨集镇建设、旅游带动产业升级、旅游布局科学合理、旅游文化彰显、旅游形象提升六大突出绩效，最终全面实现灾后旅游产业振兴。李柏槐（2011）指出，汶川县把全县作为一个整体景区来建设，用旅游统筹全县城镇与乡村一体化，统筹第一产业、第二产业、第三产业转型升级，统筹经济发展与社会进步，统筹南、北、中区域的协调发展，统筹文化与生态建设，推进全县整体发展，取得了良好效果，成功探索出了灾后重建的新模式。

需要注意的是，基于四川省产业布局的特点和区位优势，大量学者集中研究旅游业的恢复与发展，而研究工业和农业的相对较少。

2.2.2　基础设施恢复与重建研究

基础设施是指能够为社会公众生活和社会生产提供公共服务的物质工程设施，主要用来保证人们能够进行基本的社会经济活动，如电力、通信、水利和交通系统。基础设施重建的目的是使灾区人民尽快恢复日常的生产生活，并使其基本生活与经济发展恢复乃至超越地震前水平。

灾后重建中以基础设施重建为主题的研究较多，当前研究主要涉及震后基础设施重建规划（尹强，2008；严岩等，2008）、基础设施重建的管理（夏南凯和宋海瑜，2008）、基础设施重建的资金筹集（蒋静瞻，2008；杨继瑞，2008；韩正清和杨明明，2011）、基础设施重建的路径选择（王佳玲和苏曲哈，2011；段志成等，2013；韦克难等，2013）等。

基础设施建设投资主要通过两种渠道影响经济增长：一是改善现有基础设施，优化经济增长的物质基础；二是作为一种生产要素投入并直接作用于经济增长（孙早等，2015）。陈锦蓉（2009）结合地震对四川经济发展和基础设施的具体影响，通过研究得出在江油市等经济发达的受灾县市，能源基础设施的新建和改造、卫生医疗基础设施的提高、通信基础设施的完善将会大大推动该地区的经济发展；在安县等经济一般发达的受灾县市，能源基础设施的新建、交通基础设施的扩建和提升、通信基础设施的快速发展将会对该地区的灾后经济发展起到积极的拉动作用；在剑阁县等经济落后的受灾县市，通信、交通、水利和教育等基础设施的重建与改造将极大地促进该地区的经济发展。

2.2.3 生态恢复与重建研究

覃继牧等（2009）指出，灾后重建必须在以生态、安全为目标导向的前提下，分析和评估地震对资源环境的破坏及其长远影响，以资源环境承载力为依据，调整与优化人口和城镇布局，促进人口、经济与资源环境的协调发展。何传启（2009）提出，汶川地震的灾后重建，可以走绿色发展道路，重点建设一个体系、两个平台，即生态城镇体系、生态安全平台和生态经济平台。黄寰（2009）指出，灾后重建中生态重建要与经济发展协调，走绿色发展之路。在此基础上，黄寰通过构建灾区生态经济系统耦合评价指标体系，对比和分析地震前后10个灾区县（市）耦合协调度的空间分布差异，对汶川地震10个极重灾区生态经济系统耦合协调度大小排序，指出10个极重灾区在地震前后耦合协调度等级空间分布差异明显，震后耦合协调度等级均有所提升，差异有所缓和。于进川（2010）指出，灾后重建与生态文明建设都是关系经济社会发展全局的战略问题，应协调发展。在此基础上还提出促进生态文明建设与灾后重建协调发展的有效途径为：用系统学原理引导重建和生态文明建设进程；把防灾工作作为生态文明建设的重要内容；用生态文明视野下的可持续发展理念推动灾后重建工作；用生态效益考量灾后重建和生态文明协调发展的效果。

2.2.4 公共设施恢复与重建研究

魏英瑛等（2008）认为在构建灾区公共服务的路径上，首先，要让公共服务覆盖贫困人口、受灾人群，财政部门需要透明、高效地将足够的资金拨付给服务提供机构；对服务提供机构应实行问责制，使其对提供的服务质量负责；其次，有必要制订一个人力资源开发规划，建立相应的激励机制来吸纳并留住人才，以保证公共服务的质量。李雪萍（2009）提出村庄的灾后重建应以均衡性公共产品的供给为核心。为了有效满足村民对基本生活资料、基本公共服务的需求，灾后村庄公共产品供给次序应有别于其他村庄；政府、非营利性组织、村民合作供给村庄公共产品是理想格局，但应更强调政府责任。赵兵和杜黎明（2009）从协同发展视角出发，提出在地震灾区公共服务设施重建中体现协同推进灾后重建和主体功能区建设的要求：一是要全面恢复灾区发展秩序；二是要努力实现基本公共服务均等化；三是要大力探索城乡社会管理的新模式。

2.2.5 新农村社区重建研究

我国"十三五"规划明确提出，推动新型城镇化和新农村建设协调发展，提升县域经济支撑辐射能力，促进公共资源在城乡间均衡配置，拓展农村广阔发展空间，形成城乡共同发展新格局[①]。杜漪（2009）通过对北川县的调查研究总结出重灾区新农村社区重建模式可分为城郊型、集镇型和村落型三种类型，它们分别适合于不同发达程度、不同资源禀赋的不同区域；她还认为，抓住地震灾后重建的历史机遇，采用适合本地实际情况的模式加快新农村社区重建，是地震重灾区推进新农村社区重建的必然选择。段利杰（2011）提出，当前北川县应以科学发展、跨越发展为主题，加快转变经济发展方式，立足三大战略（工业强县、旅游富县、农业稳县），创建北川品牌，全力推进新型工业化、新型城镇化、农业产业化和特色文化旅游精品化，实现"生态北川、和谐北川、小康北川"建设总体目标。戴翔（2013）通过在绵竹市的调查，对乡村灾后恢复与重建的复杂性、城乡统筹对乡村灾后重建的要求、乡村灾后恢复与重建的影响要素做了翔实和具体的分析，从城乡统筹的视角提出灾后乡村组织重建、空间组织重建、居民点重建、产业重建、基础设施重建、公共设施重建和生态环境重建的基本模式框架。陈红莉和丁惠芳（2016）构建了新型城镇化背景下的灾后农村社区重建模式，提出在农村社区重建中应积极发动本地人和本地组织的智慧与调动其积极性，重视乡村原有的初级社会关系，立足农村社会现实和农民的日常生活，创造适合本土的重建发展模式，真正回归社区和人的发展需求，探索促进当地居民能力建设的新型城镇化发展路径与模式。

除此之外，还有学者从重建规划、文化重建、心理康复、社会关系重建维度对汶川地震灾后重建进行了专门研究。

通过梳理文献我们发现，该领域的研究基本涵盖了灾后恢复与重建的各个方面，内容丰富、主题多样，是当前灾后重建研究中研究数量较多、分量较重的领域。通过梳理我们发现，已有的研究同质性较强，对于灾区不同县域的差异化发展和个性化路径梳理不够。本书试图通过对极重灾区不同县域竞争力及其影响因素的实证分析，对极重灾区 10 个县（市）不同的经济发展模式进行系统总结提炼，揭示地震极重灾区县域 10 年间的差异化与个性化发展路径。

---

① 《中华人民共和国国民经济和社会发展第十三个五年规划纲要》，http://www.gov.cn/xinwen/2016-03/17/content_5054992.htm，2017 年 5 月 3 日。

2.3　汶川地震灾后重建成效与问题研究

2.3.1　灾后重建成效研究

灾区重建工作要使灾区基本生产生活条件和经济社会发展全面恢复并超过灾前水平。灾后重建中灾区经济取得了跨越式发展，集中表现在城乡居民住房条件得到显著改善、公共服务设施功能明显提升、基础设施保障能力显著增强、产业发展实现再生性跨越等方面；代表性的研究者有张忠、韩俊、郭岚、王洪波、何思南、杨正文。

郭岚（2010）认为，汶川地震灾后重建取得了巨大的成就：灾区民生工程取得重大进展，经济社会秩序基本恢复；产业园区建设取得一定进展；给灾区带来新的发展理念；为灾区提供就业援助及各种智力支援。韩俊（2010）指出，汶川地震灾后重建的成效包括：住房重建工作初步完成，基本实现住有所居；经济社会发展，基本实现止滑回升；大力发展特色农业，挖掘农业内部增收潜力；大力发掘就业机会，拓宽农民增收渠道。王洪波和何思南（2011）通过对汶川县威州镇、水磨镇等地的实地研究，提出对口援建为灾后恢复重建提供了资金保障、人才和智力保障，并且给灾区人民带来了重建家园的信心，有利于提高灾后恢复重建的水平。杨成章（2010）通过对乡镇重建、产业重建、农房重建、人才培育、财政金融支持五大要素进行分析，总结归纳了西部灾后重建新村建设模式，指出灾区农村的基础条件显著改善，群众生活方式实现历史变迁，我国社会主义制度的优越性得到充分体现。张忠等（2013）认为，汶川地震灾后重建是世界上规模最大的重建工程，在震后短短2~3年，实现了跨越式发展，见证了中国力量，彰显了中国精神。杨正文（2013）认为，灾后重建促成了灾区的跨越发展，受地震重创的灾区各县市的社会经济、公共服务和文化事业不仅恢复到了灾前的水平，而且获得了跨越式的超前发展，即城乡居民住房条件显著改善、公共服务设施水平大幅度提升、基础设施保障能力明显提高、产业发展实现再生性跨越、精神家园得到了同步重建。另有学者还专门研究了灾后重建在灾区城市规划、羌族文化重建与发展、灾区社区重建、灾区民众福利提升等方面的成效。

2.3.2　灾后重建问题研究

蒲实和廖祖君（2010）提出尽管灾后恢复重建工作成效显著，但灾后重建的政策重心没有及时地由应急性恢复型重建向长远性发展型重建调整，导致灾后重建中出现对口支援向对口合作转变存在障碍、发展能力不足等四大问题。周晓丽和马晓东（2012）针对对口援建体制的特点展开研究，提出对口援建政治动员性而非制度化、双方利益的非均衡性、援建方和受援方的既定性都会影响该项工作的持续进行，对口援建必须实现向协作发展的转变。林珂（2013）通过对重建工程的研究，发现目前的重建模式具有高碳特征，生产、消费和流通领域高碳化重建可能带来危害，不利于灾区可持续发展。此外，尚有诸多学者研究灾后重建中对口援建机制的问题，陈华恒等（2010）专门研究了汶川地震灾后对口援建资金运行机制与问题。

通过文献梳理发现，当前研究较为丰富，但仍有如下可以进一步研究的空间：梳理的时间节点多为汶川地震后的三年内，对于援建结束后持续性的发展缺乏系统研究；已有的文献多是一般性研究，同质性较多，对于灾区不同区域、县域的差异化发展、独特性成就及个别化模式梳理不够。本书通过对极重灾区不同县域竞争力及其影响因素的实证分析，以及对极重灾区县域经济发展模式的总结提炼，充分展示地震后极重灾区县域 10 年建设发展的成就和经验。

2.4　汶川地震灾区经济发展研究

2.4.1　灾后重建与经济发展关系研究

地震导致灾区经济发展遭受重创，也为灾区经济发展提供了机遇。《汶川地震灾后恢复重建总体规划》中明确提出，要着眼长远，适应未来发展提高需要适度超前考虑，并与实施西部大开发战略、推进新型工业化、城镇化、新农村建设相结合，推动结构调整和发展方式转变，努力提高灾区自我发展能力。

当前，对灾后重建与经济发展关系的认识学术界有了基本共识，即重建是灾区经济发展的契机；灾后重建是修正过去经济发展问题与重新规划布局的机会，为灾区经济发展提供更好的基础设施，更多的资金、人力和社会资本。联合国开发计划署（The United Nations Development Programme，UNDP）号召在灾害发生之后将减灾纳入灾后重建行动之中，将一次灾难性事件转变为实施可持续发展的机会。O'brien 和 Mileti（2004）总结出，灾害研究重点应放在减轻灾害易损性和增强经济能力的发展过程中，把灾后重建与经济发展联系起来；应当把灾害看成提供变革的特殊机遇，即不仅是地方灾后能力恢复的机遇，也是培育和提升长期可持续发展能力的机会。陈蓓蓓等（2011）通过梳理文献总结出，汶川地震虽然是个危机，却孕育着发展的新契机，体现了乐观积极的民族精神；灾后重建是制度创新的契机、政府行为创新的契机、发展旅游的契机、振兴工业等产业的契机和重振教育的契机。

在具体问题的分析上，一是灾后重建是纠正过去经济发展问题与重新规划布局的机会。灾后的重建和恢复提供了一个解决与纠正社会脆弱性的机会。重建要建立更好的"新常态"，即重新创造一个更安全、更可持续性、更有韧性和应变力的社区（钱正荣，2017）。张志宏和曹玉洁（2009）以汶川县域经济为例，指出：灾后汶川县域经济恢复和重建中发现了新问题也面临着新机遇，可通过科学规划国土空间，思考汶川县域重建方向；合理规划汶川县域经济布局，调整产业结构；抓好县域经济发展支撑，做好企业重建；利用好对口援建资源，推动对口援建工作；寻求多方渠道解决县域经济融资问题；抓好县域招商引资，推进项目建设等方面发展汶川县域经济。杨艳（2010）通过对灾后重建和社会主义新农村建设之间关系进行论述，认为当前应该抓住灾后重建的有利时机，以永久性农房重建为契机，与小城镇建设、产业规划、旅游经济发展相结合，切实加快基础设施、产业的恢复和发展，从而充分利用好灾后重建的丰富资金和政策机遇，加快新农村建设。二是重建为灾区经济发展提供了更好的基础设施及更多的资金、人力和社会资本。李国政（2011）认为，灾后重建需要大量的资金和物质投入，这为相关产业的发展提供了契机。面对损失，中国政府制订了详细的灾后重建计划，各地区与四川省也建立了对口支援关系，民间资本也纷纷进入重建之中，这必然带来相关产业的发展。王洪波和何思南（2011）通过对汶川县威州镇、水磨镇等地的实地研究，提出对口援建为灾后恢复与重建提供了资金保障、人才和智力保障，并且给灾区人民带来了重建家园的信心，有利于提高灾后恢复与重建的水平。

值得注意的是，当前研究尚有如下进步空间：首先，理念研究较多，路径研究较少，对于如何利用契机促成发展缺乏深度系统的研究；其次，研究集中在灾后三年间，在"后重建时代"，经济和社会环境发生极大转变的前提下，如何发掘新的发展契机，促进灾区县域经济的可持续发展，是学术界不可忽视也不能回避的一个课题。本书深度发掘极重灾区县域经济可持续发展面临的机遇，研究如何通过"一带一路"倡议、供给侧结构性改革、创新驱动战略等重大发展契机促成可持续发展。

2.4.2 汶川地震灾区可持续发展研究

汶川地震灾区可持续发展研究主要集中于可持续发展的必要性与可持续发展的思路两方面。代表性学者包括张衍、邓丽、谭大璐、刘鸿渊、吕蕾莉、胡正明、李彦之等。Smith 系统研究了灾后的可持续恢复重建，他提出可持续恢复重建应有两个标准：一是恢复后的社区比灾前更适合生活、工作和休闲；二是恢复不仅可以提升当前灾民的生活质量，也能提升下一代的生活质量。Smith 和 Wenger（2007）在此基础上提出灾后可持续恢复重建包括三个目标：提高居民总体的生活质量、发展地方经济和提升环境质量。

　　国内亦有学者基于可持续发展理念提出灾后重建的思路。一是通过产业结构调整、优化升级促进可持续发展。张衔等（2009）认为，实现灾后可持续发展需要解决重污染产业、资源依赖型产业、经济带与地震带重合的产业布局，以及重建中如何承接东部产业转移等重大问题。谭聪等（2009）以四川省灾区农村产业规划重建为重点，结合目前灾后农村重建中的实际情况和问题，对基于可持续发展的灾后重建的应用性和合理性进行了论述。邓丽和邓玲（2011）提出，通过产业结构的优化升级、节能减排、优化生态修复、建设"汶川地震灾区生态文明建设试验区"等路径实现地震灾区的可持续发展。

　　二是发展生态经济，促进可持续发展。胡正明等（2009）明确提出可持续发展是地震灾区生态重建的唯一选择，并从发展各区域的特色经济、提高重建的效率和效益、发展生态型龙头企业等多个维度提出了地震灾区生态重建可持续发展的基本路径。杨红（2011）从可持续发展观视角对汶川地震重灾区旅游产业的定位分析得出，重灾区旅游产业重建应发展集自然景观旅游、遗产文化旅游、乡村休闲旅游，以及特色地震遗迹旅游为一体的自然生态和人文生态资源协调开发为核心的"大生态旅游"。

　　三是重视人力资本，促进可持续发展。刘鸿渊（2012）认为灾区农村居民是整个汶川地震灾区农村经济可持续发展的主体，具有不可替代的作用；应加大农村居民的人力资源投资，使其树立可持续发展理念，并提高其可持续发展实践能力，实现灾区农村可持续发展。吕蕾莉和陈炜（2015）分析得出灾区农民在丧失了大量的自然资本和物质资本后现存的资本主要有人力资本、社会资本和资金资本，提出要建立人力资本、社会资本与资金资本的合理有效配置模式，以实现灾后重建"可持续生计"的目标。

　　四是通过公私合营、对口援建长效合作、特色融资等机制创新促进可持续发展。敬采云等（2013）通过对北川县的研究发现，通过公私合营（public-private，partnership，PPP）机制的构建，能促进灾区可持续发展。翟进和张海波（2015）从可持续恢复的理论视角出发，提出汶川地震的对口支援模式不再是传统的援建方和受援方的层级关系，而是一个多元的网络结构，各利益相关主体之间的合作成为实现灾后可持续恢复的途径。李彦之（2017）提到通过建立地方政府融资平台公开发行灾后重建专项债券，能解决灾后重建融资实施主体缺失问题，满足对资金多样性管理的需求，规范社会资金的捐助渠道，实现灾后重建融资的可持续化。另有学者研究了从文化重建、城乡合理规划、制度创新、社区营造等多方面综合发展以实现可持续发展目的的模式和路径。

　　当前关于汶川地震灾后重建可持续发展的专门研究较少，且同质性较强，更多地停留在理念和思路的层面，缺乏实证研究。当前研究尚存在以下缺憾：第一，零散研究较多，系统研究较少；第二，理念性研究较多，实质性研究较少；第三，规范分析较多，实证研究较少。本书从 10 个极重灾区县域经济可持续发展面临的机遇和挑战的深入分析入手，给出极重灾区县域经济可持续发展的战略选择，目的是为极重灾区未来县域经济差异化发展、可持续发展精准施策提供有价值的理论借鉴。

2.5 现有研究的问题与不足

通过文献梳理不难发现，当前研究既有"宏大叙事"，亦有"解剖麻雀"，文献资源丰富，主题涵盖广泛。研究方法上既有质性研究，也有量化数据，研究方法多样。文献类型包括专著、期刊论文、硕士学位与博士学位论文和报告纪实等，其中，报告纪实类最为丰富；文献作者多为四川省本地学者及研究团队，四川省外研究学者较少。文献主要覆盖灾后重建的模式、机制、路径、成效、问题等主题。

纵观有关文献，我们也发现，当前研究存在一些缺憾：第一，在研究时间上，多是对口援建三年，即 2008~2011 年，2012 年之后的研究数量较少，且呈递减之势；研究多集中在某一时间节点，灾后重建十年间的纵向跟踪研究目前尚无。第二，在研究对象上，极重灾区的研究多集中在汶川县和北川县等"焦点"区域，以其他八个县（市）为对象的研究稀缺，以极重灾区的十县（市）为研究对象的系统研究目前尚无。第三，在研究方法上，存在碎片化、表层性与片面性的缺憾，当前大多数研究仅停留在表层上，同质性研究较多，差异性研究较少；同时有大量文献属于报告纪实类，集中于研究灾后重建的成就与优越性，对于灾后重建的模式、路径等主题的探析，缺乏深层次的思考，对于可持续发展问题，系统性深度研究稀缺。第四，在研究内容上，多以某一具体问题为研究内容，缺乏对问题整体性的把握和系统性的思考，呈现碎片化与零散性的表征。第五，在研究深度上，从已有的研究来看，理论深度不足。在已有的研究中更多表现在对灾后重建成效、问题等的现状描述，缺乏从理论出发指导实践的系统研究，也缺乏从现状出发回溯到理论上的深度总结和归纳；同时，从现实需求来看，需要从创新驱动、经济辐射、梯度转移、多中心治理等理论中汲取营养，指导极重灾区今后县域经济的可持续发展。

综上所述，关于灾后重建与灾区县域经济发展的研究，我们亟须研究时间更长远、研究对象更广泛、研究内容更系统、理论研究更深入的深度系统研究。基于此，我们拟以汶川地震极重灾区十县（市）（汶川县、北川县、绵竹市、什邡市、青川县、茂县、安县、都江堰市、平武县、彭州市）为研究对象，采用时间序列、案例研究、综合集成、规范分析等研究方法和范式，对十个汶川地震极重灾区县域经济灾后重建十年来的发展展开系统研究，梳理成就、经验，提炼优势，找出不足，进而构建极重灾区县域经济可持续发展的机制与路径，为灾后县域经济发展提供理论借鉴，进一步丰富县域经济发展理论。

第3章 县域经济可持续发展的理论基础

科学发展观是县域经济发展研究的重要理论基础。科学发展观是以人为本、实现全面、协调、可持续的发展观，强调要统筹城乡发展、统筹区域发展、统筹经济社会发展、统筹人与自然和谐发展、统筹国内发展和对外开放。科学发展观的提出，标志着发展经济学在中国进入了一个新的发展阶段，是中国对发展经济学理论做出的重要创新。无论是治国理政，还是指导县域经济发展，科学发展观都是重要指针。其中，全面发展是科学发展观的重要目标；协调发展是科学发展观的重要原则；可持续发展是科学发展观的重要体现（周维现，2013）。基于此，本书通过全面发展、协调发展和可持续发展等视角分析县域经济可持续发展问题，并选取区域经济学、灾害经济学、发展经济学、公共管理学中的相关理论作为县域经济可持续发展的理论基础。

3.1 全面发展视角

社会本质上是一个开放演化、具有耦合作用和适应性的复杂网络系统，同时，越是复杂的系统，系统协调的要求越高，协同效应也就越显著（范如国，2014）。汶川地震极重灾区灾后重建和可持续发展是一项庞大而复杂的系统工程，基于此，需要分析灾后重建系统的复杂网络结构及其特征，建立社会治理的协同创新机制和制度安排，展开多元主体协同社会治理。

3.1.1 系统集成理论

系统集成最早是一个电子信息技术概念，后普遍用于建筑工程项目的管理层面。20世纪70年代以后，"集成"一词屡见不鲜。系统集成理论是在系统理论、控制理论和信息理论的基础上发展起来的，同时受到现代系统科学如协同论、重构工程原理等的影响（俞启元和吕玉惠，2012）。系统理论主张把一个事物或现象看成一个系统来加以整体化研究；控制理论则强调运用信息反馈来控制和调节系统的行为，从而达到系统目标；信息理论则将实践活动看成一个系统内部的人力、物质、资本等要素信息的交换过程。基于此，系统集成理论以系统思想为指导，将多个不具有联系或具有弱联系的系统或要素统筹为一个各部分相互协调、功能更趋完善、结构更趋优化的新系统。这个新系统不是要素或子系统的简单叠加，而是继承了旧系统优点之后，独具环境适应新功能的有机整体。

现代项目管理模式存在许多不足，其中最明显的一点就是管理活动在各个阶段上呈现出间断性、非动态性、实施主体的相互独立性，参与主体间信息传递的阻塞，以及不同阶段间资本、信息、劳动等要素的流动方式不能达到集约化水平。这些不足在相当程度上阻碍了工程项目收益最大化目标的实现。随着经济社会不断地发展，人们的交往也更加复杂化，一个工程项目往往具有渐进性、多目标性等复杂特点，这就必然要求传统的管理模式不断转型升级，于是人们开始倾向于将工程项目一体化，再将工程项目目标系统分解为各个子系统，运用系统集成的思路保证工程项目过程和体系的连续性与整体性。

系统集成理论的内容包括了管理要素集成、过程集成及知识集成。其中，过程集成可以保证工程项目体系的动态性和连续性，知识集成则通过对各阶段知识经验的积累和体系化，使人们共享知识资源成为可能。该理论首先强调人的主动行为。各个集成要素或子系统间一般性的结合不等于集成，这个过程需要人为地加以选择和组合，因此，该理论认为人可以发挥能动性来优化配置各个子系统，以期形成优势互补的有机整体。其次，参与集成的要素或子系统不是任意的，而是需要在一定竞争机制下被选择的，并且这些集成要素或子系统间彼此制衡、优势互补，使得新系统呈现出最佳状态。系统集成理论的最终目的在于资源的有效整合、共享和集约化利用，以期控制中间成本，提高系统整体功能，实现集成目标。

汶川地震对地震灾区尤其是极重灾区经济、社会和自然环境产生了系统性的破坏，灾后重建的过程即被破坏的多个复杂子系统间的选择性再生的过程。重建系统可以从主体和客体两个维度进行分解。从重建的主体来看，包括外界援助重建系统和自主重建系统。外界援助重建系统具体包括中央政府、地方援建政府、企事业单位、非政府组织等子系统；自主重建系统包括灾区地方政府、企事业单位和灾区民众等子系统。从重建的客体来看，包括经济系统、文化系统、社会系统和生态系统等，具体包括城乡住房重建、基础设施重建、产业重建、公共服务重建、生态恢复重建、农村城镇恢复重建、精神文化重建、教育卫生重建、社会组织与社会关系重建等子系统。重建的主体系统和客体系统内部之间存在相互影响、相互关联的关系，两大系统之间亦相互关联，构成了复杂的灾后重建系统。

灾后重建系统是开放复杂的巨系统，具有开放性、复杂性、巨量性等特征（徐玖平和卢毅，2008）。灾后重建的主体系统和客体系统伴随重建过程发生着物质、能量和信息的交互，这体现了其开放性；重建的各个子系统之间相互影响、相互关联，存在复杂的因果关系，这体现了其复杂性；灾后重建涉及各类参与主体和各类作用客体，这体现了其巨量性。灾后重建中的政府、企业、社会组织和灾区居民各主体之间相互影响，尤其是中央政府和地方政府之间、援建地方政府与受援地方政府之间、外在援助力量与当地灾民之间的交流互动都会对灾后重建事业产生深远影响。灾后重建的客体系统中经济、文化、社会和生态的重建也会相互影响，甚至是相互制约，必须在系统性思维的基础上通盘考虑重建事业。基于此，在灾后重建中，如何使这些子系统和要素在同一个整体内协调发挥作用，系统集成理论思路的运用具有指导意义。灾后重建系统集成思想就是坚持科学发展观的指导，统筹政府、企业、社会等重建主体系统的力量，寻找灾后重建的空间、优势和机会，系统实施经济、文化、社会和生态的协调重建，实现地震灾区全面、协调、可持续的跨越式发展。

3.1.2　多中心治理理论

在共同治理机制正式形成以前，公共事务治理的主体和权力的中心是政府，政府在公共事务治理方面虽然有自己的优势，但有时也会因个别人员的利己动机导致公共利益受到损害；而市场治理下又因各利益主体作为理性"经济人"，各自追求自身的利益最大化而很难保证其不对公共利益造成损害。随着公共事务治理机制的慢慢形成，要很好地解决这一矛盾，其主体不仅是政府，公共机构、非政府组织、私人单位、辖区单位等都可以成为公共事务治理的主体和中心，他们形成互相监督、相互制衡的权利机制，而不是靠某一方的权威来制定和推行其政策。公共事务治理的模式也就从基于公民权利和民主价值的服务型治理模式最终过渡到多中心治理模式。

多中心治理模式是奥斯特罗姆夫妇在波兰学者迈克尔·波兰尼的多中心治理理论的基础上共同创立的。多中心治理理论的观点认为，行为单位能够在独立自由地追逐自己利益（市场行为）的同时，又善于相互协调合作（自主治理）。虽然所有的公共单位在官方地位方面具有相对独立的地位，但其地位权限毕竟有限，没有任何群体或者个人可以作为全能的或者最终的权威凌驾于法律之上（张克中，2009）。多中心治理结构为公民提供了组建多种治理机构的机会，把自己组织起来，进行自主治理，从而能够在所有人都面对"搭便车"、规避责任或者其他机会主义行为的情况下，取得持久的共同利益（奥斯特罗姆，2000）。这种多中心治理模式既克服了统治型模式中公众对环境事务的参与度不足的问题，也避免了管理型治理模式中权力寻租现象的频繁发生。在多中心治理模式情况下，各类非官方组织处于与政府同等位置上，形成了有效的多中心合作治理网络。与服务型治理模式不同，该种模式提高了公民在参与公共事务治理中的地位，这些不同的组织参与公共事务的治理能对政府权力形成有效的组织化制约力量。但多中心治理模式仍需要治理权威协调和约束各治理主体的行为及增强它们之间的互动性，它们之间在统一的规则和体系里是相互合作、相互制约与相互竞争的关系。

公私合作机制是多中心治理理论在社会治理领域的具体呈现。萨瓦斯认为，公私合作机制从广义上讲是指公共部门和私营部门共同参与生产、提供物品与服务的任何安排（萨瓦斯，2002）。公共部门一般指政府，私营部门则包括营利性和非营利性企业及其他组织。公私合作机制的主体包括政府、市场和非政府组织等（胡鞍钢，2008）。实质上，公私合作机制指的是这样一种制度安排，即公共部门和私营部门通过共同行使权力、共同承担责任、共同提供资源、共同承担风险、共同分享利益的方式，生产和提供公共的产品与服务。就其本质而言，该机制强调的是政府、市场、非政府组织等多主体基于利益分享和风险共担的原则建立起来的伙伴关系。这种伙伴关系的建立既能发挥政府、市场和非政府组织的独特优势，又能规避其原有的缺陷。因此，它是一种新的混合机制，是一种能够同时发挥政府、市场、非政府组织及其他社会成员在提供和生产公共产品方面作用的新机制。

汶川地震灾后重建事业是多中心治理模式在我国的一次具体和集中的呈现。《汶川地震灾后恢复重建总体规划》中明确指出，灾后重建要坚持"创新机制，协作共建"的原则。提出坚持市场化改革方向，正确区分政府职责与市场作用；充分发挥灾区广大干部群众的积极性、主动性和创造性，自力更生、艰苦奋斗；充分发挥对口支援的重要作用，建立政府、企业、社会组织和个人共同参与、责任明确、公开透明、监督有力、多渠道投资的重建机制。胡鞍钢（2008）认为，可以运用多中心治理模式作为汶川地震灾后重建的创新机制，在政府、市场和社会中寻求更多的互容激励，通过发挥各自优势，互相补充，共同服务于世界上规模最大的灾后恢复重建。其中，政府扮演领导者角色，发挥救灾与重建的主导作用；市场在灾后重建中应当发挥基础性的资源配置作用；社会应当充分反映人民的实际需求，通过广泛宣传动员，投入有效的社会资源来应对灾害。

多中心治理模式在汶川地震灾后重建中的具体运用主要表现在基础设施重建、融资、公共服务供给和社会关系的重建等领域。在基础设施重建方面，多中心治理模式的优势早已在各地的基础设施建设中得到验证，我国地震后基础设施重建公私合作领域包括水利设施、交通设施、电力设施、通信设施等，合作项目包含重建规划的编制、重建资金的筹集、重建项目的建设和重建项目的监督等（傅丽萍，2014）。在融资方面，由政府直接提供和直接运作巨灾重建资金，会导致过分依赖财政资金、维护维修能力不足、资金匮乏、不能满足用户需求等共性的问题，通过借鉴日本在大震后创造的融投资机制，杨团提出转变过去的融资机制，即从政府"大包大揽"的传统模式向公私合作模式转化，以提升公共产品提供的效率（杨团，2011）。非政府组织是灾后重建公共服务政府供给外的重要补充，能实现资源有效整合，提高公共服务供给的效率，改善公共服务供给的效果（俞雅乖，2010）。需要重视的是，以社会工作专业机构为代表的社会组织是灾后重建中不可忽视的"生力军"，在地震后灾区尤其是极重灾区儿童教育、心理康复、文化重塑、家庭和社会（社区）关系重建等领域发挥了政府所不能替代的作用，并且在灾后需求评估、关系协调和社会倡导等专业领域具有独特优势（朱希峰，2008；顾东辉，2009；张和清，2010；裴谕新，2011；边慧敏等，2013；文军和何威，2016）。

党的十八届三中全会提出，创新社会治理，要改进社会治理方式，激发社会组织活力。党的十九大报告进一步提出，要"打造共建共治共享的社会治理格局。加强社会治理制度建设，完善党委领导、政府负责、社会协同、公众参与、法治保障的社会治理体制，提高社会治理社会化、法治化、智能化、专业化水平"[①]。多中心治理是社会治理的必然要求，是区域治理和区域协调发展的重要保证。多中心治理包括多元主体参与机制和多元主体协同机制。多元主体参与，重在能够实现协同，否则主体系统可能产生内耗，降低危机管理效能（刘智勇和刘文杰，2012）。协同是多中心治理的必然选择，协同的效果取决于各主体之间的权责划分，而权责划分的基础则在于精准识别其优势领域，厘清其专业角色，并在此基础上构建多方合作伙伴关系。灾后重建过程中，需要从制度层面制定和完善相关法律法规，约束各方行为；建立利益关联机制，调动各方，尤其是市场和非政府组织的积极性。

3.2　协调发展视角

区域协调发展问题的提出始于 20 世纪 90 年代初期，其尝试用区域协调发展的战略思想来解决区域经济差距问题。区域经济协调发展理论认为，国家不仅要加快条件较好地区的发展，还应该特别重视落后地区的发展，将区域之间的差距控制在可承受的范围之内（董传岭，2012）。

当前，中国特色社会主义进入新时代，我国社会主要矛盾已经转化为人民日益增长的美好生活需要和不平衡不充分的发展之间的矛盾。区域发展的不平衡是我国当前不平衡发展的主要体现，因此，党的十九大明确提出，"实施区域协调发展战略。加大力度支持革命老区、民族地区、边疆地区、贫困地区加快发展，强化举措推进西部大开发形成新格局，深化改革加快东北等老工业基地振兴，发挥优势推动中部地区崛起，创新引领率先实现东部地区优化发展，建立更加有效

---

① 引自 2017 年 10 月 28 日《人民日报》第 1 版的文章《决胜全面建成小康社会 夺取新时代中国特色社会主义伟大胜利》。

的区域协调发展新机制"[①]。

凌耀初（2003）认为，区域协调发展理论是县域经济的三大基础理论之一，包括梯度转移理论和增长极理论等；而发挥竞争优势是县域经济协调发展的必由之路。基于此，本书从梯度转移理论、经济辐射理论和竞争优势理论出发论述极重灾区县域经济发展的理论基础。

3.2.1　梯度转移理论

梯度转移理论是指产业与技术由高经济梯度地区向低经济梯度地区转移的现象，该理论源于弗农提出的工业生产的产品生命周期理论，区域经济学家汤普森于 1966 年将该理论应用到区域经济学中，形成了区域生命周期理论，在此基础上，同时考察多个区域的生命周期，发现了产业梯度转移的现象。

梯度转移理论是对产品和区域生命周期中产生的产业梯度转移客观经济现象的总结。该理论认为，资源禀赋、地理条件、历史成因等，客观上造成了区域之间经济、技术发展水平的梯度差异。同时，一个地区的经济梯度水平取决于该地区产业结构的优劣程度，而产业结构的优劣程度取决于区域经济主导产业部门在产品生命周期中所处的阶段。如果某区域的主导产业部门处在生命周期中的创新期或成长期，则该区域为高梯度区域；相反，若该区域的主导产业部门由那些处在成熟阶段后期或衰老阶段的衰退部门组成，这种区域属于低梯度区域。经济技术存在由高梯度区域向低梯度区域转移的趋势，当高梯度区域的产业发展到生命周期的成熟阶段和衰退阶段时，技术变得易于掌握，从而生产步入了标准化，并由技术密集型逐步转为了劳动密集型。这类产业生产的产品在高梯度区域市场趋于饱和，同时受到了低梯度区域低地价、低工资水平、低原材料价格和税收优惠的吸引，从而使得该产业向低梯度区域进行转移（刘碧，2010）。

最早论及产业梯度转移的是美国发展经济学家阿瑟·刘易斯，他对劳动密集型产业的区域转移现象进行了探讨。劳尔·普雷维什则从发展中国家的视角考察了产业转移。此外，日本经济学家赤松要、小岛清等提出和发展了"雁形模式"理论，这些理论构成了对产业梯度转移机制的宏观解释。而以英国经济学家邓宁的国际生产折中理论为代表的跨国公司直接投资理论则构成了对产业梯度转移机制的微观解释（郑鑫，2005）。

在西方的产业梯度转移理论的基础上，国内学者从 20 世纪 80 年代初开始，结合我国的国情提出产业转移的相关理论，研究主要集中在两个方面：一方面积

---

① 引自 2017 年 10 月 28 日《人民日报》第 1 版的文章《决胜全面建成小康社会 夺取新时代中国特色社会主义伟大胜利》。

极利用梯度转移理论研究我国区域经济协调发展问题，产业转移能使转出、转入区域双赢，产业转移既能推进发达地区的产业结构调整升级，提升发达地区产业竞争力，又能推动欠发达地区经济启动与发展，实现区域产业结构升级转换（胡丹，2014）。另一方面，有学者提出了反梯度转移理论，如周维现提出，产业转移应遵从效益规律，并非严格遵循梯度从高往低运动，技术也能向自然资源丰富的内地或不发达地区转移。反梯度转移理论认为，经济不关乎梯度层次的高低，只要必要条件已经具备，就可以吸引投资、引进技术和提升劳动生产力，促进经济发展。因此，欠发达地区可以视自身所具备的条件，通过引商、引资、引智，直接发展技术密集型的高科技产业，实现跨越式发展。反梯度转移发展需要具备外在的特殊条件和客观环境，还要有其内在的特殊原因，因而不具有普遍性（周维现，2013）。

梯度转移实质上是资源的再分配，对协调区域经济发展有重要意义。在灾后重建中，对于高梯度的援建地区而言，成熟产业向外转移为本地区内部其他产业的发展提供了更大的经济空间及更多的资源，使新兴产业可以较低的成本快速发展。对于低梯度的受援地区而言，接受援建地区转移来的产业可以直接提高本地区的就业率，而且有可能在消化和吸收新技术的基础上有所创新，优化本地区的产业结构，恢复地区经济，并可能通过一系列循环累积来提升本地区的梯度等级。与此同时，灾后重建中也要避免不加选择地承接发达地区的产业转移，林毅夫指出，一个经济的最优产业结构是由其要素禀赋结构所内生决定的，产业转移的承接也要以此为依据，按照经济的比较优势组织生产活动，企业和整个经济才能最大限度地创造经济剩余。李国政认为，四川应充分发挥自身的区位优势、资源优势、政策优势，积极地承接产业转移，有条件地输出自身的优势产业，以实现自身产业竞争力的提高和区域经济结构的完善（李国政，2011）。

3.2.2 经济辐射理论

经济辐射理论的"辐射"概念来源于物理学，是指经济发展水平和现代化程度较高的地区与经济发展水平和现代化程度较低的地区进行资本、技术、市场信息等流动及思想观念、思维方式、生活习惯等方面的传播。辐射的方式和媒介包括交通设施、信息传播手段和人员的流动等，一般把经济发展水平和现代化程度较高的地区称为辐射源。一般而言，辐射源包括中心城市、大江大河与沿湖和铁路干线，以及长江三角洲等发达地区。

经济辐射一般有三种方式，即点辐射、线辐射和面辐射。点辐射一般以中心城市为中心向周边地区推开，其良好运行需要依赖良好的辐射媒介即良好的交通、信息传播和市场机制。线辐射既包括辐射干线向两翼的辐射，又包括辐射干线上下游的辐射，于是辐射就纵向和横向同时展开，形成一个有效的线辐射系统。点辐射和线辐射使得一定区域内的中心城市与小城市的经济发展水平及现代化程度大大提高，这些城市连成一片形成具有较强能力的辐射源，就形成了面辐射。面辐射分成两类，即摊饼式辐射和跳跃式辐射。摊饼式辐射指由辐射源向周边地区逐渐进行推移的过程，跳跃式辐射指辐射源跨过一些地区直接对落后地区进行思想观念和技术资金等的传播与交流过程。由此，我们可以发现点辐射、线辐射及面辐射的辐射作用逐步加强。在此基础上，经济辐射理论又发展出了诸多相关理论。比较主流的有增长极理论、点轴开发理论、网络开发理论、都市圈理论。

　　法国著名经济学家弗朗索瓦·佩鲁认为，不同区域会由于经济增长的强度不同而先后产生一些增长点或被称为增长极，它们具有一定的辐射和带动作用，可以通过传导路径向外围扩散，对区域经济乃至整个国民经济产生影响。这些增长点或增长极就是区域的经济中心，若干个经济中心又会组成经济空间（周维现，2013）。增长极理论的辐射作用通过极化效应、扩散效应来实现。发达地区首先通过极化效应将资金、技术、人才、信息等向发达地区集中，之后再通过扩散效应把经济动力与创新成果传导到广大腹地，促进周边地区的发展。罗仲平认为，发展和壮大县域经济的现实道路是培育经济增长点，县域经济发展应该立足资源禀赋特点，发挥比较优势，采取重点突破，发展特色经济（罗仲平，2006）。加快培育县域经济增长极，关键是要在县域空间上适度推进非均衡发展，首先推动县域中心城镇快速发展，再通过其对县域经济的辐射带动作用，促进广大乡镇和农村全面的发展（张家鎏等，2005）。

　　点轴开发理论基于点辐射和线辐射两种辐射作用，可被理解为发达地区大大小小的经济中心沿交通线路向不发达地区纵深的发展推移。该理论首先是由波兰经济家伊芙·萨伦巴提出的，属于非均衡发展理论。点轴开发理论的核心内容是，经济中心往往集中在有区位优势的地域，呈斑点状分布，这些经济中心又被称为区域增长极，也是点轴中的点；随着经济发展，经济中心越来越多，由于生产要素交换的需要，点与点之间，就有了交通线、能源线、水源线等，这些点与线连接起来就成为轴。这些轴一旦形成，就会吸引人口和产业向两侧聚集，并向欠发达地区延伸，形成新的增长点。将这些点、轴贯通，就出现了形象的点轴系统（周维现，2013）。该理论十分看重地区发展的区位条件，强调交通条件对经济发展的作用，把轴线连接地区作为经济增长点，轴线看作增长轴，点轴贯通，形成点轴系统（崔玮和潘月杰，2009）。

　　网络开发理论事实上是点轴开发理论的延伸，当一个地区的增长极和增长轴影响范围不断扩大，将会在更大范围的区域形成生产要素的流动网络，随着生产要素广度和密度的加强，能在更大的范围内促进资源配置的优化和区域一体化的形成。网络开发理论具有均衡分散的特征，有利于缩小地区间的差距。

都市圈理论包含空间和大都市圈等理论。都市圈一般主要指由都市和与都市密切联系的周边地区所组成的城市空间组织。空间理论认为，城市间的相互作用力大小取决于城市间的物质流、能量流、人员流及技术信息流的大小，流量越大，相互作用力越大。大都市圈理论指在一定地理或行政区域内，由一两个大城市或特大城市为核心，辐射并带动周边一定范围内的一批中小城市，使其成为在世界范围内有一定影响力、竞争力的区域城市群或城市带。

"十三五"规划中明确提出，"培育发展充满活力、特色化、专业化的县域经济，提升承接城市功能转移和辐射带动乡村发展能力"[①]。

在诸多经济辐射的理论指导下，各个地区都可根据自身的发展情况而选择不同的发展模式。而究其根本，两个经济发展水平和现代化程度不同的地区想要获得更好的发展，无论以哪种形式，都必须要寻求与外界的沟通交流，促进资源的流动和优化配置，进而促进整体区域的发展。灾后对口援建为援建地区和受援地区之间的人员、信心、技术、资金等生产要素建立了良好的沟通渠道，有利于两地的经济发展。

3.2.3　竞争优势理论

哈佛商学院教授迈克尔·波特享有"竞争战略之父"的称呼和荣誉，他在其三部经典著作《竞争战略》《竞争优势》《国家竞争优势》中系统地阐述了"竞争"问题，提出了竞争战略理论。波特的竞争战略理论认为，一个企业的盈利能力由行业现有的竞争状况、供应商的议价能力、客户的议价能力、替代品的威胁及新进入者的威胁五大力量决定，通过各方力量的权衡对比，企业可以选择相应的竞争战略以实现企业目标（贺永红，2006）。这一理论可以从五个方面进行理解，即五力模型、三大战略、价值链、钻石体系、产业集群。其中，竞争优势是竞争战略的核心所在，因而企业竞争战略的形成过程实质上是企业寻求、维持、创造竞争优势的过程。

竞争优势是一个动态的、综合的竞争力概念，它包含了许多综合因素。除了成本、技术因素外，知识、管理、制度及宏观经济政策等因素也在很大程度上影响一个企业或一个国家的竞争优势的形成。为此，波特提出了钻石体系，认为企业加强竞争优势的影响因素来自四个方面，即生产要素、需求状况、相关产业和支持产业的表现，以及企业的战略、结构和竞争对手（王莹，2010）。其中，生

---

① 《国民经济和社会发展第十三个五年规划纲要（2016—2020 年）》，http://www.12371.cn/special/sswgh/wen/，2017 年 10 月 20 日。

产要素指将基本条件转换为特殊优势的能力，如技术、劳动力、资本等要素。需求状况指本国市场对某一产业所提供产品的需求量，如果该产品的国内市场尚不成熟，那么该产业就能把握市场优势，提高产出，并迅速积累资本，实现一定发展。在企业的竞争对手方面，拥有强大的竞争对手，能在一定程度上刺激企业不断创新并且实现赶超。总之，钻石体系是一个动态体系，内部各个因素间相互影响，把握并协调这些因素就能形成竞争优势。三大战略包括总成本领先战略、差异化战略和集中化战略。总成本领先战略是指一个企业要发挥自己的资源优势，以较竞争对手更低的成本来支持自己的商品或服务的低价格，维持竞争优势。为了实现总成本领先战略，就必须实现企业内部资源的优化配置，生产结构的转型升级。差异化战略可以概括为"人无我有，人有我优"，是指企业提供的产品或服务具有其他同类产品所不具有的新特点、新功能，以此创造其在顾客心中独一无二的位置，实现收益的新增长点。集中化战略可以被概括为"人优我精，人精我专"，是指以差异化的产品或服务更好地占领某一个细分市场，从而获得超过社会平均水平的利润。企业所拥有的资源是有限的，在实际经济活动中，很难同时实现两个及两个以上的战略目标，为了在市场上赢得主导地位，企业通常选择进行规模化、集约化的生产以降低成本，从而实现总成本领先战略目标，并为实现其他战略目标奠定基础。

波特指出："企业正是通过比其竞争对手更廉价或更出色地开展这些重要的战略活动来赢得竞争优势的。"这说明竞争优势和竞争战略彼此之间是相互促进、不断发展的关系。首先，县域经济发展必须基于县域实际，以市场为导向，以本地资源优势为依托，以经济效益为核心，选择农业服务牵引型、工业催生型、城市辐射型、旅游开发型、矿产资源型、农产品加工型、外资推动型等不同产业发展模式。其次，要加强规划，合理布局产业，促进产业集聚。通过建立开发区、创业园，吸引企业集聚，发展专业化、规模化的产业集群，提高县域经济的集约化程度。技术水平比较高、发展基础比较好的现代加工型乡镇工业和服务面广的第三产业要向县城集中（辜胜阻等，2010）。就灾后重建地区的产业建设而言，竞争优势理论具有一定的指导意义。从重建地区的产业引入层面看，政府、相关企业或组织应当充分认识到地区资源优势，将其转化为竞争优势。例如，拥有价格相对低廉的劳动力要素的地区应当首先引进劳动密集型技术及相关产业，采取总成本领先战略抢占市场；其次，注重人力资本的投资，加强基础教育和职业教育，实现人力资源转化为人力资本的良性机制。就地区产业发展而言，政府或相关经济主体不能没有主见、缺乏战略目标，应当充分挖掘重建地区的文化内涵、地区特色，采取差异化战略，打造独一无二的特色产业，使经济主体占据主动权，从而具备较强的市场竞争力。

3.3　可持续发展视角

20 世纪 80 年代初期出现了与传统发展模式截然不同的发展观——可持续发展理论。这种理论既重视经济发展及其政策研究，更注重经济发展与人口、资源和环境间的协调性，其终极目标是社会和谐进步，重要标志是资源的永续利用和生态环境的良好保护，内在动力是科学技术进步，本质是在现有经济基础和科技条件下，实现经济持久、稳定和协调发展（周维现，2013）。

3.3.1　可持续发展理论

进入工业化社会以来，人类社会进入了发展的高速阶段，与此同时，高速发展伴随着对资源的过度开采利用和环境的破坏，环境保护和可持续发展问题逐渐成为各国政府、非政府组织等关注的重要议题。1972 年，联合国人类环境会议在瑞典首都斯德哥尔摩召开，世界各国政府首次聚集共同讨论环境问题，会议通过《联合国人类环境会议宣言》，呼吁各国政府和人民为维护与改善人类环境，既造福全体人民，又造福后人而共同努力。1987 年，时任挪威首相的布伦特兰夫人向联合国提交《我们共同的未来》报告，该报告强调我们需要有新的发展道路，强调资源环境保护与经济社会发展，也就是可持续发展道路。该报告中对可持续发展做出经典论述，提出可持续发展是指既满足当代人的需要，又不对后代人满足其需要的能力构成危害的发展（世界环境与发展委员会，1997）。1992 年，联合国环境与发展大会在巴西里约热内卢召开，大会通过了《里约环境与发展宣言》，首次把可持续发展由理论和概念推向行动，同时表明国际关注的热点已经由单纯重视环境保护问题转移到了环境与发展。

可持续发展包括以下几个原则：一是公平性原则，包括人与自然之间的公平、人与人之间当代人的同代平等，以及世代人之间的代际公平。二是持续性原则，要求在发展的同时，根据区域生态系统持续性的条件和限制因子调整自己的生活方式与对资源的需求，在生态系统可以保持相对稳定的范围内确定自己的消耗标准，把资源视为财富，而不是把资源视为获得财富的手段。三是共同性原则，要求即使经济发展水平不同，各地区也要根据自己的环境特点、相关因素、发展过程，因地制宜地探寻各自适当的发展模式。四是需求性原则，区域发展要立足于人的合理需求而发展，强调人对区域资源和环境无害的需求，而不是一味地追求市场利益。五是高效性原则，要求相比生产率，更应该根据人们的基本需求所得到的满足程度来衡量，是人类整体发展的综合和整体的高效。

可持续发展是生态可持续发展、经济可持续发展和社会可持续发展三者的有机统一，也是建立在生态可持续性、经济可持续性、社会可持续性基础之上的经济与社会和人与自然的协调发展。其中，经济可持续发展是整个可持续发展系统的重要组成部分，它在可持续发展系统中占据核心地位。生态可持续发展是经济可持续发展的自然基础；社会可持续发展是经济可持续发展的重要保证；经济可持续发展为生态可持续发展和社会可持续发展提供物质条件。只有做到经济可持续发展，才能形成整个系统的可持续发展（周玉梅，2005）。

经济可持续发展，强调经济必须是可持续发展的，其核心是不仅要注重经济发展的数量，更要注重经济发展的质量。经济增长并不等同于经济发展，要力求实现经济增长与资源环境要素的和谐统一。巴尔贝奇在《经济、自然资源、不足和发展》中提到，在保持自然资源质量的前提下提供服务，使经济发展的净利益增加到最大限度。皮尔斯进一步指出，自然资本不变前提下的经济发展，或今天的资源使用不应减少未来的实际收入。由此可见，可持续发展实际上是生态、社会、经济整体系统的可持续发展，它并不否认经济的增长，并且以自然资源为基础，同环境能力相协调，以提高生活质量为目标（严江，2005）。经济可持续发展，是在保持自然资源与环境质量和其提供生态服务的前提下实现的经济发展。经济可持续发展从本质上来讲，强调经济发展不能超过资源和环境的承载能力，即强调经济与资源环境的协调发展。区域经济学中，可持续发展的研究对象从根本上讲是"人"的发展，包括人的物质文化生活水平的提高，人的价值取向的实现。凡是一切有利于人的发展的事物与空间有联系的过程都属于区域可持续发展的内容，如区域内社会和经济及产业总量的增长，区域内部结构与对外经济、技术、社会联系的合理化，区域社会经济要素的空间流动、区域人口城镇化和教育文化水平的提高，以及区域环境整治等。学者严江认为，区域可持续发展的核心内涵是人的发展，其优先事项是发展，关键是协调，特征是可持续性（冯年华，2003）。

在党的十六大报告中，明确提出了我国经济可持续发展的现实目标：可持续发展能力不断增强，生态环境得到改善，资源利用效率显著提高，促进人与自然的和谐，推动整个社会走上生产发展、生活富裕、生态良好的文明发展道路。党的十六届三中全会进一步提出，坚持以人为本，树立全面、协调、可持续的发展观，促进经济社会和人的全面发展。党的十七大报告进一步明确提出了建设生态文明的新要求，并将到2020年成为生态环境良好的国家作为全面建设小康社会的重要目标之一。党的十八大报告提出建设"美丽中国"，要把"生态文明"提升到更高的战略层面，融入经济建设、政治建设、文化建设、社会建设各方面和全过程。党的十九大报告明确提出，要统筹推进经济建设、政治建设、文化建设、社会建设、生态文明建设，坚定实施区域协调发展战略和可持续发展战略。

可持续发展理论对汶川地震灾后重建具有重要的指导意义。《汶川地震灾后恢复重建总体规划》中明确指出，灾后重建要坚持保护生态、保护耕地、协调发展的原则。该规划提出灾后重建要避开自然保护区、历史文化古迹、水源保护地及震后形成的有保留价值的新景观；同步规划建设环保设施；要着眼长远，适应未来发展提高需要适度超前考虑；要根据资源环境承载能力，考虑灾害和潜在灾害威胁，科学确定不同区域的主体功能，优化城乡布局、人口分布、产业结构和生产力布局，促进人与自然和谐。在灾后重建过程中，要统筹城乡发展、统筹区域发展、统筹经济社会发展、统筹人与自然和谐发展。同时，在"后重建时期"，灾后重建中的"政策红利"逐渐消失，外界援建的资本逐步撤离，而本地产业结构转型尚未完成，资源优势逐步丧失的大背景下，如何构建可持续发展机制，促进灾区尤其是极重灾区县域经济的协调发展是值得研究的。

3.3.2　制度变迁理论

制度变迁理论是新制度经济学中的重要理论，美国经济学家道格拉斯·诺思是其中最具代表性的人物。诺思认为，制度变迁是一个制度供需不均衡时追求潜在获利机会的自发交替过程。制度变迁就是用一种制度安排去代替另一种制度安排。他在《制度变迁与经济增长》这篇论文中指出，以往所认为的经济发展的原因，如技术进步、投资增加、专业化和分工的发展等，并不是经济发展的原因，而是发展本身；经济发展的原因要到引起这些现象的制度因素中去找。制度安排的发展才是主要的改善生产效率和要素市场的历史原因（盛洪，2003）。

制度是一整套规则，是应遵循的要求和合乎伦理道德的行为规范，用以约束个人的行为，诺思认为，"制度是一系列被制定出来的规则、守法程序和道德伦理规范，它旨在约束追求主体福利或效用最大化利益的个人行为"。制度提供人类在其中相互影响的框架，使协作和竞争的关系得以确定，从而构成了一个社会特别是构成了一种经济秩序（诺思，1992）。在我国近些年来的研究中，制度被认为是个人或组织提供的一种公共产品，但由于认识有限性和资源稀缺性，制度的提供也是稀缺的，并随着环境和需求的改变而改变（卢现祥和朱巧玲，2007）。林毅夫将制度变迁方式分为诱致性变迁和强制性变迁两种。诱致性变迁指个人或群体察觉到制度的改变可能带来获利机会而受到引诱，进而自发组织和实现制度变迁的过程，是一种主动性、渐进性的变迁；强制性变迁是由国家和政府主导，以命令或法律形式引入的制度变迁过程，一般是一种被动型、突进性的制度变迁。虽然诱致性变迁通常也需要政府采取行动加以促进，但它们还是有明显的区别：诱致性变迁必须由某种在原有的制度安排下无法得到的获利机会所引起；而强制性变迁可以纯粹因为在不同选民集团之间对现有收入进行再分配而发生。诱致性变迁由个人或群体自发倡导、组织和实行，是一种自下而上进行的制度变迁；而自上而下的强制性变迁则由政府政策和法律形式引入（石盛林，2011）。

西方制度经济学家把制度变迁纳入"需求-供给"这一经典经济理论构架中进行分析。他们认为，制度相当于一种服务，社会对制度服务的"需求-供给"关系是决定制度均衡的主导因素，即制度是否变迁，新制度能否产生，取决于是否存在对新制度的社会需求，这一需求又能否得到及时的制度供给来加以满足（胡敬斌，2013）。制度变迁也可以看作是不同利益主体博弈的结果。在新制度经济学看来，制度的建立在很大程度上协调了组织内不同主体参与者的利益，同时又主观或客观地将制度建立者的利益最大化，因此，以"经济人"假设为前提，每一个组织内部制度下的参与者都希望自己得到最大化利益，一旦原有的制度限制了某一方参与者获取更大利益的可能性，那么该参与者将寻求制度的变迁，建立对己方有利的制度。由于打破了利益平衡，该参与者将与其他参与者展开博弈。在争取满足己方利益的同时，该参与者用剩余利益补偿其他参与者，从而形成新的利益均衡点，逐渐削弱对抗制度变迁的阻力，最终博弈成功，完成制度变迁。诺思在《理解经济变迁过程》中提到，当政治和经济学家察觉到新的机会或者对影响他们福利的新威胁做出反应时，制度通常会加速变迁。因此，制度变迁实际上是对有限资源争夺和利益的博弈继而寻求新的利益平衡点的过程。学者王洪涛在阐述制度变迁与成本转移部分也提到，新制度经济学认为，制度变迁的目的是改善委托人与代理人之间的合同安排，通过实现由专业化带来的贸易收入而最大化委托人与代理人的财富价值，从而实现全社会福利的提高（王洪涛，2009）。

制度与经济发展之间的关系一直是新制度经济学所关注的重要问题之一。新制度经济学家对经济发展理论的重大贡献就是提出了经济发展实质上是更有效利用资源的制度变迁过程，并从制度的角度来解释为什么有些国家发展而有些国家处于停滞不前的状态，即制度有效与否将促进或抑制经济增长和社会发展，从而在制度与经济发展之间建立内在联系。美国经济学家奥尔森在对发达国家和发展中国家的大量研究基础上提出，制度和经济政策的优劣是解释国家之间人均收入巨大差距的原因。英国经济学家刘易斯在《经济增长理论》中提出，经济制度、资本、技术、人口、资源、政府及人们从事经济活动的愿望是影响经济发展的主要因素，重点揭示了经济制度与人们从事经济活动的愿望之间的关系。刘易斯还分析得出制度促进经济发展的强弱取决于制度促进付出与报酬联系的程度，以及允许寻求并抓住经济机会的自由。诺思则以产权和交易费用为核心，对制度在经济发展中的重要性做了更为深入的研究，提出制度是经济发展的决定性因素。诺思认为，建立制度能够降低交易成本，减少个人与社会收益之间的差异，激励人们从事生产性活动。即使在没有增加要素投入的条件下，经济体通过制度创新也能够促进经济发展。

在诺思看来，制度变迁是一个国家经济增长的源泉，这一观点在我国的经济发展中得到证实。经济体制转变是我国改革开放 40 多年来经济持续健康快速发展的重要保证，从计划经济体制转入市场经济体制，现代市场经济体制的确立使经济增长方式从粗放型向集约型转变，推动了我国整体经济的持续快速发展。总体上看，从改革开放到 20 世纪末，在县域经济处于相对落后的状态下，国家首先通过经济制度变迁，实施产权制度改革，有效配置土地、劳动力等生产要素；通过发展非公有制经济，推动县域经济市场化和工业化的发展步伐；推动基础设施建设和生产技术由城市向县域转移，提升县域经济发展潜力。通过上述举措实现县域经济的初步发展和转型。进入 21 世纪以来，我国县域经济逐步完成农业向工业化初期的转变，处于新的发展平台和发展水平。进一步发展县域经济就需要综合改善各类生产要素配置、提升县域经济发展潜力（石盛林，2011）。同时，制度变迁又是我国区域发展不均衡的主要原因，东部沿海地区借助于"一部分人、一部分地区先富起来"的制度红利，快速发展起来，扩大了与内陆地区尤其是西部地区的差距。在习近平新时代中国特色社会主义思想的指导下，创新驱动发展战略、乡村振兴战略、区域协调发展战略、可持续发展战略、军民融合发展战略等发展战略的先后提出，"一带一路"倡议、供给侧结构性改革和精准扶贫等重大事业给我国区域协调发展尤其是四川地震灾区县域经济发展带来了新的动力与机遇。

　　灾后重建是一项系统工程，涉及众多主体，需要协调各方利益，从制度变迁角度研究灾后重建，通过区域政策创新、组织创新和管理模式创新等制度创新统筹灾后重建各项工作具有重要意义。创新区域经济发展理念与产业发展激励机制，强化区域产业支撑；创新农村土地制度，构建灾区城乡统筹的微观经济基础；创新工作方法，坚持城乡经济一体化的空间布局等路径，在统筹推进灾后重建与经济发展上进行创新，促进灾区县域经济发展。另外，对口援建模式的制度创新无疑是制度变迁有力促进经济发展的典范，它打破了以往灾后的重建模式，转而采用对口援建的模式，使得援建地区与受援地区能够充分有效沟通，受援地区有了更大的参与度，进而采取最有利于灾区发展的援建模式。以制度创新为基本路径来统筹推进灾后重建，要依靠制度的规范性、强制性与稳定性作用，确保城乡经济、社会与文化的进一步发展。通过区域政策创新、组织创新与管理模式创新相结合，为推进城乡统筹工作的阶段性递进提供健全的制度保障，并以制度创新不断推动制度的优化演进，为形成人与自然、人与社会的协调发展提供制度路径（王霞等，2009）。

3.3.3　创新驱动理论

　　创新理论最早由美国经济学家熊彼特在《经济发展理论》一书中提出，熊彼特认为经济发展的本质就是创新，而创新的实质就是生产要素的重新组合。熊彼特认为创新是新技术、新发明在商业中的首次应用，包括五种情况，即采用一种新的产品、采用一种新的生产方法、开辟一个新的市场、控制一种新的供给来源、实现任何一种工业的新的组织。张来武在《论创新驱动发展》中将熊彼特的"创新"理论概括为：所谓创新就是要"建立一种新的生产函数"，把一种从来没有的关于生产要素和生产条件的"新组合"引入生产体系中去，以实现对生产要素或生产条件的新组合（张来武，2013）。王海燕和郑秀梅指出，熊彼特意义上的创新共包含三层含义：其一，创新是一个经济学概念，创新活动本身是实现价值增值的过程；其二，无论是新的生产要素还是要素的新组合，关键一环是要将其引入生产体系；其三，与传统经济发展理论相比，除了技术、市场、商业模式等影响因素外，制度设计对经济发展至关重要（王海燕和郑秀梅，2017）。

20 世纪 50 年代，美国管理学家彼得·德鲁克进一步发展了创新理论。他认为，创新是指赋予资源以新的创造财富能力的行为，包括技术创新和社会创新。他从整个国家的社会与经济发展的角度来考虑社会创新问题，并基于日本的发展实践，提出创新对经济发展具有积极作用。自熊彼特提出创新概念以来，随着经济社会的发展和科技的进步，创新的应用领域和外延得到拓展，内涵也不断得以丰富。

创新研究可以分为以索洛为代表的技术创新学派和以诺思为代表的制度创新学派两个基本分支。技术创新学派主要从技术的变革、创新、扩散的角度对技术创新进行了深入的研究；制度创新学派把制度变迁与技术创新结合起来，通过研究制度变迁、技术创新和经济绩效之间的关系，强调制度框架安排对技术创新和经济发展的重要作用。随着研究的不断深入，经济学意义上的创新不再局限于技术创新，其内涵和外延更加宽泛。从不同的研究视角出发，可以将创新划分为不同类别：从创新功能看，广义的创新指科技创新、制度创新、组织创新、管理创新、商业模式创新等。按创新系统的范围大小，将创新分为企业创新、集群创新、区域创新、国家创新等（王来军，2014）。

在"创新"理论的基础上，美国学者迈克尔·波特创造性地提出创新驱动的概念，他在研究国家竞争力时提出了四阶段理论，即国家经济发展要经过要素驱动、投资驱动、创新驱动及财富驱动四个阶段。他是最早对"创新驱动"给予完整表述的学者。在波特看来，创新驱动强调的是社会生活中的创新行为对经济发展的驱动作用，创新驱动也是经济发展到一定程度时必然要经历的一个阶段。根据波特对创新驱动的描述，一国进入创新驱动发展阶段应具备如下特征。第一，企业摆脱了对国外的技术和生产方式的绝对依赖，开始发挥自主创造力，在产品、工艺流程和市场营销等方面已经具备竞争优势。第二，创新向两个方向发展：一是产业集群垂直深化，产业上下游互相带动，推动企业向更高产业环节发展；二是水平发展，形成更新、更大的产业集群，产生跨产业的扩散效应。第三，消费者对服务提出更高的要求。第四，企业对市场营销、工程顾问、测试等专业服务提出更高层次的需求，带动服务业快速发展。第五，政府不再直接干预产业发展，多采取刺激、鼓励或创造更多高级生产要素、改善需求质量、鼓励新商业等间接措施实行无为而治（王海燕和郑秀梅，2017）。

国内学者对有关创新驱动的研究，是近些年随着国家对创新的重视而兴起的，有学者将国内创新驱动研究分为三个阶段。第一阶段是 2005 年及以前，该阶段有关创新驱动的研究较少。第二阶段是 2006～2010 年，是国内学者关于创新驱动的集中研究阶段，研究大多集中于经济领域，有了创新驱动的基础理论研究、必要性研究、路径研究、实证研究等其他方面的研究，使其研究领域进一步开阔。第三个阶段是 2011～2015 年，为深入研究阶段。这一阶段，创新驱动的研究在其他领域也逐渐开始了广泛的研究，研究内容包含了创新驱动的内涵、路径，以及实证研究等方面，且研究更为深入（赵静等，2015）。学术研究领域关于创新驱动发展内涵的阐述可总结为三个方面：一是创新驱动发展将创新作为经济发展的主要动力；二是创新驱动发展依靠知识、信息等创新要素的投入打造经济发展优势；三是创新驱动发展的目标是实现内生的、可持续的经济发展（王海燕和郑秀梅，2017）。

党和政府历来对创新高度重视。一个没有创新能力的民族，难以屹立于世界先进民族之林。胡锦涛同志在党的十七大报告中强调，"提高自主创新能力，建设创新型国家。这是国家发展战略的核心，是提高综合国力的关键。要坚持走中国特色自主创新道路，把增强自主创新能力贯彻到现代化建设各个方面"[1]。自党的十八大以来，在习近平总书记的公开讲话和报道中，"创新"一词出现超过千次，可见其受重视程度。2010 年 10 月 18 日，党的十七届五中全会审议通过的《中共中央关于制定国民经济和社会发展第十二个五年规划的建议》明确提出了"创新驱动"这一概念。2012 年 11 月党的十八大报告正式将创新驱动战略上升至国家发展全局核心地位的高度，在党的十八大报告中，明确提出"实施创新驱动发展战略"[2]。2015 年 3 月党中央国务院出台《中共中央国务院关于深化体制机制改革加快实施创新驱动发展战略的若干意见》，对深入实施创新驱动发展战略进行了统筹安排和总体规划。2017 年 10 月，习近平总书记在党的十九大报告中进一步指出，"加快建设创新型国家。创新是引领发展的第一动力，是建设现代化

---

① 引自《中国人大》2007 年第 20 期的文章《高举中国特色社会主义伟大旗帜　为夺取全面建设小康社会新胜利而奋斗——在中国共产党第十七次全国代表大会上的报告》。

② 引自《实践（思想理论版）》2012 年第 Z1 期的文章《坚定不移沿着中国特色社会主义道路前进　为全面建成小康社会而奋斗——在中国共产党第十八次全国代表大会上的报告》。

经济体系的战略支撑"[①]。

区域创新系统对于促进区域经济和社会发展具有重要意义。建立和完善区域创新系统可以推动产业结构升级；可以培育区域核心竞争力，形成区域竞争优势；可以推动区域经济跨越式发展（顾新，2002）。创新驱动发展战略是区域发展的核心之一，是引领发展的第一动力，可以最大限度地突破人口、资本、自然资源对区域经济发展的限制，促进区域经济发展。实施创新驱动发展，要大力弘扬改革创新精神，强化创新理念，加大创新投入，抓好创新平台建设，完善促进创新驱动发展的体制机制，为实施创新驱动发展提供良好的体制机制、法规政策和制度环境（刘俊杰和白雪冰，2017）。

创新驱动发展战略的路径选择可以是：在创新驱动基本格局中，确立以政府为主导，企业为主体，中介机构积极参与，研发机构和科研人员为创新源的创新主体系统，并明确各自的职责，运用多种创新方法实施创新驱动战略。各个主体协同合作，共同搭建出产业集群创新平台、公共服务创新平台和科技创新投融资平台，提供明确具体的物质载体和有力支撑，进而科学驾驭驱动机制，保障平台正常运行和创新驱动的可持续发展（陈曦，2013）。

汶川地震灾后重建是我国创新驱动战略的具体呈现，充分体现了我国政府和人民在制度创新、管理创新和技术创新等方面的能力，对口援建模式是创新驱动发展的典型代表。灾后重建过程中，中央政府突破了按部就班的现有行政管理体制，政治逻辑代替科层（行政）逻辑，通过政治动员的方式，按照"一省帮一重灾县"的原则，依据援建方经济能力和受援方灾情程度，合理配置力量，将援建方与受援方有针对性地配对，建立对口支援机制，首次将对口援建模式运用至灾后重建领域。这种运作制度空间上的"特事特办"，创新了救灾模式，极大提高了救灾效率和质量。汶川地震后，中国政府在最短时间内举全国之力进行灾后恢复重建，实现了三年任务两年基本完成的目标，重建成绩得到国内外的高度赞誉。中国政府在管理体制、组织动员和资源配置方面有独一无二的优势，这使其不仅有能力，更有责任以权威手段合理支配全社会的人力、物力和财力，从而减轻灾害影响，平衡社会利益。

---

① 引自 2017 年 10 月 28 日《人民日报》第 1 版的文章《决胜全面建成小康社会　夺取新时代中国特色社会主义伟大胜利》。

第二篇
极重灾区县域灾后恢复重建的中国力量

内容提要：对汶川地震极重灾区对口援建成就的系统梳理、对口援建模式的总结提升、对口援建经验的总结提炼，既充分彰显出"一方有难，八方支援"的中国精神和中国力量，又充分展示了社会主义制度的优越性。

第4章 极重灾区的对口援建模式

2008 年 9 月 19 日，国务院印发的《汶川地震灾后恢复重建总体规划》明确指示："用三年左右时间完成恢复重建的主要任务，基本生活条件和经济社会发展水平达到或超过灾前水平，努力建设安居乐业、生态文明、安全和谐的新家园，为经济社会可持续发展奠定坚实基础。"[①]2008 年 5 月 26 日，中共中央政治局召开会议研究部署抗震救灾和灾后重建工作，明确提出"统筹规划、科学评估、分步实施，抓紧制定灾后重建规划和具体实施方案，建立对口支援机制，举全国之力，加快恢复重建"[②]。对口援建是我国政府在"5·12"汶川特大地震灾后恢复重建中的伟大创举，对口援建创造了中国奇迹。本章将从理论和实践两个维度深入探讨对口援建模式及其特征。

4.1 极重灾区对口援建系统

对口援建也称对口支援，它是中国政府应对"5·12"汶川特大地震，提出的具有鲜明特色的中国式赈灾的"样式"，其目的在于充分发挥全国的力量，通过"一省帮一重灾县"的方式，秉持中华民族"一方有难，八方支援""自力更生，艰苦奋斗"的精神，建立援建省（市）与地震灾区之间的对口援建系统，优化配置人力、智力、财力、物力等方面的资源，援建省（市）支援灾区建设，加快推进地震灾区的灾后恢复重建工程。在汶川地震 10 个极重灾区的对口援建系统中，有 10 个援建省（市）、10 个极重灾区和 10 个四川省直属部门参与灾后恢复重建工作，援建省（市）根据各自的资源优势对地震极重灾区提供援建，极重灾区依据自身受灾情况，以"一对一帮扶"的支援方式，开展灾后恢复重建工作，四川省政府的 10 个直属部门在援建省（市）与极重灾区之间做好协调管理工作。从系统科学理论的视角来看，援建省（市）、极重灾区与四川省直属部门之间相互联系、相互作用，构成了极重灾区对口援建系统中的子系统，各子系统具有一定的

---

① 《国务院关于印发汶川地震灾后恢复重建总体规划的通知》，http://www.gov.cn/zwgk/2008-09/23/content_1103686.htm，2017 年 9 月 12 日。

② 《胡锦涛主持会议研究部署抗震救灾和灾后重建工作》，http://www.gov.cn/ldhd/2008-05/26/content_993842.htm，2017 年 6 月 8 日。

结构功能，有利于对口援建灾区的灾后恢复重建工作的顺利开展。10 个极重灾区对应 10 个对口援建的子系统，这些子系统并不是相互隔断的"孤岛"，它们之间相互影响、相互作用，共同构成了对口援建的复杂系统，保障并推动了汶川特大地震极重灾区的灾后恢复重建工作，10 个极重灾区的对口援建系统如图 4-1 所示。

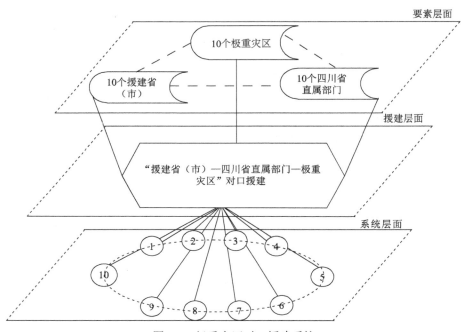

图 4-1　极重灾区对口援建系统

4.1.1　框架结构

从图 4-1 可以看出，对口援建系统包括要素层面、援建层面、系统层面三个层次。

首先，要素层面有三大类型组元：①10 个援建省（市）是指山东省、广东省、江苏省、浙江省、北京市、上海市、河北省、辽宁省、福建省、山西省。②10 个极重灾区，分别是汶川县、北川县、绵竹市、什邡市、青川县、茂县、安县、都江堰市、平武县、彭州市，其中汶川县、北川县、茂县属于民族地区县；青川县、平武县属于盆周山区县；安县、绵竹市、什邡市、都江堰市、彭州市属于平原地区县；北川县、青川县、茂县、平武县和汶川县 5 个县同时也是贫困县。③10 个四川省直属部门，它们分别是四川省发展和改革委员会（以下简称发改委）、四川省交通运输厅（以下简称交通厅）、四川省住房和城乡建设厅（以下简称建设厅）、四川省经济和信息化委员会（以下简称经信委）、四川省政府国有资产监督管理委员会（以下简称国资委）、四川省教育厅、四川省民政厅、四川省财政厅、四川省人力资源和社会保障厅（以下简称劳动保障厅）、四川省水利厅。

其次，援建省（市）、极重灾区、四川省直属部门三类组元并不是各自为政开展工作的，而是根据自身的条件和特点，结合不同灾区受灾的具体情况，建立"一对一帮扶"的对口支援方式，形成汶川特大地震 10 个极重灾区"援建省（市）—四川省直属部门—极重灾区"的对口援建，具体内容见表 4-1，共同推进灾后恢复重建工作。

表 4-1　"援建省（市）—四川省直属部门—极重灾区"对口援建安排一览表

系统	援建省（市）	四川省直属部门	极重灾区	系统	援建省（市）	四川省直属部门	极重灾区
S_1	江苏省	经信委	绵竹市	S_6	福建省	劳动保障厅	彭州市
S_2	北京市	国资委	什邡市	S_7	山西省	水利厅	茂县
S_3	辽宁省	财政厅	安县	S_8	浙江省	建设厅	青川县
S_4	山东省	发改委	北川县	S_9	上海市	教育厅	都江堰市
S_5	广东省	交通厅	汶川县	S_{10}	河北省	民政厅	平武县

最后，10 个极重灾区按照对口支援方式，形成 10 个灾区恢复重建的对口援建子系统。用集合 S 指代极重灾区对口援建系统，那么有：S_1={江苏省，经信委，绵竹市}；S_2={北京市，国资委，什邡市}；S_3={辽宁省，财政厅，安县}；S_4={山东省，发改委，北川县}；S_5={广东省，交通厅，汶川县}；S_6={福建省，劳动保障厅，彭州市}；S_7={山西省，水利厅，茂县}；S_8={浙江省，建设厅，青川县}；S_9={上海市，教育厅，都江堰市}；S_{10}={河北省，民政厅，平武县}。10 个子系统之间不是相互独立的，而是相互作用、相互影响的，构建了极重灾区对口援建的复杂系统，即有：S={S_1，S_2，S_3，S_4，S_5，S_6，S_7，S_8，S_9，S_{10}}。

4.1.2　时空结构

按照国务院《汶川地震灾后恢复重建总体规划》的要求，10 个极重灾县（市）对口援建系统 S 持续时间为三年，具有显著的时效性特征。对口援建的内容涵盖地震灾区居民衣、食、住、行等各个方面，包括住房建设、设施建设、产业建设、生态建设及精神建设等诸多项目，这些项目的开展并不是同时进行的，而是有先后时间顺序的。一般来说，地震灾难发生后，对口援建工作按照轻重缓急原则，首先要进行住房建设，从临时性住房安置过渡至永久性住房安置；其次开展设施建设，包括基础设施建设、公共服务设施建设；最后在住房建设与设施建设的基础上，实施产业建设，实现灾区群众"家家有房住、户户有就业、人人有保障、设施有提高、经济有发展、生态有改善"的灾后三年重建目标。对口援建系统的时空结构如图 4-2 所示。

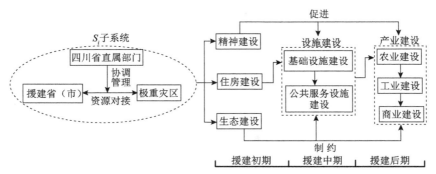

图 4-2　援建系统的时空结构

从图 4-2 可知，对口援建工作分为援建初期、援建中期与援建后期三个阶段，虽然每个阶段都会涉及住房建设、生态建设、精神建设、设施建设、产业建设等诸多援建工作，但每个阶段援建工作的侧重点不一样。援建初期以住房恢复重建为主，援建中期和后期以基础设施恢复重建、产业恢复重建为主。生态恢复重建影响并制约基础设施恢复重建与产业恢复重建，精神家园的恢复重建能够促进其他项目的恢复与建设。10 个对口援建子系统 $S_i (i=1,2,\text{L},10)$ 由于地域的邻近性与援建工作的相似性，其相互联结、相互影响，共享援建工作的经验，并针对援建工作出现的困境，提出相应的优化策略与解决方案，共同促进汶川特大地震极重灾区的灾后重建。

4.1.3　系统特征

系统科学理论认为，系统本质上是一个有机的"结构-功能体"，是由若干个要素按照某种结构形式组成，形成的具有特定功能的有机联结体。在系统中，要素与要素、要素与系统、系统与环境之间相互作用，体现出系统的整体性、开放性、复杂性、多维性与涌现性等特征（于景元和周晓纪，2002）。10 个极重灾县（市）对口援建系统是一个典型的复杂巨系统，因此，我们将从系统的整体性、开放性、复杂性、多维性、涌现性方面去研究对口援建系统的总体特征。

（1）整体性。系统整体性是指系统是由各要素构成的有机整体，它并不是各要素的简单堆砌，系统的整体功能大于系统各要素功能的总和，即"1+1+1>3"。

对口援建系统 S 也是由援建省（市）、四川省直属部门、极重灾区三个要素组成，并按照一定的框架结构与时空结构进行联结，具备了对口援建功能，推动地震灾区的震后恢复重建工作，对口援建系统要素与要素、要素与系统、系统与环境之间相互影响、相互作用，产生了各个要素本身所不具备的特殊功能。

（2）开放性。系统开放性是指系统不是独立于社会的，而是存在于特定的社会环境之中的，并且与环境相互联系，不断发生着能量、物质与信息等方面的交换，经由这些交换，系统从简单变为复杂、从无序走向有序。对口援建系统的开放性特征主要体现以下三个方面：①子系统与社会环境的开放性，子系统中提供援建资源的组元，如援建省（市）、四川省直属部门的援建工作应公开、公正、透明，接受媒体、社会公众、灾区群众的监督，并倾听他们的意见，修正一些援建规划、方案等；②子系统之间的开放性，10 个子系统之间由于地域邻近性与援建工作相似性，相互共享与学习援建经验和知识，与时俱进，不断进行援建工作创新；③援建系统与社会环境的开放性，整个援建工作应该精心筹备、科学规划，在尊重自然规律与保护生态环境的基础上，走资源集约型的发展道路。

（3）复杂性。对口援建系统的复杂性体现在参与援建工作主体的复杂性、援建内容的复杂性、系统之间关系的复杂性几个方面：①参与援建工作主体多样、规模庞大，对口援建系统 S 是一个巨复杂系统，它由 10 个对口援建子系统构成，每个子系统内部又有若干个组元、成千上万的社会组织，以及数以亿计的人员加入灾区恢复重建工作。②援建内容包括住房建设、设施建设、产业建设、生态建设、精神建设等诸多项目，并且这些项目有先后时间顺序，如住房建设优于设施建设，设施建设优于产业建设，生态建设制约设施建设、产业建设，精神建设促进设施建设、产业建设。因此，在具体援建行为中，对这些援建内容应该科学合理规划。③子系统之间难以用简单线性关系描述，它们之间的关系是随环境变化而发生变化的，是动态的、非线性的、错综复杂的关系。

（4）多维性。对口援建系统的维数较多，系统内部对应着一种比较庞杂的维度结构。将对口援建系统 S 层层剖析、逐层分解，可知它由 10 个子系统构成，子系统内部又涉及要素层面、援建层面，每个层面又承担着住房建设、设施建设、产业建设、生态建设、精神建设等若干援建工作。

（5）涌现性。系统涌现性是指系统作为有机整体体现出来的特征，而它是构成系统的若干个要素所不具备的（苗东升，2006）。对口援建系统的涌现性特征体现为援建省（市）、四川省直属部门根据自身的条件和特点，结合地震灾区的受灾情况，有针对性地展开对口援建工作，具体内容见表 4-2。

表 4-2　对口援建系统的涌现性特征

子系统	援建省（市）优势	四川省直属部门优势	极重灾区受灾情况
S_1	工业经济发展优势	经信委专业优势	工业经济损失严重
S_2	国有资源丰沛	国资委专业优势	国有资产损失严重
S_3	工业基地优势	财政厅经济优势	工矿业损失严重
S_4	经济大省经济资源	发改委规划优势	毁灭性损毁，选址重建
S_5	工业发达优势	交通厅专业优势	工业损失、道路损毁严重
S_6	外向经济优势	劳动保障厅安置人员优势	旅游业、农副产品损失严重
S_7	能源资源丰富	水利厅专业优势	水利资源损失严重
S_8	经济优势、建筑优势	建设厅专业优势	设施损毁严重，原址重建
S_9	经济优势	教育厅专业优势	经济损失、学校损毁严重
S_{10}	工业、商贸业优势	民政厅专业优势	工业损失严重

4.2　对口援建三位一体模式

4.2.1　综合集成模块

汶川地震灾区在对口援建工作中坚持科学发展观的思想，以灾区的经济与社会发展作为首要任务，以"一对一帮扶"对口援建的方式，优化资源配置，推动区域经济的跨越式发展。灾区的重建和发展，要以广大灾区群众的基本诉求作为根本出发点，满足他们政治、经济、文化与社会等方面的需求，以人为本，追求人的全面发展。灾区援建工作中坚持全面协调可持续发展的道路，统筹灾区城乡发展，加强农村地区的灾后恢复工作；统筹区域发展，倾举国之力，建立对口支援机制；统筹经济与社会发展，保障灾区社会和谐稳定；统筹人与自然和谐发展，根据资源环境承载能力，考虑灾害和潜在灾害威胁，优化城乡布局、人口分布、产业结构和生产力布局，促进人与自然和谐发展[①]；坚持可持续发展道路，注重经济发展、社会发展与环境保护之间的协同发展，走资源节约型的创新发展道路。地震灾区有关部门把统筹兼顾的方法运用到对口援建系统中，以系统理论为指导，用综合集成理论与方法（于景元，2006）指导灾区对口援建工作，可供后来者借鉴。具体内容见图 4-3。

---

① 《国务院关于印发汶川地震灾后恢复重建总体规划的通知》，http://www.gov.cn/zwgk/2008-09/23/content_1103686.htm，2017 年 9 月 12 日。

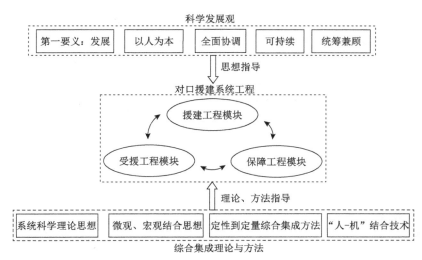

图 4-3　三位一体模式的总体架构

从图 4-3 可以看出，综合集成理论与方法体现在以下四个方面。

（1）系统科学理论思想。对口援建系统工程是利用系统科学理论与技术认识和改造对口援建系统而形成的实践工程，它是由援建工程模块、受援工程模块、保障工程模块构成的有机整体，其整体功能大于各部分功能总和，即对口援建系统工程的系统科学理论思想可以直观地体现为"1+1+1>3"。

（2）微观、宏观结合思想。我们在认识世界、改造世界的过程中，产生了自然科学、人文科学、社会科学。物理对应自然科学，即物有物理，认识与改造世界需要遵守自然规律；事理对应社会科学，即事有事理，认识与改造世界也要遵守社会规律；人理对应人文科学，是关于人的学科。我们要正确认识与改造社会，坚持微观、宏观结合思想，做到"懂物理、明事理、通人理"。在汶川地震灾后重建实践中，援建工程需要以"物理"知识体系为基础，它们包括管理学、地质学、规划学、社会学、环境学等专业学科知识；"事理"对应时间维度，需要科学评估，合理规划；"人理"要求援建工作以灾区群众的根本利益为中心，处理好人与社会、人与政府、人与自然之间的关系（徐玖平和郝春杰，2008）。

（3）定性到定量综合集成方法。科学的认知过程是"大胆假设，小心求证"，先根据已有的科学理论、经验知识提出经验性假设，它是定性的，要判断经验性假设是否正确，需要通过科学推理和实验手段进行证明，这一过程具有鲜明的从定性到定量方法的特点。综合集成方法从定性到定量要历经三个阶段：通过定性综合集成，到定性、定量相结合综合集成，再到从定性到定量综合集成（于景元，2005）。这三个阶段是循环迭代、逐次逼近，不断否定、修正、完善经验性假设的过程。

（4）"人-机"结合技术。定性到定量综合集成方法的运用涉及专家体系（即"人"）、机器体系（即"机"），专家体系提出经验性假设，而假设是否正确需要通过机器体系不断建模、仿真、实验去求证，人机交互，达到信息、知识与智慧综合集成的目的。对口援建系统工程中，专家体系综合分析援建需求，提出对口援建的经验性假设，机器体系利用多学科知识，建构援建模型，并通过计算机技术循环迭代，提出新信息、新知识、新成果，具体见图4-4。

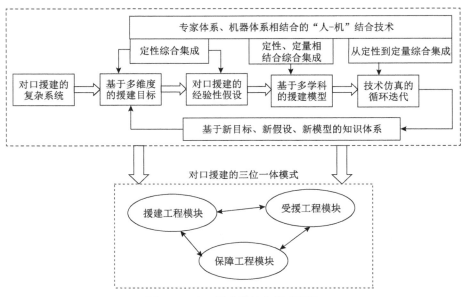

图 4-4 对口援建的综合集成模块

4.2.2 三位一体模式

从图4-4可以看出，对口援建的复杂系统由援建工程模块、受援工程模块、保障工程模块三大"结构-功能体"构成，保障工程模块是援建工程模块、受援工程模块的基础，受援工程模块与援建工程模块相互对接，为地震灾区提供住房建设、设施建设、产业建设、精神建设、生态建设等方面的具体项目。三个模块相互影响、相互作用，形成对口援建系统工程的三位一体模式，具体内容如图4-5所示。

一是援建工程模块。援建工程模块是主要由援建方实施的对口援建系统工程的援建工程部分，其实施的主体是10个援建省（市），它们发挥各自在人力、物力、财力、智力等方面的资源优势，成立援建领导工作小组，并结合极重灾区县

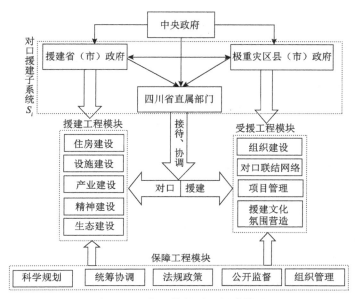

图 4-5　三位一体的对口援建模式

（市）受灾程度、受灾特点等情况，进行对口支援工作，具体来说，包括住房建设、设施建设、产业建设、精神建设、生态建设等维度的援建工作。地震发生后，受灾地区的社会秩序恢复正常通常要历经四个阶段：灾害紧急救援阶段、过渡安置阶段、恢复重建阶段、防灾备灾阶段。

　　在援建初期，主要是住房建设、基础设施和公共服务设施建设方面的项目，援建中期和后期，产业建设、公共服务建设、精神建设方面的项目占主导。住房建设和设施建设是产业建设的基础，产业建设为住房建设和设施建设提供保障。住房建设、设施建设与产业建设要走资源节约型、友好型发展道路，做到可持续发展。精神建设是灾后恢复重建工作的强大动力与保障。

　　（1）住房建设。由临时性住房建设走向永久性住房建设，临时性住房建设又历经帐篷和过渡性板房两个过程。

　　（2）设施建设。主要从基础设施和公共服务设施两大方面开展援建工作。地震使灾区城乡交通设施、电力系统、通信系统、供水与供气系统破坏严重，医院、学校、体育场等公共服务设施损毁严重，需要尽快抢修，恢复灾区人民的生产与生活秩序。

　　（3）产业建设。将援建省（市）支持与灾区自救相结合，恢复农业、工业、商业等方面建设。农业建设方面，修复地震受损设施、农地，注重可持续发展的长效机制，推动农业现代化建设与新农村建设，提高农民收入；工业建设方面，科学规划、合理论证，考虑地震灾区环境承载能力，将工业化与城镇化、信息化相融合，优化产业结构与布局，走绿色工业化发展道路；商业建设方面，努力恢复地震灾区的商业网点经营，保障灾区群众基本商品物质的供应，稳定商品市场交易价格。

（4）精神建设。从心理援建和文化建设两大方面展开。灾区人民亲身经历地震灾害的发生、亲人的离去，救援者目睹了地震后灾区惨状，这些都容易滋生创伤后应激障碍（范方等，2011），出现焦虑、紧张、回避、抑郁等心理问题，而恰当、专业的心理救援能够抚平他们心灵上的创伤，让他们重新树立对生活的信心；地震严重损毁了灾区的文化基础设施，文化遗产和非物质文化遗产损毁严重，文化产业的直接经济损失达 21.87 亿元（邢宇皓和袁祥，2008），在重建地震灾区过程中给受灾群众施与人文关怀、心理抚慰是非常必要的，让受灾群众拥有精神家园是保障社会和谐稳定、安定团结的基础；对口支援体现了"一方有难，八方支援"的抗震救灾精神，正能量的弘扬有利于地震后灾区恢复重建工作的开展。

（5）生态建设。汶川地震 10 个极重灾县（市）位于四川省龙门山脉位置，水、林业资源丰富，然而生态环境也脆弱，受地震破坏严重。国务院颁布的《汶川地震灾后恢复重建总体规划》提出："生态环境的恢复重建，要尊重自然、尊重规律、尊重科学，加强生态修复和环境治理，促进人口、资源、环境协调发展。"①所以，生态建设是灾后重建工程中非常重要的内容。

二是受援工程模块。受援工程模块是主要由受援方实施的对口援建系统工程的援建工程对接服务部分，其实施主体主要是灾区县（市）政府成立的受援领导工作小组及灾区受援对象，受援领导工作小组向援建省（市）传达区域经济社会发展情况、灾区需求，建立有效的对口联结机制，为援建省（市）地震灾后援建项目的开展和恢复重建工作提供服务。如图 4-5 所示，受援工程模块包括组织建设、对口联结网络、项目管理、援建文化氛围营造四大方面的服务内容。

（1）组织建设。在中央政府领导下，组成由极重灾区县（市）政府、四川省直属部门构成的受援领导工作小组，与援建领导工作小组共同统筹规划灾后恢复重建工作。受援领导工作小组分设专门负责项目管理、文化宣传、联络接待等机构，负责项目策划与管理、援建文化氛围营造及对口联结等方面的事宜。

（2）对口联结网络。建立对口联结网络，制定涵盖援建单位、受援单位、直属部门等相关人员的工作联系手册，公开受援办公地址，办公人员职责范围，受援、援建信息反馈与沟通机制，为灾区重建工作的顺利实施提供服务保障。

（3）项目管理。有效的项目策划与管理是援建工作取得良好成效的关键因素，援建项目的需求评估至援建的终止，整个过程都需要科学筹划、精心组织、统一

---

① 《国务院关于印发汶川地震灾后恢复重建总体规划的通知》，http://www.gov.cn/zwgk/2008-09/23/content_1103686.htm，2017 年 9 月 12 日。

指挥、协调控制和绩效评估，以保障援建项目取得预期的成效。受援单位根据各灾区的具体灾情，援建省（市）各单位根据自己的人力、财力、物力、智力等方面的资源优势，共同科学策划、反复论证援建项目的可行性，并注重各援建项目之间的协调管理机制，保障各项目有条不紊开展，并取得预期效果；充分挖掘对口援建系统各方资源，通过资源共享、整合，发挥"1+1+1>3"的协同优势，创新援建项目的合作形式和多样化的援建项目建设模式。汶川地震极重灾区共计有十个，涵盖汶川县、北川县、绵竹市、什邡市、青川县、茂县、安县、都江堰市、平武县、彭州市十个县（市），每个灾区受地震破坏程度不同，有各自的区域特色，因此，受援领导工作小组应向援建省（市）传递援建需求，使对口援建项目建设因地制宜，探寻具有本土特色的建设模式，如援建省（市）实施单位全部援建模式、灾区县（市）自建模式、援建省（市）与灾区县（市）合作模式等。

（4）援建文化氛围营造。良好的援建文化氛围营造是灾后重建工作顺利开展的强大精神力量。对口援建宣传标语的制作，如在地震灾区道路、广场与标志性建筑物上张贴相关欢迎援建单位口号的条幅，既能激励灾区群众投身援建工作，树立重建美好家园的信心，同时又能表达广大灾区群众对援建单位、援建人员的感激之情；通过援建竣工项目命名、树立碑文、题字等方式，纪念援建省（市）对灾区重建工作的重大贡献；营造"万众一心，众志成城"的工作氛围，通过召开对口"援建—受援"工作誓师大会、经验交流会、工作总结会、先进工作表彰会等形式，使参与援建工作的单位劲往一处使，集中力量做好地震灾区恢复重建工作；通过开展文艺联谊会，纪念援建省（市）各单位与灾区县（市）受援单位、广大群众之间的深刻友谊；通过报纸、电视新闻、网络平台等诸多媒介，报道对口援建工作的典型案例、光荣事迹、重大成就，向社会大众弘扬"一方有难，八方支援"和灾区群众"自力更生，艰苦奋斗"的强大正能量。

三是保障工程模块。保障工程模块主要为援建工程模块的援建项目、受援工程模块的援建服务提供支撑平台，如图 4-5 所示，它体现在科学规划、统筹协调、法规政策、公开监督和组织管理这五个方面。

（1）科学规划。古人云："凡事预则立，不预则废。"科学规划是项目建设的龙头，对口援建规划的制订应本着"政府牵头主导、专家精心编制、地震灾区群众参与"的原则，提升其科学性、合理性、可行性，切实有效地指导灾区重建工作。国务院办公厅 2008 年 6 月 18 日印发了《国务院办公厅关于印发汶川地震灾后恢复重建对口支援方案的通知》，各援建省（市）根据国务院、党中央的统一决策部署，制订并颁发灾后恢复重建工作方案，如浙江省对口支援青川县的《浙江省支援青川县灾后恢复重建方案》、福建省对口支援彭州市的《福建省对口支援彭州市灾后恢复重建项目建设规划》、山东省对口支援北川县的《山东省对口支援北川灾后恢复重建工作方案》等，统筹规划、分步推进，保障对口援建工作的有序进行，推动地震灾区经济与社会的重建与发展。

（2）统筹协调。汶川地震灾后对口援建工作是一个复杂的巨系统，成千上万的组织、数以亿计的人员投身于重建工作，它们有中央政府、援建省（市）政府、灾区县（市）政府、社会机构、非政府组织（Non-Governmental Organizations，NGO）、技术与专家人员、灾区人民、普通大众，因此，需要加强参与救灾工作各方主体之间的统筹协调工作。中央政府根据灾区情况，制订总体规划与法规，实施资源对接。援建省（市）政府、社会机构与非政府组织、技术与专家人员结合自身优势，为灾区提供人力、物力、财力、智力等方面的帮扶。灾区县（市）政府是对口援建工作的中心枢纽，负责与各方的协同沟通工作，向社会传达灾区需求，接受社会各方的帮扶，并结合自身力量，进行经济社会恢复与重建工作。灾区人民、普通大众积极为灾区恢复与重建工作添砖加瓦。

（3）法规政策。中央、省市、地方政府制定对口援建的相关法律、法规、政策、条例，为灾后经济社会恢复与重建工作提供制度保障，如国务院颁布的《汶川地震灾后恢复重建条例》让地震灾区的援建工作有法可依，省市、地方政府根据中央文件精神，制定资金管理法规、项目管理法规，以及相应的财政、税收、产业等方面的优惠政策，鼓励援建省（市）各单位、社会组织加入灾后重建工作，同时也有利于灾区地方企业重建、经济与社会的发展。

（4）公开监督。中央政府明确规定，汶川地震各援建省（市）每年对口支援实物工作量按不低于本省（市）上年地方财政收入的1%，连续支援三年，抗震救灾资金、物质要接受中央抗震救灾领导工作小组的统一指挥，援建省（市）相关负责部门加强监督，发现违法违规挪用资金、占用资金、贪污款项事件，依照法律、法规规定，严肃处理、绝不姑息；同时社会救灾捐赠款物的相关情况，如数额、来源、用途，通过报纸、电视、官方网站等平台及时更新信息，公开、透明地向社会发布，并接受社会大众的监督。

（5）组织管理。地震灾区的对口援建工作在中央政府的统一指挥与部署下，援建省（市）地方政府成立专门的对口援建领导工作小组，地震灾区县（市）地方政府成立相应的受援领导工作小组，负责援建工作的具体实施。中央政府、援建省（市）地方政府、灾区县（市）地方政府之间相互衔接、相互影响，形成对口援建工作的组织体系保障，具体如图4-6所示。

综上所述，援建工程、受援工程、保障工程三大模块相互联结、相互协调，构建了汶川地震灾区对口援建的三位一体模式。该模式是有本土特色的中国式赈灾方式，它充分彰显了"一方有难，八方支援"，以及受灾地区"自力更生，艰苦奋斗"的抗震救灾精神，保障了灾后重建工作的顺利开展。

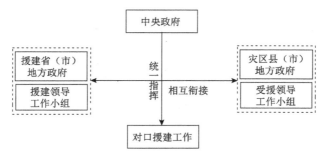

图 4-6　对口援建工作的组织体系

4.3　极重灾区对口援建的特色

4.3.1　援建的指导思想

对口援建是我国政府对汶川地震的巨大破坏提出的一种具有中国特色的赈灾方式。"5·12"汶川地震发生后，灾区的灾后重建工作任务艰巨，尤其是十个极重灾区受地震破坏的程度更加严重，单纯依靠灾区地方政府和中央政府的力量，抗震救灾、灾区经济社会恢复与发展尚存在一定的困难和难度。为此，中央政府、国务院在"5·12"汶川地震发生后不久，先后召开对口援建工作会议，颁布了《关于对口支援四川汶川特大地震灾区的紧急通知》[①]《国务院办公厅关于印发汶川地震灾后恢复重建对口支援方案的通知》《国务院关于印发汶川地震灾后恢复重建总体规划的通知》等方案与通知，提出建立汶川地震灾后恢复重建的对口援建机制，明确了对口援建的原则、方案、内容、方式和任务等重大问题。在中央政府的统一指挥下，四川省、对口援建的各省（市）纷纷出台与对口援建相关的具体实施方案，以及实施方案的通知或会议，具体见表 4-3，形成了中央统一部署、地方对口支援的灾后灾区经济社会重建机制。

表 4-3　援建省（市）地方政府对口支援文件、通知、会议一览表

时间	文件/通知/会议	主旨思想（内容）
2008 年 6 月 3 日	《关于四川茂县灾后恢复重建对口支援框架方案的初步意见》（讨论稿）	动员山西省各界力量，对茂县人力、物力、财力、智力等方面给予大力支持
2008 年 6 月 16 日	辽宁省委、省政府召开部署对口支援四川安县地震灾区恢复重建工作会议	加强与安县灾区沟通，确定对口援建方案；重点解决灾区群众的生活问题；加强组织领导与工作协作，形成对口支援合力

---

① 《关于对口支援四川汶川特大地震灾区的紧急通知》，http://www.gov.cn/zwgk/2008-05/23/content_990040.htm，2017 年 4 月 16 日。

续表

时间	文件/通知/会议	主旨思想（内容）
2008 年 6 月 20 日	《四川省人民政府办公厅关于印发汶川地震灾后恢复重建对口支援实施意见》	四川省对口援建的基本原则、主要内容、工作机构、联系机制、工作要求
2008 年 6 月 21 日	上海对口支援都江堰市灾后重建领导小组举行第一次会议	对口支援工作要以项目为主线，援建项目以当地为主实施；优化对口支援工作机制，细化工作任务和措施
2008 年 7 月 3 日	江苏省政府召开全省对口支援绵竹灾后恢复重建工作会议	按照 "一市帮一受灾乡镇" 原则，江苏省 13 个省辖市和进入全国百强县前十位的 7 个县级市（区）对口支援绵竹的 20 个乡镇
2008 年 7 月 25 日	《广东省对口支援汶川地震灾区恢复重建工作方案》	广东省在确定省级财政支援范围的同时，选定 13 个地级市结对帮扶汶川县的 13 个乡镇
2008 年 7 月 25 日	《山东省对口支援北川灾后恢复重建工作方案》	以科学发展观为指导，坚持五项原则，处理好四大关系，再造一个新北川
2008 年 8 月 2 日	北京市与什邡市共同签署《北京市什邡市灾后恢复重建对口支援（2008—2010 年）总体框架协议》	北京市对口支援什邡市恢复重建的资金总盘子不低于 70 亿元（包括北京市政府财政资金、社会捐助资金），用于项目建设、智力支持和产业合作
2008 年 8 月 28 日	《河北省对口支援四川省平武县地震灾后恢复重建框架协议》	明确对口支援的指导思想、总体原则、工作机构、对口援建范围、援建重点及项目建设方式等内容
2008 年 8 月 29 日	福建省人民代表大会常务委员会	福建省援建资金盘子由地方财政性资金安排 1%，社会各界捐助资金约 14 亿元（不计入 1% 范围）
2008 年 10 月 30 日	《浙江省对口支援青川县灾后恢复重建项目管理办法》	根据浙江省和青川县对口支援工作实际，规范浙江省对口支援青川县灾后恢复重建项目管理工作

4.3.2　援建的基本原则

　　"5·12" 汶川地震发生后的第一时间，在党中央、国务院的统一部署下，各省区市纷纷奔赴灾区，开展抗震救灾工作。在救援受灾群众生命的同时，灾区恢复重建、产业发展与生态恢复工作也逐步提上日程。为此，2008 年 6 月 18 日，国务院办公厅向国务院各部委、各直属机构、各省（自治区、直辖市）人民政府印发了《国务院办公厅关于印发汶川地震灾后恢复重建对口支援方案的通知》，举全国之力，加快地震灾区灾后恢复重建，提出建立灾后恢复重建对口支援机制的四项基本原则，具体内容如下。

　　第一，坚持 "一方有难，八方支援" "自力更生，艰苦奋斗" 的方针，承担对口支援任务的有关省市积极为灾区提供人力、物力、财力、智力等各种形式的支援；受援地区树立地方为主的思想，充分发挥干部群众的积极性，互帮互助，苦干实干，生产自救，重建家园。

第二，根据各地经济发展水平和区域发展战略，中央统筹协调，组织东部和中部地区省市支援地震受灾地区。

第三，按照"一省帮一重灾县"的原则，依据支援方经济能力和受援方灾情程度，合理配置力量，建立对口支援机制。在具体安排时，尽量与安置受灾群众阶段已形成的对口支援关系相衔接。

第四，对口支援期限按三年安排。在国家的支持下，集各方之力，基本实现灾后恢复重建规划的目标。

4.3.3　援建的地方特色

援建省（市）成立援建领导工作小组及相关援建机构，承担相关援建工作，形成援建工程模块；10 个极重灾县（市）成立受援领导工作小组及相关受援工作机构，开展受援工作，形成受援工程模块；四川省相关省直属部门成立对口支援小组，在中央政府的统一指挥下，对口援建领导小组负责援建省（市）与极重灾区受援县（市）之间的衔接、协调、接待工作，是援建工程模块、受援工程模块的保障。10 个极重灾县（市）的主要领导作为受援机构的负责人，及时向援建省（市）反馈灾区的受灾情况、地震之前县域经济社会发展状况、灾后恢复重建工作的部署等事宜。10个对口援建省（市）的主要领导作为援建机构负责人，在充分考察、调研灾区灾情的基础上，与受援县（市）进行对接，制订灾区对口援建方案，三大模块相互作用、相互影响，共同推进重建工作的顺利开展。由于 10 个极重灾区的具体灾情不同，三位一体模式下的对口援建工作也体现出鲜明的区域特色。

1. 上海市—都江堰市援建特色

（1）将灾后重建与区域持续发展相结合，着力推进重建规划科学化。都江堰市运用统筹城乡的理念和"三个集中"（即工业向园区集中、土地向规模经营集中、农民向城镇集中）的根本方法，科学编制了灾后重建总体规划和城乡产业发展、土地利用、基础设施建设、社会事业发展、生态环境保护等专项规划，形成了城乡统筹、相互衔接、全域覆盖的规划体系和监督执行体系；严格按照"发展性、多样性、相融性、共享性"原则，科学编制农村灾后重建规划；城市住房重建方面，通过对青城山片区、古城区等世界遗产保护区域实施建筑密度控制和建筑品质提升，对中心城区进行科学规划，进一步展示历史文化底蕴，彰显山、水、田、城、林、堰的城市特色，塑造"显山、亮水、秀城、融绿"的城市魅力。

（2）将灾后重建与优化城乡形态相结合，着力推进城乡发展一体化。都江堰市充分尊重和顺应"城市与农村相互依存共生共荣、城乡发展必须统筹推进"这条现代化发展的重要规律，统筹推进灾后重建，着力构建"城市是现代城市，农村是现代农村，现代城市和现代农村和谐相融，现代文明和历史文化交相辉映"的新型城乡形态。在城乡空间布局上，通过科学规划"三线九镇"①建设，打造田园风光旅游区、特色效益农业集聚区，统筹推进城镇特色化发展，加快构建共生共荣的城乡形态。按照打造城市居住新区、优化提升古城区的思路，启动了城市新区和古城区市政设施、基础设施、公共设施建设，为优化提升城市功能创造了条件。

（3）将灾后重建与社会事业发展相结合，着力推进公共服务均衡化。都江堰市按照公共服务资源均衡化配置的要求，加快推进城乡公共服务设施重建。将学校、医院、文化服务设施等公共设施作为灾后重建的重点，截至 2010 年末公共服务设施重建项目已累计开工 427 个、累计竣工 400 个、累计投资 53.09 亿元，占规划总投资的 93.8%；全面完成了 51 所学校、25 个乡镇（社区）卫生重建项目和 13 个文化重建项目。

（4）将灾后重建与城乡产业配套相结合，着力推进生产发展高端化。现代服务业方面，着眼于打造龙门山国际旅游集散中心、大青城旅游区的核心区，全面推进国际旅游城市建设；新型工业方面，突出低碳经济发展导向，加快发展产业高端和高端产业，规划到 2010 年末集中打造 2 平方千米集约环保型工业发展示范区，20 万平方米标准化厂房竣工；现代农业方面，全面推进 10 万亩②现代生态农业集聚区建设，建成崇义现代高科技园等核心园区，加快推进猕猴桃标准化出口基地、万亩川芎基地等特色产业化基地建设。

2. 福建省—彭州市援建特色

（1）输血与造血结合。福建省对口援建彭州市的指导思想是坚持"硬件"与"软件"相结合、"输血"与"造血"相结合、当前与长远相结合，为灾区提供人力、物力、财力、智力支持。并且考虑发挥市场机制，鼓励和引导闽籍企业特别是福建省在四川省企业到彭州市投资兴业，促进当地经济社会发展。

（2）援建与合作结合。截止到 2010 年 9 月 30 日，福建省共确定了 146 个援建项目，总投资 33.78 亿元。115 个"交钥匙"项目全面完成建设任务，在对口援建工作中福建省率先完成"交钥匙"项目建设，得到国家、四川省、成都市的充分肯定。抓好援建项目推进的同时，援建工作也注重长效合作机制的建设，截至

---

① "三线"即蒲阳—向峨发展轴线、紫坪铺—龙池—虹口发展轴线、玉堂—中兴—青城山—大观发展轴线。"九镇"即蒲阳、向峨、紫坪铺、龙池、虹口、玉堂、中兴、青城山、大观九个特色风情小镇。

② 1 亩 ≈ 666.67 平方米。

2010 年 9 月 30 日，已有 26 家闽籍企业与彭州市签订了总投资 24 亿元的投资协议，已落地建成项目 15 个，投产营业 13 家，总投资 5.86 亿元。援建与合作模式取得了显著成就，得到了党中央及四川省的充分肯定。

3. 北京市—什邡市援建特色

党中央、国务院安排北京市对口支援什邡市灾后恢复重建以来，北京将其作为重要的政治任务和义不容辞的责任，始终坚持以科学发展观为指导，严格按照"围绕一个盘子、开展两方合作、把握三个重点、突出四个优先"的总体工作思路，紧紧围绕北京市委、市政府确定的"争创全国一流"目标，充分借鉴北京奥运理念和奥运工程建设经验，用"首都理念""首都意识""首都标准""首都精神"创立了独具特色的"首都援建模式"——统筹兼顾、民生优先、科学援建、面向未来，援建工作取得了重大成果。灾区群众充分感受到社会主义制度的优越性和祖国大家庭的温暖，充分感受到北京市与什邡市的两地亲情和心手相连。

（1）注重统筹兼顾，在科学规划中体现"首都理念"。2008 年 5 月，党中央、国务院做出"一省帮一重灾县，举全国之力，加快恢复重建"的英明决策，这是灾后重建中最大的创新。北京市积极探索援建规律，以改革创新的精神建立了统一有序、高效运转、无缝对接的援建工作机制；以科学理念、科学规划为科学援建提供了强有力的支撑，体现了"首都理念"。

（2）突出民生优先，在以人为本中体现"首都意识"。在援建工作中，北京把解决灾区群众最迫切、最需要的民生问题作为重中之重，牢固树立以人为本理念，坚持"安民、惠民、便民、利民"的民生观，一切为了灾区人民，真心实意为灾区人民做好事、办实事、解难事，在援建资金和建设时序上突出"民生项目优先、公共服务设施项目优先、基础设施项目优先、重灾区项目优先"，让群众充分享受到援建成果，将"以人为本、以民为先"的理念贯穿对口援建始终。

（3）注重科学援建，在优质援建中体现"首都标准"。北京援建充分借鉴北京奥运理念和奥运工程建设经验，坚持高起点、高标准，将"绿色、科技、人文"三大理念和"质量、安全、工期、功能、成本"五统一融入援建工作中，创立了科学援建的优质、廉洁、高效样板。

（4）坚持面向未来，在共建共赢中体现"首都精神"。北京充分发挥全国政治、经济、文化中心的人才优势、科技优势、区位优势和文化优势，整合各方力量，与什邡市在产业投资、园区建设、商务贸易、人才培训交流、劳务合作等方面建立长效合作机制，将当前援建与长期合作紧密结合，变援建为合作，使什邡市在观念、体制、机制上与北京市实现顺接，提升什邡市在"后援建时代"乃至今后更长时期的可持续发展能力。

总之，北京市援建工作坚持当前与长远相结合、"输血"与"造血"相结合、"硬件"建设与"软件"支持相结合、智力援助和精神家园援建相结合的原则，促成地震灾后什邡市的可持续发展。

4. 江苏省—绵竹市援建特色

（1）江苏省对口援建为主。江苏省对口援建坚持统一领导、统一规划、统一标准、统一政策，"硬件"与"软件"相结合、"输血"与"造血"相结合、当前与长远相结合、生产与生活相结合的原则。按照"规划为龙头、民生是根本、创新求突破、'输血'更'造血'、帮忙不添乱"的基本思路，全力推进"群众安居、公共服务、基础设施、产业振兴、智力支持、就业援助"六大工程。群众安居优先，把城乡居民住房重建作为重中之重，加快推进援建城乡住房建设。重点恢复公共服务和基础设施，包括教育类项目、卫生类项目、文化类项目、民政类项目等诸多建设内容，公共服务和基础设施的援建，不仅要让绵竹市人民的生活生产秩序得到及时有效恢复，更要让全市公共服务和基础设施建设发展水平至少提前20年。着力助推产业振兴，江苏省对口援建承担单位与绵竹市共同建设了江苏工业园、汉旺无锡工业园，本着"政府推动、市场运作，优势互补、互利双赢"的原则，组织开展"百企百亿"产业对接活动，推动江苏省产业向绵竹市转移，鼓励江苏省企业到绵竹市投资，促进绵竹市产业集聚、企业集群发展。利用绵竹市与江苏省镇江市相似的地理环境，发挥江苏省拥有现代先进农业生产技术和人才的优势，帮助规划建设高效农业示范园。帮助发掘"中国年画之乡"资源，发展壮大年画产业，利用沿山丰富旅游资源，打造沿山旅游观光带。智力支持与就业援助并举，组织绵竹市村以上干部、教师、医护人员赴江苏省培训，提供恢复重建所急需的全方位技术人员支持，选派心理专业教师和学生赴绵竹市开展心理咨询、教学等志愿服务。实施就业援助工程，建立劳务输出基地，落实对企业和就业人员的优惠与帮扶政策，开展定向培训，多次组织江苏省企业在绵竹市举行用工大型专场招聘会。

（2）社会各界帮扶为辅。按照住房和城乡建设部的安排，江苏省、辽宁省、天津市、北京市援建绵竹市过渡安置房及配套设施建设，并承担所有板房建设的规划选址、搬迁等工作，保障在地震后不久，全市所有住房毁损的城镇居民和宅基地灭失的农村居民入住板房，学校复课，医疗、金融等恢复临时服务。中国红十字会启动救灾工作预案，组织和动员中国红十字会工作者、中国红十字会会员、中国红十字会志愿者投入抗震救灾，及时对外公布接受捐赠的银行账号和热线电话，建立救灾物资接收点，组织志愿者接收分发帐篷、衣物、饮用水、医疗物品等救灾物资，成功实施红十字会与红新月会国际联合会在"5·12"汶川大地震灾区中最大的援建项目——援助绵竹市农房重建项目。香港和澳门救世军与绵竹市卫生和计划生育局签订正式援建协议书,由香港和澳门救世军援建绵竹市村卫生站建设医疗用房及医疗器械设备,促进了绵竹市农村三级医疗卫生体系的完善,提升了农村群众的就医环境。社会资源由绵竹市人民政府负责协调,友成企业家扶贫基金会与麦肯锡公司提供人力、技术等志愿服务的"社协平台"(即绵竹市灾后援助社会资源协调平台)组织协调各类公益慈善项目和活动近百项,实现资源对接与匹配,形成政府主导和社会参与相结合管理与协调社会资源的创新模式。绵竹市各级、各类志愿者队伍在绵竹城区各个灾民安置点和镇乡设立志愿者服务站,提供志愿者服务,承担和完成了物资搬运、转移受伤群众、抢收抢种、分发宣传资料、维护清洁卫生等各项任务。同时,开展对帐篷学校的规范管理,搭建红领巾图书室和青少年活动中心,协助援建单位搭建移动板房学校,募集学习用品、体育用具等,开展文化活动,组织民间文艺团队深入农村开展文化互动活动等。

5. 山东省—北川县援建特色

在党中央、国务院的坚强领导下,山东省委、省政府紧紧围绕"再造一个新北川"的目标,高度重视、精心组织、周密安排,形成了"科学援建、务实援建、和谐援建、真情援建"的山东特色,举全省之力支援北川县灾后恢复重建。

(1)科学援建。为保证对口援建工作的协调开展,调动和发挥各市的积极性与创造性,山东实施了"统分结合、省市联动"的援建机制。创新项目援建模式,为充分发挥援建双方的各自优势,根据项目特点,实行"交钥匙"与"交支票"相结合的方式。创新项目建设标准和造价控制机制,严把项目建设规模和标准,依据国家有关要求和北川县实际,统一确定项目建设内容和设施设备配置标准,严把设计关,按照国家标准实行限额设计,聘请专业咨询机构,对项目的投资概算进行审核。创新项目建筑材料(以下简称建材)供应模式,本着"平抑物价、保障供应、保证质量"的目的,在北川县兴建了日产 30 万块标砖的现代化页岩砖厂,以页岩砖厂项目为依托,成立了北川鲁援新型建材有限公司和建材集中采购管理部,构建了主要建材集中供应的管理格局,确保了建材质量和价格的相对稳定。创新项目建设管理模式,实施了援建项目每月观摩点评和通报制度,根据观摩点评情况进行打分排名通报,交流推广先进经验,及时发现现场施工管理、质量控制、安全管理等方面存在的不足,提高了工程质量和安全生产管理水平。

(2)务实援建。重点抓民生问题,着力抓好与群众切身利益密切相关的项目建设,做到了"三个优先"[即道路基础设施优先、民生(城镇住房)工程优先、公共设施优先];重点抓产业发展,认真研究北川县发展的优势和潜力,分别对第一产业、第二产业、第三产业发展确定了三个重点载体,最大限度地启动北川县发展的内在动力；重点抓项目建设速度，"三年任务两年基本完成"对项目建设提出了很高的要求，援建工作通过科学安排工序，合理施工组织，强化力量和后勤保障，采用先进技术，发扬"五加二""白加黑"的精神，争分夺秒、日夜奋战，按时、保质地完成了建设任务；重点抓工程质量，坚持把质量要求放在工作的第一位，严格落实质量责任终身制，严格执行抗震设防等强制性建设标准规范，严把招标投标、建材供应、施工管理等各个关口；重点抓后续保障工作，援建项目完成交付使用后，开展了多种形式的后续服务，加强对当地管理维护人员的业务培训，确保其发挥最大效能。

（3）和谐援建。注重处理好与四川省、绵阳市和北川县的关系。积极与四川省、绵阳市搞好灾后恢复重建的总体规划、政策措施和基本要求的沟通对接。充分尊重北川县灾后恢复重建主体地位，尊重当地干部群众重建家园的积极性、主动性和创造性，尊重当地群众的风俗习惯和文化特色。认真学习当地干部群众自强不息、乐观向上、艰苦奋斗、重建家园的优秀品质。建立了山东省、北川县、中国城市规划设计研究院三方指挥部每周联席会议制度，规划设计协调会议制度，三方联合巡查制度，有事共同研究、共同商量、共同解决，形成了高效的工作运转机制。

（4）真情援建。坚持物质援建与精神援建相结合、生产援建与生活援建相结合，采取多种形式开展人文关怀、心理援助，真正做到了全方位、立体式的真情援建、倾情援助。一是开展对灾区干部群众的心理健康培训。选派多批心理医生到北川县开设心理门诊，接受患者的心理咨询，同时深入受灾较重的地区对重点人群、重点家庭开展心理干预，在学校举办心理卫生讲座。邀请专家对来山东省培训的北川县干部开展心理健康讲座，与灾区干部进行面对面、一对一心理咨询，帮助北川县干部掌握灾后自我心理调适，以及应对心理压力的策略和技巧。二是开展形式多样的人文关怀活动。山东省对口支援北川县灾后恢复重建领导工作小组下设的援川办公室和北川县工作指挥部组织开展了"一对一"帮扶活动，安排一名援川干部帮扶一名当地干部群众或一名三孤（孤儿、孤老、孤残）人员。

6. 河北省—平武县援建特色

平武县委、县政府在灾后恢复重建中，坚持以科学发展观为指导，正确处理灾后科学重建与科学发展的关系，紧紧抓住"国家拉动内需、灾后重建、河北省援建"的三重机遇，立足当地实际，按照"抓项目、促重建、强投入、促发展、重民生、促和谐、促稳定、强基础"的总体思想，加快灾后恢复重建和经济社会发展。

（1）以项目为重点，加快灾后恢复重建步伐。平武县委、县政府按照绵阳市委、市政府提出的"三年重建任务两年基本完成"的总体要求，全县上下牢固树立"抓项目就是抓发展、抓民生，抓大项目就是抓大发展"的理念，紧紧抓住三重机遇，加快基础设施恢复重建、产业发展和民生工程建设，为全县经济和社会事业的恢复与县域经济的发展打下坚实的基础。

（2）以产业发展为重点，加快县域经济发展。平武县委、县政府紧紧抓住"国家拉动内需、灾后重建、河北省援建"的三重机遇，用好、用活河北对口援建的中小企业产业基金、农业产业化基金，以及国家产业发展相关政策，全力推进产业恢复重建。平武县委、县政府按照科学发展观的要求，大力实施"生态立县、工业强县、旅游兴县、和谐发展"四大战略，突出抓好"水电、矿产、旅游、特色农业"四大产业。农业上，认真落实各项惠农政策，及时修复因灾损毁的农林、水、畜牧等基础设施；加快茶叶、核桃、食用菌、中药材等特色产业的培育，发展壮大四川省平武茶业有限责任公司、绵阳鑫源茧丝绸有限公司、平武县馨悦魔芋开发有限公司等重点农产品加工企业，努力增加群众收入。工业上，以水电开发为重点，积极延伸产业链条，提升以锰、铅、锌、铁为主的工业产品精加工水平，提高产品附加值，加快南坝工业集中区的恢复重建，为企业集中到工业集中区恢复重建奠定基础。旅游业上，恢复与完善报恩寺国家 4A 级旅游景区、王朗国家级自然保护区、虎牙大峡谷生态旅游区和宽坝林场、老河沟林场、小河沟林场等度假休闲旅游接待点的基础设施，提升景区可进入性和影响力，提升平武县观光旅游和旅游接待的整体水平，努力把平武县建成四川省旅游的重要目的地和绵阳市旅游业的重要支柱。

（3）以招商引资为重点，为加快发展注入新活力。平武县委、县政府紧抓灾后重建、承接产业转移这一有利契机和河北省援建这个有利平台，成功签约"工业锰灾后恢复重建生产""铜、铁矿采选"两个工业项目。同时，通过对农业产业化"八大主导产业"（即平武绿茶、平武核桃、平武中药材、平武大红公鸡、平武黄牛、平武果梅、平武食用菌和平武生态猪）的包装推介，四川香叶尖茶叶股份有限公司与平武县签订了正式开发协议，建设万亩旅游观光茶园及开展茶叶精深加工项目。此外，为了加强旅游目的地建设，平武县还开发建设了对王朗白马旅游风景区整体开发、虎牙生态旅游精品景区开发、县城接官亭四星级酒店及旅游商业服务区建设、城区旅游接待三星级酒店建设等项目。为了进一步缩短九黄环线距离，缓解平武县交通压力，平武县结合灾后重建规划，建设了绵阳至九寨沟高速公路、四川平武至甘肃文县公路隧道工程、黄土梁隧道工程等基础设施项目。

（4）以民生建设为重点，建设和谐美好的新平武县。平武县委、县政府提出，地震后重建，民生设施优先。灾后重建以来，平武县加大交通水利、电力、教育和卫生的重建力度。交通方面，抢通干线公路与农村公路，全力做好九遂路（九寨沟—遂宁）平武段公路改造、成青路（成都—青城山）平武段公路重建、黄土梁隧道等道路交通工程建设。水利方面，以解决场镇居民安全饮水和农村群众安全饮水为重点，完成了南坝镇、平通镇等场镇供水工程重建，完成了平通镇、南坝镇和南坝工业集中区等防洪堤建设。电力方面，将投入千万元加快南坝镇输变电工程建设。教育方面，整合教育资源，大力调整学校布局。卫生方面，科学编制了全县卫生系统重建规划，拟建成县、乡、村三级农村卫生服务网络。

7. 辽宁省—安县援建特色

（1）多元筹资。农房重建资金是灾后重建尤其是灾民安居的重要保障，安县采取政府补助、群众自筹、金融贷款、亲友借助相结合的办法解决农房重建资金等问题。对开工重建永久性住房的农户，及时按政策标准兑现补助。设立农房重建贷款"绿色通道"，政府做风险担保，提高农房重建贷款额度，适当放宽限贷条件，加大信贷支持。对山区因灾失地群众实行特殊优惠补助政策，帮助他们尽快重建家园。

（2）以人为本、民生优先、安居为重。因地制宜、因时制宜地提出要先为安县灾区办好群众生活救助、学生按时复课、医疗卫生帮扶、道路抢通保通、排除水利隐患、企业恢复生产、乡镇规划编制、对口就业援助、社会安全稳定、丰富精神文化生活十件急需的实事，在此基础上全面展开对口援建工作。

（3）"输血"与"造血"相结合。地震后不久，辽宁省就按照"一厂一策"的办法指导安县企业恢复生产，先后有 5 批工业、农业产业化龙头企业到安县指导恢复生产、合资合作；建成辽安工业园，园区主体为华晨汽车发动机及零配件项目，为灾区提供较多就业岗位，承接约 150 家灾区异地重建企业；辽宁省还投入 6000 万元帮助安县发展旅游产业，投入 2000 万元建设农业科技园，投入 1000 万元建立扶贫基金，多方面为安县的长远发展夯实基础。援建之初，辽宁省便注重对安县提供智力支持。安排 100 名乡镇和部门干部到辽宁省培训或挂职，培训安县教师 1000 余人次。编写印制了 1 万套科普系列丛书，指导农民重建家园发展生产，向安县提供就业岗位 1500 个，指导安县就地就近实现就业 1.2 万人。

8. 浙江省—青川县援建特色

援建工作各级各部门全力以赴、紧密配合，与当地党委、政府和广大干部群众一起，克服重重困难、顽强拼搏、团结奋斗，围绕加快家园重建、设施重建、产业重建、智力物力援助四条主线，形成科学援建、高效援建、惠民援建、富民援建、智力援建、生态援建六大特色援建模式。

（1）科学援建。规划是科学援建工作、合理安排项目的重要依据，也是青川县灾后重建、长远发展的迫切需要。援建工作坚持规划先行，深入开展调研；援建一开始就组织了浙江省专业测绘人员和地质勘查人员，在全县乡镇开展地形测绘和地质灾害危险性评估工作；组织了省内多家规划设计单位、科研院所专业规划研究人员，编制青川县城镇体系和乡镇总规、控规，生产力布局，流域规划，教育设施规划，交通、水利、旅游、特色产业、农村示范点等专项规划。使青川县在较短时间内建立起了较为完整的规划体系，为灾后恢复重建提供科学指导。实践证明，援建各项规划工作符合国家灾后恢复重建的方针政策，符合青川县灾后重建实际和长远发展需要。

（2）高效援建。援建牢牢抓住项目建设这个中心，坚持项目落地是硬道理，树立项目就是援建中心、项目就是检验标准的理念。连续组织实施了两个"双百攻坚战役"（确保 100 个项目提前建成，同时再推进 100 个项目的开工建设），强力推进项目建设。层层签订目标责任状，每月统计，张榜公布，加强考核；每月召开建设现场会，督促建设单位配足、配强施工力量，开足马力，夜以继日，争分夺秒抓建设，不断掀起施工建设高潮。

（3）惠民援建。援建工作紧紧围绕尽快解决青川县灾区住房难、上学难、就医难、行路难、饮水难等问题，把青川县老百姓急需的作为援建工作要做的，真正造福当地灾区百姓。援建工作投入 6 亿元，帮助 6 万多名农户完成农房重建；援建了城镇居民永久性住房 36 万平方米共 4273 套；援建了 49 所学校、37 所医院、7 所福利院、193 条道路、158 座桥梁、34 条防洪堤；投入 3 亿元资金解决老百姓饮水安全[①]。

（4）富民援建。援建工作坚持"输血"与"造血"并举，着眼青川县的长远发展，人民的安居乐业。截至 2010 年末，浙江省帮助打造的川浙合作产业园已有 18 家企业落户，总投资超过 31.3 亿元。援建工作坚持从青川县实际出发，积极帮助发展农业特色产业，建设农业特色产业基地 5 万余亩。其中：建立茶叶项目 14 个，改造茶园 6280 亩，新造茶园 420 亩，茶叶加工能力 1281 吨；建立核桃项目 10 个，示范基地 10 个达 36 500 亩；建立食用菌项目 20 个，示范基地 14 个，年菌种制种能力 550 万斤[②]，年加工能力 4500 吨；建立畜禽养殖项目 32 个，标准化养殖小区 25 个，存栏鸡 20 万羽、猪 2 万头、兔 1.5 万只、羊 5000 只；建立水产养殖项目 5 个。[①]

（5）智力援建。援建工作注重整合资源、转变方式、提升层次、增加效益，多次加大对青川县支医、支教、支农，提供工程咨询、科技服务，以及维护社会治安和交通秩序。全面实施"十百千万智力支援工程"[③]，组织开展干部、技术人员等各类培训，较好地在解决灾区群众急需、急盼的实际问题上，不断提升智力

---

① 内部资料数据，由青川县发展和改革局提供。

② 1 斤=0.5 千克。

③ "十"是指在规划编制、建筑设计、农林科技等 10 个方面给予有效指导；"百"是指选派百名教师、百名医生到青川县支教、支医，同时对青川县百名乡村医务人员进行培训，组织青川县百名教师赴浙江省进修；"千"是指让青川县千名干部赴浙江省培训；"万"是指对青川县万名劳动力实行技能辅导，培养万名致富带头人。

支援的层次和水平。建立了浙江-青川劳务信息平台，帮助 12 000 多人实现就业。

（6）生态援建。借鉴浙江省"千村示范、万村整治"的做法，结合青川县实际，以"五改二治五化"（即改路、改线、改水、改厕、改房，治污、治乱，道路硬化、周边绿化、污水净化、环境美化、居住秩序化）为重点，以"精致、生态、文化、特色"为目标，按照有组织领导、有规章制度、有经费保障、有监督检查、有专业队伍、有典型示范的"六有"要求，大力实施"十镇示范、百村整治"工程，硬件设施建设得到了显著改善，帮助青川县初步建立了一套长效管理机制。

9. 广东省—汶川县援建特色

在短短三年时间内完成灾后重建，是我们战胜自然灾害的又一伟大壮举，恢复重建中有很多创新和探索，形成了"科学规划、统筹兼顾、以人为本、体系保障"的汶川模式。

（1）科学规划。援建工作坚持规划为先、发展为要，按照"一心两廊四区"[①]县域体系布局，集中全国乃至全世界的智慧，充分考虑汶川生态环境承载能力，注重处理恢复与提升、当前与长远、城市与农村的关系，完成了全县 13 个乡镇的灾后重建总体规划和城乡住房建设、基础设施建设等 10 个专项规划，首次实现城乡规划全覆盖并向村组延伸，保障灾后恢复重建工作科学性、有效性。编制的恢复重建总体规划和专项规划，充分考虑了生态环境承载能力，注重处理恢复与提升、当前与长远的关系，成为指导科学重建的纲领性文件，保障了恢复重建工作有力、有序、有效推进。

（2）统筹兼顾。恢复重建，不是简单地恢复，而是要有提高。援建工作加快恢复重建与推进发展起跳、促进经济社会发展紧密结合，充分利用自身发展基础、资源禀赋，紧紧抓住重建发展的资金、项目、政策机遇，高度重视产业升级，推进新型工业化、新型城镇化、农业产业化、旅游国际化、文化市场化互动发展，大力发展"三新工业""三高农业""三精旅游业"[②]，统筹推进休闲农业与乡村旅游发展，灾后重建实现了物质与基础同步提升，经济与社会同步发展的实际效果，为汶川建设环境优美的幸福家园和发展振兴的成功范例奠定了坚实的基础。

（3）以人为本。灾后汶川以最快的速度，对城乡居民住房进行规划建设。对住房毁损无房可住的受灾群众，按照相应的标准给予适当补助，使受灾群众在较短时间内住上了放心房，解决了灾区群众基本生活问题，稳定了人心，保持了社会稳定。同时，高度重视公共服务设施建设，把学校、医院等公共服务设施项目

---

① "一心两廊四区"是指建设以威州镇为主的行政中心，打造沿国道 213 线民俗文化生态家园和沿省道 303 线大熊猫遗产的两条走廊，发展水磨三江教育旅游和现代服务区，以漩口为中心的阿坝州新型工业发展集中区、映秀震中遗址保护区、岷江河谷特色农业示范区。

② "三新工业"指新材料、新能源、新医药；"三高农业"指高产量、高品质、高效益；"三精旅游业"指精美村寨、精品景观、精致农庄。

作为先期启动的重点项目来抓，全面提高其抗震设防标准，使之建成最安全、最牢固、群众最放心的建筑，并为今后应对灾害提供了重要避难场所。

（4）体系保障。在中央、省、州的大力支持下，援建工作按照"把好方向、定好思路、抓好要务"的工作思路，分阶段成立专家咨询委员会、项目建设执行委员会、项目建设监察委员会，形成决策、执行、监督三位一体的重建机制，建立健全了以重建委员会为核心、重建指挥部为抓手、灾后重建监督委员会为保障的重建组织体系，组织和发动受灾群众与广大援建人员风雨同舟、并肩同行，群众自建、对口援建、合作共建模式促进汶川重建项目整体快速推进。

10. 山西省—茂县援建特色

党中央、国务院安排山西省对口支援茂县。根据中央关于援建工作的具体要求，结合山西省与茂县实际，双方确立了"统分结合、共同参与、双向控制"的援建模式。在对口援建的过程中，山西省以茂县政府为业主，山西省主要承担技术、勘察、监理、施工等相关工作，对茂县确无能力组织实施的项目，由茂县提出请求，山西省提供勘察、设计、施工、监理等相关队伍、人员，并由山西省对口援建领导工作小组研究报山西省委、省政府同意后，按照国家、四川省的有关规定组织实施。这样使双方的主观能动性得到了充分的发挥，并取得了显著的成就。

（1）援建"五朵金花"。山西省援建茂县的五幢建筑——茂县人民医院、茂县中医院、茂县广播电视大楼、茂县中学、中国羌族博物馆，它们各富特色，并多创茂县之最，被茂县当地百姓及工程施工者亲切地称作"五朵金花"。

（2）特色村落建设。帮助凤仪镇坪头村在高原民族地区率先实施"农旅统筹发展，文旅深度互动"的助农增收发展新路，推行"村两委+公司+农户"[①]发展模式，由村委会牵头，全村农户以土地和住房自愿入股，走出一条具有乡村特色的康养旅游发展、特色农业产业发展之路，努力实现了"业兴、家富、人和、村美"。援建后的南新镇牟托村是首批"中国少数民族特色村寨"，动人的羌寨山歌、欢快的萨朗舞、传统的服饰和刺绣、清醇的咂酒、古朴的唢呐迎宾调、美味的羌族菜肴、古老的村寨遗址、挖掘出土的土司官葬文物、500 年前的古树、可容纳 300 人的天然溶洞、浓郁的羌民族建筑风格、穿门而过的小桥流水，映染出一幅独特的牟托羌寨风情画卷，浓郁的民族气息和厚重的羌族文化，使牟托村成为让人沉醉流连的生态示范村。

---

① 村两委即村党支部委员会和村民委员会。

第5章 极重灾区对口援建的成效

5.1 极重灾区灾害损失概况

"5·12"汶川大地震后，按照《国务院办公厅关于印发国家汶川地震灾后重建规划工作方案的通知》（国办函〔2008〕54 号）的精神，民政部、国家发展和改革委员会等部门连同甘肃省、四川省与陕西省人民政府进行了"5·12"汶川大地震的灾害范围评估工作，下发了《民政部 发展改革委 财政部 国土资源部 地震局关于印发汶川地震灾害范围评估结果的通知》（民发〔2008〕105 号），形成了《汶川地震灾害范围评估结果》。该评估结果确定了"5·12"地震灾区的灾情：极重灾区为 10 个县（市），重灾区为 41 个县（市、区），一般灾区为 186 个县（市、区），其中，极重灾区和重灾区灾后恢复重建被纳入国家规划范围，此次地震灾区的灾情评估结果将成为灾后三年重建工作的基础。10 个极重灾区受"5·12"汶川地震破坏最为严重，人员伤亡惨重、住房损毁、基础设施坍塌、直接经济损失巨大，环境、生态等方面的间接损失无法估量。本节简要介绍总体的损失情况。

5.1.1 人员伤亡惨重

极重灾区 10 县（市）人员伤亡惨重，遇难人数占"5·12"汶川地震遇难人数的 96.8%，受伤人数占全部受伤人数的 78.1%，失踪人数占全部失踪人数的 88.2%。10 县（市）人员伤亡具体情况见表 5-1。[①]

表 5-1 极重灾区县域人员伤亡情况

地区	遇难人数/人	受伤人数/人	失踪人数/人	受灾人数/万人
都江堰市	3 091	10 560	193	62.0
彭州市	956	5 775	35	
什邡市	5 924	33 075	198	41.2

---

① 本章所有表格资料均根据 10 县（市）调研资料整理所得。

续表

地区	遇难人数/人	受伤人数/人	失踪人数/人	受灾人数/万人
绵竹市	11 117	37 208	258	
北川县	15 645	26 915	4 412	16.1
平武县	3 014	32 193	2 647	18.7
安县	2 640	88 623	655	43.0
青川县	4 695	15 453	124	25.0
汶川县	15 941	34 583	7 295	
茂县	4 016	8 183		15.0
极重灾区合计	67 039	292 568	15 817	221.0
汶川地震灾区	69 277	374 644	17 923	

5.1.2　直接经济损失巨大

极重灾区县域直接经济损失达 5889.5 亿元，占汶川地震全部直接经济损失的 69.7%，绵竹市直接经济损失达 1423.0 亿元，最少的茂县已达 260.0 亿元，详见表 5-2。

表 5-2　极重灾区直接经济损失统计　　　　　　单位：亿元

地区	直接经济损失	地区	直接经济损失
都江堰市	537.0	安县	430.4
彭州市	273.0	青川县	500.4
什邡市	889.0	汶川县	642.5
绵竹市	1423.0	茂县	260.0
北川县	585.7	极重灾区合计	5889.5
平武县	348.5	汶川地震灾区	8452.0

5.1.3　公共基础设施严重损毁

"5·12"汶川特大地震使极重灾区县域城乡住房，道路、桥梁、通信等基础设施和学校、医院、党政机关等公共设施遭受严重损毁，10 县（市）具体情况详见表 5-3。

表 5-3　极重灾区县域住房和道路、桥梁、通信等设施损毁情况

地区	住房和道路、桥梁、通信等设施损毁情况
都江堰市	中心城区 80%的建筑损毁，山区、沿山区 95%的房屋垮塌。受损耕地 4593 亩，城镇居民住房损毁 706 700 平方米，严重破坏 4 237 200 平方米；农村居民住房倒塌 3 664 000 平方米，严重受损 10 660 200 平方米；损毁农村公路 853 千米，受灾学校 92 所，受损卫生服务机构 72 个

续表

地区	住房和道路、桥梁、通信等设施损毁情况
彭州市	20个乡镇受灾，33万间民房倒塌、80万间房屋受损，道路、桥梁、通信、水、电、学校、医院、工矿企业、在建工程破坏严重
什邡市	房屋大面积受损，山区、沿山区6个重灾镇损毁房屋超过了95%，农村房屋损毁约11万户，48所中小学校垮塌或严重受损；山区道路、桥梁、电站、通信等基础设施遭到严重破坏
绵竹市	全市90%的房屋倒塌受损，基础设施损毁。农村居民房屋及财产损失达276.5亿元，城镇居民住房及财产损失达205.1亿元；干线公路损失94千米，农村公路损失1056千米，占全市公路总里程的90.19%，并损毁大小桥梁297座；损毁通信基站83座；226所学校均有不同程度受损，灾损校舍面积58.59万平方米；医疗卫生机构几乎全面瘫痪，全市受损医疗卫生机构191个；党政机关和事业单位办公用房基本上全部受损
北川县	北川老县城被夷为平地，行政、卫生、教育、道路、桥梁、河道堤坝、水、电、通信、排水等基础设施遭受毁灭性破坏，学校、医疗机构、社会福利、体育场馆、政府机关等公共服务设施完全毁灭，需要重新选址建设新北川县城
平武县	房屋倒塌21 996户，共195万平方米，严重受损52 144户，共1084万平方米，一般受损1600户，共27万平方米；道路损毁1534千米，桥梁受损198座；堤防工程损毁20千米，渠系损毁1520千米；农作物损毁7.5万亩，牲畜死亡62.5万只；146所学校、32个乡镇卫生院和县级直属医疗机构全部受损
安县	20个乡镇受灾，80%以上的建筑物受损，坍塌约半数，居民房屋受损面积约1950万平方米，80%的道路、桥梁损毁，基础设施、公共设施严重毁坏
青川县	95%以上的房屋坍塌，学校、医院等公共设施瘫痪，基础设施受损严重，山区崩塌、滑坡、裂缝等地质灾害频发
汶川县	20万间房屋倒塌，映秀镇被夷为平地，威州镇成为"站立的废墟"，基础设施全部瘫痪，农业基础设施遭受毁灭性破坏，所有道路、桥梁坍塌中断，成为震中"孤岛"
茂县	全县房屋100%受损，农村民房、县城建筑80%以上垮塌或成为危房，教育、卫生、广播、电视等基础设施严重损坏，地震后茂县道路瘫痪，成为"孤岛"

5.1.4　产业和生态遭受重创

　　地震对极重灾区各大产业都造成了不同程度的破坏，甚至对某些县域的资源型产业造成了难以恢复的毁灭性破坏。地震同时也造成了如山体垮塌、堰塞湖、泥石流等次生灾害，对地质、生态的严重破坏。详情参见表5-4。

表5-4　极重灾区县域产业和生态损毁情况

地区	产业和生态损毁情况
都江堰市	交通运输、水利工程、教育、卫生及国土资源等遭受了不同程度破坏和影响，青城山-都江堰世界文化遗产、龙溪-虹口国家级自然保护区受到严重破坏，旅游业遭受重创，农业、工业损失重大
彭州市	旅游业遭受重创，四大国家级景区的景点、设施和在建重大项目遭到毁灭性破坏，堰塞湖、山体崩塌与滑坡等次生灾害危害严重；94家规模以上工业企业不同程度受损；房地产市场陷入停滞

续表

地区	产业和生态损毁情况
什邡市	636 家工业企业受灾，占全市企业总数的 71.5%，6 家大中型企业遭受灭顶之灾；耕地毁损 3.98 万亩，林木毁损 25.2 万亩，农作物受灾 26.5 万亩；旅游业遭到毁灭性打击，60 多家宾馆（饭店）、800 多家农家乐及 6 个山区旅游景区全部被毁
绵竹市	全市 564 家工业企业全部受损，倒塌和受损厂房面积达 490 万平方米，受损设备、设施 60 700 台（套），直接经济损失达 181.19 亿元。磷矿、煤、水泥矿等矿产资源损失严重，地震对绵竹市矿产资源的破坏必将造成绵竹市磷化工业在相当长时期内难以恢复，三大主导产业已伤其二，绵竹市工业经济结构遭受严重破坏。旅游景区和山区严重受损，导致堰塞湖和地质灾害等次生灾害隐患，生态环境等许多损失难以统计，实际受损情况更为严重
北川县	北川县十年来退耕还林还草形成的经济林木、用材林、果园、茶园、药材和蚕桑基地，以及牧草地等产业基础被地震大量损毁而元气大伤；北川县工业体系和基础设施全部损毁，全县所有工业企业停产；第三产业主要行业全部瘫痪，全面恢复困难。全县范围内山体大面积滑坡，新增 581 个大的地质灾害点，112 个村的山体出现大裂缝，近 30 个村整村被山体滑坡和泥石流所掩埋；形成包括唐家山在内的大小堰塞湖 14 处，曾对流域下游部分地区造成重大安全隐患；全县生态遭受严重破坏
平武县	所有企业不同程度受损，南坝工业集中区被摧毁；电力、通信、供水、供气等公用设施和市政基础设施严重损毁。山体滑坡、崩塌、泥石流及其他地质灾害多达 866 处，阻塞河道形成堰塞湖 11 处
安县	全县 100%的企业受灾停产，企业死亡 32 人，受伤 425 人，煤矿失踪人员 11 人，厂房损毁 201 万平方米，1.8 万台（套）设备受损。全县牲畜死亡 18.39 万头，农作物受损 18.22 万亩，水利设施损毁 3990 处（其中水库 28 处）。各旅游景点和文物古迹遭受重创，其中，白水湖风景区、罗浮山风景区和寻龙山风景区损毁严重，投资达 6.8 亿元修建的千佛山风景区因山体垮塌而导致大部分被毁，川西著名影视基地所在地"龙隐镇"被夷为平地
青川县	产业发展受到重创，农业耕地大面积被损毁，工业、矿业生产厂房、设备被破坏，企业停工停产，直接经济损失巨大，近十年的经济发展成就化为泡沫；生态环境破坏，山区滑坡、堰塞湖、泥石流带来的地质灾害，给灾区带来了不可估量的间接损失
汶川县	地震给汶川县造成的直接经济损失包括：工业系统 1 390 973 万元，农业系统 43 965 万元，林业系统 490 121 万元，畜牧系统 77 467 万元，旅游系统 385 972 万元，国土系统 375 500 万元，环保系统 565 375 万元
茂县	受损工业企业 72 家，受损厂房面积 196.6 万平方米。受灾耕地面积 14 008 亩、受灾耕地灭失面积 1247 亩；灌溉系统损毁蓄水池、提灌站等 254 处，饮水沟渠 948 千米、管道 3417 千米；因灾死亡牲畜 5.6 万头、生猪 13.4 万头，倒塌禽畜圈舍 33.02 万平方米；林业基础设施设备受损严重，林地毁损面积达 33.3 万亩，林区道路 112 千米，林业产业基地受损严重；以旅游为龙头的第三产业损失巨大，受损宾馆 26 家

5.2　极重灾区对口援建成效

"5·12"汶川地震后，在党中央、国务院的统一指挥下，一场持续两年时间的对口援建工程全面铺开了，按照对口援建方案的要求，10 个对口援建省（市）先后都顺利完成了援建的总体任务。援建项目主要从城乡住房建设、产业恢复调整与布局、城镇体系建设、公共服务设施建设、农村建设、基础设施建设、生态恢复、防灾减灾体系建设、精神家园建设及其他方面的建设展开，10 个极重灾区每类项目具体的投入资金如表 5-5 所示。

表 5-5　极重灾区援建项目与资金　　　　　　　　　单位：亿元

援建项目	都江堰市	彭州市	什邡市	绵竹市	北川县	平武县	安县	青川县	汶川县	茂县
城乡住房建设	182.5	124.6	87.5	205.0	41.3	29.9	148.0	33.3	39.0	20.7
产业恢复调整与布局	51.4	57.8	77.6	81.9	35.8	13.6	57.1	16.1	35.8	38.0
城镇体系建设	60.0	13.9	31.6	34.2	66.9	13.7	18.4	19.9	50.0	19.4
公共服务设施建设	56.6	24.4	35.0	33.9	34.2	16.4	22.8	34.3	26.8	26.3
农村建设	27.1	18.1	25.1	27.2	12.5	15.9	36.1	11.2	13.8	18.9
基础设施建设	13.3	13.4	26.4	26.0	27.2	12.2	18.0	20.0	47.0	17.8
生态恢复	4.6	3.9	1.2	4.2	11.0	6.3	11.8	7.0	10.9	8.6
防灾减灾体系建设	4.2	0.3	2.4	0.5	6.4	5.8	3.8	4.9	6.7	5.3
精神家园建设	0	0	0	0.2	1.1	0	0.1	0.1	0.7	0.6
其他方面建设	0	0	13.3	0	0	2.8	0	17.7	3.0	0

综上所述，对口援建的"三年任务两年基本完成"目标基本实现，对口援建总体成就显著。接下来，我们具体探讨 10 个极重灾县（市）地震后恢复重建工作所取得的具体成效。

5.2.1　城乡住房条件极大改善

10 个极重灾区城乡住房重建取得了显著成效，灾区人民不仅得到了妥善安置，而且农村永久性住房建设统一规划、科学设计，城镇集中住宅小区绿化、美化、亮化通盘考虑，提升了灾区人民的居住环境水平，提高了其生活质量。详情参见表 5-6。

表 5-6　极重灾区城乡住房恢复重建成效

地区	城乡住房恢复重建成效
都江堰市	建成 361 个村庄布局优美、产业支撑有力、公共配套完善、管理民主有序的新型社区，农民集中居住区建筑面积达 690 万平方米，农民集中居住度达 62%以上。完成 46 379 户农户的房屋原地重建、异地重建，以及 76 641 户农村受损房屋维修加固工作，建设总量相当于灾前农村 20 年总和。汇集全球十家一流规划机构，科学编制形成了覆盖全域的城乡建设总体规划，形成了"1475"[1]田园城市架构体系
彭州市	城乡住房重建优质高效完成，全市 67 043 户灾后农房重建工程全部竣工，累计完成投资 121 亿元，35 228 套城镇住房维修加固全面完成。城镇基础设施配套、场镇风貌改造、特色产业发展等加快推进，明清风格的新兴镇海窝子古镇老街、法式风情的白鹿镇场镇等已粗具规模，龙门山、磁峰、通济、新兴等镇已初步形成功能分区清晰、连片打造的小城镇带。已建成农民集中居住区 463 个，规划安置户数 85 715 户、274 322 人，实际入住 74 947 户、253 406 人

地区	城乡住房恢复重建成效
什邡市	农村住房条件极大改善。落实了户均 2.5 万元的补助政策，并通过设立担保基金、协调金融机构贷款、减免相关规费，以及相互换工、邻里相助等办法，帮助解决困难群众建房问题。城镇住房重建成效显著。在每户平均补助 2.5 万元的基础上，还给予了建房的税费减免和房价政策性优惠补助。地震后 1 年内，5.03 万户震损城乡住房修复加固全面完成；地震后 1 年半，82 947 户农房重建全部完成；地震后两年，18 223 套城镇居民住房基本完成
绵竹市	将农房重建与新农村建设相结合，建设了 1509 个集中居住点，131 224 户重建农房全面完工。城镇房屋除险加固全面完成，新建 24 316 套安居房、廉租房，城乡所有受灾群众喜迁新居、享受宜居，重塑了绵竹市城乡统筹协调的美丽画卷。坚持以科学规划引领城镇重建，打造出"江南水乡"孝德新镇、"川流不息"汉旺新镇、"七泉辉映"剑南新城等近 20 个焕然一新的特色新镇，新型城镇化建设走出了一条生态重建、科学发展的道路
北川县	山东省先后拨付农房建设补贴、贷款贴息及新农村建设补助资金 7.7 亿元，优先援建农户永久性住房建设，北川新县城用于援建居民安居房项目经费 10 亿元。北川县 2.3 万户受损农房维修加固和 3.6 万户重建任务全部完成，所有受灾农户都住进永久性住房
平武县	城乡住房重建优质高效完成，城镇居民住房重建 4123 户，共 35.05 万平方米；加固修复 6578 户，共 55.91 万平方米；九环沿线上平通、响岩、南坝、龙安四镇浓郁的羌、蜀汉、川西北等民俗特色风景凸显。全县农房维修加固 23 344 户，重建 19 714 户。灾后城镇住房维修加固、农房重建工程全面完成
安县	农房重建补贴、集中重建农房补贴、新农村示范点安置小区基础设施等 5 项农村住房重建项目完成，总投资 64 442 万元；完成 1 项城镇住房重建项目——廉租住房建设，新建 1022 套廉租住房，共计 46 164 平方米，总投资 9564 万元；安县 9.9 万余户农村群众全部建起了新房，辽宁省投入 5000 万元，开展农房风格风貌统一建设，还投入 7790 万元支持城镇住房重建。住房建设突出川西北民居建筑风格，全县城乡住房建设任务全面完成
青川县	共建设城镇安居房和廉租房 4273 套，总建筑面积 36 万平方米。同时，积极组织实施农房援建"661"工程，即安排 6 亿元资金、帮助 6 万户农户、派出 118 名技术指导员，全力助推农房重建，重点打造了 96 个农村集中安置点和农房重建示范村。城乡居民住房项目共 57 个，其中，农村居民住房项目 41 个，包括农居房补助项目、农居示范点配套设施建设工程项目、黄坪乡枣树村农房重建示范点建设项目等；城镇居民住房项目 16 个，包括东山安居小区建设工程项目、竹园陈家坝安居房、乔庄小坝安居房建设项目、乔庄万众安居小区建设项目等
汶川县	地震后一年，震损住房修复加固全面完成；地震后一年半，农村住房重建全部完成；地震后两年，城镇住房重建基本完成。完成农村住房 17 053 户重建、1296 户加固维修，完成城镇住房 44.94 万平方米重建、45.17 万平方米加固维修。城乡居民居住条件比地震前显著改善，住房布局更加合理，功能更加完备，配套服务更加齐全
茂县	重建了茂县 149 个村的受灾农房 14 348 户，新建了城镇廉租房 1050 套、安居房 1105 套、安置房 730 套，实现了"家家有住房"的目标；大力推进城乡住房重建和风貌提升改造，扎实开展"三百"示范工程 [2] 和"五十百千"示范工程 [3]，深入推进城乡环境综合治理和风貌塑造，长效机制不断健全，一大批民族特色浓郁、功能配套完善、环境整洁优美的村寨构成了一道道亮丽的风景线。独特的集镇、漂亮的民居、干净的村庄，全县人居环境发生了巨大变化

1）"1"即一个中心城区；"4"即青城山文化旅游发展组团、蒲阳经济技术发展组团、龙池—虹口—紫坪铺山地运动休闲度假旅游发展组团和聚源新城发展组团四大发展组团；"7"即向峨乡、天马镇、翠月湖镇、崇义镇、柳街镇、石羊镇和安龙乡 7 个新市镇；"5"即 500 余个农村新型社区

2）为结合灾后恢复重建、牧民定居行动计划、扶贫开发和综合防治大骨节病试点工作，强力推进阿坝州社会主义新农村建设，阿坝州委、州政府决定在全州农牧区建设特色鲜明、环境优美、设施完善、功能配套的一百个特色魅力乡镇、一百个精品旅游村寨和一百个幸福美丽村寨，称之为"三百"示范工程

3）为积极探索城乡环境综合治理工作经验，发挥先进典型的示范效应和引导作用，推动城乡环境综合治理不断向纵深发展，四川省委、省政府决定在全省选择 5 个城市、10 个县城、100 个镇乡、1000 个村庄作为城乡环境综合治理示范点，开展五市十县百镇千村环境优美示范工程，简称"五十百千"示范工程

5.2.2 公共服务设施提档升级

各级政府优先援建公共服务类建设项目，积极推进幼儿园、小学、中学、职业教育等校舍的维修、加固与重建，各类型医疗卫生机构的规划重建，以及文体活动中心、孤儿院、敬老院、福利院等公益机构的建设。除了这些硬件建设，还组织灾区各类公共服务机构人员奔赴各地，参加相关培训会，交流学习，提供软件支撑。10 个极重灾县（市）的公共服务设施，在援建的两年时间内，取得了巨大成就。新建校舍竣工使用，灾区师生重新走进了宽敞明亮的教室，教书育人与知识学习；新建医疗卫生机构设备先进、功能齐全，满足了灾区广大患者就医需求；新建社会公益机构提升了灾区人民的福利水平。详情见表 5-7。

表 5-7 极重灾区公共服务设施恢复重建成效

地区	公共服务设施恢复重建成效
都江堰市	都江堰市北街小学、都江堰八一聚源高级中学等 51 所重建学校全面完成；"校安工程"建设加快推进。建成 25 所乡镇公立卫生院、社区卫生服务中心及市计划生育指导站等计划生育阵地；市人民医院、中医院、妇幼保健院建成投运。社会综合福利院、残疾人康复中心，以及蒲阳、翠月湖标准化敬老院和儿童福利院等公益福利设施建成完工。"一场三馆四中心"[1]等公共文化服务场馆投入使用，文物陈列馆、奥林匹克运动学校、四川省足球俱乐部训练基地等文化体育建设项目加快推进。惠及广大农村的 172 个村级活动中心加快建设，全域均衡的公共服务体系基本形成。全市公共服务设施布局更加均衡合理，硬件水平显著提高
彭州市	共计建成学校、幼儿园 41 所，医院、卫生院 6 所，社会福利服务院 22 个，便民服务等设施 26 个，大力推进了城乡公共服务均等化。福建省医疗卫生人员、骨干教师及公安干警分批次赴彭州市援助，援建期间选派 8 批共 619 名医疗防疫人员、2 批 38 名优秀中小学教师和 2 批 269 名干警到彭州市开展支医、支教和支警工作，医疗队员累计诊治患者 91 300 多人次，专家门诊 23 600 多人次，会诊 3500 余次，手术 2900 多例，举办业务讲座、培训班 980 余期，共 13 900 多人次接受培训，帮助受援医疗机构开展 298 项新技术服务项目
什邡市	对学校重建优先安排重建资金、优先审批重建项目、优先提供物资保障，规划重建的 67 所学校已全部完工，职业中等专业学校、什邡市七一中学、什邡市北京小学等一批重建学校跨入全国县级一流水平。39 个医院、卫生院全部建成，市、镇、村三级公共卫生服务体系健全完善。15 个福利设施重建项目建成投入使用，56 个文化产业项目和文化市场服务网点已全部建成并提供服务。全域均衡的公共服务体系基本形成，公共服务能力比地震前有了飞跃提升
绵竹市	坚持以人为本、民生优先的原则，通过资源整合、优化布局，率先建成美观大气、功能合理的 76 所学校，以及 37 个市、镇医疗卫生机构和 21 所敬老院及福利院，硬件设施达到全国县级一流水平。体育中心、"三馆三中心"[2]、四川省绵竹中学等一大批地标性文化体育活动场所拔地而起，使服务民生的条件越来越好，铸就了绵竹市人民一张张幸福的笑脸
北川县	山东省 16 个市对口援建北川县 23 乡镇，以水、电、路、医、学等方面的基础设施和民生项目为重点，教育、文化、卫生等方面的 110 处公共服务设施已于 2009 年 5 月 10 日前全部建成和交付使用。山东省创造性地实施了以"两训双挂三支"为重点的人力、智力支持"223 工程"[3]，先后在山东或北川举办了 21 期不同专题的培训班，基本实现对北川县党政干部和专业技术人员培训一遍的目标；安排 110 名北川县和山东省的党政干部及专业技术干部进行"双向挂职"；组织 1756 人次医疗卫生队员到北川县支医，抽调 40 优秀教师到北川县支教，安排 700 多名北川县学生到山东省就读，组织数十位农业专家开展技术指导服务

续表

地区	公共服务设施恢复重建成效
平武县	全县公共服务基础设施建设共分教育、医疗卫生、文化体育、文化遗产、就业和社会保障、社会管理六大类。按照"合理调整布局、科学规划设计、提高抗震设防标准、保证建筑质量"的原则，优先启动永久性学校、医院等公共服务恢复重建，平武县南坝中学、平武县平通镇中心小学等 20 所学校和平通、白马、龙安等镇的 10 所卫生院率先建成并全面投入使用。全域均衡的公共服务体系基本形成，公共服务能力比地震前有了飞跃提升
安县	优先安排学校、医院等公共服务设施的恢复重建，公共服务设施水平迈上一个新台阶。全县规划教育灾后重建项目共 53 项，全县灾后规划重建的 53 所学校和直属事业单位恢复重建项目的主体工程全部竣工并正式投入使用。加快医院重建，共规划卫生重建项目 24 个，总投资 49 911 万元，24 个卫生重建项目全部投入使用。"人才培养与基础设施建设并重"这一思路贯穿在辽宁省援建全过程，辽宁省派遣 2000 余名医疗卫生、建设、交通等方面专业人员，在安县开展培训
青川县	浙江省援建坚持民生优先，按照"恢复完善功能、规模适度合理、整合利用资源、确保质量安全"的原则，共援建 49 所学校、37 所中心医院和乡镇卫生院、7 所福利院，以及中心城镇的文化、体育、广播电视等方面的公共服务设施，确保每个乡镇都有"一学校一医院"，方便灾区群众就学就医。其中，学校项目于 2009 年 8 月底前整体交付使用，使全县义务教育阶段的 2.3 万名学生提前半年告别板房搬入新校舍，全县学校面貌发生了翻天覆地的变化，浙江省援建使青川县教育整体向前跨越发展了 30 年
汶川县	援建坚持以人为本、民生优先，把最安全、最宽敞的地方留给学校、医院等民生项目建设，不仅使损毁的学校、医院得到全面恢复重建，一批社会福利院、社区服务中心、村民活动中心、集贸市场也相继落成。学校、医院等设施的抗震设防标准由 7 度提高到 8 度，建筑物更加坚固安全，设施装备也更加完善。按照汶川县地震灾后恢复重建教育布局和医疗卫生布局，调整、调减学校 60 所，新建中小学校 24 所，各类医院 20 所，福利院 2 所，集贸市场 16 个，基本实现了公共服务的全域覆盖和城乡均等
茂县	恢复重建学校 31 所，医疗卫生机构 35 个。新建了茂县人民医院、茂县中医院、5 所中心卫生院、1 所中学、1 所中等职业学校、6 所小学、1 所幼儿园，教育设施得到显著提升，实现了茂县百姓"小病不出乡、大病不出县"的愿望；重建（新建）了中国羌族博物馆、图书馆、体育馆、室内全面健身中学、县级行政办公区等一系列公共服务项目。新建的中国羌族博物馆，成为全国最大的传承、展示羌民族悠久历史文化的博物馆，对羌文化抢救、保护起到了积极的促进作用

1）"一场三馆四中心"指凤凰体育场，文化馆，图书馆，档案馆，新闻中心，青少年活动中心，妇女儿童活动中心，工人文化活动中心

2）"三馆三中心"指绵竹年画博物馆、文化馆、科技规划展览馆，职工培训中心、青少年活动中心、妇女儿童活动中心

3）"223 工程"指以"两训双挂三支"为主要内容的人力、智力支持。两训即在山东或北川分期分批对北川党政干部、专业技术人才进行专题培训；双挂即北川选派年富力强、有发展潜力的优秀年轻干部到山东挂职，山东选派优秀干部、专业技术人员到北川挂职和帮助工作；三支即开展支医、支教、支农，尽最大力量满足北川人民对医疗、教育、农业科技服务等方面的实际需求

5.2.3　基础设施保障能力提升

道路、桥梁、农村场镇、城镇市政、水利、电力等方面的基础设施建设是地震后灾区经济社会秩序恢复正常的基础性工程。各援建省（市）与受援县（市）共谋划策，纷纷将基础设施建设作为灾后重建的重点工程，投入大量的资金、人

力、物力对各类基础设施进行修复、加固与重建，保障了灾区群众正常的生活、生产秩序。两年时间里，一条条崭新的道路贯穿于各乡镇之间，一座座桥梁成为联结各地的枢纽，新农村、新场镇拔地而起，城乡供水、供电、供气系统完善，基础设施建设成就显著。详情见表5-8。

表 5-8　极重灾区基础设施恢复重建成效

地区	基础设施恢复重建成效
都江堰市	灾后投资最大、启动最早的国家重点灾后重建项目——成灌快铁主线正式投入运行，支线正加快推进；蒲虹公路、蒲张路复线、IT大道（都江堰段）、崇义立交桥主线等14个重大交通灾后重建项目竣工通车，265条共计382.6千米乡村道路及安置点联结道路基本建成，形成了"五纵五横一轨"的骨架道路体系。新建51条共计45千米城市加密道和13座市政桥梁，城区路网通达能力和美化、亮化水平得到显著提升。城市西区10万吨自来水厂建成并投入运行，城乡供水基本实现自来水一体化
彭州市	城乡基础设施重建成效明显，基本完成690千米干线道路和488千米农村公路建设，建成500千伏变电站1座、220千伏变电站1座、110千伏变电站2座，完成天然气、自来水管网200余千米，完成10座震损水库、38座机电提灌站建设和250.9千米的渠系整治。为切实改善民生，坚持整合资源、优化布局，在集中安置点建成了文化体育、就业服务、警务治保等方面的基础设施建设和集贸市场，配套完善了水、电、气、路
什邡市	坚持恢复功能与发展提高相结合，一批关系长远的基础设施重大项目相继开工建设，灾区基础设施根本性改善。交通建设力度空前，全市交通恢复重建项目完工92%、投资完成97%。173条公路全部开工建设，其中完工164条，建成农村公路715千米、占规划总里程的90%。水利设施加快恢复重建，水利重建项目开工66%，其中完工31.3%；震损水库开工1座，主体工程完工1座；实施乡村供水项目解决了25.5万人的农村饮水困难。灾区骨干电网和农村电网重建加快，电力和通信保障能力得到提高
绵竹市	按照"强基固本、支撑发展"的思路，加快基础设施建设，在全省率先完成21座水库除险加固，开展了四大灌区渠系维修工作；完成了1009.5千米农村公路改造和14座大型桥梁的加固与重建。绵茂公路、成绵高速复线、成兰铁路等事关绵竹市区位和发展优化的重点基础设施项目深入推进，使支撑县域经济发展的能力不断增强，基本形成内通外畅的现代交通新格局
北川县	北川新县城作为"5·12"汶川特大地震后唯一异地重建的县城，是北川县灾后恢复重建的重点，也是援建的重中之重。北川新县城援建共分为居民安居、公共服务、基础设施、生态绿化、文化旅游、产业园区六大类82个援建项目，总投资47亿元。另外，应四川省、绵阳市和北川县的要求，山东省还承担了21亿元的北川县自建项目建设，使山东省组织实施的新县城项目总投资达68亿元，占新县城已完成和在建项目的85%。目前，北川新县城功能设施齐全、文化特色突出、科技低碳环保、产业发展配套，被认为是城镇建设的典范
平武县	公路恢复重建共计修复改造公路521.8千米，包括全县受灾的主要公路，如黑白路改造、平平路改造、水黄路改造、南林路改造，总投资2.7472亿元。电网恢复包括110千伏输变电工程、35千伏输变电工程、10千伏以及以下输变电工程，总投资2.551亿元。水利基础设施恢复包括县城金家湾防洪堤重建，南坝、平通等16个乡镇防洪堤坝重建、堰塞湖治理及水土保持，总投资4.1153亿元
安县	按照县委、县政府"三年重建，数十年跨越"的要求，围绕"保通桥、强骨架、上等级、联网络、保安全"的思路，安县科学编制了《安县交通基础设施恢复重建规划》，全力构建以花荄镇为中心，以辽安路、永安路、成青路为"金三角"框架，辐射连接全县18个乡镇的"两纵两横一环"公路交通网络

地区	基础设施恢复重建成效
青川县	着力援建与老百姓日常出行直接相关的通乡、通村、通社道路，总计建成 193 条、1100 多千米道路，大小桥梁 158 座，以及专门为世居深山的青川县群众建造的 92 座"漫水桥"。全面组织实施以设施、监测、管理三大体系建设为重点的"3311"工程，投资 3 亿元建设百余千米自来水地下管网和 1.1 万个供水设施，解决了全县 25 万名群众"平时缺水、旱时背水"的饮水难题。浙江省专门安排 4.5 亿元援建资金，建设了 34 条、总长达 28 千米的防洪堤，受保护人口达 7 万人，并配套建立水雨情预警系统，大大提高了沿河地区整体防洪能力
汶川县	基础设施累计开工 88 个，累计完工 88 个，完工率为 100%，累计完成投资 47.02 亿元，完成 116%。完成全县 13 个乡镇共计 445 千米农村公路重建，电网、水电站、堤防工程建设全面推进，通乡、通村的交通网络基本成形。交通、能源、水利等方面的基础设施功能全面恢复，一大批关系灾区长远发展的重大基础设施项目相继建成。重点重建城镇面貌焕然一新，村庄布局、村落规划结束了散乱无序的状况。城镇、乡村的居住点，不仅房子漂亮，还建起了健身设施、文化设施
茂县	交通基础设施方面，新建黑虎路、渭永路、安乡路 3 条通乡公路和县城 9 条道路，国道 213 线、省道 302 线进行了改扩建，打破了茂县的交通瓶颈，提高了茂县交通基础设施规模和等级，使茂县成为阿坝州乃至四川省、甘肃省、青海省的交通枢纽。电力基础设施得到恢复，全县范围内的交通运输、水利、灌溉条件得到了明显改善。在农村基础设施方面，茂县新建 149 个村和 3 个乡镇的综合文化服务中心，充实完善了村民图书室、村民活动中心、广播室等各类活动场所，改善了茂县农民文化生活环境

5.2.4　产业逐渐恢复持续向好

产业是灾区"造血"与经济可持续发展的重要支柱，援建省（市）与受援县（市）对接需求、相互合作、共同打造了 10 个极重灾县（市）区域经济发展的特色产业。工业园集中区、工厂厂房、农村生产示范基地纷纷成了 10 个极重灾县（市）的地标性建筑群，既展示了各地的优势、特色产业，同时又增加了当地就业岗位；对口援建省（市）与灾区企业的项目合作、就业培训、技术指导等服务为地震后灾区的产业恢复重建提供了长效运行机制，提高了灾区广大民众的收入水平。详情参见表 5-9。

表 5-9　极重灾区产业恢复重建成效

地区	产业恢复重建成效
都江堰市	坚持优化产业结构，紧抓产业重建，突出高端取向，强化产业优势，推动了县域经济振兴崛起。2009 年都江堰市县域经济全面恢复到地震前水平，2011 年上半年，全市实现地区生产总值（gross regional product，GRP）67.8 亿元，固定资产投资 111 亿元，社会消费品零售总额 33.5 亿元，完成规模以上工业增加值 15.05 亿元，财政总收入 37.5 亿元，城镇居民人均可支配收入和农民人均现金收入分别达 8514 元和 4482 元
彭州市	截止到 2010 年 9 月 30 日，彭州市 142 个产业灾后重建已竣工 131 个，竣工率达 92.25%；累计完成投资 65.46 亿元，占规划投资的 98.43%。一大批产业化项目建成投产，进一步优化了彭州市的产业结构，推动了彭州市经济恢复向好发展

续表

地区	产业恢复重建成效
什邡市	坚持把产业恢复重建与优化经济布局、转变经济发展方式结合起来，培育壮大优势产业，加快产业恢复提升。124 家规模以上受损工业企业全部恢复生产，部分档次低、污染重的小型企业被淘汰；230 个生产力布局与产业调整项目完工率达 97.82%。四川蓝剑饮品集团有限公司、四川科新机电股份有限公司等企业不仅恢复了原有产能，而且借势发展，实现了结构调整、布局优化和水平提升。11 个旅游重建项目已开工 10 个，其中完工 9 个。298 个规划商贸重建项目全部开工，完工 296 个，布局合理、设施齐全、功能配套、结构优化的市场服务体系逐步形成
绵竹市	以农业现代化为方向，全面恢复和提升水利、交通、防灾减灾等农业生产基础条件，放大现代农业园的示范效应，发展壮大了"生猪养殖、绿色蔬菜、优质粮油、经济林木、食用鲜菌"五大产业化基地，实现农业增产、农民增收。建成四川绵竹经济开发区，江苏工业园入驻企业已达 20 家，汉旺无锡工业园 5 家企业已动工建设，全市 99 家规模以上工业企业已恢复生产，完工工业恢复重建项目 149 个，完成投资 55.41 亿元，实施"三大百亿工程"（打造化工、机械、食品三大百亿产业），做大做强支柱产业，加强政策支持，中小企业发展加快，工业经济总量比地震前增长了 31.5%。紧密依托交通枢纽建设，新建和完善一大批建材、机械等各类市场，成功引入四川国盛基业投资有限公司、苏宁电器集团有限公司等知名商贸企业，沿山开发生态旅游区上档升级，第三产业正成为绵竹市新的增长极
北川县	山东省坚持"输血"与"造血"相结合，把产业援建作为重要任务来抓，努力为北川县灾后重建和可持续发展奠定坚实基础。投资援建了北川工业园区"六通一平"（指通路、通上水、通下水、通电、通信、通暖、土地平整）的基础设施，建设园区内道路、给水管道、污水管道、雨水管道、路灯及信号灯线路等各类管线。引入了 28 家企业落户北川工业园区，总投资 21 亿元，其中山东企业投资 19 亿元。注重北川县第一产业、第二产业、第三产业的协调发展。投资 1.6 亿元，援建了北川维斯特农业科技示范园和农产品交易中心，扶持了一批特色种养殖产业化基地和农业龙头企业。投资 2.5 亿元，在北川新县城建设羌族特色商业步行街，带动商贸、物流、旅游等产业发展
平武县	全县坚持"一手抓抗震救灾，一手抓经济发展"，加快产业恢复重建。除平武县南坝电站外，全县已建水电厂、站全部恢复生产，在建电站全面复工；平武县腾龙水泥制造有限责任公司、四川省平武县矿业有限责任公司虎牙铁锰矿恢复生产，四川大福电子有限公司等企业复工，响岩片区铅锌矿企业排险加固和生产线恢复，四川省平武锰业（集团）有限公司等企业恢复重建开工，平武县南坝工业集中区重建基础设施。旅游接待点恢复营业，报恩寺景区恢复接待游客，虎牙、王朗生态旅游区基本恢复，金融网点恢复服务
安县	工业方面，加快工业集中区建设，工业园区聚集效应突显，主动承接东部地区和对口援建地区的产业升级转移，安县引入了华晨汽车集团控股有限公司、绵阳安鑫武秀汽配有限公司等十余家生产企业，携资二十多亿元打造汽车零部件产业园区；并注重选择具有较高成长性的新兴产业，新兴产业在全县工业中所占比重将大幅度地跃升，产业结构得到优化升级。农业方面，农业生产能力全面恢复，2010 年安县粮食播种面积为 61.8 万亩，产量达 251 万吨，比上年增长 2 万吨；农业技术服务能力全面加强，引进、推广、运用新品种、新技术能力全面提高，通过辽宁现代灾后农业科技示范园建设项目的实施，示范园区引进蔬菜新品种 110 个。旅游业方面，全力推进罗浮山温泉度假区上档升级，大力发展乡村旅游，培植安县旅游产业新的增长点；重点规划花菱镇—桑枣镇—晓坝镇—茶坪乡乡村旅游产业带，重点打造桑枣镇—晓坝镇乡村旅游示范精品区
青川县	浙江省与青川县按照共同"建设产业园区、培育特色基地、开拓对外通道、完善服务体系"的基本思路，开展产业恢复重建，培育产业的可持续发展能力。一是迅速推动工商企业恢复生产。在对口援建初期，重点扶持 18 家发展势头好、提供就业岗位多、对青川县恢复重建和经济发展作用大的龙头企业。同时，迅速新建青川农资配送中心和 50 多家农资连锁店，及时解决灾后农民购买农资产品难问题。二是加快建立工业产业园。积极推进 2 平方千米的广元青川—川浙合作产业园建设，截至 2010 年 9 月底，已有 18 家企业落户，总投资 31 亿元。同时积极建立青川竹园浙商产业园，支持园区基础设施建设和招商引资。三是拓宽市场渠道。为青川县农产品和药材进入浙江市场开辟"绿色通道"，组织浙江省内 133 家卖场及超市设专柜销售青川县农副产品

地区	产业恢复重建成效
汶川县	按照"稳一转二进三"（即稳步发展第一产业，转型升级第二产业，进军第三产业并实现跨越发展）的产业发展思路，坚持把产业恢复重建与转变经济发展方式、调整产业结构、优化产业布局结合起来，县域经济发展的基础明显夯实，可持续发展能力得到提高。一是坚持新能源、新材料、新医药的"三新"工业发展方向，工业经济优化升级，建设了一批特色产业园区，产业调整优化迈出重大步伐，新型工业格局初见端倪；二是坚持高品质、高产量、高效益的"三高"农业发展方向，现代农业初显成效，农业生产设施和农业服务体系全面恢复，建成了一批特色农产品生产基地；三是坚持精品景观、精美村寨、精致农庄的"三精"旅游发展方向，旅游产业实现振兴，成功创建汶川三江生态旅游区、水磨古镇、映秀地震遗址等国家 4A 级旅游景区，特色旅游产品开发力度进一步加大，旅游管理水平进一步提升，初步形成了集吃、住、行、游、购、娱为一体的旅游新业态
茂县	坚定不移地实施工业强县战略，走资源集约型、环境友好型发展之路，大力发展循环经济，实现经济发展与环境保护同步，工业得到了极大的发展，牢牢把握全州工业北上机遇，合理布局，积极吸纳和承接阿坝州工业产业，由山西省援建的工业集中发展区基础设施建设基本完工，企业陆续入驻。截至 2010 年末，全县共建成亚坪、太安、团结、槽木、棉簇、赤不苏 6 个工业集中发展区，入驻企业达 20 家，其中规模以上企业 12 家，规模以下企业 8 家。企业固定资产投资 31 亿余元，国家投入建设资金近 10 亿元。形成了 56 万吨电石、22.7 万吨氯酸盐、1.2 万吨高氯酸钠、9.6 万吨工业硅、3.5 万吨高碳铬铁、30 万吨水泥、1 万吨石墨电极、1 万吨阴极炭块、5 万吨二甲醚、1500 万条工业塑料编织袋、500 万匹砖、15 万瓶工业氧、40 万吨石灰石的生产能力。截止到 2010 年底，企业用工 2300 余人，70%以上为本地务工人员

5.2.5　精神家园重建创新发展

地震无情人有情，"5·12"汶川特大地震给灾区，尤其是极重灾区带来了巨大破坏。然而，中国人民没有被灾难压倒，相反它激发了中华民族团结一心、众志成城的抗震救灾精神，这种精神需要我们加以铭记、继承与弘扬，营造成为中国民族的巨大文化力量。"一方有难，八方支援""自力更生，艰苦奋斗"的抗震救灾精神，迸发出强大的爱国主义与集体主义耀眼光芒，为 10 个极重灾县（市）灾后恢复重建工作提供了强大的精神动力。详情参见表 5-10。

表 5-10　极重灾区精神文化建设成效

地区	精神文化建设成效
都江堰市	上海市对口援建都江堰市灾后重建工程立功竞赛中途推进表彰大会在都江堰市举行，大会表彰了在重建工作中做出突出贡献的优秀集体和先进个人；成都市授予上海对口援建都江堰指挥部总指挥薛潮"建设成都特别贡献奖"
彭州市	中共福建省委宣传部、福建省援建前方指挥部、中共彭州市委宣传部联合召开闽彭两地新闻记者座谈会，共庆中华人民共和国第十个记者节，并对援建新闻宣传先进单位、先进工作者和好新闻作品进行表彰；福建省援建前方指挥部和彭州市委、市政府联合举行了表彰大会，对在援建过程中为彭州市灾后重建做出贡献的先进集体和 27 位先进个人进行了表彰

续表

地区	精神文化建设成效
什邡市	什邡人民医院项目部被评为北京市"援建单位党员突击队",被授予德阳市"万众一心,重建家园"工人先锋号、什邡市"抗震救灾,重建家园"工人先锋号旗帜;什邡市正式确立每年 5 月 18 日为"什邡感恩日",确定每年 8 月 2 日为"新友谊日",以表达感激之情;什邡市为最后一批 40 多名北京援建者举行了欢送仪式
绵竹市	中共四川省委主要领导批示:江苏省的援建工作成效显著,规模大、进展快、质量好,给灾区重建注入了许多新的理念,为改善民生、加强基础设施和推动产业发展提供了巨大支持,援建队伍素质过硬、作风过硬、工作过硬,赢得了当地群众的赞誉和尊重;李亚平、刘大威、刘建等荣获"四川省汶川地震灾后恢复重建先进个人"荣誉称号、全国五一劳动奖章;江苏省人民政府对口支援四川省绵竹市地震灾后恢复重建指挥部、无锡市人民政府对口援建现场指挥组荣获全国五一劳动奖状
北川县	山东省对口支援北川灾后恢复重建总结表彰大会在济南市召开,山东省委、省政府追授崔学选"山东省对口支援北川灾后恢复重建特别贡献奖",授予山东省对口支援北川灾后恢复重建领导工作小组下设的援川办公室(擂鼓镇工作指挥部)等 40 个单位"山东省对口支援北川灾后恢复重建工作先进集体"荣誉称号,授予刘胜凯等 89 名同志"山东省对口支援北川灾后恢复重建工作先进个人"荣誉称号,并享受省级劳动模范和先进工作者待遇,给予吕玉秀等 79 名同志记一等功奖励
平武县	中国中央电视台、河北电视台联合举办的"温暖灾区行"大型公益节目在平武县进行直播,节目包括基础设施建设、城乡居民住房建设、河北真情援助等 8 个专题,弘扬了"一方有难,八方支援""自力更生,艰苦奋斗"的抗震救灾精神;遇难广场项目完工,投入建设资金 458 万元,总面积 3400 平方米,广场分为南北两部,南部为文化广场,北部为市政广场
安县	辽宁省对口支援安县恢复重建领导工作小组召开会议,研究对口支援安县增强"软实力"问题;辽宁省驻安县对口支援指挥部与安县县委、县政府共同召开辽宁援建安县项目决战督师大会;安县县委、县政府举行盛大欢送会,授予张征等 9 位同志"安县荣誉市民"称号;辽宁省召开对口支援安县恢复重建工作表彰大会
青川县	浙江省的艺术家赴青川县进行舞美和音乐指导;60 位来自青川县的群众演员在浙江省人民大会堂为浙江亲人献上一场名为《山歌再起》的感恩演出;青川县人民政府正式授予谈月明、赵克等 350 名浙江省援建干部"青川荣誉市民"称号
汶川县	四川省委、省政府在成都举行全省抗震救灾总结表彰大会,广东省工作组陈茂辉、李俊夫、范中杰 3 位同志被授予"四川省抗震救灾模范"称号;汶川县委举行汶川县纪念中国共产党成立 88 周年暨上半年灾后恢复重建工作总结表彰大会,省市工作组一批党支部与个人分别被授予 2008 年度优秀共产党员、抗震救灾先进集体和个人称号;广东电视台举办 2009 年度广东"十大新闻人物"颁奖典礼,广东省工作组援建干部获得这一殊荣;汶川县委、县政府在汶川博物馆举行县对口援建工作总结表彰大会,会议授予陈茂辉等 165 名广东省援建工作人员"汶川县荣誉市民"称号,授予广东省对口援建汶川县恢复重建工作组等 57 个单位先进集体称号,授予 288 名援建人员先进个人荣誉称号
茂县	中华全国总工会授予山西省交通厅支援四川灾区公路抢通保通突击队"抗震救灾重建家园工人先锋队"称号和全国五一劳动奖状;中共中央、国务院、中央军委授予山西省交通厅支援四川灾区公路抢通保通突击队"全国抗震救灾英雄集体"光荣称号;茂县隆重举行灾后重建创先争优表彰大会,表彰山西省开展援建茂县工作两年来涌现出来的先进基层党组织、优秀共产党员和优秀党务工作者,对受山西省直机关工委表彰的援建茂县 5 个基层党支部和 9 名优秀党务工作者及 66 名优秀共产党员代表进行了颁奖

5.2.6　生态修复重建效果明显

坚持自然修复与人工治理相结合，实施生态修复工程、林业灾后重建工程、林草植被恢复工程、林木修复工程，加大环境整治力度。做好水源地与土壤污染治理、废物清理、危险有害物处理，灾区生态环境不断改善。扎实推进灾毁土地整理复垦，把恢复重建与城乡环境综合治理紧密结合起来，灾区城乡面貌和人居环境焕然一新。详情参见表 5-11。

表 5-11　极重灾区生态修复重建成效

地区	生态修复重建成效
都江堰市	统筹城乡理念，科学编制了灾后生态环境保护等专项规划；秉承科学援建、优质援建、务实援建、规范援建、和谐援建的理念，构建城乡用水治污框架体系，建成 8 个污水处理厂，全市铺设污水管网 343 千米
彭州市	彭州市以城乡统筹的思路和办法及建设世界现代田园城市的理念，既要坚持"显山、亮水"，保护自然生态、地形和林盘等自然环境，又要充分尊重历史文脉的延续，实现人文与自然和谐
什邡市	在石亭江上游地区实施生态修复工程，全市林业灾后重建项目开工 100%；完成林草植被恢复 8.7 万亩，占规划任务的 50%；修复林木种苗基地 1500 亩，占规划任务的 53%。加大环境整治力度，做好水源地与土壤污染治理、废物清理、危险有害物处理；扎实推进灾毁土地整理复垦，完成灾毁土地整理复垦 48 795.03 亩，占规划复垦总面积的 44.4%，其中耕地整理复垦 43 795.03 亩，占规划复垦总面积的 39.9%
绵竹市	在城乡广泛开展植树造林活动，绿化、美化环境；严密监控、防范地质灾害，落实灾害治理措施；面对突如其来的"8·13"特大山洪泥石流，绵竹市创造了抢险救灾的"清平经验"；坚持节约集约利用土地资源，开展土地整理、废弃宅基地复垦等工作，保障重建用地需要；加强砂石、煤炭、磷矿等矿产资源管理，实现发展与环境相协调；开展城乡环境综合整治行动，加大工业污染治理、农村面源污染防治和淘汰落后产能的力度，人居环境质量不断提高
北川县	坚持和谐援建，加大支援北川县生态恢复重建，农村饮水民生工程共修建蓄水池 1175 口，安装各类管道 1798.4 千米，整治河道 20 千米。北川新县城按照绿色建筑标准建设，公共绿地占建设用地的 8%，人均绿地 16 平方米，超过国家园林城市标准；70%以上的城市照明采用 LED（light emitting diode，发光二极管）节能灯，新引进工业企业达到环保要求
平武县	新增灌面 0.24 万亩，改善灌面 5 万亩，除涝面积 0.32 万亩，新增节水灌溉面 3 万亩。控制水土流失面积 100 平方千米，项目区耕地侵蚀模数下降到 1900 吨/千米^2；有效控制了水土流失和土壤养分的淋溶损失，控制了土壤硝酸盐的增长和消除了水体富营养化，减轻了作物生理病害和农药使用量；野外焚烧秸秆得到有效控制，大气污染和资源浪费得到较好的解决，生态环境明显改善
安县	以生态修复项目为依托，在两年时间内大力实施植树造林、基础设施建设及社会管理等项目。安县生态修复林木种苗监测中心项目总投资 964 万元，290 亩种苗基地已全部完成，土建工程已完成总工程量的 85%；温室大棚进入安装试运行收尾阶段。总投资 602 万元的安县生态植被恢复工程项目，该项目内容包括高川乡天池村人工造林 0.34 万亩、封育管护 0.34 万亩，最终安县成功完成人工造林任务 0.34 万亩和封育管护年度任务
青川县	以"五改二治五化"（改路、改线、改水、改厕、改房，治污、治乱和道路硬化、周边绿化、污水净化、环境美化、城区秩序化）为重点，以"精致、生态、文化、特色"为目标，大力实施"十镇示范、百村整治"工程。青川全县城乡环境面貌焕然一新，青川县 36 个乡镇所在地的场镇面积也从原来的 8910 亩，扩大到现在的 16 541 亩，新增面积 7631 亩，增加了 86%，接近一倍

续表

地区	生态修复重建成效
汶川县	生态修复累计开工 9 个，累计完工 9 个，完成率为 100%，累计完成投资 10.89 亿元，完成率为 100%。完成封山育林、人工造林，实施城镇及通道绿化工程，使破碎山河重披绿装，生态得到有效改观
茂县	生态修复和环境整治类规划项目 4 个，规划投资 8.56 亿元，包括造林绿化任务、生态脆弱区治理、森林质量精准提升和草原生态保护修复；深入推进生态建设、切实加强环境保护、继续改善环境质量，实现茂县经济生态化，为建设美丽茂县和长江上游生态屏障提供稳固的生态环境基础

5.3 极重灾区对口援建经验

5.3.1 政府主导模式

对口援建是中国政府应对"5·12"汶川地震巨大破坏，指导灾区地震后恢复重建工作而提出的国家主导、高度统筹式援建机制。实践证明，它建立了自上而下贯通的对口支援体系，增强了社会动员能力，联结了援建省（市）与受援县（市）的人力、财力、物力、智力等方面的资源，充分体现了社会主义制度的优越性。在抗震救灾和灾后恢复重建工作中政府发挥了主导作用，这种主导作用主要体现在以下两个方面。

第一，中央政府统一部署，形成对口支援合力。中共中央在地震发生后不久，召开了中共中央政治局常务委员会（2008 年 6 月 5 日），研究部署地震后灾区恢复重建工作，明确了灾后恢复重建工作的指导思想、基本原则、工作内容等纲领性问题，提出充分发挥社会主义制度的优越性，集中力量办大事，倾全国之力开展地震灾区的灾后恢复重建工程。根据中共中央会议精神，国务院办公厅向全国各省（自治区、直辖市）颁发了《汶川地震灾后恢复重建对口支援方案》，提出了建立对口援建机制，按照"一省帮一重灾县"的原则，在地震灾区的灾害评估基础上，统筹安排，形成"某一经济发达省（市）对口支援某一地震极重灾区县（市）"的援建工作格局。接着，援建省（市）政府将中央政府部署的援建任务进一步分解，责任落实至援建省（市）的地方政府，形成"援建省（市）的地方政府对口支援地震极重灾区县（市）乡镇、村落"的援建工作格局，形成了一套各级政府主导的、自上而下贯通的对口援建体系。中央政府通过颁布灾后重建的相关政策与法规，统一部署对口援建的基本原则、援建总体方案；援建省（市）政府遵照中央政府的规定，将援建任务具体落实至其所管辖的地方政府；地方政府根据中央政府、省（市）的统筹规划，奔赴灾区，开展灾后恢复重建工作。

第二，地方政府对接，实现援建资源合理配置。援建省（市）的地方政府在充分调研极重灾区县（市）的灾情、经济社会发展情况基础上，与受援县（市）政府展开协商，进行社会动员、资源配置，开展灾后恢复重建工作。援建省（市）政府与受援县（市）政府以中央政府出台的对口援建政策相关的"援建工作原则、方式、内容"为指导，相互联动，开展灾后具体对口援建工作。在中央政府的对口援建政策出台之后，援建省（市）政府纷纷制订并颁发了地方性的重建规划工作方案，对重建工作的内容、组织与进程等方面做出了具体安排；受援省（市）政府制订接受对口支援的实施方案，与对口援建方共同协商援建方式、具体内容，细化对口援建的工作方案、建设任务，有序推进对口援建的开展；四川省政府基于援建省（市）与受援县（市）行政级别差异可能导致的接待工作问题，成立了以省政府领导为主的对口支援接待机构，负责对口援建各方的协调与管理工作，同时要求受援县（市）积极配合援建省（市）的援建工作，探寻双方在各个领域的交流合作，从单向援助转向互惠合作，坚持"输血"与"造血"相结合的原则，加快推动灾区恢复重建工程，实现区域经济社会的跨越式发展。地方政府之间相互合作，形成政府主导的援建工作机制，既能够保障对口援建方案吻合中央政府、各援建省（市）的灾后总体重建规划，同时又符合地震灾区的灾情、经济社会发展的需要。

5.3.2　多方联动机制

对口援建是中国抗震救灾的一项重大创举，它需要综合社会各界人力、物力、财力、智力等诸多方面的资源，实现援建工作的多方联动，共同推动此项创举。

灾后恢复重建工作需要以地震后灾区的全方位发展为核心，发扬灾区群众在大灾面前"自力更生，艰苦奋斗"的不屈不挠精神，强调灾区群众重建美好家园的主体意识，重拾信心，发挥他们的积极性、创造性，摆脱"等救援、靠政府"的消极依赖思想，主动实施地震后生活、生产自救。

灾难兴邦，面对"5·12"汶川特大地震，各级政府都应承担起其相应的救援责任，以灾区政府的地震后恢复重建工作为中心，中央政府出台抗震救灾、灾后恢复重建、对口援建等方面的政策、法规，使灾后恢复重建工作有法可依、有规可循、有理可据；各级地方政府则需坚持中央政府的政策、法规制度，举全中国的力量，贯彻"一省帮一重灾县"的对口援建方式，十大经济强省向 10 个极重灾县（市）输送资金援助、物资援助、项目援建、技术援助、智力援助，帮助地震后灾区经济社会恢复重建，同时，坚持"当前"与"长远"相结合、"输血"与"造血"相结合的原则，由援建期的单纯资金、物资援助转向后援建期的技术、项目等方面的长期合作，实现地震后 10 个极重灾县（市）经济社会的可持续发展。

"一方有难，八方支援"的强大精神力量引领社会大众积极地投身于地震后灾区恢复重建的巨大工程，社会援建各方有钱出钱、有力使力、有资源联络资源，共同推动10个极重灾县（市）经济社会恢复与发展。中国政府历来都非常重视社会力量在抗震救灾中的角色与作用，积极鼓励并支持社会各界力量共同参与地震后灾区恢复重建的伟大事业，提高全社会共同抵御重大自然灾害对灾区产生的巨大破坏，提升公民抗灾意识与能力。政府通过电视、报纸、广播、网络等大众媒介及时更新地震后灾区（尤其是极重灾区）的灾情、需求信息，规范引导、统筹管理，建立起全社会广泛动员参与援助工作的机制，多方协同、优势互补，形成"政府—灾区—社会"的对口援建局面，具体见图5-1。

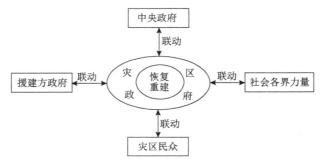

图 5-1　对口援建的多方联动机制

相关资料显示，截至2009年5月11日，国务院新闻办公室发布了《中国的减灾行动》白皮书，明确提及"四川汶川特大地震中，中国接收境内外各类救灾捐赠款物近760亿元人民币""中国公众、企业和社会组织参与紧急救援，深入灾区的国内外志愿者队伍达300万人以上，在后方参与抗震救灾的志愿者人数达1000万以上"[①]。换句话说，社会各界除提供物质、资金等方面的支援之外，还有近1300万名志愿者奔赴灾区，为灾区恢复重建工作提供人力、智力等方面的支援，有力地推动了地震后极重灾区经济与社会的快速发展。

5.3.3　实现跨越发展

纵观世界其他国家与地区，地震后灾区恢复重建工程非常复杂，往往要历经十分漫长的过程。近年来，日本、印度尼西亚、巴基斯坦等国家的地震后灾区恢复重建工作都持续了较长时间，且成就不显著。1995年1月17日，日本阪神发生7.2级地震，遇难有6000余人，经济损失约8700万美元，地震发生之后，日本政府及时制订并实施了灾后重建规划，主要包括三个阶段：紧急复兴、企业重建、全面重建，它们前后历时十年时间，且一年时间后，还有很多灾民住在临时

---

① 《中国的减灾行动》，http://www.gov.cn/zwgk/2009-05/11/content_1310227.htm，2017年5月6日。

住房里（北京日本学研究中心和神户大学，2009）。2004 年 12 月 26 日，印度尼西亚苏门答腊岛 9.0 级海里地震引发巨大海啸，致该国亚齐特区 11 万人失踪，9 万余所房屋被摧毁，损失巨大。然而，印度尼西亚政府的灾后恢复重建工作进展得却异常缓慢，相关资料显示，地震发生两年后，亚齐特区仍有 10 万余名灾民住在活动板房，未搬入新家，截至 2008 年 6 月，依然有 1000 余户家庭住在临时木屋内（周晶璐，2008）。2005 年 10 月 8 日，巴基斯坦发生 7.8 级地震，遇难 73 000 余人，20 万间房屋被损毁，政府对灾后住房建设采取"自我重建"为主的重建方案，两年后，仅有 2/3 的地震灾民重建家园（北京日本学研究中心和神户大学，2009）。

　　与此形成鲜明对比的是中国"5·12"汶川地震发生之后政府、社会各方的反应。与上述三个国家完全不同，地震后灾区恢复重建工作持续时间短，10 个极重灾县（市）三年重建任务两年完成；重建工作成效显著，极重灾区普遍得到全面的跨越式发展。这些卓越成绩的取得来源于中央政府的统一指挥与部署，建立了灾后重建规划与对口援建方案，集中全社会的力量，全方位铺开地震后灾区的恢复重建工作，打好了这场极重灾区重建攻坚战。除此之外，更为关键的援建力量来源于十大对口支援省（市）的全力支援，它们以每年对口支援不少于本省（市）上年地方财政收入 1% 的实物工作量，对灾区城乡住房、公共服务设施、基础服务设施、产业发展等方面，全方位推进灾区经济社会恢复与重建工作。综上所述，汶川地震灾区灾后恢复重建模式与日本、印度尼西亚、巴基斯坦三个国家的"先恢复、后发展"的常规性梯次模式不同，其本质上是地震后灾区"恢复与发展相结合"的跨越式重建路径[①]，在重建过程中，不仅恢复而且超越了地震前的经济社会发展水平。纵观汶川地震三年恢复重建成就，即 2008～2010 年，三年重建任务两年基本完成，10 个极重灾县（市）经济社会发展取得了跨越式发展，经济、公共服务、社会福利不仅恢复到地震前的社会发展水平，而且超越了之前的发展，有些灾区经济社会发展甚至因此向前推进了 20 年，城乡居民的住房条件明显改善、基础设施的保障能力显著增强、公共服务的社会福利水平大大提升、产业结构转型升级与跃迁式发展、精神家园同步构建。

　　重建两年时间内，10 个极重灾县（市）地震后恢复重建工作取得了巨大的成效，然而在欣喜之余，对口援建也存在一些不完善的地方，需要我们在今后的工作中加以改进。

　　首先，对口援建的政策、法规仍需严肃考证、谨慎制定，以便为今后的类似行动提供借鉴。例如，有法律学者提出国务院颁发的《汶川地震灾后恢复重建对口支援方案》里面有关"各支援省市每年对口支援实物工作量按不低于本省市上

---

① 《灾后重建研究：从起立到起跳　发展型重建四川模式》，http://news.china.com.cn/zhuanti/wcdz/2011-04/14/content_22359825.htm，2017 年 4 月 6 日。

年地方财政收入的1%考虑"的政策规定与《中华人民共和国预算法》之间，存在着主体权限冲突，除此之外，该规定的实施机制也带有明显的"随意性"与"不可操作性"（王颖和董垒，2010）。提此观点，显然是对汶川特大地震及其灾后恢复重建这一世界级难题的紧急性、特殊性、重大性、艰难性缺乏足够了解和清醒认知。但也提出了一个今后值得研究和优化的问题：假若以后再出现需要举国支援的重大灾难，如何更加科学、精准地确定对口支援实物量？如何与现行法规更加平滑衔接？

其次，对口援建是一项中国式赈灾的创举，取得了非凡的成绩，然而在对口援建方案的具体实施过程中，援建省（市）与受援灾区县（市）之间仍然需要因地制宜，具体协商两者之间"供需错位"问题，以相互体谅、相互支持、平等友好协商的方式保障对口援建方案的顺利执行（黄承伟和陆汉文，2011）。例如，广东省对口支援汶川县的援建工作，采取了"交钥匙"与"交支票"相结合的方式，妥善处理"供需错位"问题。地震发生之后，广东省广州市为震后汶川县恢复重建工作提供了28亿元的资金援助，其中有约21亿元以"交钥匙"的形式，另外约7亿元援助资金以"交支票"的方式，提供给汶川县当地政府，然而汶川县当地政府规划的灾后重建项目需要高达160亿元资金支持，"供需错位"问题严重。

最后，对口援建项目投资大约70%都是在援建省（市）直接完成的，仅有不足30%的投资在受援县（市）形成（郭岚，2010），因此，对口援建工作对援建省（市）地区带来巨大的市场需求活力拉动了当地经济的发展，而受援灾区市场的刺激效益不明显，有些地区甚至出现了反向的市场排挤效应，不利于解决地震后极重灾区的就业问题，也影响其经济社会发展。

第 6 章　对口援建成效的力量源泉

"5·12"汶川特大地震对极重灾区的对口援建,取得了举世瞩目的巨大成效。取得这一巨大成效的力量源泉来自我国政治体制、社会制度、价值体系、基础保障四大方面。

中国共产党坚强伟大的领导力量、执政为民的执政理念,充分体现了中国特色社会主义政治体制的巨大优势,是极重灾区对口援建取得巨大成效的根本保障。

"公有制为主体、多种所有制经济共同发展"的基本经济制度、卓有成效的政府机构应急管理制度、举国一体共力抗灾的赈灾方式,充分体现了中国特色社会主义制度的巨大优势,是极重灾区对口援建取得巨大成效的制度保障。

社会主义的人文关怀价值体系、中华民族"一方有难,八方支援"的博爱精神、与时俱进的科学发展观,充分体现了中国特色社会主义价值体系的巨大优势,是极重灾区对口援建取得巨大成效的精神保障。

40 多年改革开放带动的经济发展、全国人民科技创新勤勉奋斗形成的社会财富,运用科技发展成果形成的技术支持,充分体现了中国特色社会主义供应机制的强大基础保障优势,是极重灾区对口援建取得巨大成效的物质保障。

6.1　政治体制优势

6.1.1　中国共产党的坚强领导

中国共产党是中国工人阶级的先锋队,同时是中国人民和中华民族的先锋队,是中国特色社会主义事业的领导核心,代表中国先进生产力的发展要求,代表中国先进文化的前进方向,代表中国最广大人民的根本利益,并通过制定正确的路线方针政策,为实现国家和人民的根本利益而不懈奋斗。中国共产党的坚强领导和中国特色社会主义制度,是我们国家和民族最显著的政治优势,是我们驾驭各种复杂局面、应对各种风险、战胜各种艰难险阻的根本保证。

大灾总无情,党恩深似海,一场大地震,撕裂祖国山河的同时更牵动着中国共产党的心,牵动着数十亿中国人的心。巨灾面前,在党中央、国务院的坚强领导下,对口援建方案快速形成,对口援建物资源源不断涌向灾区,对口援建人员马不停蹄奔赴灾区。中国共产党领导下的中国人民紧密凝聚起来，众志成城、万众一心，援建工作紧张而有序地推进着，"三年任务两年基本完成"党中央这一庄重诺言，在地震后两年向 10 个极重灾县（市）群众如期兑现。"任何困难都难不倒英雄的中国人民"①，地震后废墟上，时任国家主席胡锦涛发出时代最强音，对口援建工作在此号召下如火如荼地展开。2008 年 6 月 18 日《汶川地震灾后恢复重建对口支援方案》出台，党中央、国务院迅速制定"一省帮一重灾县"的重要战略部署，确定出十个经济强省（市）分别对口援建四川省的 10 个极重灾县（市），要求各省（市）援建队伍着力解决极重灾区临时住所，保障灾区群众的基本生活，协助灾区群众重建心灵与物质家园，为灾后经济、生态、教育等多方面重建提供人才引进、技术指导、物资支持等援助，加快恢复灾区经济、社会发展。在党中央指示精神下，各援建单位迅速行动赶赴 10 个极重灾县（市），一个个美好新家园在废墟中重新站立起来。

　　"5·12"汶川地震灾后艰巨的对口援建工作，之所以能够在这么短的时间里取得如此巨大的成效，最根本的原因在于中国共产党领导的多党合作政治体制，党政机关临危不惧、恪尽职守。中国共产党领导的人民军队作风优良、训练有素、不畏艰险、迎难而上；中国共产党领导的广大民众不屈不挠、艰苦奋斗，充分发扬"一方有难，八方支援"精神。正是在中国共产党的坚强领导下，对口援建迸发出强大的中国力量，创造了举世瞩目的中国奇迹。

　　中国共产党领导的人民军队忠于祖国、忠于人民，发扬英勇顽强的大无畏革命精神，以严守死保、决战决胜的英雄气概克服了难以想象的困难，为对口援建工作创造了有利条件。徒步行军、涉水前进、超常空降，第一时间挺进龙门山断裂带，深入崇山峻岭中，救援群众、抢救生命，充分发挥了人民军队抗震救灾的中流砥柱作用。军民团结一心共同奋战，先后打赢了抢救生命、打通交通、救治伤员、卫生防疫、预防次生灾害、维护灾区秩序稳定等一场场硬仗。使得极重灾区没有发生饥荒、没有出现流民、没有暴发疫情、没有引发社会动荡，为灾区灾后对口援建工作有序开展打造了先决有利条件，创造了举世瞩目的抗震救灾奇迹，人民的子弟兵为对口援建工程做出的功绩是瞩目的。

　　我们看到援建进程中，始终有着党和国家领导人的坚强领导，有着党领导的多党派人士在积极行动，有着基层党组织的堡垒作用充分发挥。温家宝指出："党和政府的干部要继续发扬党的光荣作风，无畏牺牲、无畏疲劳、不停战斗的传统，始终在抗灾的前沿，领导人民群众，做好抗震救灾工作。"（中共中央文献研究室，2009）在此次大灾面前，中国共产党领导的各级党委、政府充分展示了其强

---

① 《总书记：任何困难都难不倒英雄的中国人民》，http://news.sohu.com/20080519/n256957282.shtml，2018年 5 月 12 日。

大的战斗力和对基层群众的快速动员能力。在对口援建中，上海市援建都江堰市，时任中共中央政治局委员、上海市委书记俞正声轻装简从调研视察灾区；山东省援建北川县，"支援四川抗震救灾，山东要人有人，要钱有钱，不讲价钱！"，这是时任山东省委书记姜异康代表山东省委、省政府和山东人民对北川县人民的庄重承诺；辽宁省援建安县，时任辽宁省委书记张文岳、省长陈政高部署参与谋划对口援建安县实施方案，多次率队前往安县慰问群众，指导援建工作。安县迅速组建的临时党组织、党员服务队同样活跃在援建队伍中，他们时刻发挥中国共产党党员不怕苦、不怕累为人民的大无畏精神，克服困难，时刻冲锋在前，为对口援建工作做出重大贡献，党性的光辉在极重灾区援建工作中处处闪耀。与此同时，安县政治协商会议（以下简称政协）也在行动着，迅速组织干部投入灾后重建，并配合辽宁援建队伍开展工作，积极动员各党派人士为援建出谋划策、捐款捐物，充分表现出党领导下的多党合作体制的强大凝聚力，传递出党和政府对援建工作的高度重视，增强和鼓舞了援建队伍、灾区群众战胜困难的信心。

在党中央、各级党组织的坚强领导下，灾后恢复对口援建、灾区发展振兴工程始终在有序推进。2008 年 9 月 19 日，国务院发布的《国务院关于印发汶川地震灾后恢复重建总体规划的通知》中提出了"用三年左右时间完成恢复重建的主要任务"；四川省委、省政府进一步提出了"三年基本恢复、五年发展振兴、十年全面小康"的灾后重建发展目标（刘奇葆，2011）；2009 年 5 月 12 日，胡锦涛在纪念汶川特大地震一周年大会上的讲话中提出了"力争用两年时间基本完成原定三年的目标任务"[①]。对口支援 10 个极重灾县（市）地震后重建工作注重把功能恢复与跨越发展相结合，着力抓好城乡住房、产业、文化、基础设施、城镇、生态六大重建工程及精神家园重建；与此同时，抢抓机遇，加快发展，坚持实施"一主、三化、三加强"[②]的基本思路，加快推进"一枢纽、三中心、四基地"[③]建设，将 10 个极重灾县（市）灾后恢复重建与发展相融合，推动经济社会发展（刘奇葆，2011）。在十个兄弟省（市）以最高的热情、最快的速度、最强的效率对口援建下，各援建重灾区经济迅速走出低谷、止滑回升，进入加快发展的轨道，基础设施、公共服务等得到了极大恢复和改善，地区民俗文化得以传承和弘扬。正是在中国共产党的坚强领导下，历经十大经济强省

---

① 《胡锦涛：力争用两年时间基本完成原定三年重建目标》，http://politics.people.com.cn/GB/1024/9286158.html，2017 年 5 月 16 日。

② 四川省委九届四次全会上提出来的以工业强省为主导，大力推进新型工业化、新型城镇化、农业现代化，加强开放合作、加强科技教育、加强基础设施建设的基本思路。

③ "一枢纽、三中心、四基地"即建设贯通南北、连接东西、通江达海的西部交通枢纽，建设西部物流中心、商贸中心、金融中心，建设重要资源开发基地、现代加工制造业基地、科技创新产业化基地、农产品深加工基地，显著提升产业聚集力、要素转化力、市场竞争力和带动力。

（市）的大力援建、灾区自力更生的两年艰苦卓绝重建，重生后的 10 个极重灾县（市）迎来了脱胎换骨的变化。对口援建的累累硕果再次证明了中国共产党领导的坚强有力，中国共产党始终代表最广大人民的根本利益，是能够应对各种风险、驾驭各种复杂局面，具有强大战斗力的马克思主义政党，不愧为全国各族人民的主心骨（郝冀川，2011）。

6.1.2 "以人为本"的执政理念

"以人为本""执政为民"是中国共产党的执政理念。在长达两年多艰苦卓绝、繁重艰辛的灾后对口援建中，各援建省（市）始终坚持对口援建就是救民、为民，把灾区广大人民群众的生命、利益、需求放在第一位，在全世界抗震救灾史上，将"以人为本"的执政理念升华到一个崭新的高度。在针对 10 个极重灾区灾后重建的对口援建过程中，援建灾区群众基本生存条件得到了最大限度的保障，心灵家园建设长期进行、卓见成效，地方经济、文化、生态等的恢复建立在高度人性化基础之上，这是中国共产党"以人为本"执政理念的深入贯彻，是中国政治制度优越性的有力彰显。

一是灾区人民的生命高于一切。地震后的 10 个极重灾县（市）百废待兴。在党中央、国务院援建政策出台之后不久，各援建省（市）立即提供并满足地震后重灾区的当务之急——灾区群众的基本生活保障，让灾后重生的人民生命安全得到保障。援建队伍千军万马，号令一出立即奔赴重灾区，援建工作从极重灾区广大群众最基本的吃、穿、住、行等方面展开。为此，援建队伍本着平等、公开、透明的原则，把援建的重灾区当故乡来建设，把知情权、选择权、管理权和监督权交给灾区群众，使人民群众真正成为重大决策的参与者、基层自治的主导者、对口援建成果的受益者。灾区临时救助站最先建立起来，道路抢修打通生命渠道，源源不断的援建物资汇成爱的洪流涌进灾区。废墟上，援建者们着眼重灾区的历史与未来，坚持灾区在自己骨头上长肉，一座座富有地方民俗特色的永久性住房建立起来，一条条宽阔的大马路展现在原本较为落后的重灾区。各个重灾区过冬的棉被早已被送到援建家家户户群众手中，鲜红的五星红旗在大爱无疆的 10 个极重灾县（市）土地上迎风飘扬。这些都是中国共产党坚持"以人为本""执政为民"理念的切实体现，也是特殊时代背景下中国共产党对人民群众生命权的尊重和保护。对灾区群众生命权的尊重，不仅是衡量一个执政党执政理念是否正确的标准，也是这个执政党积极价值观的体现。

二是灾区人民的全方位发展。医者看病，仁医救心，地震后的灾区人民均遭受了一定程度的心灵创伤，对口援建中 10 个极重灾县（市）人民的精神家园重建至关重要。面对突如其来的巨大灾难，举国大悲，国务院决定，2008 年 5 月 19～

21 日为全国哀悼日,全国各族人民向"5·12"汶川地震遇难同胞表示深切哀悼,这是中华人民共和国历史上第一次为自然灾害中的遇难者降半旗致哀,以国家的名义悼念遇难群众,彰显的是人性的光辉和对生命的尊重。

生命要靠繁衍,文化需要传承。文化,是一个人、一个家庭乃至一个国家、一个民族的根与灵魂,是人类生存意义的全部。于是我们看到,站在人类历史长河之源,置身于人类发展、进步的高点,援建者们对各重灾区地域文化进行恢复重建,赋予这次特殊的文化传承以鲜明的时代意义。送归文化之魂,山东省援建的北川县第一寨——吉娜羌寨碉楼震后再现雄姿,茂县的羌文化集散地——茂县羌族博物馆在山西省的援建下重聚羌魂。自古强大的民族无一不是重视教育的民族。中国,被称为文明古国,中华文化经千年颠沛而魂魄不散,历万种灾厄而总能重生,就是因为我们重视教育。在对口援建工作中,各个援建省(市)高度重视重灾区教育的复兴,援建的不仅是让灾区群众吃饱穿暖,更要援建人类灵魂的净土——教育,于是我们看到,琅琅读书声回荡在宽敞明亮的教室,少年强则国强,青年有信仰,国家有力量,民族有希望。精神家园援建永远在路上,人性的光辉与伟大在 10 个极重灾县(市)大地上处处飘扬,中国共产党"以人为本""执政为民"的理念再一次被验证。

纲举目张,对口援建要让灾区群众满意。这就是"纲"。地震后对口援建中,人民群众的全方位发展需求,始终是援建工程的最高标准。正是在始终坚持"以人为本""执政为民"理念指导下,10 个极重灾县(市)对口援建工作有效推进,一切为了人民群众,保障了灾区人民群众的物质生活,并重建了灾区人民群众的美好心灵家园。10 个援建省(市)在党中央精神指示下时刻牢记为灾区人民服务的使命,时刻牢记灾区人民对震后未来美好生活的向往,在对口援建的不同时期、不同场合,援建者们用汗水、用行动表达着对广大灾区人民群众的挚爱。援建过程中,发生了一个又一个感人故事,涌现出一批又一批英雄人物;援建结束后,出现了一批批带不走的施工队、医疗队:绵竹市送不走的江苏省援建队,都江堰市撤不走的上海市医疗队。他们视人民利益高于一切,为人民利益甘愿奉献一切,他们是民族的脊梁。由此看出来,"以人为本"这一执政理念对中国共产党人指导的对口援建各项工作都起到了至关重要的作用,凝聚了人心,激励了士气,推进了震后灾区恢复与重建。援建工作者心里时刻装着灾区人民,一切为了灾区人民。他们崇高的救援使命感,他们的浩然正气,他们的无私博爱,他们的英雄行动,激发起人们热爱生命、向往幸福的美好愿望,并转化为灾后重建、对口援建取得重大胜利的伟大力量。

6.2　社会制度优势

6.2.1　举国体制

"一省帮一重灾县，举全国之力赈灾，集中力量办大事"（赵东辉，2009），中国特色社会主义制度的优越性，在这次 10 个极重灾县（市）震后重建模式——对口援建中得到了充分体现。国务院对口支援方案一出台，来自全国各地的 10 个对口援建省（市）规模浩大的援建队伍就向灾区迅速集结，大量所需的援建物资被马不停蹄地调配运到 10 个极重灾县（市），震后恢复与重建工作立即在灾区铺开。这是一次声势空前的举国行动，这是我国特色社会主义制度下，举国体制展现的中国力量。这种力量不仅表现了我国政府在大灾面前，强大的社会动员能力和资源整合能力，也彰显了社会主义制度下，中国共产党领导的政治实力，正是依靠举国体制迸发出的强大中国力量，艰苦卓绝的对口援建工作才创造了举世瞩目的中国抗震救灾奇迹。

中国特色社会主义的举国体制，是以中国共产党为领导核心，以服务人民根本利益为宗旨，由中央人民政府主导，以社会团结和谐为特征，以全国强大物质和精神资源为后盾，依照宪法，按照法律授权和行政程序，在科学决策与民主决策的基础上，实施全国性的集中统一协调行动的工作体系和运行机制。"5·12" 汶川地震 10 个极重灾县（市）抗震救灾的举国体制，表现的是一种工作机制，体现得更是一种政治实力。这种政治实力有效地促进了"十大兄弟省（市）对口援建 10 个极重灾县（市）"重大部署统一协调行动的有效执行和圆满完成。在党中央的坚强领导和英明决策下，举全国之人力、物力，集全国各族人民之智，庞大的各种资源在极短时间内快速集结并且有效配置。实践证明，正是在中国特色社会主义制度下，举国体制彰显了中国共产党领导的政治实力，是此次对口援建在如此短的时间进展得如此卓有成效的强大的制度保障。

灾难凝聚人心，党和国家与人民同呼吸、共命运，在此次对口援建中，举国体制表现出强大的社会动员能力和资源整合能力。灾后对口援建是举全国之力共御巨灾的伟大创举，全国各族人民迅速动员奔赴灾区，物资快速集结援建灾区，社会动员能力、资源整合能力极强，这是中国特色的赈灾模式，这是我国社会主义制度下，"集中力量办大事"力量优势的集中体现。10 个援建省（市）在接到对口援建方案的当天，立即动员全省（市）各级力量，援建工作小组、援建队伍、志愿者、医疗队、工程师等方面力量迅速集结，奔赴灾区；物力、财力、人力、智力等方面的资源快速整合，投入到震后灾区恢复与重建工作中去。10 个极重灾县（市）对口援建是一项极其复杂艰难的工程，所需人员、物资、财力数量巨大，也因此成了牵动全国的攻坚战、合力战、持久战。正是我国社会制度下强大的举国体制，才有力地加快了灾后恢复对口援建进程，高效地促进了东部、中部、西部经济大合作、文化大交流、民族大团结，这是一次先富帮后富、逐步实现共同富裕的成功实践（刘奇葆，2011）。以服务灾区人民援建灾后新家园为最高目标，动员和调配全国有关的力量，包括精神力量、物质资源的举国体制在此次灾后对口援建工作中发挥了巨大的作用。震后 10 个极重灾县（市）对口援建取得的瞩目成效，既展示了我国社会主义举国体制的强大动员力、高效组织力，同时也提供了灾后对口援建工程急需的物质、人力、财力、智力等方面的资源。

6.2.2　经济制度

改革开放以来，我国坚持以公有制为主体、多种所有制经济共同发展的基本经济制度，加快社会主义制度下由计划经济向市场经济的转变，积累了雄厚的物质支撑和强大的技术保障，为对口援建这一庞大工程打下了坚实的基础。实践证明，我国基本经济制度的确立，能够充分调动各方面的积极性，壮大我国综合国力、保障民生，在复杂多变的社会环境下，为应对各种风险提供坚实的物质基础。公有制为主体、多种所有制经济共同发展的经济制度，在对口援建 10 个极重灾区工作中发挥了主体和主导作用，这是中国特色社会主义制度的重要支柱，是中国社会主义市场经济体制的根基。东部沿海城市作为中国改革开放的首批经济特区和中国资本市场的发源地之一，始终走在改革开放、经济建设的前沿，在坚持国家基本经济制度的前提下，充分利用地域、政策、人才等优势，经济发展日新月异，经济实力不断增强，积累了厚实的经济基础。正是这一优越制度下资本的积累，广东省对口援建工作通过建立政府引导、市场运作、社会参与的资金投入机制，吸引和带动社会资金投入灾后恢复对口援建，弥补了重建所急需的上万亿元资金缺口。其他援建省（市）立即调动数十万名救灾抢险人员，调配数百亿元救灾资金，向灾区运送上百万吨生活用品和抢险工程设备等急需物资，为赢得救人时间、提高救灾效率发挥了极其重要的保障作用。在抢通保通公路、铁路，抓紧恢复通信、电力设施和处置堰塞湖等各大主战场，国有大中型企业发挥了顶梁柱作用。

与此同时，我们看到众多民间力量企业在对口援建中积极伸出援手，众多民营企业积极响应中央的号召，发扬中华民族扶弱济困、守望相助的传统美德，为灾区震后对口援建工程做出了巨大贡献。坚持公有制为主体、多种所有制经济共同发展的经济制度，我们努力克服了特大地震灾害和国际金融危机带来的双重影响，在对口援建过程中科学合理地调整生产力布局，加快极重灾区经济发展方式朝又快又好的方向转变，有力地推动了灾区恢复与重建工作在"原地起立"的基础上实现"发展起跳"，对口援建这一伟大壮举，充分展现了社会主义制度下，公有制为主体、多种所有制经济共同发展的基本经济制度形成的强大中国力量。

6.2.3　应急管理机制

凡事预则立，不预则废；居安思危，方能化危为安。2008年，在中国史册上注定是不平凡的一年，"5·12"汶川特大地震突如其来，山河破碎，满目疮痍。巨大灾难降临之后，又受到席卷全球的金融危机的巨大冲击，10个极重灾区灾后对口援建工作面临巨大挑战，政府机构的应急管理制度为对口援建提供了前瞻性的方略指导及制度依据，完善的物资储备制度、公共财政制度提供了强大的物质保障及财政支持，对口援建工作在援建省（市）及灾区人民夜以继日、百折不挠的艰苦奋战下，10个极重灾县（市）重焕新生，铸就了历史丰碑。

"5·12"汶川地震发生后，政府根据灾情的严重性，立即启动国家Ⅰ级预案，国务院各部委、解放军总参谋部、各省区市也相继启动了部门预案、专项预案和地方预案。各级政府部门严格按照应急预案的规定，各司其职、相互配合，使抗震救灾有条不紊地向前推进，确保救灾工作的顺利进行。建立健全的应急预案体系，充分做好预防与处理各类、各等级危机的思想、组织、物质和技术准备，是灾后应急管理工作的基础。在2003年非典型肺炎疫情发生后，国家加快了应对突发公共事件应急预案规则的制定；2004年我国制订和修订了包括自然灾害在内的各类公共突发事件应急预案；2006年1月8日国务院发布了《国家突发公共事件总体应急预案》，明确界定了突发公共事件时各级政府的责任和管理权限、应急处置措施和程序、公民权利和义务等相关具体内容，为政府实施应急处置提供了具有可操作性的制度依据；2006年10月11日，中国共产党第十六届中央委员会第六次全体会议通过了《中共中央关于构建社会主义和谐社会若干重大问题的决定》，其中对于完善应急管理体制机制，有效应对各种风险，决定建立健全分类管理、分级负责、条块结合、属地为主的应急管理体制，形成统一指挥、反应灵敏、协调有序、运转高效的应急管理机制，有效应对自然灾害、事故灾难、公共卫生事件、社会安全事件，提高危机管理和抗风险能力。按照预防与应急并重、常态与非常态结合的原则，建立统一高效的应急信息平台，建设精干实用的专业应急救援队伍，健全应急预案体系，完善应急管理法律法规，加强应急管理宣传教育，提高公众参与和自救能力，实现社会预警、社会动员、快速反应、应急处置的整体联动。正是由于我国政府对应急管理制度的不断完善，面对巨大自然灾害，我们的政府才能够在短时间内，发挥中国速度，制订实施具有中国特色灾后重建模式的对口援建方案。在国家应急管理制度及《汶川地震灾后恢复重建对口支援方案》大方略下，各援建省（市）迅速制订对口极重灾区详细援建制度方案，合作协议迅速签订，在这样切实可行的指导方略下，10个极重灾县（市）的援建工作如火如荼地铺展开来。

我国的应急管理体制、灾后对口援建所需物资紧密联系的应急物质储备、公共财政应急管理及相应制度，为"5·12"汶川地震灾区提供了丰厚的物质支持、强大的财政保障，确保了灾后对口援建工作的顺利开展。2007年11月1日施行的《中华人民共和国突发公共事件应对法》规定，县级以上政府必须采取相应财政措施，保证突发事件所需经费，其中就包括了自然灾害救灾开支及其他特殊开支，这一规定为我国应急管理公共财政保障提供了法律依据。随着社会经济的发展，中国面临着众多自然灾害等突发事件的考验，我国国家财政在公共安全应急准备方面的投入逐年增加，大力加强了应急物资储备建设。政府应急管理的财政保障主要包括以下三方面内容：首先，各级财政建立一定额度的应急储备金，专门用于应急支出；其次，日常应急管理的费用，主要用于保障突发事件应急管理日常工作运行和开展、网络信息系统建设和维护、应急预案和计划及相关标准规范编制审定等所需经费；最后，各级财政和审计部门对突发公共事件财政应急保障资金的使用与效果进行监管及评估。应急物资储备制度要求：在应急储备物资采购过程中，严格执行国家有关政府采购的法律、法规，坚持公开、公平、公正的原则，实行公开招标采购；严格执行应急物资入库验收制度，严把质量关，杜绝假冒伪劣物资流入储备环节；加强中央和地方应急储备物资管理，明确各级应急储备物资采购、管理、调拨和使用的权限与程序；明确应急储备物资日常管理制度，防止仓储过程中的物资流失、变质和不当消耗；明确应急物资统计报告制度，确保账物相符；完善应急物资储备管理信息系统，实现各级应急物资储备信息共享，充分发挥应急物资储备网络的整体效能（陆昇，2009）。

汶川地震发生后，截至2008年5月28日，财政部累计投入抗震救灾资金达195.57亿元，财政部特意为此修改了2008年政府财政预算，从而保障地震灾区的救援与恢复重建工作。中央救灾物资储备库在民政部的紧急调动下，紧急向灾区调送救灾帐篷，中央紧急调动了大批中央储备药品和器械，中央和地方两级粮食部门全力向灾区调运救灾粮，国家物资储备局紧急出库储备成品油。在极短的时间内，铁道部[①]、中国民用航空总局和交通运输部等部门大力支援灾区，数百万吨救灾物资支援灾区。综上所述，改革开放40多年来建立的常态化公共财政保障和应急物资储备制度，为10个援建省（市）对口支援10个极重灾县（市）提供了丰厚的物质支持和强大的财政保障，确保了对口援建工作的顺利开展。实践证明，国家强大的政府应急管理机制、常态化公共财政保障、应急物资储

---

① 2013年3月14日通过的《第十二届全国人民代表大会第一次会议关于国务院机构改革和职能转变方案的决定》决定不再保留铁道部。

备制度为"5·12"汶川地震对口援建方案的迅速制订、成功实施提供了前瞻性的物质保障和制度依据。

6.3　价值体系优势

2006 年 10 月,党的十六届六中全会通过的《中共中央关于构建社会主义和谐社会若干重大问题的决定》,第一次明确提出了"建设社会主义核心价值体系"这个重大命题。社会主义核心价值体系包括四个方面的基本内容,即马克思主义指导思想、中国特色社会主义共同理想、以爱国主义为核心的民族精神和以改革创新为核心的时代精神、社会主义荣辱观。在深入践行社会主义价值体系下,地震后两年多的对口援建,创造了一个个中国奇迹,生动诠释了"一方有难,八方支援"的中华民族传统美德,各族人民守望相助,举国上下患难与共,凝结成坚如磐石、牢不可破的命运共同体,这是人类救灾史上浓墨重彩的一笔,向全世界显示了中华民族和中华文明生生不息的旺盛生命力,彰显了中国社会主义价值体系的巨大优势。

6.3.1　社会主义的共同理想

中共十二届六中全会上,中国特色社会主义共同理想被正式提出,建设有中国特色的社会主义,把我国建设成为高度文明、高度民主的社会主义现代化国家,这就是现阶段我国各族人民的共同理想。10 个极重灾县(市)灾后对口援建工程项目只有在中国特色社会主义共同理想的支撑之下,才能成为抗震救灾的一项创举。

建设和实现中国特色社会主义是全国各族人民的共同理想,是当代中国动员、激励全国各族人民团结奋斗的旗帜,是实现中华各族人民共同富裕和民族复兴的保证,是中国特色社会主义核心价值体系的主题。中共中央继续高度重视共同理想教育,到十六届六中全会,共同理想成为社会主义核心价值体系的重要内容。汶川特大地震使灾区人民生命财产遭受了巨大损失,在灾后对口援建中,只有维护好人们的实际利益,集合 13 亿中国力量继续向着共同理想前进,才能进一步巩固中国特色社会主义共同理想。正是在中国特色社会主义共同理想引领下,对口援建模式不仅在恢复重建中发挥了独特的机制优势,而且促成了民族大团结、人民守望相助的社会风尚,真正推动了"一方有难,八方支援"的优良传统,促成了灾区灾后恢复与重建工作。在汶川抗震救灾及灾后对口援建中,中国政府以前所未有的速度、力度和广度实现了全国的总动员、全民的团结协作,充分验证了我国长期以来理想、信念、教育的巨大作用,也验证了中国特色社会主义共同理想在人民心中坚不可摧的地位。对口援建工作中，援建队伍以令人惊叹的中国速度完成了"交钥匙"工程、"交支票"工程、"联建共建"工程等一系列高效率项目。两年的艰苦卓绝，两年的坚持不懈，十大兄弟省（市）援建的所有规划项目，全部高速度、高质量地完成，实现了汶川灾后三年恢复重建任务两年基本完成的总体目标。10 个极重灾县（市）的对口援建工作，仅住房一项，灾区群众的居住水平、质量至少提前了十年，对口援建的巨大成效使我们更加深刻地认识到，中国特色社会主义的共同理想是夺取抗震救灾胜利及灾后恢复重建工作的重要保证。对口援建这种独特的中国式赈灾方式，只有在中国特色社会主义共同理想的引领下才能得到有效的推进。

6.3.2　与时俱进的科学发展观

科学发展观是我国经济社会发展的重要指导方针，是发展中国特色社会主义必须坚持和贯彻的重大战略思想，汶川地震抗震救灾及灾后对口援建的全过程，生动地诠释了科学发展观的含义和本质。江苏省援建绵竹市工作中，始终坚持以科学规划引领科学重建，所有援建项目均通过前期翔实、充分、科学的评估研究，编制了系统科学的规划方案，并在实施过程中严格执行，确保了各个对口援建项目的科学性、合理性。山西省交通运输厅对口援建茂县前线指挥部成立后，援建者们始终以科学发展观为指导，发扬一不怕苦、二不怕累的精神，克服困难、埋头苦干，全力推进对口援建工作，真正将科学援建、和谐援建、安全援建、务实援建贯穿于援建工作始终。理论是实践的先导，对口援建以科学发展观作为指导，坚持对广大灾区人民高度负责的精神，以发展作为灾区援建的第一要务，科学规划、统筹兼顾，坚持全面协调可持续的原则，推进 10 个极重灾县（市）对口援建任务的顺利完成。

1. 始终坚持发展这个第一要义，对口援建实现了灾区跨越式发展

发展是科学发展观的第一要义，在对口援建工作中，各援建省（市）始终把 10 个极重灾县（市）的灾后经济与社会发展作为首要任务。"5·12"汶川地震使得灾区的农业、工矿业、商业生产受到了严重的破坏，直接经济损失非常严重。因此，党和政府要以科学发展观统揽全局，坚持两手抓，即一手毫不松懈抓抗震救灾，一手抓经济发展，加强政策扶持，全力做好灾区生产恢复工作，努力恢复工业、农业、服务业及其他产业的发展，并注重结合灾区地方经济发展特色，使对口援建努力实现"功能恢复、民生优先、设施重建、基础优先、布局调整、安全优先"。在对口援建过程中，10 个极重灾县（市）产业结构调整进展加快，产业布局逐步优化，在转变经济发展方式上实现突破，产业对口援建的成效明显。

浙江省在援建青川县的过程中，以"一乡一业、一村一品"构建青川县产业规模，从浙江省"空投"的产业园区，给地震前工业几乎为零的青川县经济带来了历史性的发展机遇。各援建省（市）在援建过程中，始终坚持发展是第一要务，大量引进物质资源、人力资源、先进科学技术及发展理念，援助 10 个极重灾县（市）的住房、基础设施等加快恢复与发展当地经济，促成了当地经济的跨越式发展。

2. 对口援建的基本要求是灾区的全面协调可持续发展

科学发展，简言之就是注重发展的科学性，就是要坚持全面的发展、协调的发展、可持续的发展，以科学重建推动科学发展，这是极重灾区科学对口援建和发展的客观要求与必由之路。汶川地震造成重大的人员伤亡和财产损失的同时，也对灾区的生态环境造成了极大破坏，严重损坏了灾区生态环境系统。因此，地震灾区的生态功能恢复非常重要，《汶川地震灾后恢复重建条例》《汶川地震灾后恢复重建总体规划》均对灾区生态环境对口援建提出了具体要求，对口援建要求"产业发展，生态优先"，通过生态修复、环境整治、土地整理复垦，恢复灾区生态环境。经过长时间的对口援建恢复治理，极重灾区的生态建设已基本得到恢复，生态环境日益改善，生态效益逐步转化为经济效益，为未来可持续发展奠定了坚实基础。上海市对口援建都江堰市，由于都江堰市是世界遗产城市的这一特殊地位，上海市援建过程中，大力发展都江堰市生态工业、生态农业和生态旅游，著名文学家余秋雨先生曾说"拜水都江堰，问道青城山"，援建两年后的"天然氧吧"——都江堰市青山依旧、绿水长青，上海市民间流传的是"爱都江堰，就去旅游吧！"。在地震中遭受重创的汶川县水磨镇，之前是一个工业污染区，广东省在对口援建过程中，高度重视保护文化生态、发展经济和促进可持续发展相结合、"输血"和"造血"相结合，经过高水平的规划与精心的建设，在短短震后两年时间内，变身成为一座现代山水桃源小镇。2010 年对口援建后的水磨镇被全球人居环境论坛理事会和联合国人类居住规划署《全球最佳范例》杂志评为"全球灾后重建最佳范例"。综上所述，在全面协调可持续的科学发展观指导下，对口援建尊重科学、尊重自然，援建项目实现了灾区可持续发展，这将造福千秋万代。

3. 对口援建始终坚持统筹兼顾的根本方法

科学发展观的根本方法是统筹兼顾，灾后对口援建坚持"统筹协调、兼顾各方"的方式，创造了各方面协调发展的良好局面。对口援建始终坚持兼顾灾区经济发展、城乡发展、区域发展、人与自然和谐发展，统筹全局。

（1）统筹灾区经济发展，维护社会秩序稳定。在对口援建过程中，各灾区相继推行以工代赈、救助灾民，恢复灾后重建基金，安排以工代赈资金，用于废墟清理和农业、农村小型基础设施修复等，极大促进了灾区群众的就业，保障和改善了民生。

（2）统筹城乡发展，重视农村地区对口援建。汶川地震极重灾区都江堰市作为统筹城乡综合配套改革试验区，坚定不移地用统筹城乡发展的思路和办法推进灾后对口援建，在打破城乡二元结构，推进城乡协调发展方面取得了丰硕成果，积累了宝贵经验，创造出城乡和谐发展的良好局面。

（3）统筹区域发展，建立对口援建机制。汶川地震灾区位于我国西部地区，经济社会发展水平较为落后，我国发挥社会主义制度的优越性，举全国之力帮助西部灾区恢复发展，建立对口援建机制是统筹区域发展的要求，体现了社会主义国家能够集中力量办大事的巨大优势，同时也是国家实施西部大开发战略的具体举措。对口援建方案合理利用了非震区的经济社会资源优势，有利于帮助灾区迅速恢复发展，并缩小震区与非震区之间的发展差距，是国家努力缩小区域发展差距的具体表现。

（4）统筹人与自然和谐发展，坚持绿色对口援建。北京市在援建什邡市的过程中，把"绿色奥运"的理念融入当地生态宜居、环境优美、人与自然和谐相处的新什邡城镇建设之中。10个极重灾县（市）灾后对口援建是一项复杂艰巨的系统工程，时间紧迫、任务繁重，在科学发展观的指导下，以统筹兼顾的方法来推进，从而取得了巨大的成效。

在汶川地震救灾及灾后对口援建工作中，强大的中国人民在中国共产党、中央政府的坚强领导下，始终以"万众一心、众志成城、不畏艰险、百折不挠、以人为本、尊重科学"的伟大抗震救灾精神战胜巨灾，为建设中国特色社会主义凝聚了强大的精神力量。灾后对口援建的胜利，既是中国特色社会主义价值体系的胜利，也是科学发展观的胜利，又一次显示了中国特色社会主义核心价值体系的伟大力量，显示了中国特色社会主义制度无可比拟的优越性。

6.3.3　中华民族爱国主义精神

在五千多年的发展中，中华民族形成了以爱国主义为核心的团结统一、爱好和平、勤劳勇敢、自强不息的伟大民族精神。它是中华各族人民社会生活的反映，是中华文化最本质、最集中的体现，是各民族生活方式、理想信仰、价值观念的文化浓缩，是中华民族赖以生存和发展的精神纽带、支撑和动力，是创新社会主义先进文化的民族灵魂。以爱国主义为核心的民族精神，与以改革创新为核心的时代精神相辅相成、相互交融，共同构成中国特色社会主义核心价值体系的精髓。

中华民族伟大复兴的精神动力，也是灾后对口援建精神的活力所在。面对突如其来的自然灾害，全国人民和海外华人华侨，不分民族、党派，在以爱国主义为核心的民族精神所释放出的能量之下，创造了一个又一个中国奇迹。"一省帮一重灾县"，历时两年多，勤劳勇敢的援建工作者与自强不息的灾区人民艰苦奋斗所取得的累累硕果是中国各族人民守望相助、团结奋斗的成绩，彰显了中国特色社会主义的文化优势，即中华民族以爱国主义为核心的民族精神和以改革创新为核心的时代精神，为 10 个极重灾县（市）对口援建提供强大的精神动力。广东省人民发扬心忧天下、敢为人先的开拓精神与汶川县人民一道，共同打赢了对口援建这一世纪攻坚战。2010 年 12 月 26 日，是山西省和茂县告别日，三万多名茂县群众送别来自黄河的亲人，身后的茂县在山西省弟兄的倾囊相助下，已汇聚希望，焕然一新，执手相望，握住的是难言深情。在中华民族的爱国主义精神引领下，援建工作誉满巴蜀、情暖四川，涌现的伟大抗震救灾精神是中华民族爱国主义精神的有力升华，是民族性与时代性的有机统一。

6.4　基础保障优势

6.4.1　改革开放推动的经济快速发展

改革开放以来，我国以经济建设为中心，社会经济得到了飞速发展，人民生活物质水平明显提高，综合国力显著提升，强大的经济实力为此次对口援建的胜利奠定了物质基础。正如胡锦涛在全国抗震救灾总结表彰大会上所说，"进一步推进改革发展，不断增强我国的综合国力和抵御风险能力。抗震救灾斗争以一种特殊的方式全面检阅和展示了我国改革开放 30 年的伟大成就。改革开放以来我国综合国力大幅跃升、社会繁荣进步，为抗震救灾提供了坚实物质保障和社会基础"[①]。

改革开放积聚的经济实力，为汶川地震灾后恢复重建奠定了坚实的物质基础。古今中外无数的事实证明，抗击自然灾害，必须有强大的物质基础做保证，必须有坚强的经济实力做支撑。凡是经济落后，经济实力和综合国力不强的国家与地区，在自然灾害面前，都会显得束手无策，其造成的人员伤亡及损失也会严重得多。中华人民共和国成立至改革开放，我国也历经了多次天灾，由于当时我国经济、科技等方面还处于起步阶段，在应对重大的自然灾害面前，往往捉襟见肘，尽管国家救灾态度像今天一样积极，但是心有余而力不足。而"5·12"汶川抗震救灾及灾后对口援建工作取得的重大成效，充分展示和体现了改革开放 30 年带动的巨大经

---

① 《胡锦涛在全国抗震救灾总结表彰大会上的讲话全文》，http://www.gov.cn/ldhd/2008-10/08/content_1115568.htm，2018 年 11 月 10 日。

济发展成就。"5·12"汶川地震发生不久，时任委员长的吴邦国指出，今年全国财政预算支出要"一切从抗震救灾工作实际情况出发，需要多少给多少"[①]。从中央到地方，各种救灾设备、救灾物资、救灾资金、救灾药品等源源不断地运往 10 个极重灾县（市），送到了抗震救灾第一线、送到了灾区人民的手中，保证了对口援建工作的顺利进行，保证了灾民的生活、医疗急需。正是改革开放取得的经济发展成就，才会有十大经济发展强省（市）对口支援灾区，为灾区的经济社会发展提供了充沛的物质、财政资源。由此次对口援建工作可见，改革开放以来，我国救灾物资已经由"捉襟见肘"向"充足富裕"成功转变。

　　改革开放以来，思想观念的变化也致使救灾体系由区域封闭型向国际合作型逐步转变，使得灾后对口援建所需的物质基础不断充实。中华人民共和国成立初期，我国在救灾领域与国际的合作是较单方面的，对他国援助较多而较少接受他国援助。改革开放之后，人们的思想观念逐步发生变化，能够更加科学客观地认识到自力更生和社会主义制度的优越性等问题与开放救灾、接受外援并不矛盾。落实好灾后恢复对口援建是一项庞大艰巨的工程，既需要我们自力更生、艰苦奋斗，又要利用好外援，积极争取国际社会的广泛支持。在大灾面前，一方面中国政府迅速建立了公开透明的信息发布机制，有序组织境内外记者奔赴灾区采访调查，灾区的灾情、救灾信息及时传递至全国，乃至全世界；另一方面，中国不拘泥于国际援助侵略这样的狭隘思想，而是以一个开放大国的姿态接受国际援助，开放的大门向世界敞开，外国政府、国际组织、外资企业等给予了 10 个极重灾县（市）在人员、资金、物资、技术等方面的广泛支持，这都为取得灾后对口援建的胜利做出了积极贡献。综上所述，改革开放不仅为国家发展奠定了坚实的物质基础，而且使人民思想发生转变，"志合者，不以山海为远"，中国为取得灾区恢复重建工作的胜利，以积极、包容、开放的态度，迎接国际社会的人道主义援助，中华民族对口援建工作的开放性、国际性、全球性，陡然上升到了一个新的高度。

　　改革开放作为建设中国特色社会主义的基本国策，是中国共产党在应对"5·12"汶川地震特大破坏，带领广大人民取得 10 个极重灾县（市）灾后重建工作胜利的基础保障，是当代中国实现中华民族伟大复兴的必由之路。30 多年的改革开放之路，开创、发展了中国特色社会主义现代化事业，为 10 个极重灾县（市）对口援建工作提供了强大的动力和有力保障。实践证明，改革开放是决定中国命运的关键抉择，它有力地解放和发展了生产力，有效地激发了经济生机与活力，我国综合国力显著增强，救灾观念转变，汇聚国内外强大援助力量，为灾后对口援建奠定了坚实的物质基础，迸发出了强大的中国力量。

---

　　① 《抗震救灾：彰显中华民族的凝聚力》，http://www.china.com.cn/news/zhuanti/09znj/2009-04/27/content_17679876.htm，2018 年 11 月 10 日。

6.4.2　科技创新形成的物质技术保障

　　科学技术是第一生产力，是推动人类文明进步的革命力量。科学本质是创新，科技发展靠创新。科技创新是发展先进生产力、发展先进文化和实现最广大人民群众根本利益的内在动力。进入 21 世纪以来，党中央高度重视这一时代主旋律，大力倡导科技创新，既不断增强了中国的综合国力，也促进了经济的发展和人们思想方式的变革，推动了社会的进步与人的发展。这些都为对口援建提供了有力的物质保障和技术支持，使无数个摆在援建面前的困难迎刃而解。

　　自改革开放以来，华夏大地上，科技创新之火在各地点燃，最先发展起来的上海、广州和深圳等沿海城市，政治中心北京，东北的辽宁等，这些省市在大力发展科技创新浪潮下，经济高速发展，为对口援建工作开展积蓄了丰富的物资储备与技术支持。科技创新带来技术革新，生产力得到重大提升，创新成为时代主旋律，正所谓"苟日新，日日新，又日新"，时代永远在发展，创新的源泉不断推动科学创新、技术革命，使得对口援建的步伐快速而有力。我们看到，对口援建之初，各省（市）援建队伍"万里赴戎机，关山度若飞"，极重灾区震后道路遭遇严重破坏，交通发达的山东省在援建北川县之初，发挥自身优势克服"蜀道难"，打通各个交通枢纽，公路不断拓宽，高速公路的大规模建设，使援建交通网状似的紧密连接在一起，快速输送人力和运载援建物资就是科技创新、经济进步带来的中国力量。北京市援建什邡市，用"奥运速度"奋战 75 天打通生命线，高渗透、广覆盖对什邡市进行智力援建。茂县在山西省长期"招商、引智"下，运用先进的技术、理念实现了经济、教育、医疗等多领域同步跨越式发展。科技创新让对口援建工作插上科技的翅膀，助力我们实现了十一届人大二次会议审议通过的《政府工作报告》提出的对口援建"力争在两年内基本完成原定三年的目标任务"的艰巨任务，彰显了我国强大的基础保障优势。

第三篇
极重灾区县域经济 10 年发展的实证分析

内容提要：通过对极重灾区县域震前震后综合竞争力的比较分析，对极重灾区县域 10 年发展成就、产业结构演进、城乡统筹发展、生态文明建设、精准扶贫脱贫等县域经济内涵发展的实证分析，对极重灾区县域经济发展经验和模式的总结提炼，充分展示地震极重灾区县域 10 年建设发展成就、经验，以及国家制度、政策、战略等在极重灾区县域建设发展中的作用。

第 7 章　县域综合竞争力比较分析

要对县域城市的竞争力进行准确评估，综合评价指标体系是必不可少的。本章以县域综合竞争力指标体系构建、指标评估的因子分析方法为基础，进一步对极重灾区县域综合竞争力进行评价。

7.1　县域综合竞争力指标体系构建

事实上，对县域竞争力来说，并不存在单一的评估指标。也就是说，单一的统计指标，如当地的经济总量、经济增长速度等，难以全面、准确地反映县域的真实竞争力。因为评估一个地区的竞争力既要考虑该地区的经济发展状况，也要考虑该地区的后续发展潜力，如该地区的产业发展水平，还要综合考虑该地区的生态建设和社会建设等综合因素。因此，有必要使用多指标的综合评价分析方法，建立一个综合考虑了该地区的经济发展、产业发展、生态建设及社会建设等综合因素的指数，以全面、准确、科学地反映县域经济的综合竞争力。

7.1.1　指标体系选择的原则

综合指标体系是多个指标构成的有机整体，在选择指标时既要遵循简单易操作的原则，同时也要兼顾信息的反映功效，使被评价的对象涉及的各种因子，以及它们之间内在的相互联系能够尽可能地被全面地反映，以确保评价结果的信服性和科学性。因此，在设计极重灾区县域综合竞争力指标体系过程中选择多项指标时，要坚持遵循以下基本的原则就非常有必要，即综合性与针对性相结合的原则、系统性与层次性相结合的原则、静态性与动态性相结合的原则、可操作性与可比性相结合的原则和科学性与简明性相结合的原则。

综合性与针对性相结合的原则。县域竞争力的高低优劣首先与该县域的经济发展状况有关，如人均 GRP、规模以上工业企业新产品产值、财政自给率、财政支出占 GRP 比重、城乡非农产业就业比重等，这些因素对该县域经济的发展水平、规模等都产生了很大的影响，最终决定了该县域经济竞争力的高低；而该县域的产业发展状况，如高新技术产业新产品项目数，高新技术产业新产品产值，第二产业、第三产业占比状况等都会影响其竞争力；其次是该县域的生态建设状况，如人均废气废水排放状况、突发环境事件次数、单位 GRP 废气排放量、万元 GRP 能耗、森林覆盖率、生活垃圾无害化处理率、人均财政节能环保支出等指标会影响该县域的生态建设状况，从而影响该县域的竞争力水平；最后是该县域的社会事业建设状况，如城镇计算机普及率、城镇基本养老保险覆盖率、新型农村合作医疗覆盖率、人均拥有城市道路面积、义务教育普及率等会影响该县域的竞争力水平。所以，要针对影响县域竞争力所涉及的多个维度进行筛选，使得被选中的指标能够代表县域竞争力的本质特征。

系统性与层次性相结合的原则。指标体系能够在整体上细分成几个模块，每一个模块又由一系列相互独立、又相互联系的指标综合起来进行评价，使整个指标评价体系是一个系统的有机体。而同时又需要对综合评价系统进行有机分割，这就是指标体系的层次选择原则。

静态性与动态性相结合的原则。县域的竞争力水平也是一个动态变化发展的过程，但在某一时间截面上又是相对而言静态的。因此，所建立的指标体系，既要能够反映县域竞争力在当前的水平，能比较方便地在不同空间地域进行比较；又要具有一定的阶段性与时序性，能够反映县域竞争力水平的动态变化过程。

可操作性与可比性相结合的原则。县域竞争力是多角度、多层次的转变过程，既包括不可量化的变化，也包括可观测的变化。因此，必须依据统计资料的现有数据，选择能够比较、量化且数据可以简单获取又便于实际应用、信息量集中的指标，每一个指标选择的标准与度量方法应保持统一，便于查漏补缺及推广运用。

科学性与简明性相结合的原则。科学性就是指我们要全面把握县域竞争力的内涵和本质特征，既能够综合反映其真实状况，具有代表性，也能够准确反映各子系统的变化规律。同时，我们也要在这一过程中遵循简明性的原则，使所选取的指标不能过于烦琐、细化，以避免指标所代表信息相互重复带来的评价误差。

7.1.2 指标体系的维度层级

县域综合竞争力指标体系是定量测算与实证评价的基本依据。其合理程度的高低直接关系到能否精确把握极重灾区在地震前后的不同竞争力水平，能否科学预测其可能的发展轨迹等。综合已有文献研究成果和数据的可得性，本书认为县域综合竞争力指标体系应包含两个维度：经济发展与产业发展维度、社会建设与生态建设维度。更进一步，可以借助隐性生产函数的形式，更加直观地呈现这一关系。在生产函数中，我们视县域综合竞争力指数为最终产出，而两个维度作为生产的投入。县域竞争力的生产函数表现形式如下。

$$P_{coun} = P(Econ \& Indu, Soci \& Ecol) \tag{7-1}$$

其中，P_{coun} 表示县域综合竞争力指数；Econ&Indu 表示该县域的经济发展与产业发展维度；Soci&Ecol 表示该县域的社会建设与生态建设维度。需要说明的是，Econ&Indu、Soci&Ecol 是两个复合指标，分别由若干细项指标合成而来，县域综合竞争力并未单独作为一个维度。

由式（7-1）可以发现，县域综合竞争力指数是经济发展与产业发展维度、社会建设与生态建设维度两大维度水平共同作用的结果。更进一步，对式（7-1）两边同时求取全微分，并同时乘以 $1/P_{coun}$ 时，得到：

$$dP_{coun}/P_{coun} = \left(\frac{\partial P}{\partial Econ \& Indu} \times \frac{Econ \& Indu}{P_{coun}} \right) \times \frac{d\ Econ \& Indu}{Econ \& Indu}$$
$$+ \left(\frac{\partial P}{\partial Soci \& Ecol} \times \frac{Soci \& Ecol}{P_{coun}} \right) \times \frac{d\ Soci \& Ecol}{Soci \& Ecol} \tag{7-2}$$

式（7-2）进一步说明了，县域综合竞争力水平的高低，是经济发展与产业发展维度、社会建设与生态建设维度综合改善的结果，是各个维度水平综合提升的结果。也就是说，县域综合竞争力水平的相对改善程度是由各维度对竞争力的弹性与其自身改善程度乘积的复合。

综上可知，县域综合竞争力水平的评估指标体系应包括经济发展与产业发展维度、社会建设与生态建设维度，并分为三个层次，即复合层、维度层和基础层。复合层是由两个维度层复合而来，以综合反映县域综合竞争力水平。维度层则是为了全面把握县域综合竞争力水平而进行的维度细分，即经济发展与产业发展维度、社会建设与生态建设维度。基础层是整个指标体系的根基所在，是为了科学合理反映维度层和复合层的本质而选择的一系列细项指标，这些指标具有显著的合理性、可比性和代表性特征，不仅直观反映了各维度层的本质，也为测算维度层指标和复合层指标打下了坚实的基础。

7.1.3 指标体系的设计说明

基于对县域综合竞争力水平影响因素的分析，为准确反映其水平，本书构建了由 1 个一级指标、2 个二级指标及 23 个三级指标构成的县域综合竞争力指标体系。

（1）一级指标。县域综合竞争力水平是评估极重灾区竞争力水平高低的一级指标，它由经济发展与产业发展指标、社会建设与生态建设指标加权合成而来。该指标的复合特征表明，县域竞争力指标兼具了两个二级指标的代表性信息，是评估和把握极重灾区在地震前和地震经过重建之后综合竞争力水平高低的最终参考依据。

（2）二级指标。二级指标有两个：一是反映不同县域在地震前和地震后重建的经济发展与产业发展水平状况的指标；二是反映社会公用事业建设水平和生态保护状况的指标。这些因素都会影响一个地区的竞争力水平。这两个指标反映了县域综合竞争力水平的不同方面，能够有效合理地测算县域的综合竞争力水平。某种意义上，可以说二级指标确保了一级指标（县域综合竞争力指标）与三级指标（基础层的细项指标）之间的稳固联系。

（3）三级指标。经济发展与产业发展指标由 14 个三级指标加权得到。14 个三级指标分为两类，分别是 11 个经济发展类指标和 3 个产业发展类指标。社会建设与生态建设指标由 9 个三级指标按照权重复合而来。9 个三级指标分为 7 个社会建设类指标和 2 个生态建设类指标。具体指标状况如表 7-1。

表 7-1　县域综合竞争力指标体系

一级指标	二级指标		三级指标	单位	指标性质
县域综合竞争力指标	经济发展与产业发展指标（14 个）	经济发展类指标	GRP	万元	正向
			人均 GRP	元	正向
			民营经济增加值	万元	正向
			人均民营经济增加值	元	正向
			全社会固定资产投资额	万元	正向
			工业总产值	万元	正向
			利税总额	万元	正向
			农林牧渔总产值	万元	正向
			地方一般公共预算收入	万元	正向
			年末金融机构各项存款余额	万元	正向
			社会消费品零售总额	万元	正向
		产业发展类指标	第二产业总产值	万元	正向
			第三产业总产值	万元	正向
			非农产业所占比重		正向
	社会建设与生态建设指标（9 个）	社会建设类指标	农村用电量	千瓦时	适中
			公路里程	千米	适中
			固定电话用户	户	正向

续表

一级指标	二级指标		三级指标	单位	指标性质
县域综合 竞争力 指标	社会建设与 生态建设指 标（9个）	社会建设类指标	移动电话用户	部	正向
			小学师生比		正向
			中学师生比		正向
			非农人口比重		正向
		生态建设类指标	污水处理率		正向
			万元 GRP 能耗降低率		正向

注：本表数据均来源于历年《四川统计年鉴》

7.2　指标评估的因子分析方法

建立县域综合竞争力指标体系以后，使用何种方法将多次筛选的大量基础指标加权合成为一个有代表性的复合指标至关重要。本书在一些多元指标综合评价分析方法中选择了因子分析方法用于合成县域综合竞争力指标，并将其作为极重灾区县域竞争力状况的参考分析依据。

主成分分析和因子分析都是较为常用的将多元指标转化为少数几个综合指标、降低指标维数的评价方法，具有客观赋权的优点，二者在特殊因子方差贡献率趋近于 0 时，所得结果的差异不大，甚至相同，但是当特殊因子方差贡献率较大时，主成分分析会将一般性因子与特殊因子混合在一起作为主成分保留或者舍弃，而因子分析则会将一般性因子与特殊因子的影响严格区分开。从而，本书选择了因子分析方法评估极重灾区县域综合竞争力水平。

7.2.1　基本模型

早在 1904 年，英国著名心理统计学家查尔斯·斯皮尔曼（Charles Spearman）就提出因子分析方法。该方法将反映样本特征的多变量指标转化为少数几个同样反映样本信息、互不相关的变量指标即公共因子，并从中提取出来。在数学上，可以用公共因子的线性组合加上其他信息变量表示原始变量，具体代数模型矩阵形式为

$$X = A \times F + \varepsilon \qquad (7\text{-}3)$$

方程组形式为

$$X_1 = a_{11}F_1 + a_{12}F_2 + \cdots + a_{1m}F_m + e_1$$
$$X_2 = a_{21}F_1 + a_{22}F_2 + \cdots + a_{2m}F_m + e_2$$
$$\vdots$$
$$X_p = a_{p1}F_1 + a_{p2}F_2 + \cdots + a_{pm}F_m + e_p$$

其中，向量 $=(X_1, X_2, \cdots, X_p)^{\mathrm{T}}$ 表示样本原始变量；向量 $=(F_1, F_2, \cdots, F_m)^{\mathrm{T}}$ 表示样本中提取出的公因子；矩阵表示因子载荷矩阵；$a_{ij}(i=1,2,\cdots p; j=1,2,\cdots,m)$ 表示相关系数；向量 $=(e_1, e_2, \cdots, e_p)^{\mathrm{T}}$ 表示样本中除公因子外所包含的其他的影响因素，即特殊因子。

7.2.2 因子得分

在式（7-3）中，矩阵为因子载荷矩阵，通过对其进行最大方差法旋转处理可以得到旋转的因子载荷矩阵。旋转的因子载荷矩阵更利于解释规定因子个数的公因子含义和特征值大于 1 的含义。经验表明，对因子载荷矩阵进行旋转后再提取公因子，其累积方差的贡献率可达 80% 以上。在提取公因子的基础上，结合因子成分矩阵和特征值，并运用回归巴特利特（Bartlett）或安德森–鲁宾（Anderson-Rubin）等相关方法可进一步得到公因子的得分，数学线性模型矩阵形式为

$$F_i = b_{i1}X_1 + b_{i2}X_2 + \cdots + b_{ip}X_p \qquad （7\text{-}4）$$

其中，b_{ij} 表示相关系数，$i=1,2,\cdots,m$，$j=1,2,\cdots,p$。需要注意的是，此时的 X_j 为正向化和标准化处理后的变量。

在求出公因子得分的基础上，通过确定不同公因子权重可以进一步得出加权后的综合指数以分析具体案例。在公因子权重选择方面，通常直接使用公因子的方差贡献率或公因子的特征值所占的比重，即

$$g_j^2 = \sum_{j=1}^{m} a_{ij}^2 \ 或 \ W_j = \lambda_j \Big/ \sum_{k=1}^{m} \lambda_k \qquad （7\text{-}5）$$

其中，$i=1,2,\cdots,p$；$j=1,2,\cdots,m$；g_j^2 表示公因子 F_j 的方差贡献率；λ_j 表示公因子的特征值；W_j 表示第 j 个公因子的特征值所占的比重。

7.3 极重灾区县域综合竞争力评价

以表 7-1 建立的县域综合竞争力指标体系为基础，本书使用因子分析和聚类

分析两种方法，测算极重灾区在地震前和经过重建后的综合指标，以此为依据探讨不同县域综合竞争力的整体状况，并总结其背后的规律及可能存在的原因。为了便于比较灾后重建对 10 个极重灾区县域的影响，本书在以 10 个极重灾区为研究对象的基础上，将研究样本范围扩大到 10 个极重灾县（市）所在地级市的非极重灾县（市），样本总共为 30 个县（市）。

7.3.1　因子分析结果

前文建立的县域综合竞争力指标体系包含了 23 个细项指标，整个指标体系蕴含了错综复杂的信息。为了简便地研究此问题，需要借助特定的方法对指标体系加以降维，并提取信息。因子分析就是降维、提取信息、构建新变量的一种常用方法。为得到县域综合竞争力二级指标，使用因子分析法需经过四大步骤：可行性检验[KMO（ Kaiser-Meyer-Olkin ）检验和 Bartlett 球形检验]、萃取公因子（ factor ）、计算因子得分、加权因子得分。

需要说明的是，前文建立的指标体系已经进行了指标的初步筛选，本书将使用对二级指标进行加权的方法计算一级指标，即县域综合竞争力指标。考虑到每级指标下的第一公因子代表的信息最大，二级指标的权重将使用其第一公因子的权重予以代替。另外，因为县域综合竞争力指标体系包含了两个维度，且每个维度测算的方法与步骤均相同，所以，此处仅给出经济发展与产业发展指标的合成过程，社会建设与生态建设指标的合成将放在附录中予以展示。

（1）KMO 检验和 Bartlett 球形检验。多元指标体系做因子分析之前需要对指标体系的合理性加以检验，以确保因子分析结果的科学性与可信性。一般而言，KMO 检验和 Bartlett 球形检验是做这一可行性分析的常用方法，即通过此检验的指标体系才可使用因子分析方法。14 个经济发展与产业发展指标的 KMO 检验和 Bartlett 球形检验结果如表 7-2 所示。

表 7-2　因子分析可行性检验

检验类别	检验值	
KMO 检验	0.794	
Bartlett 球形检验	卡方值	891.724
	自由度	91
	p 值	0.000

由表 7-2 可知，KMO 检验值为 0.794，显著高于 0.5，表明所选择的指标总量

足够大，而且具有高相关性，所构建的指标体系合理，适合做因子分析。Bartlett球形检验的结果表明，卡方值为 891.724，在 1% 的显著水平上强烈拒绝了单位矩阵的原假设，不同指标变量之间的相关性强，能够提取不止一个公因子。总而言之，经济发展与产业发展指标全面通过了 KMO 检验和 Bartlett 球形检验，说明本书选择因子分析方法是合理的。

（2）萃取公因子。因子分析的主要功能是从若干指标中萃取出代表性强、信息含量高的少数公因子，以达到降低指标维度、简化分析的目的。从可能存在的因子中萃取的公因子一般要尽可能满足如下条件：公因子的特征值大于或等于 1；公因子的累积方差贡献率要大于或等于 70%；碎石图（scree plot）中连线较陡峭。尤其是第二个条件的要求要强于另外两个条件，是因为只有当累积方差贡献率大于或等于 70% 时，所选择的少量因子才具有代表性，才能够代表整个指标体系的大部分信息。

此处综合考虑公因子萃取过程需要满足的条件，我们对经济发展与产业发展维度下的 14 个指标进行公因子萃取。公因子萃取结果详见表 7-3，各个因子特征值对应的碎石图详见图 7-1。

表 7-3　总的方差解释与公因子的萃取

因子	初始特征值			提取平方和载入			旋转平方和载入		
	特征值	方差贡献率	累积方差贡献率	特征值	方差贡献率	累积方差贡献率	特征值	方差贡献率	累积方差贡献率
1	9.702	69.298%	69.298%	9.702	69.298%	69.298%	5.771	41.220%	41.220%
2	2.199	15.706%	85.004%	2.199	15.706%	85.004%	5.224	37.313%	78.533%
3	1.120	8.003%	93.007%	1.120	8.003%	93.007%	2.026	14.474%	93.007%
4	0.321	2.293%	95.300%						
5	0.208	1.486%	96.786%						
6	0.201	1.435%	98.221%						
7	0.101	0.719%	98.940%						
8	0.075	0.536%	99.476%						
9	0.038	0.268%	99.744%						
10	0.017	0.119%	99.863%						
11	0.011	0.076%	99.939%						
12	0.006	0.042%	99.981%						
13	0.002	0.018%	99.999%						
14	0.000	0.001%	100.000%						

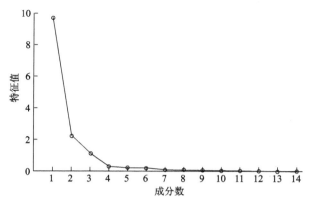

图 7-1　因子特征值的碎石图

表 7-3 显示，14 个指标变量对应了 14 个因子，这 14 个因子的特征值与方差贡献率由大逐渐变小，其累积方差贡献率也随之由 69.298%逐渐增加至 100%。可以看出，只有前三个因子的特征值大于 1，第一个因子的方差贡献率超过了 50%，而前两个因子的累积方差贡献率为 85.004%，前三个因子的累积方差贡献率为 93.007%。这说明，前三个因子作为公因子能够很好地代表整个县域综合竞争力当中的经济发展与产业发展指标。所以，我们设定公因子的个数为 3，能够较为全面地代表整个经济发展与产业发展指标的大部分信息。

由因子特征值连线构成的因子碎石图可知，因子 3 之前的不同特征值的连线具有较大的斜率，呈现陡峭倾斜的特征，而其后的因子特征值的连线则较为平滑。因此，在经济发展与产业发展维度所包含的 14 个指标中萃取 3 个公因子是有效的、可行的，尤其是这 3 个公因子在保证维度尽可能低的前提下，体现了整个维度的绝大部分信息。

（3）计算因子得分。基于前文给出的计算公因子的公式（ $F_i = b_{i1}X_1 + b_{i2}X_2 + \cdots + b_{ip}X_p$ ），并使用因子得分系数矩阵，可以计算得到不同的公因子得分。需要指出的是，此处的 X_i 并不是原始数据，而是经过正向化与标准化处理的全新指标，记作 $Z(X_i)$ ； b_{ij} 表示相关系数。进一步地，结合表 7-4 因子得分系数矩阵，可以写出经济发展与产业发展维度的 3 个公因子得分的计算公式，分别为

$$F_1 = 0.146 \times Z(X_1) - 0.130 \times Z(X_2) + \cdots + 0.196 \times Z(X_{14})$$
$$F_2 = 0.030 \times Z(X_1) + 0.236 \times Z(X_2) + \cdots - 0.082 \times Z(X_{14})$$
$$F_3 = -0.063 \times Z(X_1) + 0.051 \times Z(X_2) + \cdots + 0.023 \times Z(X_{14})$$

表 7-4　因子得分系数矩阵

变量	公因子		
	F_1	F_2	F_3
X_1: GRP	0.146	0.030	−0.063
X_2: 人均 GRP	−0.130	0.236	0.051
X_3: 第二产业总产值	0.055	0.159	−0.130
X_4: 第三产业总产值	0.144	−0.107	0.196
X_5: 非农产业所占比重	−0.236	0.121	0.407
X_6: 民营经济增加值	0.143	0.027	−0.079
X_7: 人均民营经济增加值	−0.069	0.212	−0.008
X_8: 全社会固定资产投资额	0.019	−0.206	0.583
X_9: 工业总产值	0.027	0.214	−0.199
X_{10}: 利税总额	−0.046	0.295	−0.246
X_{11}: 农林牧渔总产值	0.295	−0.087	−0.264
X_{12}: 地方一般公共预算收入	0.012	0.043	0.193
X_{13}: 年末金融机构各项存款余额	0.151	−0.088	0.147
X_{14}: 社会消费品零售总额	0.196	−0.082	0.023

进而,由上述的公因子得分公式,我们能够计算出 2007 年四川省 30 个县(市)经济发展与产业发展维度萃取的 3 个公因子得分,详见表 7-5。

表 7-5　2007 年四川省 30 个县(市)经济发展与产业发展维度的公因子得分

地区	F_1	F_2	F_3
汶川县	−1.367 90	1.226 11	0.645 49
北川县	−0.276 92	−0.167 89	−0.327 24
绵竹市	0.670 69	3.434 24	−0.963 72
什邡市	0.380 14	2.843 82	−0.344 00
青川县	−0.358 88	−0.548 48	−0.370 06
茂县	−1.007 71	−0.159 53	0.477 74
安县	0.415 89	−0.253 97	−0.368 72
都江堰市	1.483 51	−0.555 45	4.122 67
平武县	−0.603 67	−0.100 51	−0.267 54

续表

地区	F_1	F_2	F_3
彭州市	1.180 97	0.085 02	1.000 37
江油市	1.654 65	0.274 24	0.965 31
三台县	1.828 40	−0.773 41	−0.972 71
盐亭县	0.631 93	−0.742 13	−1.079 01
梓潼县	0.167 47	−0.521 75	−0.586 61
广汉市	1.018 60	1.265 62	0.198 29
罗江县	−0.448 62	0.143 92	−0.085 08
中江县	2.359 82	−0.835 91	−1.316 29
旺苍县	−0.119 84	−0.427 05	−0.113 17
剑阁县	0.229 72	−0.785 36	−0.268 83
苍溪县	0.440 28	−0.846 13	−0.156 49
理县	−1.244 55	0.110 18	0.695 62
松潘县	−0.988 34	−0.170 10	0.456 18
九寨沟县	−1.230 21	0.428 94	0.973 16
金川县	−0.702 20	−0.540 11	−0.278 86
小金县	−0.888 16	−0.382 19	0.092 20
黑水县	−0.972 04	−0.272 02	0.403 62
壤塘县	−0.674 23	−0.467 62	−0.469 21
阿坝县	−0.508 88	−0.540 49	−0.655 50
若尔盖县	−0.373 60	−0.482 61	−0.870 30
红原县	−0.696 32	−0.239 39	−0.537 31

（4）加权因子得分。为了得到综合指标，要对不同公因子进行加权，而这就需要科学地确定不同公因子的权重。通常，公因子的权重可用不同公因子的方差贡献率（$g_j^2 = \sum_{j=1}^{m} a_{ij}^2$）替代或由其对应的特征值比重（$W_j = \lambda_j \big/ \sum_{k=1}^{m} \lambda_k$）进行衡量。

由此，我们借助特征值确定公因子权重的办法。利用表 7-3 给出的特征值及方差贡献率，我们可以计算不同公因子的权重，结果如表 7-6 所示。同理，可以得到社会建设与生态建设维度不同公因子的权重。

表 7-6　经济发展与产业发展维度三个公因子的权重

类别	特征值	方差贡献率	累积方差贡献率	权重
第一公因子（F_1）	9.702%	69.298%	69.298%	0.745
第二公因子（F_2）	2.199%	15.706%	85.004%	0.169
第三公因子（F_3）	1.120%	8.003%	93.007%	0.086

　　确定公因子权重之后，将不同公因子的得分进行加权便可以得到经济发展与产业发展指标、社会建设与生态建设指标。这两个仅是二级指标，而我们更加关注一级指标——县域综合竞争力指标。为得到县域综合竞争力指标，本书运用将第一公因子权重视为整个二级指标权重的方法，对二级指标进行加权，最终合成四川省 30 个县（市）震前县域综合竞争力指标，结果如表 7-7 所示。

表 7-7　2007 年四川省 30 个县（市）综合竞争力指标汇总

地区	一级指标		二级指标			
	县域综合竞争力指标		经济发展与产业发展指标		社会建设与生态建设指标	
	数值	位序	数值	位序	数值	位序
江油市	1.7400	1	1.3622	3	1.3211	1
都江堰市	1.5219	2	1.3661	2	0.9184	4
中江县	1.4372	3	1.5039	1	0.5769	8
广汉市	1.2537	4	0.9898	6	0.9406	2
三台县	1.2341	5	1.1481	4	0.6899	7
绵竹市	1.1470	6	0.9969	5	0.7364	5
彭州市	1.1272	7	0.9803	7	0.7229	6
什邡市	0.8555	8	0.7340	8	0.5622	9
安县	0.6867	9	0.2353	10	0.9318	3
苍溪县	0.2768	10	0.1717	11	0.2712	10
盐亭县	0.1517	11	0.2527	9	−0.0667	14
剑阁县	0.0428	12	0.0154	12	0.0571	12
梓潼县	−0.0280	13	−0.0138	13	−0.0324	13
旺苍县	−0.0428	14	−0.1712	14	0.1543	11
北川县	−0.4918	15	−0.2628	15	−0.5393	24
罗江县	−0.5394	16	−0.3173	16	−0.5521	27

续表

地区	一级指标		二级指标			
	县域综合竞争力指标		经济发展与产业发展指标		社会建设与生态建设指标	
	数值	位序	数值	位序	数值	位序
青川县	−0.5546	17	−0.3919	17	−0.4786	20
平武县	−0.5703	18	−0.4898	19	−0.3741	17
汶川县	−0.6648	19	−0.7566	28	−0.1841	15
若尔盖县	−0.6711	20	−0.4347	18	−0.6325	28
九寨沟县	−0.6968	21	−0.7605	29	−0.2372	16
阿坝县	−0.7510	22	−0.5268	20	−0.6531	29
红原县	−0.7530	23	−0.6055	21	−0.5501	26
金川县	−0.7586	24	−0.6384	23	−0.5155	22
黑水县	−0.7644	25	−0.7355	26	−0.3942	18
松潘县	−0.7722	26	−0.7259	25	−0.4215	19
小金县	−0.8148	27	−0.7184	24	−0.5093	21
壤塘县	−0.8309	28	−0.6217	22	−0.6700	30
茂县	−0.8389	29	−0.7367	27	−0.5283	23
理县	−0.9310	30	−0.8489	30	−0.5438	25

注：基于数据的可得性和科学研究的严谨性，本节所采用的各指标数据最新为 2007 年版《四川统计年鉴》的数据

同理，可以得到经过灾后重建之后，2015 年四川省 30 个县（市）综合竞争力指标，结果详见表 7-8。

表 7-8　2015 年四川省 30 个县（市）综合竞争力指标汇总

地区	一级指标		二级指标			
	县域综合竞争力指标		经济发展与产业发展指标		社会建设与生态建设指标	
	数值	位序	数值	位序	数值	位序
广汉市	2.0192	1	1.5287	3	1.2646	1
江油市	1.9851	2	1.8360	1	0.7680	4
都江堰市	1.8791	3	1.3866	4	1.2282	2
中江县	1.5644	4	1.5513	2	0.4563	10
彭州市	1.5431	5	1.2082	5	0.9095	3
三台县	1.3426	6	1.1775	6	0.6112	6

续表

地区	一级指标		二级指标			
	县域综合竞争力指标		经济发展与产业发展指标		社会建设与生态建设指标	
	数值	位序	数值	位序	数值	位序
什邡市	1.0280	7	0.7423	8	0.6952	5
绵竹市	0.9151	8	0.7442	7	0.4997	8
安县	0.1990	9	0.1546	10	0.1190	11
盐亭县	0.1370	10	0.0859	11	0.1112	12
苍溪县	0.0791	11	0.1996	9	−0.1498	17
青川县	−0.0744	12	−0.5147	17	0.6073	7
梓潼县	−0.1433	13	−0.0866	12	−0.1211	15
罗江县	−0.2259	14	−0.2167	15	−0.0762	14
剑阁县	−0.2505	15	−0.1064	13	−0.2756	22
旺苍县	−0.3310	16	−0.1822	14	−0.3049	23
理县	−0.4262	17	−0.8566	30	0.4947	9
北川县	−0.5158	18	−0.4395	16	−0.2531	21
汶川县	−0.5458	19	−0.6853	22	0.0463	13
平武县	−0.5596	20	−0.5206	18	−0.2122	20
松潘县	−0.6652	21	−0.7064	25	−0.1272	16
金川县	−0.7050	22	−0.6967	24	−0.2091	19
九寨沟县	−0.7142	23	−0.7483	28	−0.1512	18
茂县	−0.8283	24	−0.6806	21	−0.4425	24
小金县	−0.9892	25	−0.7286	27	−0.6486	26
壤塘县	−1.0117	26	−0.7087	26	−0.7153	27
黑水县	−1.0368	27	−0.8426	29	−0.5671	25
阿坝县	−1.1999	28	−0.6457	20	−1.1262	28
若尔盖县	−1.2066	29	−0.5528	19	−1.2702	30
红原县	−1.2624	30	−0.6960	23	−1.1611	29

注：基于数据的可得性和科学研究的严谨性，本节所采用的各指标数据最新为 2015 年版《四川统计年鉴》的数据

7.3.2　实证结果分析

上文已经运用因子分析方法对四川省 30 个县（市）的综合竞争力做了评估，这是后续研究分析的重要基础。从前述的实证结果的展示过程中，本书能够得到如下两个重要发现：一是极重灾区县域的总体相对竞争力在经过地震后重建有了微弱的提高，10 个极重灾区县域平均综合竞争力指标位序由地震前的 13 提高到地震后的 12.5，平均提高了 0.5 位；但是 10 县（市）提高的程度有所不同，有的县域还出现了微弱的下降，10 个极重灾区县域竞争力指标相对情况如表 7-9 所示。

表 7-9　10 个极重灾区县（市）地震前与重建后综合竞争力指标位序对比

| 地区 | 一级指标 | | | 二级指标 | | | | | |
| | 县域综合竞争力指标 | | | 经济发展与产业发展指标 | | | 社会建设与生态建设指标 | | |
	2007 年位序	2015 年位序	变化	2007 年位序	2015 年位序	变化	2007 年位序	2015 年位序	变化
都江堰市	2	3	−1	2	4	−2	4	2	2
绵竹市	6	8	−2	5	7	−2	5	8	−3
彭州市	7	5	2	7	5	2	6	3	3
什邡市	8	7	1	8	8	0	9	5	4
安县	9	9	0	10	10	0	3	11	−8
北川县	15	18	−3	15	16	−1	24	21	3
青川县	17	12	5	17	17	0	20	7	13
平武县	18	20	−2	19	18	1	17	20	−3
汶川县	19	19	0	28	22	6	15	13	2
茂县	29	24	5	27	21	6	23	24	−1
10 县（市）均值	13	12.5	0.5	13.8	12.8	1	12.6	11.4	1.2

通过表 7-9 对 10 个极重灾区县（市）地震前与重建后 8 年的对比，根据县域综合竞争力指标排名变化可将 10 县（市）分为三类。

第一类是综合竞争力指标位序排名上升的县（市）。10 县（市）中青川县、茂县、彭州市、什邡市 4 县（市）综合竞争力指标位序排名都有不同程度的上升。其中，上升最多的是青川县和茂县，青川县由第 17 位上升到第 12 位、茂县由第 29 位上升到第 24 位，都上升了 5 位。青川县位序上升中贡献最大的是社会建设与生态建设指标，上升了 13 位；这主要得益于其基础设施和交通条件的改善，以及生态环境的改善，其公路里程由 2007 年的 615 千米增加到 2015 年的 2473 千米，增加了 3 倍，而污水处理率也由 22.61%提高到了 100%。茂县位序上升中贡献最大的是经济发展与产业发展指标，上升了 6 位。茂县经过地震后的重建工作，经济和产业获得了很好的发展，其 GRP 与人均 GRP 分别从 2007 年的 101 301 万元、9512 元增加到了 2015 年的 319 187 万元和 29 719 元，均增加了近 2.2 倍，远超一般县域平均增加 1 倍的速度；地方公共预算收入也从 2007 年的 4099 万元增加到 2015 年的 15 415 万元，2015 年几乎是 2007 年的 4 倍。彭州市综合竞争力指标位序上升了 2 位，其中，经济发展与产业发展指标上升了 2 位，社会建设与生态建设指标上升了 3 位，可见彭州市综合竞争力指标的上升得益于经济与产业及社会与生态的全面发展和提升。什邡市综合竞争力指标位序上升了 1 位，其中，经济发展与产业发展指标上升了 0 位，社会建设与生态建设指标上升了 4 位，可见什邡市综合竞争力指标的上升主要是社会建设与生态建设的贡献，具体指标方面，其污水处理率从 2007 年的 22.6%提高到 2015 年的 87.5%，其万元 GRP 能耗降低率也由 4.05%提高到 7.77%。

此类综合竞争力指数上升的 4 县（市）既有属于平原地区的彭州市和什邡市，也有属于盆周山区的青川县和民族地区的茂县。至于影响 4 县（市）综合竞争力指标位序排名上升的因素，还需做进一步分析。

第二类是综合竞争力指标位序排名不变的县（市）。安县和汶川县在地震前与重建后 8 年对比，综合竞争力指标位序排名没有发生变化；安县在 30 个县（市）中排名第 9 位，汶川县排名第 19 位。虽然 2 个县综合竞争力排名没有发生变化，但是二级指标还是发生了一些改变。安县的经济发展与产业发展指标没有变化，社会建设与生态建设指标下降了 8 位，主要是因为其在万元 GRP 能耗降低率从 9.14%降到−3.04%。而汶川县经济发展与产业发展指标上升了 6 位，社会建设与生态建设上升了 2 位，但从具体指标来看，2007~2015 年无论是 GRP 还是人均 GRP 仅增加了 1 倍左右，相对于其他县域不算快速发展，而在社会建设方面其公路里程也仅由 591 千米增加到了 727 千米，所以，在基础设施方面也要加大投入。

此类综合竞争力指标位序排名没有变化的 2 个县中，安县紧邻绵阳市城区，而汶川县属于民族地区县暨贫困县。至于影响 2 个县综合竞争力指标位序排名的因素，还需做进一步分析。

第三类是综合竞争力指标位序排名下降的县（市）。10 县（市）中北川县、平武县、绵竹市、都江堰市 4 县（市）综合竞争力指标位序排名都有不同程度的下降。北川县综合竞争力指标位序下降了 3 位，其中，经济发展与产业发展指标下降了 1 位，社会建设与生态建设指标上升了 3 位，这表明地震后 8 年间北川县基础设施和生态环境都得到了较大改善，但经济发展水平和能力还较弱。平武县综合竞争力指标位序下降了 2 位，其中，经济发展与产业发展指标上升了 1 位，社会建设与生态建设指标下降了 3 位，这表明地震后 8 年间平武县交通等基础设施建设仍然相对滞后，拖累了经济与产业的发展。绵竹市综合竞争力指标位序下降了 2 位，其中经济发展与产业发展指标下降了 2 位，社会建设与生态建设指标下降了 3 位，这表明地震后 8 年间绵竹市经济发展与产业发展及社会建设与生态建设都相对滞后。都江堰市综合竞争力指标位序下降了 1 位，其中经济发展与产业发展指标下降了 2 位，社会建设与生态建设指标上升了 2 位，这表明地震后 8 年间都江堰市基础设施和生态环境都得到了较大改善，但经济发展水平和能力有所下降。

此类综合竞争力指标下降的 4 县（市）既有属于平原地区的经济强县——绵竹市和都江堰市，也有属于盆周山区或民族地区的贫困县——北川县和平武县。至于影响 4 县（市）竞争力指数排名下降的因素，本书将在接下来的几章做进一步分析。

第8章　10年发展成就的实证分析

县域经济既是一个相对独立的经济系统，又是一个开放的复杂系统，这个复杂系统是由经济、政治、社会、生态和文化构成的"五位一体"系统。本章主要从经济发展实力、人民生活水平、经济发展潜力等方面，对汶川地震极重灾区县域经济10年发展成就和经验进行深入分析。[①]

8.1　经济发展实力明显增强

经济发展实力和水平可以从经济总量、财政收入、固定资产投资、生活消费增长等多方面反映出来。以下我们选取 GRP、地方公共预算收入、固定资产投资、社会消费需求指标来分别考察 10 县（市）在县域经济发展中取得的主要成就。

8.1.1　GRP 成倍递增

总体来看，10 县（市）10 年间 GRP 总量、财政收入总量都有大幅增长，但各县（市）之间差异较大；10 县（市）平均年均增速都低于全省 132 个县（市）平均年均增速。10 县（市）人均 GRP 和财政收入都有大幅提高，但 10 县（市）之间差异较大；10 县（市）平均年均增速都低于全省 132 个县（市）[②]平均年均增速。

GRP 总量代表了县域经济发展总量规模，GRP 年均增速代表了县域经济总量年均增长速度，是反映县域经济 10 年发展成就的重要指标。从表 8-1 和图 8-1 可以看出，10 县（市）在 10 年内 GRP 总量增长了 0.83～2.63 倍，年均增速为 6.2%～13.8%，10 县（市）平均年均增速为 9.9%。增长幅度最快的是北川县，GRP 总量增长了 2.63 倍，年均增速达 13.8%；增幅最慢的是绵竹市，GRP 总量增长了 0.83 倍，年均增速仅为 6.2%。

表 8-1　10 县（市）2007～2017 年 GRP 及增速

县（市）	指标	2007年	2008年	2009年	2010年	2011年	2012年	2013年	2014年	2015年	2016年	2017年
都江堰市	GRP/亿元	116.66	93.33	116.88	143.52	176.65	208.18	229.86	251.58	275.38	306.22	348.50
	增速	14.3%	−20.0%	25.2%	22.8%	23.1%	17.8%	10.4%	9.4%	9.5%	11.2%	13.8%
彭州市	GRP/亿元	114.93	111.39	125.44	149.21	184.88	213.09	235.69	301.74	333.55	360.73	409.40
	增速	15.0%	−3.1%	12.6%	18.9%	23.9%	15.3%	10.6%	28.0%	10.5%	8.1%	13.5%
什邡市	GRP/亿元	127.28	92.61	110.09	135.78	167.44	188.61	207.06	220.16	233.82	250.62	273.00
	增速	15.0%	−27.2%	18.9%	23.3%	23.3%	12.6%	9.8%	6.3%	6.2%	7.2%	8.9%
绵竹市	GRP/亿元	142.52	92.61	110.09	118.10	146.29	167.71	186.00	201.20	215.40	237.80	260.70
	增速	16.0%	−35.0%	18.9%	7.3%	23.9%	14.6%	10.9%	8.2%	7.1%	10.4%	9.6%
北川县	GRP/亿元	13.16	10.17	18.78	23.44	28.20	31.70	34.48	37.46	40.19	43.89	47.77
	增速	15.3%	−22.7%	84.7%	24.8%	20.3%	12.4%	8.8%	8.6%	7.3%	9.2%	8.8%
平武县	GRP/亿元	16.33	13.13	15.43	19.07	24.03	28.01	31.29	34.05	35.28	37.23	40.50
	增速	14.6%	−19.6%	17.5%	23.6%	26.0%	16.6%	11.7%	8.8%	3.6%	5.5%	8.8%
安县	GRP/亿元	50.70	49.17	46.78	55.89	71.94	84.01	93.92	102.47	109.74	117.95	128.68
	增速	14.3%	−3.0%	−4.9%	19.5%	28.7%	16.8%	11.8%	9.1%	7.1%	7.5%	9.1%
青川县	GRP/亿元	13.78	11.45	13.56	15.94	20.10	23.59	26.17	27.61	29.16	31.81	35.80
	增速	14.6%	−16.9%	18.4%	17.6%	26.1%	17.4%	10.9%	5.5%	5.6%	9.1%	12.5%
汶川县	GRP/亿元	28.77	13.69	23.64	33.77	40.89	46.08	48.65	54.99	55.67	56.65	57.66
	增速	10.1%	−52.4%	72.7%	42.9%	21.1%	12.7%	5.6%	13.0%	1.2%	1.8%	1.8%
茂县	GRP/亿元	10.13	6.60	12.22	14.39	21.43	24.89	28.69	31.82	31.92	32.80	33.94
	增速	22.5%	−34.8%	85.2%	17.8%	48.9%	16.1%	15.3%	10.9%	0.3%	2.8%	3.5%

　　GRP 年均增速仅能反映 10 年间 GRP 总量平均增长速度，但不能反映每年增长率的变化。从表 8-1 中可以看出 10 县（市）在 2008 年都出现了不同幅度的负增长，为-3.0%～-52.4% 不等。增速下滑最大的是汶川县，最小的是安县，下滑在 10% 以内的仅为安县和彭州市，下滑在 10%～20% 的为青川县、平武县和都江堰市，什邡市、绵竹市、北川县、茂县和汶川县下滑都超过了 20%。地震后的 2009～2011 年大多数县（市）都实现 GRP 总量的快速增长，这期间也是 10 年中增速最高的阶段，2012 年开始增速就逐渐放缓。10 县（市）基本都是经过 3 年左右的时

间才恢复到地震前 2007 年的水平。可见"5·12"汶川特大地震对极重灾区 10 县（市）经济发展的直接影响是非常大的。

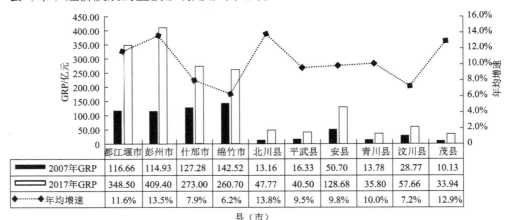

县（市）	都江堰市	彭州市	什邡市	绵竹市	北川县	平武县	安县	青川县	汶川县	茂县
■ 2007年GRP	116.66	114.93	127.28	142.52	13.16	16.33	50.70	13.78	28.77	10.13
□ 2017年GRP	348.50	409.40	273.00	260.70	47.77	40.50	128.68	35.80	57.66	33.94
◆ 年均增速	11.6%	13.5%	7.9%	6.2%	13.8%	9.5%	9.8%	10.0%	7.2%	12.9%

图 8-1   10 县（市）2007 年与 2017 年 GRP 及 10 年年均增速比较

2007 年和 2017 年的 GRP 均由原始数据计算而得，因此第 9 章提到了三次产业增加值，
其加总可能和此处数值存在偏差

人均 GRP 及其增速代表县域人均 GRP 规模及其增长速度，也是县域经济实力的主要体现。从表 8-2 和图 8-2 可以看出，10 县（市）在 10 年内人均 GRP 增长了 0.98～2.66 倍，年均增速为 7.0%～13.9%；增长幅度最快的是彭州市，人均 GRP 增长了 2.66 倍，年均增速达 13.9%；增长幅度最慢的是绵竹市，人均 GRP 增长了 0.98 倍，年均增速仅 7.0%。10 县（市）人均 GRP 在 2008 年都出现了不同幅度的负增长，为–3.3%～–51.3% 不等。增速下滑最大的是汶川县，最小的是安县，下滑在 10% 以内的仅安县和彭州市，下滑在 10%～20% 为北川县、青川县和平武县，什邡市、绵竹市、都江堰市、茂县和汶川县下滑都超过 20%。地震后的 2009～2011 年大多数县（市）都实现了 GRP 总量的快速增长，这期间也是 10 年中增速最高的阶段，2012 年开始增速逐渐放缓。10 县（市）基本都是经过 3 年左右的时间才恢复到地震前 2007 年的水平。

表 8-2   10 县（市）2007～2017 年人均 GRP 及增速

县（市）	指标	2007 年	2008 年	2009 年	2010 年	2011 年	2012 年	2013 年	2014 年	2015 年	2016 年	2017 年
都江堰市	人均 GRP/元	18 568	12 281	18 423	22 053	26 839	31 481	34 534	37 600	40 754	44 861	51 055
	增速	16.3%	–33.9%	50.0%	19.7%	21.7%	17.3%	9.7%	8.9%	8.4%	10.1%	13.8%
彭州市	人均 GRP/元	14 028	12 999	16 107	19 343	24 225	27 877	30 738	39 218	43 268	46 582	51 378
	增速	13.8%	–7.3%	23.9%	20.1%	25.2%	15.1%	10.3%	27.6%	10.3%	7.7%	10.3%
什邡市	人均 GRP/元	29 703	21 489	25 250	32 893	40 552	45 557	49 834	52 860	55 992	59 900	65 155
	增速	19.1%	–27.7%	17.5%	30.3%	23.3%	12.3%	9.4%	6.1%	5.9%	7.0%	8.8%

续表

县（市）	指标	2007 年	2008 年	2009 年	2010 年	2011 年	2012 年	2013 年	2014 年	2015 年	2016 年	2017 年
绵竹市	人均 GRP/元	28 863	21 498	25 250	24 533	31 079	36 294	40 471	44 214	47 533	52 210	57 034
	增速	16.0%	−25.5%	17.5%	−2.8%	26.7%	16.8%	11.5%	9.2%	7.5%	9.8%	9.2%
北川县	人均 GRP/元	8 598	6 917	8 693	11 316	13 835	15 835	17 052	18 125	19 011	20 243	22 033
	增速	15.3%	−19.6%	25.7%	30.2%	22.3%	14.5%	7.7%	6.3%	4.9%	6.5%	8.8%
平武县	人均 GRP/元	9 366	7 741	9 382	11 352	14 055	16 381	18 213	19 822	20 559	21 693	22 847
	增速	14.6%	−17.3%	21.2%	21.0%	23.8%	16.5%	11.2%	8.8%	3.7%	5.5%	5.3%
安县	人均 GRP/元	10 434	10 086	11 302	13 507	16 400	22 225	24 339	26 502	28 357	30 478	33 222
	增速	16.0%	−3.3%	12.1%	19.5%	21.4%	35.5%	9.5%	8.9%	7.0%	7.5%	9.0%
青川县	人均 GRP/元	6 107	5 324	6 252	7 312	8 274	9 758	10 901	11 581	12 420	13 682	15 398
	增速	19.2%	−12.8%	17.4%	17.0%	13.2%	17.9%	11.7%	6.2%	7.2%	10.2%	12.5%
汶川县	人均 GRP/元	26 204	12 757	21 888	31 801	40 602	45 762	48 070	54 127	55 892	57 219	58 181
	增速	10.9%	−51.3%	71.6%	45.3%	27.7%	12.7%	5.0%	12.6%	3.3%	2.4%	1.7%
茂县	人均 GRP/元	9 512	6 245	11 465	13 489	20 434	23 636	27 093	29 826	29 719	30 074	31 114
	增速	22.3%	−34.3%	83.6%	17.7%	51.5%	15.7%	14.6%	10.1%	−0.4%	1.2%	3.5%

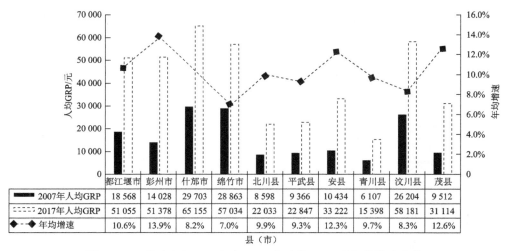

图 8-2　10 县（市）2007 年与 2017 年人均 GRP 及年均增速比较

8.1.2　地方公共预算收入快速增长

地方公共预算收入总量代表县域财政收入规模与能力，地方公共预算收入年均增速反映出县域财政年均增长速度,是衡量县域经济实力的重要指标。从表 8-3 和图 8-3 可以看出,10 县(市)在 10 年内地方公共预算收入总量增长了 1.52~7.67 倍,年均增速为 9.7%~24.1%。增长幅度最快的是青川县,地方公共预算收入总量增长了 7.67 倍,年均增速达 24.1%;增长幅度最慢的是汶川县,地方公共预算收入总量增长了 1.52 倍,年均增速仅 9.7%。2017 年地方公共预算收入最高的都江堰市(47.61 亿元)是最低的茂县(1.69 亿元)的 28.17 倍。

表 8-3 10 县(市)地方公共预算收入及增速

县(市)	指标	2007年	2008年	2009年	2010年	2011年	2012年	2013年	2014年	2015年	2016年	2017年
都江堰市	地方公共预算收入/亿元	7.87	4.81	7.80	12.96	18.2	17.53	28.4	33.07	39.36	44.25	47.61
	增速	49.1%	−38.9%	62.2%	66.2%	40.4%	−3.7%	62.0%	16.4%	19.0%	12.4%	7.6%
彭州市	地方公共预算收入/亿元	3.55	4.86	5.10	7.22	10.26	13.06	15.55	17.43	19.47	21.06	27.20
	增速	36.9%	36.9%	4.9%	41.6%	42.1%	27.3%	19.1%	12.1%	11.7%	8.2%	29.2%
什邡市	地方公共预算收入/亿元	6.00	4.53	5.76	7.92	11.46	12.30	13.12	13.88	15.78	15.42	16.10
	增速	37.5%	−24.5%	27.2%	37.5%	44.7%	7.3%	6.7%	5.8%	13.7%	−2.3%	4.4%
绵竹市	地方公共预算收入/亿元	6.00	3.90	3.34	5.69	11.37	12.22	12.60	9.50	10.70	12.80	16.20
	增速	22.2%	−35.0%	−14.4%	70.4%	99.8%	7.5%	3.1%	−24.6%	12.6%	19.6%	26.6%
北川县	地方公共预算收入/亿元	0.52	0.31	0.80	1.82	2.08	2.61	3.01	3.37	3.69	4.00	4.51
	增速	2.8%	−40.4%	158.1%	127.5%	14.3%	25.5%	15.3%	12.0%	9.5%	8.4%	12.8%
平武县	地方公共预算收入/亿元	0.82	0.56	0.99	1.34	1.80	2.16	2.51	2.76	2.99	2.83	3.10
	增速	23.1%	−31.7%	76.8%	35.4%	34.3%	20.0%	16.2%	10.0%	8.3%	−5.4%	9.5%
安县	地方公共预算收入/亿元	1.10	0.82	1.33	2.10	3.20	4.00	4.45	4.81	5.20	5.67	5.69
	增速	21.8%	−25.5%	62.2%	57.9%	52.4%	25.0%	11.3%	8.1%	8.1%	9.0%	0.4%
青川县	地方公共预算收入/亿元	0.21	0.18	0.58	1.42	1.04	1.18	1.18	1.30	1.50	1.69	1.82
	增速	24.7%	−14.3%	222.2%	144.8%	−26.8%	13.5%	0	10.2%	15.4%	12.7%	7.7%
汶川县	地方公共预算收入/亿元	1.25	0.58	1.00	1.97	3.01	3.38	3.38	3.72	4.08	3.01	3.15
	增速	9.7%	−53.6%	72.4%	97.0%	52.8%	12.3%	0	10.1%	9.7%	−26.2%	4.7%
茂县	地方公共预算收入/亿元	0.41	0.33	0.70	1.17	1.42	1.75	2.00	1.35	1.54	1.66	1.69
	增速	16.8%	−19.5%	112.1%	67.1%	21.4%	23.2%	14.3%	−32.5%	14.1%	7.8%	1.8%

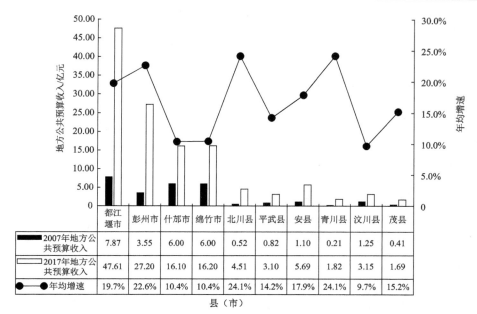

图 8-3　10 县（市）2007 年与 2017 年地方公共预算收入及年均增速比较

县（市）	都江堰市	彭州市	什邡市	绵竹市	北川县	平武县	安县	青川县	汶川县	茂县
2007年地方公共预算收入	7.87	3.55	6.00	6.00	0.52	0.82	1.10	0.21	1.25	0.41
2017年地方公共预算收入	47.61	27.20	16.10	16.20	4.51	3.10	5.69	1.82	3.15	1.69
年均增速	19.7%	22.6%	10.4%	10.4%	24.1%	14.2%	17.9%	24.1%	9.7%	15.2%

从图 8-4 可以看出，10 县（市）在 10 年内人均地方公共预算收入增长了 1.65～8.29 倍，年均增速为 10.2%～25.0%。增长幅度最快的是青川县，人均地方公共预算收入增长了 8.29 倍，年均增速达 25.0%；增长幅度最慢的是什邡市，人均地方

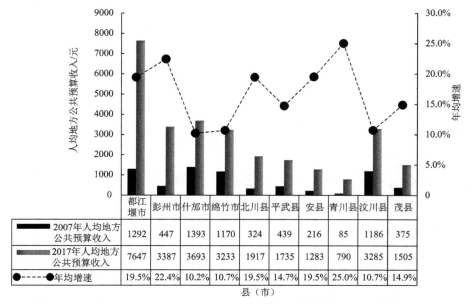

县（市）	都江堰市	彭州市	什邡市	绵竹市	北川县	平武县	安县	青川县	汶川县	茂县
2007年人均地方公共预算收入	1292	447	1393	1170	324	439	216	85	1186	375
2017年人均地方公共预算收入	7647	3387	3693	3233	1917	1735	1283	790	3285	1505
年均增速	19.5%	22.4%	10.2%	10.7%	19.5%	14.7%	19.5%	25.0%	10.7%	14.9%

图 8-4　10 县（市）2007 年与 2017 年人均地方公共预算收入及年均增速比较

公共预算收入增长了 1.65 倍，年均增速仅 10.2%。2017 年人均地方公共预算收入最高的都江堰市（7647 元）是最低的青川县（790 元）的 9.68 倍。

8.1.3　固定资产投资规模递增

表 8-4 与图 8-5 反映出 2007～2017 年 10 县（市）各年固定资产投资总额、增速及年均增速变化情况。从中可以看出 10 县（市）全社会固定资产投资增速都在 2009 年达到最高，为 162.4%～847.8%，增速最慢的都江堰市只有 162.4%，而最高的汶川县达到 847.8%；2010 年开始都出现了增速大幅下滑甚至负增长。但 10 年间 10 县（市）全社会固定资产投资总额增长了 0.35～10.4 倍不等，总量增幅最高的绵竹市达 10.4 倍。如果用 2017 年全社会固定资产投资总额减去 2009 年全社会固定资产投资总额，值为正数的仅有都江堰市（47.85 亿元）、彭州市（103.88 亿元）、什邡市（61.85 亿元）、绵竹市（35.00 亿元）、安县（36.69 亿元），其余 5 县均为负数。北川县、青川县和汶川县投资总额最大值均出现在 2010 年（分别为 106.00 亿元、83.78 亿元、92.02 亿元），茂县最大值出现在 2011 年（70.00 亿元），表明灾后重建结束以后这 4 县的固定资产投资总额呈逐渐下滑趋势。10 年间 10 县（市）全社会固定资产投资总和最高的都江堰市（1926.98 亿元）是最低的茂县（442.00 亿元）的 4.36 倍，表明 10 县（市）10 年间投资总规模呈现较大差距。

表 8-4　10 县（市）2007～2017 年全社会固定资产投资总额及增速

县（市）	指标	2007 年	2008 年	2009 年	2010 年	2011 年	2012 年	2013 年	2014 年	2015 年	2016 年	2017 年
都江堰市	固定资产投资总额/亿元	112.89	83.38	218.79	203.40	161.70	178.04	168.49	123.35	180.14	230.16	266.64
	增速	24.6%	−26.1%	162.4%	−7.0%	−20.5%	10.1%	−5.4%	−26.8%	46.0%	27.8%	15.8%
彭州市	固定资产投资总额/亿元	59.32	49.57	168.12	180.1	171.30	195.81	176.45	182.70	180.50	230.60	272.00
	增速	17.1%	−16.4%	239.2%	7.1%	−4.9%	14.3%	−9.9%	3.5%	−1.2%	27.8%	18.0%
什邡市	固定资产投资总额/亿元	23.95	27.25	123.37	126.36	106.01	105.01	116.42	125.34	151.38	159.67	185.22
	增速	24.4%	13.8%	352.7%	2.4%	−16.1%	−0.9%	10.9%	7.7%	20.8%	5.5%	16.0%
绵竹市	固定资产投资总额/亿元	18.20	28.60	172.50	107.30	103.00	118.20	129.50	145.60	160.20	178.90	207.50
	增速	26.4%	57.1%	503.1%	−37.8%	−4.0%	14.8%	9.6%	12.4%	10.0%	11.7%	16.0%
北川县	固定资产投资总额/亿元	8.10	18.71	95.10	106.00	40.93	33.18	35.50	37.05	38.84	43.00	48.84

续表

县（市）	指标	2007 年	2008 年	2009 年	2010 年	2011 年	2012 年	2013 年	2014 年	2015 年	2016 年	2017 年
北川县	增速	11.9%	131.0%	408.3%	11.5%	−61.4%	−18.9%	7.0%	4.4%	4.8%	10.7%	13.6%
平武县	固定资产投资总额/亿元	15.59	11.15	46.69	50.83	59.07	49.42	51.63	54.05	43.62	37.30	43.50
	增速	21.9%	−28.5%	318.7%	8.9%	16.2%	−16.3%	4.5%	4.7%	−19.3%	−14.5%	16.6%
安县	固定资产投资总额/亿元	14.50	23.08	95.34	70.11	62.89	81.78	87.72	93.10	101.03	114.32	132.03
	增速	36.9%	59.2%	313.1%	−26.5%	−10.3%	30.0%	7.3%	6.1%	8.5%	13.2%	15.5%
青川县	固定资产投资总额/亿元	9.03	13.92	79.72	83.78	35.59	36.14	36.18	37.90	38.83	41.93	49.20
	增速	35.0%	54.2%	472.7%	5.1%	−57.5%	1.5%	0.1%	4.8%	2.5%	8.0%	17.3%
汶川县	固定资产投资总额/亿元	15.28	9.12	86.44	92.02	59.02	49.07	43.01	42.24	42.03	28.94	25.28
	增速	16.3%	−40.3%	847.8%	6.5%	−35.9%	−16.9%	−12.3%	−1.8%	−0.5%	−31.1%	−12.7%
茂县	固定资产投资总额/亿元	11.48	12.84	68.11	60.01	70.00	49.01	42.01	37.25	38.72	37.07	15.50
	增速	22.5%	11.8%	430.5%	−11.9%	16.6%	−30.0%	−14.3%	−11.3%	3.9%	−4.3%	−58.2%

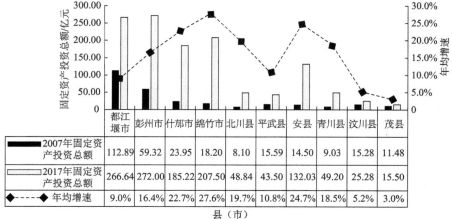

图 8-5 10 县（市）2007 年与 2017 年固定资产投资总额及年均增速比较

8.1.4 社会消费需求稳定增长

社会消费品零售总额是反映国内消费需求的直接数据。表 8-5 和图 8-6 反映了 10 县（市）2007～2017 年社会消费品零售总额及各年增速、年均增速。

表 8-5　10 县（市）2007～2017 年社会消费品零售总额及增速

县（市）	指标	2007 年	2008 年	2009 年	2010 年	2011 年	2012 年	2013 年	2014 年	2015 年	2016 年	2017 年
都江堰市	社会消费品零售总额/亿元	50.78	30.17	50.95	60.87	71.82	80.62	89.04	98.79	108.38	119.36	135.07
	增速	16.9%	−40.6%	68.9%	19.5%	18.0%	12.3%	10.4%	11.0%	9.7%	10.1%	13.2%
彭州市	社会消费品零售总额/亿元	27.21	21.08	26.06	40.89	47.81	53.62	59.22	65.64	72.07	79.07	89.30
	增速	16.3%	−22.5%	23.6%	56.9%	16.9%	12.2%	10.4%	10.8%	9.8%	9.7%	12.9%
什邡市	社会消费品零售总额/亿元	32.98	21.30	28.70	35.35	41.45	47.91	54.63	61.71	71.18	80.59	91.00
	增速	17.5%	−35.4%	34.7%	23.2%	17.3%	15.6%	14.0%	13.0%	15.3%	13.2%	12.9%
绵竹市	社会消费品零售总额/亿元	33.09	20.85	29.01	37.61	44.15	51.34	58.96	70.80	79.70	90.80	102.90
	增速	17.8%	−37.0%	39.1%	29.6%	17.4%	16.3%	14.8%	20.1%	12.6%	13.9%	13.3%
北川县	社会消费品零售总额/亿元	3.65	5.36	7.41	9.09	10.81	12.39	13.81	15.27	15.91	17.86	20.10
	增速	17.0%	46.8%	38.2%	22.7%	18.9%	14.6%	11.5%	10.6%	4.2%	12.3%	12.5%
平武县	社会消费品零售总额/亿元	4.45	3.72	4.73	5.68	6.75	7.74	8.68	9.76	13.26	14.81	16.50
	增速	17.1%	−16.4%	27.2%	20.1%	18.8%	14.7%	12.1%	12.4%	35.9%	11.7%	11.4%
安县	社会消费品零售总额/亿元	21.26	18.13	22.82	27.00	32.26	37.99	42.16	48.03	58.00	65.08	73.17
	增速	18.0%	−14.7%	25.9%	18.3%	19.5%	17.8%	11.0%	13.9%	20.8%	12.2%	12.4%
青川县	社会消费品零售总额/亿元	4.21	4.32	6.65	8.03	9.35	10.79	12.25	13.84	15.89	17.68	19.80
	增速	35.0%	2.6%	53.9%	20.8%	16.4%	15.4%	13.5%	13.0%	14.8%	11.3%	12.0%
汶川县	社会消费品零售总额/亿元	4.34	2.48	3.24	3.86	4.71	5.50	6.36	8.75	9.83	10.77	11.45
	增速	16.2%	−42.9%	30.6%	19.1%	22.0%	16.8%	15.6%	37.6%	12.3%	9.6%	6.3%
茂县	社会消费品零售总额/亿元	2.96	1.53	2.87	3.43	4.09	4.78	5.51	5.10	7.44	8.16	8.84
	增速	19.8%	−48.3%	87.6%	19.5%	19.2%	16.9%	15.3%	−7.4%	45.9%	9.7%	8.3%

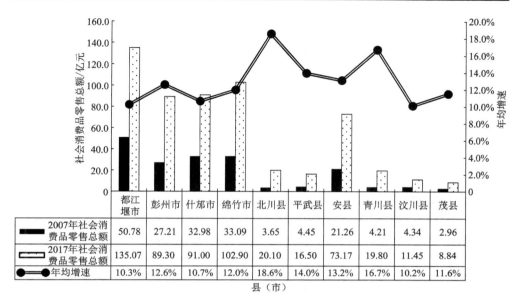

图 8-6　10 县（市）2007 年与 2017 年社会消费品零售总额及年均增速比较

	都江堰市	彭州市	什邡市	绵竹市	北川县	平武县	安县	青川县	汶川县	茂县
2007年社会消费品零售总额	50.78	27.21	32.98	33.09	3.65	4.45	21.26	4.21	4.34	2.96
2017年社会消费品零售总额	135.07	89.30	91.00	102.90	20.10	16.50	73.17	19.80	11.45	8.84
年均增速	10.3%	12.6%	10.7%	12.0%	18.6%	14.0%	13.2%	16.7%	10.2%	11.6%

从表 8-5 和图 8-6 可以看出，10 年间 10 县（市）社会消费品零售总额增长了1.64～4.51 倍，年均增速为 10.2%～18.6%；增幅最快的是北川县，10 年增长了 4.51倍，年均增速为 18.6%；增幅最慢的是汶川县，10 年只增长了 1.64 倍，年均增速只有 10.2%。而 10 年中的 2008 年除了北川县、青川县，其余 8 县（市）都出现了大幅下滑，而 2009 年均出现了大幅反弹，2010 年开始增速逐渐放缓（除了彭州市2010 年还保持较高增速），但大多数县（市）在多数年份还是保持 10%～15% 的增速，这表明灾后重建结束后，国内消费需求增速逐渐放缓，但需求基本稳定。

8.2　人民生活水平大幅提高

人民生活水平主要从收入、消费、储蓄等方面反映出来。以下我们选取了城乡居民人均可支配收入指标、居民储蓄存款余额指标来考察和分析极重灾区县域10 年来人民生活水平提高的情况。

8.2.1　城乡居民收入大幅提高

从表 8-6、图 8-7 可以看出，10 县（市）在 10 年内城镇居民人均可支配收入增长了 1.51～2.74 倍，年均增速为 9.7%～14.1%。增长幅度最快的是北川县，10年内城镇居民人均可支配收入增长了 2.74 倍，年均增速达 14.1%；增长幅度最慢的是什邡市,增长了 1.51 倍,年均增速仅 9.7%。2017 年城镇居民人均可支配收入最高的什邡市(32 700 元)高出最低的青川县(26 951 元)5749 元。

表 8-6　10 县(市)2007~2017 年城镇居民人均可支配收入及增速

县(市)	指标	2007 年	2008 年	2009 年	2010 年	2011 年	2012 年	2013 年	2014 年	2015 年	2016 年	2017 年
都江堰市	城镇居民人均可支配收入/元	11 677	9456	11 818	13 721	16 193	18 940	21 550	24 201	26 307	28 780	31 313
	增速	16.5%	−19.0%	25.0%	16.1%	18.0%	17.0%	13.8%	12.3%	8.7%	9.4%	8.8%
彭州市	城镇居民人均可支配收入/元	9530	9007	10 326	11 826	13 784	16 129	18 449	20 644	20 299	28 679	31 289
	增速	12.9%	−5.5%	14.6%	14.5%	16.6%	17.0%	14.4%	11.9%	−1.7%	41.3%	9.1%
什邡市	城镇居民人均可支配收入/元	13 010	11 839	14 423	17 300	20 959	24 070	26 482	27 289	27 702	29 865	32 700
	增速	13.5%	−9.0%	21.8%	19.9%	21.2%	14.8%	10.0%	3.0%	1.5%	7.8%	9.5%
绵竹市	城镇居民人均可支配收入/元	12 279	11 296	13 701	16 547	19 327	22 335	25 110	27 153	27 753	29 918	32 437
	增速	14.2%	−8.0%	21.3%	20.8%	16.8%	15.6%	12.4%	8.1%	2.2%	7.8%	8.4%
北川县	城镇居民人均可支配收入/元	7250	6500	10 563	12 519	14 660	17 136	19 244	20 999	22 824	24 887	27 128
	增速	9.2%	−10.3%	62.5%	18.5%	17.1%	16.9%	12.3%	9.1%	8.7%	9.0%	9.0%
平武县	城镇居民人均可支配收入/元	8793	9694	11 516	13 304	15 300	18 126	20 247	22 069	23 858	25 989	28 260
	增速	14.3%	10.2%	18.8%	15.5%	15.0%	18.5%	11.7%	9.0%	8.1%	8.9%	8.7%
安县	城镇居民人均可支配收入/元	9060	10 218	12 058	13 904	16 349	19 109	21 307	23 089	25 500	27 620	29 956
	增速	13.7%	12.8%	18.0%	15.3%	17.6%	16.9%	11.5%	8.4%	10.4%	8.3%	8.5%
青川县	城镇居民人均可支配收入/元	8100	9154	10 217	11 723	13 487	15 605	17 322	19 262	22 714	24 713	26 951
	增速	18.4%	13.0%	11.6%	14.7%	15.0%	15.7%	11.0%	11.2%	17.9%	8.8%	9.1%
汶川县	城镇居民人均可支配收入/元	9450	10 768	12 780	14 870	17 535	20 170	22 156	24 153	25 095	27 177	29 623
	增速	17.7%	13.9%	18.7%	16.4%	17.9%	15.0%	9.8%	9.0%	3.9%	8.3%	9.0%
茂县	城镇居民人均可支配收入/元	10 692	12 122	14 367	16 105	17 922	20 629	22 527	24 554	25 169	27 248	29 368
	增速	20.9%	13.4%	18.5%	12.1%	11.3%	15.1%	9.2%	9.0%	2.5%	8.3%	7.8%

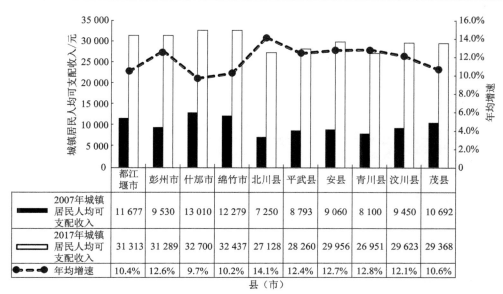

图 8-7　10 县（市）2007 年与 2017 年城镇居民人均可支配收入及年均增速比较

从表 8-7 和图 8-8 可以看出，10 县（市）在 10 年内农村居民人均可支配收入增长了 2.36～3.80 倍，年均增速为 12.9%～17.0%。增长幅度最快的是茂县，农村居民人均可支配收入增长了 3.80 倍，年均增速达 17.0%；增长幅度最慢的是什邡市和绵竹市，农村居民人均纯收入增长了 2.36 倍，年均增速仅 12.9%。2017 年农村居民人均纯收入最高的都江堰市（19 846 元）高出最低的青川县（10 583 元）9263 元。

表 8-7　10 县（市）2007～2017 年农村居民人均可支配收入及增速

县（市）	指标	2007 年	2008 年	2009 年	2010 年	2011 年	2012 年	2013 年	2014 年	2015 年	2016 年	2017 年
都江堰市	农村居民人均可支配收入/元	5 536	5 400	5 832	7 086	8 645	10 417	11 792	13 869	18 937	18 140	19 846
	增速	14.1%	−2.5%	8.0%	21.5%	22.0%	20.5%	13.2%	17.6%	36.5%	−4.2%	9.4%
彭州市	农村居民人均可支配收入/元	5 275	5 228	5 601	6 672	8 147	9 793	11 066	12 438	16 319	17 935	19 693
	增速	13.8%	−0.9%	7.1%	19.1%	22.1%	20.2%	13.0%	12.4%	31.2%	9.9%	9.8%
什邡市	农村居民人均可支配收入/元	5 062	4 740	6 300	7 324	8 846	10 108	11 388	12 700	14 191	15 480	17 000
	增速	15.8%	−6.4%	32.9%	16.3%	20.8%	14.3%	12.7%	11.5%	11.7%	9.1%	9.8%
绵竹市	农村居民人均可支配收入/元	5 018	5 738	6 212	7 201	8 689	9 937	11 205	12 916	14 159	15 456	16 855
	增速	16.0%	14.3%	8.3%	15.9%	20.7%	14.4%	12.8%	15.3%	9.6%	9.2%	9.1%
北川县	农村居民人均可支配收入/元	2 831	3 193	3 450	3 980	4 932	5 682	6 472	7 333	9 644	10 677	11 851

续表

县（市）	指标	2007 年	2008 年	2009 年	2010 年	2011 年	2012 年	2013 年	2014 年	2015 年	2016 年	2017 年
北川县	增速	14.3%	12.8%	8.0%	15.4%	23.9%	15.2%	13.9%	13.3%	31.5%	10.7%	11.0%
平武县	农村居民人均可支配收入/元	3 065	3 269	3 569	4 119	4 734	5 416	6 120	6 916	9 216	10 202	11 290
	增速	19.1%	6.7%	9.2%	15.4%	14.9%	14.4%	13.0%	13.0%	33.3%	10.7%	10.7%
安县	农村居民人均可支配收入/元	4 247	4 969	5 354	6 157	7 418	8 472	9 625	10 901	12 945	14 153	15 431
	增速	15.1%	17.0%	7.7%	15.0%	20.5%	14.2%	13.6%	13.3%	18.8%	9.3%	9.0%
青川县	农村居民人均可支配收入/元	2 683	3 056	3 364	3 871	4 684	5 407	6 170	6 898	8 370	9 589	10 583
	增速	19.8%	13.9%	10.1%	15.1%	21.0%	15.4%	14.1%	11.8%	21.3%	14.6%	10.4%
汶川县	农村居民人均可支配收入/元	2 790	2 745	3 335	4 065	5 152	6 430	7 610	8 835	10 078	11 118	12 452
	增速	19.3%	−1.6%	21.5%	21.9%	26.7%	24.8%	18.4%	16.1%	14.1%	10.3%	12.0%
茂县	农村居民人均可支配收入/元	2 475	2 417	3 018	3 700	4 620	5 740	6 810	7 894	9 830	10 848	11 892
	增速	21.7%	−2.3%	24.9%	22.6%	24.9%	24.2%	18.6%	15.9%	24.5%	10.4%	9.6%

注：2013 年前的统计为农村居民人均纯收入，2014 年开始的统计为农村居民人均可支配收入

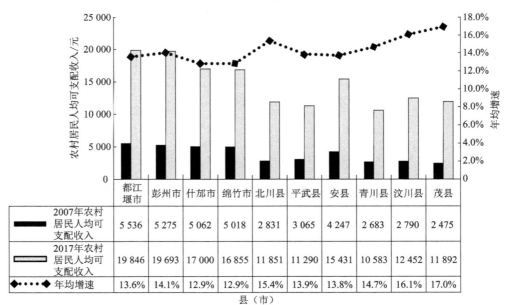

图 8-8　10 县（市）2007 年与 2017 年农村居民人均可支配收入及年均增速比较

8.2.2　城乡居民收入差距缩小

从图 8-7 和图 8-8 可以看出，10 年来 10 县（市）农村居民人均可支配收入年均增速普遍高于城镇居民人均可支配收入年均增速。从表 8-8 中可以看出，城乡居民人均可支配收入比呈递减趋势，其中降幅最大的茂县从 2007 年的 4.32 降至2017 年的 2.47；2017 年城乡居民人均可支配收入差距最小的是都江堰市和彭州市，城乡居民人均可支配收入比分别为 1.58 和 1.59；2017 年城乡居民人均可支配收入差距最大的是青川县，其城乡居民人均可支配收入比为 2.55；2017 年城乡居民人均可支配收入比在 2 以下的有都江堰市、彭州市、什邡市、绵竹市和安县，其余 5 县均超过 2。

表 8-8　2007～2017 年 10 县（市）城乡居民人均可支配收入比变化

县（市）	2007 年	2008 年	2009 年	2010 年	2011 年	2012 年	2013 年	2014 年	2015 年	2016 年	2017 年
都江堰市	2.11	1.75	2.03	1.94	1.87	1.82	1.83	1.74	1.39	1.59	1.58
彭州市	1.81	1.72	1.84	1.77	1.69	1.65	1.67	1.66	1.24	1.60	1.59
什邡市	2.57	2.50	2.29	2.36	2.37	2.38	2.33	2.15	1.95	1.93	1.92
绵竹市	2.45	1.97	2.21	2.30	2.22	2.25	2.24	2.10	1.96	1.94	1.92
北川县	2.56	2.04	3.06	3.15	2.97	3.02	2.97	2.86	2.37	2.33	2.29
平武县	2.87	2.97	3.23	3.23	3.23	3.35	3.31	3.19	2.59	2.55	2.50
安县	2.13	2.06	2.25	2.26	2.20	2.26	2.21	2.12	1.97	1.95	1.94
青川县	3.02	3.00	3.04	3.03	2.88	2.89	2.81	2.79	2.71	2.58	2.55
汶川县	3.39	3.92	3.83	3.66	3.40	3.14	2.91	2.73	2.49	2.44	2.38
茂县	4.32	5.02	4.76	4.35	3.88	3.59	3.31	3.11	2.56	2.51	2.47

8.2.3　居民储蓄水平逐年提高

从表 8-9 和图 8-9 可以看出，10 县（市）在 10 年内居民储蓄存款余额增长了2.71～10.59 倍，年均增速为 14.0%～27.8%。增长幅度最快的是北川县，居民储蓄存款余额增长了 10.59 倍，年均增速达 27.8%；增长幅度最慢的是绵竹市，增长了 2.71 倍，年均增速仅为 14.0%。

表 8-9　10 县（市）2007～2017 年居民储蓄存款余额及增速

县（市）	指标	2007 年	2008 年	2009 年	2010 年	2011 年	2012 年	2013 年	2014 年	2015 年	2016 年	2017 年
都江堰市	居民储蓄存款余额/亿元	89.30	119.03	164.50	175.60	209.50	242.22	288.87	312.79	332.23	359.44	389.63
	增速	10.0%	33.3%	38.2%	6.7%	19.3%	15.6%	19.3%	8.3%	6.2%	8.2%	8.4%
彭州市	居民储蓄存款余额/亿元	64.96	91.74	116.15	147.84	174.00	212.94	247.95	283.70	311.28	344.54	385.87
	增速	13.1%	41.2%	26.6%	27.3%	17.7%	22.4%	16.4%	14.4%	9.7%	10.7%	12.0%
什邡市	居民储蓄存款余额/亿元	49.57	69.53	82.99	92.16	100.73	115.42	131.63	145.21	160.12	176.13	194.10
	增速	22.3%	40.3%	19.4%	11.0%	9.3%	14.6%	14.0%	10.3%	10.3%	10.0%	10.2%
绵竹市	居民储蓄存款余额/亿元	49.27	69.38	82.33	88.30	95.39	112.03	130.60	143.50	157.00	171.10	182.90
	增速	10.1%	40.8%	18.7%	7.3%	8.0%	17.4%	16.6%	9.9%	9.4%	9.0%	6.9%
北川县	居民储蓄存款余额/亿元	6.79	14.68	31.98	31.98	39.07	45.32	50.68	54.00	59.09	67.16	78.73
	增速	36.9%	116.2%	117.8%	0	22.2%	16.0%	11.8%	6.6%	9.4%	13.7%	17.2%
平武县	居民储蓄存款余额/亿元	8.52	13.17		18.89		24.51	27.53	30.28	33.83	37.93	43.18
	增速	17.1%	54.6%					12.3%	10.0%	11.7%	12.1%	13.8%
安县	居民储蓄存款余额/亿元	28.86	42.67	42.99	47.80	57.98	269.60	83.03	94.80	108.80	123.38	135.13
	增速	13.0%	47.9%	0.7%	11.2%	21.3%	20.0%	19.3%	14.2%	14.8%	13.4%	9.5%
青川县	居民储蓄存款余额/亿元	8.76	14.85	21.76	22.92	23.12	26.98	32.92	37.43	42.16	47.80	53.12
	增速	9.2%	69.5%	46.5%	5.3%	0.9%	16.7%	22.0%	13.7%	12.6%	13.4%	11.1%
汶川县	居民储蓄存款余额/亿元	8.89	11.68	16.99	18.64	20.89	23.51	25.24	27.19	29.46	32.50	34.88
	增速	16.2%	31.4%	45.5%	9.7%	12.1%	12.5%	7.4%	7.7%	8.3%	10.3%	7.3%
茂县	居民储蓄存款余额/亿元	5.11	7.71		13.30	15.20	17.44	21.40	23.95	26.13	29.41	30.41
	增速	17.1%	50.9%			14.3%	14.7%	22.7%	11.9%	9.1%	12.6%	3.4%

注：未查找到平武县 2009 年、2011 年数据，以及茂县 2009 年数据

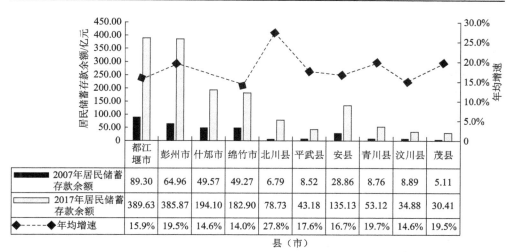

图 8-9　10 县（市）2007 年与 2017 年居民储蓄存款余额及年均增速比较

县（市）	都江堰市	彭州市	什邡市	绵竹市	北川县	平武县	安县	青川县	汶川县	茂县
■2007年居民储蓄存款余额	89.30	64.96	49.57	49.27	6.79	8.52	28.86	8.76	8.89	5.11
□2017年居民储蓄存款余额	389.63	385.87	194.10	182.90	78.73	43.18	135.13	53.12	34.88	30.41
◆年均增速	15.9%	19.5%	14.6%	14.0%	27.8%	17.6%	16.7%	19.7%	14.6%	19.5%

从图 8-10 可以看出，10 县（市）在 10 年内人均居民储蓄存款余额增长了 2.85～7.35 倍，年均增速为 14.4%～23.6%。增长幅度最快的是北川县，人均居民储蓄存款余额增长了 7.35 倍，年均增速达 23.6%；增长幅度最慢的是都江堰市，增长了 2.85 倍，年均增速仅 14.4%。2017 年人均居民储蓄存款余额最高的都江堰市（56 395 元）高出最低的青川县（16 969 元）39 426 元。

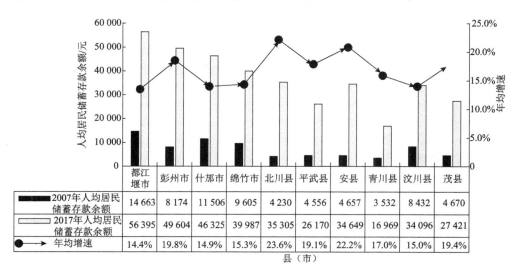

县（市）	都江堰市	彭州市	什邡市	绵竹市	北川县	平武县	安县	青川县	汶川县	茂县
■2007年人均居民储蓄存款余额	14 663	8 174	11 506	9 605	4 230	4 556	4 657	3 532	8 432	4 670
□2017年人均居民储蓄存款余额	56 395	49 604	46 325	39 987	35 305	26 170	34 649	16 969	34 096	27 421
●年均增速	14.4%	19.8%	14.9%	15.3%	23.6%	19.1%	22.2%	17.0%	15.0%	19.4%

图 8-10　10 县（市）2007 年与 2017 年人均居民储蓄存款余额及年均增速比较

2007 年人均值按年末户籍人口测算；2017 年人均值按年末常住人口测算

8.3　经济发展潜力日益累积

经济发展潜力可能取决于多方面，如教育、技术、研发投入、城镇化水平、民营经济发展、交通条件改善等方面。以下我们选取了城镇化率、民营经济增加值和公路里程三项指标，从城镇化水平、民营经济发展和基础设施改善三方面来分析县域经济发展潜力。

8.3.1　城镇化水平不断提高

如表 8-10 所示，自 2012 年以来，10 县（市）城镇化率都不断上升，上升幅度最大的是安县和青川县，达 9.6 个百分点；最小的是茂县，4 年上升了 3.3 个百分点。截至 2017 年城镇化率最高的是都江堰市达 59.0%，最低的是平武县仅为 31.8%；城镇化率超过 50%的只有都江堰市和什邡市，城镇化率为 40%～50%的有绵竹市、安县、汶川县、茂县和彭州市；城镇化率在 40%以下的有北川县、青川县和平武县。

表 8-10　10 县（市）2007～2017 年户籍/常住人口及城镇化率

县（市）	指标	2007 年	2008 年	2009 年	2010 年	2011 年	2012 年	2013 年	2014 年	2015 年	2016 年	2017 年
都江堰市	户籍人口/万人	60.90	61.18	60.90	60.96	61.18	61.38	61.57	61.93	62.05	62.28	62.26
	常住人口/万人	62.41	62.41	64.47	65.8	65.84	66.42	66.7	67.12	68.02	68.5	69.09
	城镇化率			48.0%	48.3%	48.3%	51.4%	52.4%	54.6%	55.9%	57.7%	59.0%
彭州市	户籍人口/万人	79.47	79.96	80.34	80.03	80.53	80.35	80.62	80.85	80.81	80.50	80.30
	常住人口/万人	77.28	77.78	77.98	76.29	76.34	76.53	76.82	77.05	77.13	77.75	77.79
	城镇化率	34.7%	34.7%	36.5%	34.5%	36.8%	37.7%	38.8%	40.0%	41.1%	42.6%	44.6%
什邡市	户籍人口/万人	43.08	43.28	43.48	43.47	43.7	43.83	43.8	43.8	43.5	43.6	43.60
	常住人口/万人	42.85	43.28	43.90	41.50	41.30	41.50	41.60	41.78	41.81	41.86	41.90
	城镇化率	40.0%	41.3%	43.0%	43.0%	44.2%	45.3%	46.0%	47.2%	48.5%	49.6%	51.3%
绵竹市	户籍人口/万人	51.30	51.40	51.50	51.30	50.60	50.70	50.70	50.70	50.60	50.50	50.11
	常住人口/万人						45.80	45.80	45.20	45.40	45.70	45.74
	城镇化率						43.5%	44.5%	45.8%	47.0%	48.1%	49.5%
北川县	户籍人口/万人	16.05	15.40	23.80	23.96	24.07	24.13	24.11	24.05	23.86	23.85	23.53
	常住人口/万人					19.91		20.32	21.01	21.27	22.08	22.30
	城镇化率				20.8%	32.0%	32.0%	33.4%	34.8%	36.8%	38.0%	39.8%

续表

县（市）	指标	2007 年	2008 年	2009 年	2010 年	2011 年	2012 年	2013 年	2014 年	2015 年	2016 年	2017 年
平武县	户籍人口/万人	18.70	18.63	18.50	18.53	18.50	18.39	18.39	18.36	18.25	18.15	17.87
	常住人口/万人	17.50	16.96		16.45		17.10	17.25	17.18	17.21	17.10	16.50
	城镇化率						24.8%	26.0%	27.3%	28.7%	30.0%	31.8%
安县	户籍人口/万人	51.02	51.51	43.83	43.65	44.00	44.29	44.58	44.77	44.75	44.92	44.33
	常住人口/万人	47.70	48.86	41.46	36.68		38.55	38.63	38.70	38.70	38.73	39.00
	城镇化率		33.1%	34.9%	35.0%		38.7%	41.5%	43.2%	45.0%	46.5%	48.3%
青川县	户籍人口/万人	24.80	24.48	24.67	24.41	24.29	24.18	24.01	23.84	23.48	23.25	23.09
	常住人口/万人	21.64	21.38	22.00				20.37	20.67	21.17	21.19	21.28
	城镇化率	21.3%	20.1%	20.2%	22.0%	22.1%	25.1%	27.5%	29.2%	31.1%	32.7%	34.7%
汶川县	户籍人口/万人	10.54	10.41	10.29	10.15	10.11	10.10	10.07	9.99	9.79	9.76	9.59
	常住人口/万人	11.03	10.43	11.16	9.43	10.05	10.09	10.15	10.16	9.75	10.02	10.23
	城镇化率	38.9%	35.4%	38.5%	39.5%	39.5%	41.3%	42.5%	43.7%	44.8%	45.9%	47.1%
茂县	户籍人口/万人	10.94	10.88	10.94	10.95	11.04	11.15	11.20	10.72	11.16	11.22	
	常住人口/万人			10.85	10.48			10.62	10.76	10.76	11.09	
	城镇化率							42.5%	43.6%	44.7%	45.8%	

注：许多县（市）在 2012 年前都没有单独统计常住人口数据，也没有常住人口城镇化率

2016 年全国常住人口城镇化率为 57.4%，四川省为 49.2%；10 县（市）中只有都江堰市略超全国平均水平，达到四川省平均水平的只有都江堰市和什邡市，其余都在平均水平之下；最低的平武县低于四川省平均水平 19.2 个百分点，低于全国平均水平 27.4 个百分点。可见，极重灾区县域总体城镇化水平仍然很低，县域城镇化步伐还较慢。

8.3.2　民营经济发展迅速

如表 8-11 和图 8-11 所示，近 10 年来 10 县（市）民营经济增加值保持了较高的增长速度，普遍高于 GRP 年均增速。10 县（市）在 10 年内民营经济增加值增长了 1.33～3.74 倍，年均增速为 8.8%～16.8%。增长幅度最快的是北川县，民营经济增加值增长了 3.74 倍，年均增速达 16.8%；增长幅度最慢的是绵竹市，增长了 1.33 倍，年均增速仅为 8.8%。

表8-11　10县（市）2007～2017年民营经济增加值及增速

县（市）	指标	2007年	2008年	2009年	2010年	2011年	2012年	2013年	2014年	2015年	2016年	2017年
都江堰市	民营经济增加值/亿元	63.08	41.30	63.70	86.00	107.30	130.86	145.89	159.69	174.91	195.68	200.80
	增速	22.0%	−34.5%	54.2%	35.0%	24.8%	22.0%	11.5%	9.5%	9.5%	11.9%	2.6%
彭州市	民营经济增加值/亿元	55.22	52.98	59.16	74.57	94.36	115.19	129.85	145.65	156.26	167.94	141.54
	增速	21.1%	−4.1%	11.7%	26.0%	26.5%	22.1%	12.7%	12.2%	7.3%	7.5%	−15.7%
什邡市	民营经济增加值/亿元	55.36	39.99	46.55	60.33	77.80	90.50	101.10	109.00	117.38	126.30	129.54
	增速	24.9%	−27.8%	16.4%	29.6%	29.0%	16.3%	11.7%	7.8%	7.7%	7.6%	2.6%
绵竹市	民营经济增加值/亿元	73.80	52.70	63.50	72.10	91.90	108.10	122.70	133.50	144.10	161.90	171.81
	增速	16.1%	−28.6%	20.5%	13.5%	27.5%	17.6%	13.5%	8.8%	7.9%	12.4%	6.1%
北川县	民营经济增加值/亿元	6.64	4.62	9.50	12.41	15.73	17.85	19.81	23.34	25.75	27.41	31.45
	增速		−30.4%	105.6%	30.6%	26.8%	13.5%	11.0%	17.8%	10.3%	6.4%	14.7%
平武县	民营经济增加值/亿元	7.90	6.74	7.27	10.17	12.97	15.28	17.58	20.99	22.35	23.66	26.47
	增速	51.7%	−14.7%	7.9%	39.9%	27.5%	17.8%	15.1%	19.4%	6.5%	5.9%	11.9%
安县	民营经济增加值/亿元	25.20	22.35	26.51	31.45	40.28	47.12	52.97	60.08	65.97	83.66	80.52
	增速	20.6%	−11.3%	18.6%	18.6%	28.1%	17.0%	12.4%	13.4%	9.8%	26.8%	−3.8%
青川县	民营经济增加值/亿元	6.52	5.62	6.57	8.38	11.09	13.35	15.13	16.29	17.23	18.71	20.53
	增速	22.9%	−13.8%	16.9%	27.5%	32.3%	20.4%	13.3%	7.7%	5.8%	8.6%	9.7%
汶川县	民营经济增加值/亿元	9.50	3.43	9.90	14.42	19.28	21.85	23.87	27.52	27.91	28.80	27.72
	增速	15.3%	−63.9%	188.6%	45.7%	33.7%	13.3%	9.2%	15.3%	1.4%	3.2%	−3.8%
茂县	民营经济增加值/亿元			3.59	4.46	6.74	7.84	9.37	10.56	11.00	11.73	12.16
	增速				24.2%	51.1%	16.3%	19.5%	12.7%	4.2%	6.6%	3.7%

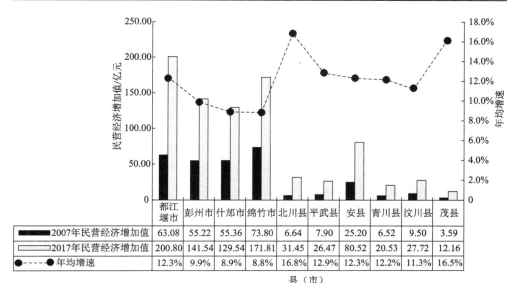

图 8-11　10 县（市）2007 年与 2017 年民营经济增加值及年均增速比较

茂县为 2009 年和 2017 年数据

如图 8-12 所示，10 年中 10 县（市）人均民营经济增加值有了很大的提高，10 县（市）分别增长了 1.41～4.15 倍，年均增速为 9.2%～17.8%。10 县（市）人均民营经济增加值提高最快的是北川县，增长了 4.15 倍，年均增速 17.8%；提高最慢的是什邡市，增长了 1.41 倍，年均增速为 9.2%。2017 年人均民营经济增加值最高的绵竹市（37 588 元）高出最低的青川县（9664 元）27 924 元，前者是后者的 3.89 倍。

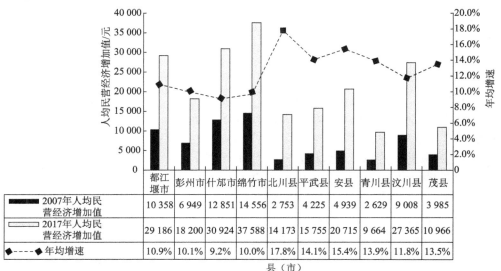

图 8-12　10 县（市）2007 年与 2017 年人均民营经济增加值及年均增速比较

茂县为 2009 年和 2017 年数据；人均值按户籍人口计算

8.3.3 基础设施显著改善

2007～2016 年，尤其是灾后恢复重建结束后，极重灾区县域交通条件、公共设施水平都有很大的改善和提高。

从数量看，如图 8-13 所示，2007～2016 年 10 县（市）公路里程都有不同程度的增加。其中增幅最大的是青川县，9 年增长了 3.02 倍，净增公路 1858 千米；北川县增长了 2.20 倍，净增公路 1872 千米；安县净增 895 千米；茂县净增 891 千米；10 县（市）总计净增公路 7401 千米，占 2007 年 10 县（市）公路总里程的 73.2%，占 2016 年 10 县（市）公路总里程的 42.3%。能取得如此成就，对于地形以山区为主的极重灾区县域来讲算是奇迹。这为极重灾区县域的可持续发展打下了坚实的基础。

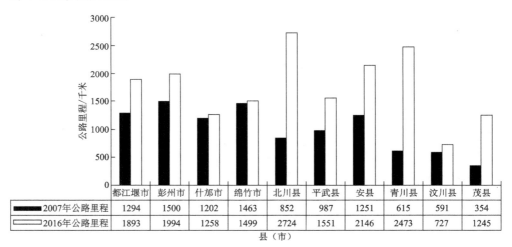

县（市）	都江堰市	彭州市	什邡市	绵竹市	北川县	平武县	安县	青川县	汶川县	茂县
2007年公路里程	1294	1500	1202	1463	852	987	1251	615	591	354
2016年公路里程	1893	1994	1258	1499	2724	1551	2146	2473	727	1245

图 8-13　10 县（市）2007 年与 2016 年公路里程比较

我们先后多次深入灾区调研的过程中，能深深感受到交通、公共服务设施等条件的极大改善给灾区人民增加的幸福感和获得感，有群众和干部还说"灾后重建将灾区交通往前推进了 20 年！"这也反映出灾区人民对交通等基础设施条件改善的期盼，以及交通对灾区县域经济发展的影响。

在此我们仅以北川县交通条件变化作为一个案例。

"5·12" 汶川特大地震之后，全县交通基础设施恢复重建受到高度重视，在各级部门的关心支持下，交通基础设施建设、投资、规模超地震前水平。

北川县 2009 年完成交通基础设施建设投资 18.2 亿元，2010 年完成交通基础设施建设投资 13.82 亿元，确保了"三年任务两年基本完成"目标的实现，2011 年完成交通基础设施建设投资 3.46 亿元，基本形成了一个以新县城为中心，乡镇之间纵向连接、横向贯通、同向有备用线路的公路网主骨架。2012 年完成交通基础设施建设投资 5.6 亿元，2013 年完成交通基础设施建设投资 6.98 亿元，2014 年完成交通基础设施建设投资 4.97 亿，2015 年完成交通基础设施建设投资 6.29 亿元，2016 年完成交通基础设施建设投资 9.38 亿元，2017 年完成交通基础设施建设投资 10.14 亿元。8 年来累计完成交通基础设施建设投资 78.84 亿元，全县"三纵两横"的生命线路网布局基本形成。

基础设施建设实现新跨越，完成重建、改造道路 1800 余千米，省道 302 线等重点工程顺利推进，禹茂路、墩青路、北松路、山东大道、桂墩干线、省道 105 线、省道 205 线等干线公路全面建成，完成 10 处客运站建设，开通新县城城市公交及唐家山堰塞湖水上运输。

2017 年末，全县公路网总里程 2845.878 千米，其中，国道 97.813 千米，省道 56.157 千米，县道 160.928 千米，乡道 625.209 千米，专用公路 18.344 千米，村道 1766.767 千米。23 个乡镇 311 个行政村全部实现了通村硬化；190 个行政村开通了农村客运班线，全县通航水域里程 32 千米。[①]

可以说，北川县震后 10 年来在经济规模、发展速度与质量等方面能交出比以往任何时候都好的成绩，这离不开长期以来制约北川县经济发展瓶颈的交通能力提升的巨大贡献。交通是制约边远山区县域发展的首要瓶颈，这一瓶颈的缓解，也必将为未来县域经济可持续发展打下坚实的基础。

---

① 数据资料由北川县交通局提供。

第9章 产业结构演进的实证分析

地震后 10 年来,极重灾区县域产业在经历 2 年灾后恢复重建及近 8 年的发展振兴,产业发展规模、产业发展结构、产业发展形态等都发生了显著变化。本章通过对前期深入 10 县（市）调研收集到的一手资料和素材进行梳理、分析,对极重灾区 10 县（市）震后 10 年产业发展成就、产业结构演进的特点和产业发展形态进行深入研究。

9.1 产业结构不断优化

如表 9-1 和图 9-1 所示,10 个极重灾县（市）产业结构发生了较为明显的变化,产业重构与结构优化并行。呈现出以下几个特征：一是第一产业比重普遍下降,稳步发展；二是第二产业比重有升有降,稳中趋好；三是第三产业比重逐渐上升,快速发展。

表 9-1　10 县（市）2007~2017 年产业结构变化

县（市）	指标	2007 年	2008 年	2009 年	2010 年	2011 年	2012 年	2013 年	2014 年	2015 年	2016 年	2017 年
都江堰市	第一产业	13.2%	16.0%	13.6%	12.1%	11.8%	10.6%	9.7%	9.5%	8.7%	8.4%	7.8%
	第二产业	36.8%	33.1%	33.9%	34.8%	36.3%	36.6%	37.1%	37.6%	37.0%	36.3%	36.6%
	第三产业	50.0%	50.9%	52.5%	53.1%	51.9%	52.8%	53.2%	52.9%	54.3%	55.3%	55.6%
彭州市	第一产业	21.5%	23.6%	21.7%	20.5%	20.1%	18.5%	16.9%	14.2%	13.4%	13.3%	12.3%
	第二产业	43.0%	45.9%	47.4%	48.4%	50.3%	51.2%	51.8%	58.8%	59.2%	56.8%	54.5%
	第三产业	35.5%	30.5%	30.9%	31.1%	29.6%	30.3%	31.3%	27.0%	27.4%	29.9%	33.2%
什邡市	第一产业	12.0%	13.0%	13.5%	13.3%	12.4%	11.3%	11.0%	11.0%	10.9%	10.9%	10.4%
	第二产业	64.5%	58.1%	57.9%	59.6%	62.3%	63.7%	63.1%	62.6%	59.8%	55.4%	56.2%
	第三产业	23.5%	28.9%	28.6%	27.1%	25.3%	25.0%	25.9%	26.4%	29.3%	33.7%	33.4%
绵竹市	第一产业	11.6%	13.0%	13.5%	15.6%	14.9%	12.6%	13.2%	12.4%	12.5%	12.7%	11.2%
	第二产业	68.6%	58.1%	57.9%	60.4%	62.6%	63.1%	62.6%	63.8%	60.7%	56.4%	51.2%
	第三产业	19.8%	28.9%	28.6%	24.0%	22.5%	24.3%	24.2%	23.8%	26.8%	30.9%	37.6%

续表

县（市）	指标	2007 年	2008 年	2009 年	2010 年	2011 年	2012 年	2013 年	2014 年	2015 年	2016 年	2017 年
北川县	第一产业	32.8%	31.4%	30.0%	25.8%	25.7%	25.2%	25.7%	24.9%	24.0%	23.7%	22.6%
	第二产业	42.1%	36.9%	34.9%	41.4%	41.6%	42.1%	40.8%	40.9%	40.1%	35.4%	35.8%
	第三产业	25.1%	31.7%	35.1%	32.8%	32.7%	32.7%	33.5%	34.2%	35.9%	40.9%	41.6%
平武县	第一产业	30.7%	29.1%	28.6%	25.1%	23.8%	22.3%	22.3%	21.6%	21.5%	21.9%	20.7%
	第二产业	45.8%	41.4%	42.4%	48.5%	52.0%	54.5%	54.7%	54.9%	53.2%	52.1%	53.8%
	第三产业	23.5%	29.5%	29.0%	26.4%	24.2%	23.2%	23.0%	23.5%	25.3%	26.0%	25.5%
安县	第一产业	35.6%	37.3%	34.8%	30.8%	28.6%	26.6%	25.9%	25.1%	24.2%	24.2%	23.1%
	第二产业	39.4%	30.0%	37.5%	43.0%	47.9%	50.8%	51.6%	51.9%	51.7%	50.7%	51.5%
	第三产业	25.0%	32.7%	27.7%	26.2%	23.5%	22.6%	22.5%	23.0%	24.1%	25.1%	25.4%
青川县	第一产业	41.2%	35.7%	33.8%	30.8%	27.1%	25.7%	24.6%	24.5%	23.8%	23.2%	22.0%
	第二产业	28.4%	27.0%	25.4%	31.2%	38.1%	41.6%	43.1%	41.5%	41.2%	40.8%	41.9%
	第三产业	30.4%	37.3%	40.8%	38.0%	34.8%	32.7%	32.3%	34.0%	35.0%	36.0%	36.1%
汶川县	第一产业	6.3%	8.2%	6.2%	4.9%	4.7%	5.0%	5.3%	5.1%	5.8%	6.3%	6.5%
	第二产业	77.1%	59.4%	64.4%	71.3%	71.1%	70.8%	69.2%	70.6%	68.0%	66.0%	66.0%
	第三产业	16.6%	32.4%	29.4%	23.8%	24.2%	24.2%	25.5%	24.3%	26.2%	27.7%	27.5%
茂县	第一产业	16.4%	22.8%	19.3%	18.1%	13.7%	14.2%	13.6%	14.3%	15.1%	15.6%	16.6%
	第二产业	52.8%	41.9%	55.5%	57.8%	66.3%	67.1%	68.1%	68.1%	65.2%	63.8%	63.1%
	第三产业	30.8%	35.3%	25.2%	24.1%	20.0%	18.7%	18.3%	17.6%	19.7%	20.6%	20.3%

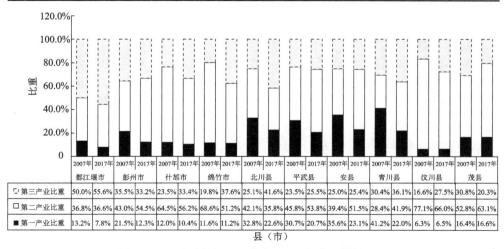

图 9-1　10 县（市）2007 年与 2017 年产业结构对比

在经济学的语境下，产业结构优化升级的首要标志是第一产业比重的下降，第二产业、第三产业比重的上升。以下就按照这一标准，具体来分析 10 县（市）产业结构演进的情况。

2007 年，第一产业比重在 30%以上的有青川县（41.2%）、安县（35.6%）、北川县（32.8%）、平武县（30.7%），可将这些县归为以农业为主导产业的县域；第一产业比重在 20%～30%的有彭州市（21.5%）；第一产业比重在 10%～20%的有茂县（16.4%）、都江堰市（13.2%）、什邡市（12.0%）、绵竹市（11.6%）；第一产业比重在 10%以下的有汶川县（6.3%）。2017 年第一产业比重在 30%以上的县域个数为 0；在 20%～30%的有青川县（22.0%）、安县（23.1%）、北川县（22.6%）、平武县（20.7%）；在 10%～20%的有茂县（16.6%）、彭州市（12.3%）、绵竹市（11.2%）、什邡市（10.4%）；在 10%以下的有都江堰市（7.8%）、汶川县（6.5%）。10 年中第一产业比重几乎没有什么变化的有汶川县、茂县和绵竹市；下降幅度最大的青川县达 19.2 个百分点。

在第一产业比重普遍下降的同时，第二产业、第三产业比重也出现了不同程度的上升。第一产业比重下降幅度最大的青川县第二产业比重上升幅度也最大，上升了 13.5 个百分点，安县上升了 12.1 个百分点，彭州市上升了 11.5 个百分点，茂县上升了 10.3 个百分点，平武县上升了 8.0 个百分点；第二产业降幅最大的绵竹市下降了 17.4 个百分点，汶川县下降了 11.1 个百分点，什邡市下降了 8.3 个百分点，北川县下降了 6.3 个百分点。

第三产业比重增幅最大的绵竹市上升了 17.8 个百分点，北川县上升了 16.5 个百分点，汶川县上升了 10.9 个百分点，什邡市上升了 9.9 个百分点，都江堰市上升了 5.6 个百分点；而茂县则下降了 10.5 个百分点，彭州市下降了 2.3 个百分点。

综上所述，可将 10 县（市）近 10 年产业结构演进归为以下几种类型：一是降一稳二增三型，这类型县域第三产业比重已超过 50%，只有都江堰市；二是降一增二稳三型，这类型县域地震前工业基础较为薄弱，地震后以工业强县为导向，第二产业快速发展，包括彭州市、安县、平武县、青川县；三是稳一降二增三型，这类型县域地震前工业基础好，地震后工业受到破坏性影响，工业实力不断减弱，包括绵竹市、什邡市、汶川县；四是降一降二增三型，这类型县域主要依赖资源优势，地震前第一产业、第二产业相对较强，地震后第一产业、第二产业基础被破坏，震后转向集中发展第三产业，只有北川县；五是稳一增二降三型，这类型县域依赖其资源优势，地震前第一产业、第三产业基础相对较好，地震后原有资源优势消失转而发展第二产业，符合这种类型的只有茂县。

如果将 2017 年第二产业占比达 50%及其以上的县域归为工业主导型产业结构，可将彭州市、汶川县、茂县、什邡市、平武县、绵竹市和安县归入此类；如果将第三产业占比超过 50% 的县域归为第三产业主导型产业结构，只有都江堰市可归入此类；其余县域可归入三次产业并重型产业结构。

9.2　第一产业提质增效

如表 9-2 和图 9-2 所示，极重灾区 10 县（市）中除了茂县和汶川县第一产业比重略有上升（各上升 0.2 个百分点），其余 8 县（市）都有不同程度的下降（0.4 个百分点至 19.2 个百分点）。其中青川县、安县和北川县下降幅度超过了 10 个百分点，彭州市、平武县、都江堰市下降幅度超过了 5 个百分点。第一产业比重的普遍下降，反映出极重灾区县域产业升级的趋势，这推动了极重灾区产业结构的优化。

表 9-2　10 县（市）2007～2017 年第一产业增加值及增速

县（市）	指标	2007 年	2008 年	2009 年	2010 年	2011 年	2012 年	2013 年	2014 年	2015 年	2016 年	2017 年
都江堰市	第一产业增加值/亿元	15.40	14.95	15.90	17.30	20.80	21.99	22.41	23.96	23.83	25.63	27.17
	比重	13.2%	16.0%	13.6%	12.1%	11.8%	10.6%	9.7%	9.5%	8.7%	8.4%	7.8%
	增速	6.6%	-2.9%	6.4%	8.8%	20.2%	5.7%	1.9%	6.9%	-0.5%	7.6%	6.0%
彭州市	第一产业增加值/亿元	24.71	26.24	27.18	30.63	37.21	39.50	39.92	42.81	44.61	48.15	50.56
	比重	21.5%	23.6%	21.7%	20.5%	20.1%	18.5%	16.9%	14.2%	13.4%	13.3%	12.3%
	增速	6.2%	6.2%	3.6%	12.7%	21.5%	6.2%	1.1%	7.2%	4.2%	7.9%	5.0%
什邡市	第一产业增加值/亿元	15.24	12.06	14.89	18.00	20.72	21.37	22.73	24.12	25.54	27.35	28.36
	比重	12.0%	13.0%	13.5%	13.3%	12.4%	11.3%	11.0%	11.0%	10.9%	10.9%	10.4%
	增速	3.4%	-20.9%	23.5%	20.9%	15.1%	3.1%	6.4%	6.1%	5.9%	7.1%	3.7%
绵竹市	第一产业增加值/亿元	16.51	12.06	14.89	18.45	21.77	21.10	24.60	25.00	26.85	30.10	29.20
	比重	11.6%	13.0%	13.5%	15.6%	14.9%	12.6%	13.2%	12.4%	12.5%	12.7%	11.2%
	增速	0.2%	-27.0%	23.5%	23.9%	18.0%	-3.1%	16.6%	1.6%	7.4%	12.1%	-3.0%
北川县	第一产业增加值/亿元	4.32	3.20	5.64	6.05	7.24	8.00	8.85	9.34	9.63	10.39	10.80
	比重	32.8%	31.4%	30.0%	25.8%	25.7%	25.2%	25.7%	24.9%	24.0%	23.7%	22.6%
	增速	4.5%	-25.9%	76.3%	7.3%	19.7%	10.5%	10.6%	5.5%	3.1%	7.9%	3.9%
平武县	第一产业增加值/亿元	5.00	3.82	4.42	4.78	5.71	6.25	6.99	7.37	7.60	8.16	8.38
	比重	30.7%	29.1%	28.6%	25.1%	23.8%	22.3%	22.3%	21.6%	21.5%	21.9%	20.7%
	增速	4.7%	-23.6%	15.7%	8.1%	19.5%	9.5%	11.8%	5.4%	3.1%	7.4%	2.7%

续表

县（市）	指标	2007年	2008年	2009年	2010年	2011年	2012年	2013年	2014年	2015年	2016年	2017年
安县	第一产业增加值/亿元	18.03	18.33	16.28	17.20	20.56	22.37	24.35	25.75	26.59	28.54	29.65
	比重	35.6%	37.3%	34.8%	30.8%	28.6%	26.6%	25.9%	25.1%	24.2%	24.2%	23.1%
	增速	5.0%	1.7%	−11.2%	5.7%	19.5%	8.8%	8.9%	5.7%	3.3%	7.3%	3.9%
青川县	第一产业增加值/亿元	5.68	4.09	4.58	4.91	5.44	6.06	6.45	6.76	6.95	7.39	7.86
	比重	41.2%	35.7%	33.8%	30.8%	27.1%	25.7%	24.6%	24.5%	23.8%	23.2%	22.0%
	增速	4.9%	−28.0%	12.0%	7.2%	10.8%	11.4%	6.4%	4.8%	2.8%	6.3%	6.4%
汶川县	第一产业增加值/亿元	1.80	1.13	1.46	1.66	1.91	2.29	2.57	2.82	3.25	3.57	3.76
	比重	6.3%	8.2%	6.2%	4.9%	4.7%	5.0%	5.3%	5.1%	5.8%	6.3%	6.5%
	增速	4.1%	−37.2%	29.2%	13.7%	15.1%	19.9%	12.2%	9.7%	15.2%	9.8%	5.3%
茂县	第一产业增加值/亿元	1.67	1.51	2.36	2.60	2.94	3.53	3.90	4.56	4.83	5.13	5.63
	比重	16.4%	22.8%	19.3%	18.1%	13.7%	14.2%	13.6%	14.3%	15.1%	15.6%	16.6%
	增速	4.2%	−9.6%	56.3%	10.2%	13.1%	20.1%	10.5%	16.9%	5.9%	6.1%	9.7%

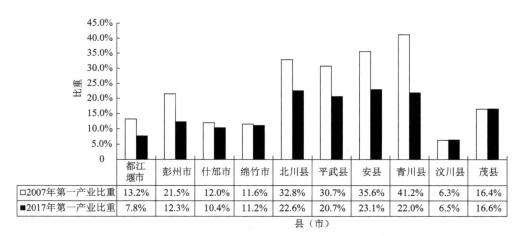

	都江堰市	彭州市	什邡市	绵竹市	北川县	平武县	安县	青川县	汶川县	茂县
□2007年第一产业比重	13.2%	21.5%	12.0%	11.6%	32.8%	30.7%	35.6%	41.2%	6.3%	16.4%
■2017年第一产业比重	7.8%	12.3%	10.4%	11.2%	22.6%	20.7%	23.1%	22.0%	6.5%	16.6%

县（市）

图9-2 10县（市）2007年与2017年第一产业比重对比

依据第一产业比重下降幅度，我们将极重灾区10县（市）分为三类：第一类是第一产业稳步发展类，10年间第一产业比重基本没多大变化，包括茂县、汶川县、绵竹市和什邡市；第二类是第一产业快速下降类，10年间第一产业比重下降了10个百分点以上，包括青川县、安县和北川县；第三类是第一产业结构优化类，10年间第一产业比重下降了5个百分点至10个百分点，包括彭州市、平武县和都江堰市。

9.2.1　第一产业稳步发展类

1. 生态特色助推茂县农业提质增效

茂县第一产业增加值从 2007 年的 1.67 亿元增加到 2017 年的 5.63 亿元，10
年增长了 2.37 倍，年均增速为 13%。从第一产业内部结构看，茂县第一产业以农
业和畜牧业为主，2016 年农业、畜牧业产值占农林牧渔业总产值的比重分别为
61.5%和 34.3%。在农业内部，茂县以蔬菜、水果为主，2016 年茂县蔬菜产值占
农业产值的比重为 55.6%，水果产值占农业产值的比重为 28.6%，由此可见水果、
蔬菜种植是茂县农业的主要支柱，也是茂县农民增收的两大主要途径。茂县畜牧
业以养猪为主，其次是养牛和养羊。第一产业构成如表 9-3 所示

表 9-3　茂县近年第一产业构成及变化　　　　　　　　　　　　单位：万元

第一产业构成	2007 年	2008 年	2010 年	2016 年
农林牧渔业总产值	32 528	28 825	37 665	78 569
农业产值	19 032	15 157	22 325	48 289
林业产值	1 647	1 747	1 972	3 321
畜牧业产值	11 833	11 909	13 356	26 942
渔业产值	16	12	12	17

震后，按照国务院对茂县"国家重点生态功能区"的发展定位和统筹规划，
茂县将高半山作为全县最大面积的生态区和无公害蔬菜瓜果农产品生产区，大胆
提出了向"高半山土地要产出、生态林要效益"的发展思路和"把茂县建设为民
族地区高半山科学发展典范"的目标。精心编制了《茂县高半山产业发展规划》，
构筑出清晰的高半山立体生态农业大格局和区域长远协调发展计划，引领高半山
农业产业快速健康发展。

2012 年初，县委、县政府又提出"将茂县建设成为让都市老百姓放心的蔬菜
水果生产基地"的发展战略，提出要深挖特色生态优势，全力发展特色农业产业。
一是对全县 149 个行政村的光、温、水、气等农业生态条件进行详细调查，摸清
各村的光照条件、热量条件、年降水量、生长积温、生长错季、农业耕地、土壤
养分及酸碱度等情况。二是对茂县特色农业发展现状、前景及农产品品质、市场
定位等方面进行详细分析，深入研究茂县山地农业气象差异、农业土壤质量现状、
种植适宜性和农业生产要素支撑能力及可行性。三是在对特色农业生产现状、主
要品种生物学特征和生态特性的分析与掌握基础之上，结合《茂县国民经济和社
会发展第十三个五年规划纲要》《现代农业产业基地强县规划》，围绕"果、蔬、

药材"三大重点,对特色农业发展布局进行了总体规划,对甜樱桃、枇杷、羌脆李、苹果、酿酒葡萄、核桃、花椒、番茄、辣椒,以及马铃薯、大黄这11个重点推广的特色品种进行了专题规划,最终形成了《茂县特色农业产业发展规划》,为茂县建立农产品综合服务与农业物流中心、两条农业垂直空间分布带、三大特色农业功能区、五个特色农业基地,进而形成"一纵一横"经济走廊的发展格局提供了科学依据。

　　茂县境内不同区域海拔差异较大,山地气候和土壤类型、耕地分布的空间异质性非常明显,农产品品种选择范围大,同一品种在县内不同村寨的播种与收获季节、产量、品质与管理方法存在明显的地域差异。基地强县建设以前,在产业发展相对滞后的高半山地区,农民群众往往根据既往经验和相对片面的信息来选择种植品种,既存在一定的盲目跟风和一哄而上的现象,也存在种植结构分散、品种多样、规模化与基地化程度低下的状况,未能充分发挥山地生态环境多样性优势,没有体现特色农业产业布局错位配置。如何因地制宜地发展农业,选择适合当地土壤和气候条件的产业,做到按照海拔段位进行分片区集中发展,快速破解农民群众增收致富瓶颈,就必须要深入分析土壤特性、气候因子、主要农产品生物学特征和生态习性,科学调整产业布局,正确引导农民群众、农村专业合作组织(以下简称专合组织)和龙头企业,切实改变传统种植习惯。

　　对此,茂县按照《茂县特色农业产业发展规划》要求,结合农民种植习惯、农业基础设施、交通状况和市场需求等因素,通盘考虑全县农业发展综合布局,将产业布局与环境支撑能力进行耦合,率先在全省建立了农业 GIS(geographic information system,地理信息系统)查询系统,并通过茂县农业 GIS 查询系统查询全县耕地分布情况、农业土壤数据、农业气象数据、适宜种植品种等资料,并及时将数据反馈给农民群众、专合组织、龙头企业,科学合理优化全县现代农业产业布局,推动种植科学化和基地标准化、规模化建设,精心打造了三大特色农业功能片区(即以岷江流域为主的"粮+菜+果"农业功能区,以土门河流为主的"粮+菜"农业功能区,以西北部高山峡谷地区为主的"药"农业功能区)和五个特色农业基地(即以凤仪镇南庄村及南新镇罗山村为核心园区的特色水果产业基地,以光明镇胜利村为核心园区的越夏蔬菜基地,以凤仪镇壳壳村和坪头村、渭门乡渭门村、回龙乡、三龙乡为核心园区的早春及越夏蔬菜基地,以太平乡木耳村为核心园区的高半山绿色蔬菜基地,以松坪沟乡为核心园区的中药材基地),形成了全县特色农业产业"一纵一横"的经济走廊格局[①]。

　　经过近年来的产业调整优化,茂县李子产业从 2009 年以前的 2.6 万亩扩展到 2016 年的 6.2 万亩,年产品种纯正、品质优良"茂县李"苗木 150 万株,接穗 1000

---

　　① 即以县中心城区为中心、国道 213 线沿线各乡镇为节点,构建从南至北贯穿县境的南新—凤仪—石大关—太平纵向农业经济走廊;以光明镇、土门镇、回龙乡、洼底乡等沿线乡镇为主阵地,构建全县承西(黑水县、红原县等)接东(北川县、绵阳市等)的对外经济发展轴线。

万根，茂县成为李子、苹果、樱桃等落叶果树的优良苗木集散地，李子平均亩产达到 2000 千克，亩收入万元以上，农民取得了显著的经济效益。茂县李子产业的发展，辐射引领和带动了阿坝州内的汶川县、理县、黑水县、松潘县、九寨沟县、金川县，以及四川省内的成都市、绵阳市、雅安市、广安市、南充市、宜宾市和四川省外的重庆市、贵州省、广西壮族自治区、湖北省、云南省等区域李子产业的发展。这些区域每年都派出技术人员、种植大户、种植能手到茂县参观考察和学习"茂县李"的土肥水管理、病虫害防治、整形修剪先进的技术与经验。同时，培养的本土农业技术专家、新型职业技术农民、种植能手也定期到外地开展李子基地的建设和栽培管理技术指导，大大提高了"茂县李"的知名度和品牌效应。

近年来茂县建设了罗山村脆红李、南庄村羌脆李、木耳村高山绿色蔬菜、壳壳寨村果蔬一体化等 16 个标准化特色产业示范基地，果蔬产业面积占种植产业的 90% 以上；优质生猪、优质牦牛（肉牛）、优质家禽、中蜂养殖得到较快发展，初步形成了"特色果、绿色菜、生态畜、道地药"的农业产业化发展新格局。

2. 品牌化、园区化引领汶川县农业现代化

汶川县农业增加值从 2007 年的 1.80 亿元增加到 2016 年的 3.37 亿元，9 年增长了 0.87 倍，年均增速为 7.2%。从第一产业内部结构看，农林牧渔业总产值从 2007 年的 24 545 万元增加到 2016 年的 52 429 万元，9 年增长了 1.14 倍，年均增速为 8.8%。从农林牧渔业结构看，汶川县第一产业在震前基本是农业、林业、畜牧业三分"天下"，2016 年以农业和畜牧业为主，2016 年农业、畜牧业产值占农林牧渔业总产值分别为 44.4% 和 36.0%，如表 9-4 所示。

表 9-4　汶川县近年第一产业构成及变化　　　　　　单位：万元

第一产业构成	2007 年	2008 年	2010 年	2016 年
农林牧渔业总产值	24 545	16 011	22 913	52 429
农业产值	9919	5907	10 483	23 283
林业产值	7336	5327	6349	9992
畜牧业产值	7262	4767	6063	18 894
渔业产值	28	10	18	260

一方面，震后 10 年汶川县农业在规模数量上实现了快速增长；另一方面在农业现代化、园区化、品牌化等方面也取得了较大突破。近年来，汶川县以农业供给侧结构性改革为主线，按照"南林北果＋特色畜牧"的农业产业布局，推进片区抱团发展，农业富民带动力有效提升，被授予"全省农民增收工作先进县"称号。截

至 2017 年末，南部万亩笋用竹、枫香树基地、林下中药材、茶叶等林业立体产业格局基本形成，北部甜樱桃、脆李子、香杏子等特色水干果达 13.6 万亩、年产量达 1.1 万吨，特色畜禽饲养总量达 34 万头（只）。2016 年制定《绿色食品汶川甜樱桃体系标准》，着力农业技术推广，完成 12 万株甜樱桃中截矮化、农作物病虫害绿色防控 7.2 万亩，引进樱桃品种 10 个。大力培育"净土阿坝·康养汶川"品牌，打赢甜樱桃品牌保卫战，"汶川脆李子"成功申报国家地理标志证明商标，"大土司"黑茶作为唯一茶品牌代表参加"一带一路"海上丝绸之路推介活动，川藏丝路"茶维民生·康养汶川·圣洁拉萨"西路边茶推介会取得圆满成功。引导建设以甜樱桃、脆李子、香杏子为代表的"汶川三宝"专销市场，鼓励种植大户、专业合作社开设网店直销，动员电商企业入园收购，拓宽生态农产品销售渠道。加快新型农业经营主体培育，截至 2017 年末，全县注册农民合作社达 717 家、龙头企业 9 家、家庭农场 108 家。

3. 稳粮增收调结构，助推绵竹市农业结构优化

如图 9-3 所示，绵竹市第一产业增加值从 2007 年的 16.51 亿元增加到 2017 年的 29.20 亿元，10 年增长了 0.77 倍，年均增速为 5.9%，低于绵竹市 GRP 年均增速 0.3 个百分点。

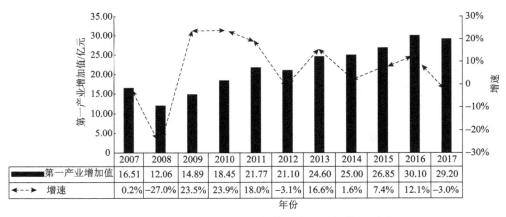

图 9-3　绵竹市 2007～2017 年第一产业增加值及增速

2011～2016 年，全市各项农业经济指标稳中有升。其中，农林牧渔服务业增加值年均增长率为 7.8%，2016 年农林牧渔业增加值达到 317 021 万元，高于同期第一产业增加值增速。

近年来，绵竹市坚持以"稳粮增收调结构，依靠科技攻单产，确保粮食总产增加"的粮油生产工作方针，使全市粮食播面稳定在 66.5 万亩以上，单产、总产均有较大幅度提高，小春以小麦、油菜为主，大春以水稻为主的粮油产业取得了稳中有升的发展。2011～2016 年全市粮食总播面 402.77 万亩，年均播面为 67.13 万亩；粮

食总产 166.54 万吨，年均总产为 27.76 万吨；平均亩产 413.5 千克。粮油生产稳中有升，2016 年粮食总产量 28.19 万吨，油料总产量 13038 吨；蔬菜产量逐年提高，2016 年总产量 34.28 万吨，比 2011 年提高了 10.32 万吨；生猪出栏稳定在 53 万头。

绵竹市连续两轮实施现代林业重点县建设，截至 2017 年末，已累计建成木质工业原料基地 21 万亩、特色经济林（大马士革玫瑰）基地 1.12 万亩，2016 年全市林业实现总产值 18.8 亿元，农民人均林业收入达 2385 元。

近年来，绵竹市扎实推进农业供给侧结构性改革。大力培育新型农业经营主体，截至 2017 年末，全市农业产业化经营重点龙头企业达 57 家；工商注册登记的家庭农场 71 家；农民专合组织 971 个，工商注册的农民专业合作社 940 个，入社农户 17 707 户，带动农户 93 953 户。加快建设产业基地，截至 2017 年末，划定粮食生产功能区 24 万亩、重要农产品生产保护区 5 万亩，建成粮油高产示范片 9 万亩，发展桂潮水稻、明润食用菌等特色产业集群 13 个。推进第三轮现代畜牧业重点县建设，截至 2017 年末，规模养殖比重达 89%。不断增加绿色供给，启动全国农产品质量安全县创建，截至 2017 年末，10 个生产经营主体入驻省级追溯管理平台，抽检合格率 100%，新增无公害农产品 3 个、绿色食品 1 个，"三品一标"[①]达到 69 个。支持开展农业社会化服务，截至 2017 年末，开发特色农业保险 14 种，农业生产抗风险能力切实增强。

4. 什邡市"1+2+3"新格局创新农业发展新业态

如图 9-4 所示，什邡市第一产业增加值从 2007 年的 15.24 亿元增加到 2017 年的 28.36 亿元，10 年增长了 0.86 倍，年均增速为 6.4%，低于 GRP 年均增速 1.5 个百分点。

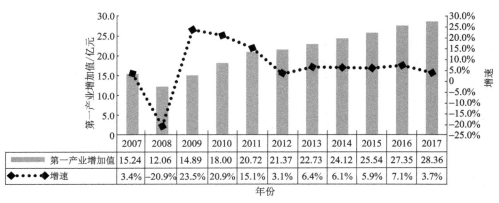

年份	2007	2008	2009	2010	2011	2012	2013	2014	2015	2016	2017
第一产业增加值	15.24	12.06	14.89	18.00	20.72	21.37	22.73	24.12	25.54	27.35	28.36
增速	3.4%	−20.9%	23.5%	20.9%	15.1%	3.1%	6.4%	6.1%	5.9%	7.1%	3.7%

图 9-4 2007～2017 年什邡市第一产业增加值及增速

---

① 指无公害农产品、绿色食品、有机农产品和农产品地理标志。

从第一产业内部结构看,农业增加值从 2007 年的 87741 万元增加到 2017 年的 182039 万元,10 年增长了 1.07 倍,年均增速为 7.6%,农业占第一产业增加值的比例从 2007 年的 57.6%提高到 2017 年的 64.2%。林业增加值从 2007 年的 2390 万元增加到 2017 年的 3081 万元,10 年增长了 0.29 倍,年均增速为 2.6%,林业占第一产业增加值的比例从 2007 年的 1.6%下降到 2017 年的 1.1%。畜牧业增加值从 2007 年的 56580 万元增加到 2017 年的 83688 万元,10 年增长了 0.48 倍,年均增速为 4.0%,畜牧业占第一产业增加值的比例从 2007 年的 37.1%下降到 2017 年的 29.5%。渔业增加值从 2007 年的 3275 万元增加到 2017 年的 4698 万元,10 年增长了 0.43 倍,年均增速为 3.7%,渔业占三产业的比例从 2007 年的 2.1%下降到 2017 年的 1.7%。

可见什邡市 2007~2017 年第一产业内部结构呈现出农业和畜牧业占主体,这表明什邡市产业结构变化呈现出第一产业、第二产业、第三产业融合,即"1+2+3"融合发展的特征。

从以上对 4 个县(市)第一产业发展的具体分析可以看出,4 个县(市)第一产业增加值占 GRP 的比重虽没有大的变化,但第一产业增加值都有大幅增加。尤其是近年来,4 县(市)通过推进农业供给侧结构性改革,积极推进农业园区化、产业化、特色化、品牌化和现代化,第一产业内部结构也在不断优化。

9.2.2　第一产业快速下降类

1. 科技助推青川县农业现代化

如图 9-5 所示,青川县第一产业增加值从 2007 年的 5.68 亿元增加至 2017 年的 7.86 亿元,10 年增长了 0.38 倍,年均增速为 3.3%;第一产业比重从 41.2%下降到 22.0%,10 年下降了 19.2 个百分点。

一方面青川县第一产业比重快速下降;另一方面青川县积极推进农业供给侧结构性改革,不断优化农业内部结构。大力推进农业科技示范片区建设,截至 2016 年底,农业科技示范区面积约 5.3 万亩;深入推进优势特色农业发展,实现总产值 30 亿元以上,其中名优茶叶、食用菌(干品)、核桃、油橄榄、中药材分别实现产量 4875 吨、14100 吨、26200 吨、3000 吨、9575 吨,培育青川县鼎盛茶业发展有限公司、青川县高氏药业开发有限公司 2 家银杏叶加工重点龙头企业;新建畜禽标准化养殖小区 10 个,实现水产品产量 6200 万吨。青川县还大力培育新型农业经营主体,2016 年新增省级龙头企业 3 家,发展种养大户 550 户,新培育家庭农场 105 家、农民专业合作社 48 个、社会化服务超市 17 家;建成红旗现代农业园区,巩固提升姚渡、幸福岛等 7 个现代农业园区;四川省农田水利基本建设现场会、农产品集配中心项目建设推进会及全市"三大主战场"流动现场会在青川县成功召开；实施了农业品牌创建战略，新认证绿色食品 7 个，"七佛贡茶"荣获第二届亚太茶茗大赛金奖第一名和第四届"国饮杯"全国茶叶评比一等奖，成功创建四川省首个国家级生态原产地产品保护示范区。

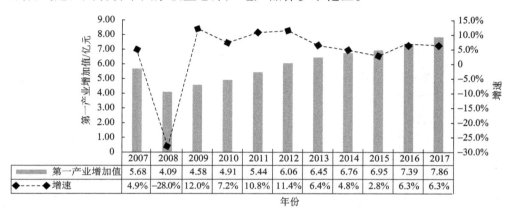

	2007	2008	2009	2010	2011	2012	2013	2014	2015	2016	2017
第一产业增加值	5.68	4.09	4.58	4.91	5.44	6.06	6.45	6.76	6.95	7.39	7.86
增速	4.9%	−28.0%	12.0%	7.2%	10.8%	11.4%	6.4%	4.8%	2.8%	6.3%	6.3%

年份

图 9-5 青川县 2007～2017 年第一产业增加值及增速

2. 规模化品牌化形成安县现代农业新格局

如图 9-6 所示，安县第一产业增加值从 2007 年的 18.03 亿元增加至 2017 年的 29.65 亿元，10 年增长了 0.64 倍，年均增速为 5.1%；第一产业比重从 35.6% 下降到 23.1%，10 年下降了 12.5 个百分点。

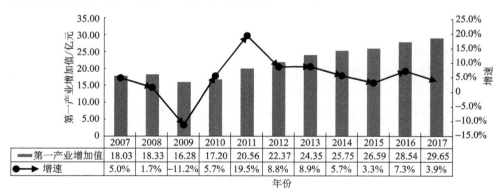

	2007	2008	2009	2010	2011	2012	2013	2014	2015	2016	2017
第一产业增加值	18.03	18.33	16.28	17.20	20.56	22.37	24.35	25.75	26.59	28.54	29.65
增速	5.0%	1.7%	−11.2%	5.7%	19.5%	8.8%	8.9%	5.7%	3.3%	7.3%	3.9%

年份

图 9-6 安县 2007～2017 年第一产业增加值及增速

安县抓住灾后重建机遇，大力发展设施农业、品牌农业，推动现代农业提档升级，农村经济持续增长。省级绵安新农村示范片建设取得明显成效，10 个重点示范村建设强力推进。安县成为全国粮食生产能力建设核心县。安县魔芋荣获全国农产品地理标志。安县通过省级无公害农产品生产基地整体认证，荣获四川省林业产业强县示范县称号。圣康蛋鸡"五统一分"①经营模式在全国推广，兴仁乡长沟村"股份合作、联建联养"机制得到省、市高度评价。

"十二五"以来，安县坚持把粮食放在经济工作的首要位置，把农业放在"四化同步"的基础位置，"三农"工作始终处于重中之重的位置，全县农业和农村经济在跨越发展、绿色发展、协调发展、创新发展、共享发展的理念下稳步发展。

一是农村经济总量持续增长，农业产业结构不断优化。2015 年全县 GRP 达到 109.74 亿元，年均增长率达到 12.1%。2015 年实现农业总产值 43.96 亿元，同比增长了 3.7%，农业增加值由 2010 年的 17.19 亿元上升到 2015 年 27.34 亿元，总产值实现地震后"七连增"。安县三次产业结构由 2010 年 30.8∶43.0∶26.2 调整为 2015 年 24.2∶51.7∶24.1。

二是农业发展特色鲜明，品质品牌持续提升。2015 年，全县粮食播种面积达到 61 万亩，总产量达到 25.22 万吨，油菜籽、魔芋、中药材等特色产业的规模、品质、品牌持续提升，"安县魔芋"取得国家地理标志保护商标；圣康蛋鸡养殖专业合作社被国家九部门联合评定为首批国家级示范社；绵阳豪茂魔芋食品有限公司等 4 家企业被中华全国供销合作总社评为国家农业产业化重点龙头企业。形成了区、乡镇、村三级农产品质量安全监管网络，四川魔力科技有限公司、四川天濠药业有限公司等一批涉农企业快速发展。安县陆续被评为全国鲶鱼标准化生产示范县、全国粮食生产先进县、国家级杂交水稻种子生产基地、四川省农产品质量安全监管示范县、四川省现代农业重点县、四川省现代畜牧业重点县、农业部渔业健康养殖示范县和国家农产品质量安全县。

近年来，安县农业产业化、规模化经营不断深入，农业现代化建设继续推进。截至 2017 年末，全县有农业产业化龙头企业 35 家（其中省级重点龙头企业 3 家）；四川西科种业股份有限公司、四川甘馨绞股蓝有限公司等一批农业企业顺利入驻安县特色农产品展示交易中心；龙头企业积极参与安县现代农业开发；大力发展农民专业合作社，经工商部门颁发营业执照的家庭农场已达 39 家；农业产业化率达到 30%。截至 2017 年末，农业综合开发改造高标准农田 4.6 万亩，围绕四川省现代农业重点县创建工作，大力发展优势特色产业，建成标准化中药材基地 14.2 万亩；建成蔬菜标准化栽培技术集成示范基地 11 个共 2.8 万亩；建成魔芋良种繁育基地 1000 亩，魔芋技术集成示范基地 1000 亩，安县魔芋加工之乡地位得到提升；打造杂交水稻标准化制种基地 1 万亩，安县国家级杂交水稻种子生产基地地位得到进一步巩固；打造"川西北猕猴桃走廊"，建成猕猴桃示范区 9000 亩，建成农业部水产健康养殖示范场 8 个，省、市标准化养殖示范场共 6 个。重点推进花城果乡、环湖碧荷园、幸福七里及猕猴桃走廊、温泉花海、枣皮走廊·蝴蝶谷

---

① 五统一分即统一购鸡苗、统一防疫、统一购饲料、统一销售产品、统一品牌和分户饲养。

旅游带建设，截至 2017 年末，发展休闲农庄 186 家，从业人员近万人，带动 4 万余名农民增收，2017 年接待游客突破 200 万人次，绵阳时新水产生物技术发展有限公司成功申报全国休闲渔业示范基地称号，"全国休闲农业与乡村旅游示范县"创建申报工作全面完成，特色农业、效益农业覆盖全县。

3. 北川县精品农业助农增收

如图 9-7 所示，北川县第一产业增加值从 2007 年的 4.32 亿元增加至 2017 年的 10.80 亿元，10 年增长了 1.5 倍，年均增速为 9.6%；第一产业比重从 32.8%下降到了 22.6%，10 年下降了 10.2 个百分点。

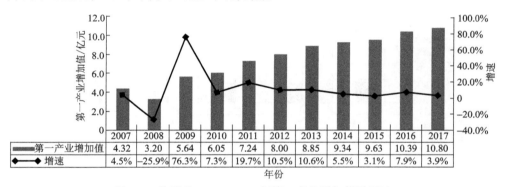

年份	2007	2008	2009	2010	2011	2012	2013	2014	2015	2016	2017
第一产业增加值	4.32	3.20	5.64	6.05	7.24	8.00	8.85	9.34	9.63	10.39	10.80
增速	4.5%	−25.9%	76.3%	7.3%	19.7%	10.5%	10.6%	5.5%	3.1%	7.9%	3.9%

图 9-7 北川县 2007~2017 年第一产业增加值及增速

受汶川特大地震灾害的影响，2008 年原北川行政区划内实现农林牧渔业总产值 39 161.99 万元，比 2007 年减少了 32 259.4 万元，下降了 45.17%，实现粮食产量 2.52 万吨，比 2007 年减少 1.58 万吨，下降了 38.54%。在地震后生产恢复期内，北川县将农业产业发展放在第一位，解决全县灾后食物内需，调动百姓生产积极性，快速挽救生产物资，帮助和指导震损企业、大户率先全部恢复生产，提高农业经济生产力。同时，对地震后产业调整进行了优化，淘汰了一批落后产能，集中农业资源，建设了一批以马铃薯、高山蔬菜、中羌药材等具有北川特色的优势产业，形成了一批产业集群，合作社、家庭农场等新型经营主体如雨后春笋般快速增加，在它们的带动下，农户生产效率更高。农业生产设施和农业服务体系全面恢复，建成了一批特色农产品生产基地。灾区经济发展的基础明显夯实，可持续发展能力得到提高，主要经济指标超过地震前水平，呈现良好的发展势头。经过灾后恢复重建和发展振兴，北川县第一产业快速发展。

从表 9-5 可以看出，自 2011 年以来北川县农业、畜牧业和林业产值稳步增长，农民收入也稳步提高。从图 9-8 可以看出，近年来北川县农业内部结构基本上稳定在"牧农林"的比值顺序，农业比值略有上升，畜牧业比值略有下降。

表 9-5　北川县 2011～2016 年农业生产基本情况统计表

年份	农林牧渔业总产值/亿元	农业产值/亿元	畜牧业产值/亿元	林业产值/亿元	农民人均纯收入/元
2011	10.08	3.97	4.84	1.26	4120
2012	12.41	4.99	5.94	1.44	5119
2013	14.25	5.67	6.37	2.16	6021
2014	15.24	6.09	6.91	2.15	6910
2015	15.97	6.44	7.17	2.24	8136
2016	17.13	7.14	7.49	2.33	8213

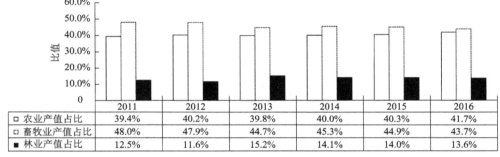

	2011	2012	2013	2014	2015	2016
□ 农业产值占比	39.4%	40.2%	39.8%	40.0%	40.3%	41.7%
□ 畜牧业产值占比	48.0%	47.9%	44.7%	45.3%	44.9%	43.7%
■ 林业产值占比	12.5%	11.6%	15.2%	14.1%	14.0%	13.6%

年份

图 9-8　北川县 2011～2016 年第一产业结构变化

近年来，通过推进农业现代化、产业化及农业供给侧结构性改革，北川县农业实现了快速提质增效。狠抓特色基地提质扩面，特色农业加快发展。2016 年新发展羊肚菌、经济林果、中羌药材等特色种植基地 2 万亩，达到 75 万亩；新增白山羊、林下土鸡、冷水鱼等规模特色养殖场 10 户，出栏生猪 24.6 万头，白山羊 25.6 万只，家禽 126 万羽，特色水产品养殖总产量达 35 吨。2016 年完成香泉乡生态土鸡养殖基地加工厂项目建设，农业产业化龙头企业达到 30 家，农民专业合作社达到 332 个，新发展家庭农场 6 个，新型经营主体不断壮大。

2017 年，精品农业助农增收。实施农业产业项目 29 个，完成投资 2763 万元。新建和改造提升产业基地 2.9 万亩。整理土地 3808 亩，新建高标准农田 0.9 万亩。完成小型农田水利工程 35 个，改善和恢复灌溉面积 0.85 万亩。完成擂鼓镇盖头村 1000 亩茶叶标准化基地建设。实施 5 处循环农业示范点建设工程。划定禁养区、限养区、适养区范围，规范达标畜禽养殖场 536 家。全县冷水鱼、白山羊、生态黑猪、林下土鸡等特色养殖基地达到 213 个。大力培育新型经营主体，新发展农民专业合作社 118 个，达到 450 个；新发展家庭农场 25 个，达到 59 个；新发展市级以上龙头企业 2 家，达到 38 家。全年粮食总产量达到 4.78 万吨，生猪出栏 21.08 万头，牛羊出栏 26.8 万头，家禽出栏 182 万只。农民人均可支配收入增速连续 9 年保持全市第一。

从以上对 3 个县的具体分析可以看出,青川县和安县作为在地震前第一产业增加值占比在 40%左右的农业县,经过 10 年的发展第一产业增加值已经下降到 23%左右,分别实现了产业结构从"132"向"231"、从"213"向"231"的转变。这表明青川县和安县的产业结构得以快速优化,现代化水平也得以迅速提升。

9.2.3 第一产业结构优化类

1. 国家现代农业示范基地都江堰市

如图 9-9 所示,都江堰市第一产业增加值从 2007 年的 15.40 亿元增加至 2017 年的 27.17 亿元,10 年增长了 0.76 倍,年均增速为 5.8%;第一产业比重从 13.2% 下降到 7.8%,10 年下降了 5.4 个百分点。地震前都江堰市第一产业比重已接近 10%,近 10 年主要是通过提质增效推进第一产业发展与结构优化。

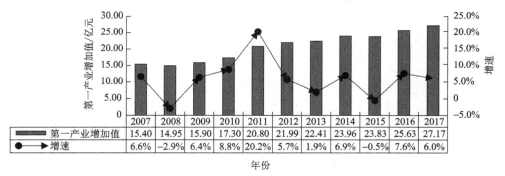

年份	2007	2008	2009	2010	2011	2012	2013	2014	2015	2016	2017
第一产业增加值	15.40	14.95	15.90	17.30	20.80	21.99	22.41	23.96	23.83	25.63	27.17
增速	6.6%	-2.9%	6.4%	8.8%	20.2%	5.7%	1.9%	6.9%	-0.5%	7.6%	6.0%

图 9-9 都江堰市 2007~2017 年第一产业增加值及增速变化

灾后重建阶段,都江堰市抓住灾后重建机遇,大力发展设施农业、规模农业、品牌农业,推动现代农业提档升级。"十一五"期间,都江堰市建成可惠及全市 40%农业人口的 10 万亩现代农业集聚区,全市新增规模化产业基地 3.1 万亩。坚持第一产业、第三产业互动发展,打造了崇义现代农业高科技示范园区、天马循环农业工程、青城山美丽家园等一批现代农业和乡村旅游互动发展的示范典型。深入推进农业品牌建设,打造了猕猴桃、茶叶等一批"都江堰造"绿色农产品,荣获"中国果菜无公害十强市""中国猕猴桃无公害科技创新示范市"称号。

"十二五"规划期间,都江堰市以农业产业高端和高端产业发展为引领,以促进农业标准化、规模化、集约化、品牌化经营为路径,加快发展现代生态农业,发挥在成都市建设"西部第一,全国领先"的现代农业基地和国家现代农业示范区中的引领与示范作用。

"十三五"规划期间，都江堰市委、市政府提出大力发展都市现代农业。持续提升猕猴桃、粮经、笋用竹、林下中药材四个"十万亩"优质高效产业示范基地，新建示范园区 9 个，成功创建四川省现代农业（林业）重点县。财政累计投入 70 亿元，实施田、水、路、林、村建设改造。引导组建猕猴桃、蔬菜质量安全联盟，新增"三品一标"产品 38 个，"都江堰猕猴桃"荣获第十四届中国国际农产品交易会金奖。打造全国"双安双创"工作典范，承接全国现场会参观，得到国家、四川省、成都市充分肯定，成功创建国家农产品质量安全县。推出"多彩都江堰·快乐四季游"36 条乡村旅游精品线路，安龙海棠公园、柳街田园诗歌、向峨茶溪谷成为乡村旅游新名片。

2. 都市农业产业园区彭州市

如图 9-10 所示，彭州市第一产业增加值从 2007 年的 24.71 亿元增加到 2017 年的 50.56 亿元，10 年增长了 1.05 倍，年均增速为 7.4%，低于 GRP 年均增速 6.1 个百分点。仅 2011 年实现了 21.5% 的较高增速，2012 年开始就进入了增速在 10% 以下的缓慢增长阶段。但第一产业内部结构不断优化升级，现代农业和都市农业产业振兴发展。

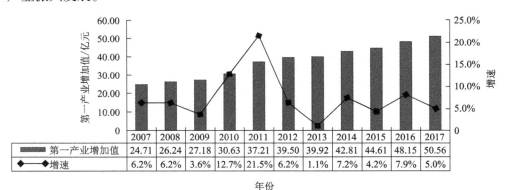

年份	2007	2008	2009	2010	2011	2012	2013	2014	2015	2016	2017
第一产业增加值	24.71	26.24	27.18	30.63	37.21	39.50	39.92	42.81	44.61	48.15	50.56
增速	6.2%	6.2%	3.6%	12.7%	21.5%	6.2%	1.1%	7.2%	4.2%	7.9%	5.0%

图 9-10　彭州市 2007～2017 年第一产业增加值及增速

2007～2010 年，彭州市抓住灾后恢复重建的基础，在第一产业恢复重建的基础上加快推进产业转型，现代农业及农产品物流产业功能区快速推进。彭州市围绕"四中心三基地一园区"的目标，加快打造国家级现代农业示范区；濛阳四川国际农产品交易中心一期工程于 2010 年 4 月投入运营；2010 年 4 月 8 日，成功举办了首届中国·四川（彭州）蔬菜博览会，吸引了省内外 216 家企业 2100 人参展参会，参观群众超过 30 万人；截至 2010 年末，建设了 10 万亩国家级现代农业绿色蔬菜产业示范区，推广了"彭州市蔬菜身份证智能卡"；加快"一镇一园区、一镇一特色"建设，已初步建成蔬菜、猕猴桃、川芎、粮食、冷水鱼、生猪、小家禽七大特色产业基地，引进了深圳市海普瑞药业集团股份有限公司、永辉超市、成都萱源农产品有限公司、四川种都种业有限公司等一批农业产业化龙头企业。①

2011 年以来，彭州市在确保粮食种植面积及总产量"七连增"的基础上，加快推进现代农业产业园区和农业品牌化建设。积极推进"红黄绿"特色产业发展，确保蔬菜、中药材、猕猴桃种植面积每年不低于 82 万亩、10.5 万亩和 5.2 万亩，产量和产值连年递增。成功举办八届蔬菜博览会，都市农业全产业链发展加快推进，正式获批"国家级彭州蔬菜市场"。农产品质量不断提高，截至 2017 年末，完成"三品一标"认证 72 个；在全省率先建成农产品质量安全三级追溯管理平台。2014 年，农业新型经营主体呈现多样化，成都市级以上农业产业化龙头企业达 40 家，种养大户、合作社、家庭农场分别达 713 家、715 家和 168 家；成功申报成都市级以上示范家庭农场 3 家、示范合作社 3 家。农业品牌化建设成效突出，"彭州九尺板鸭"取得国家地理标志保护商标，"彭州川芎"获农产品地理标志登记证书。荣获四川省现代农业、现代林业、现代畜牧业重点县，被农业部确定为成都市唯一的全国农业信息进村入户试点县。

3. 平武县的"互联网+农业"模式

如图 9-11 所示，平武县第一产业增加值从 2007 年的 5.00 亿元增加至 2017 年的 8.38 亿元，10 年增长了 0.68 倍，年均增速为 5.3%；第一产业比重从 30.7% 下降到 20.7%，10 年下降了 10.0 个百分点。

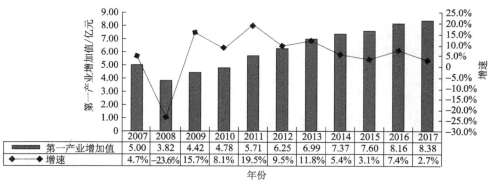

年份	2007	2008	2009	2010	2011	2012	2013	2014	2015	2016	2017
第一产业增加值	5.00	3.82	4.42	4.78	5.71	6.25	6.99	7.37	7.60	8.16	8.38
增速		4.7%	-23.6%	15.7%	8.1%	19.5%	9.5%	11.8%	5.4%	3.1%	7.4%	2.7%

图 9-11　平武县 2007～2017 年第一产业增加值及增速变化

受汶川特大地震的影响，2008 年平武县第一产业增加值增速下滑了 23.6%，直到 2011 年才恢复到地震前水平。经过恢复重建和近年来的发展振兴，平武县第

① 数据来源于《2011 年彭州市人民政府工作报告》。

一产业在规模增加、比重下降的同时，逐渐实现了提质增效。

一是特色农业发展成效显著。平武县"十二五"规划期间，以茶叶、核桃、中药材、纤维林为重点的四大特色优质农产品基地已具规模，新增基地 1.2 万亩，实现产值 1.2 亿元，助农增收效果明显，平武核桃、平武天麻、平武厚朴、平武绿茶被国家质量监督检验检疫总局批准为中华人民共和国地理标志保护产品，平武果梅被农业部批准为农产品地理标志保护产品。

二是近年来，平武县大力推广"互联网+农业"发展模式。2016 年，新建特色农业示范点 5 个，生态农产品网络销售平台 4 个，启动"淘宝村"建设 3 个；新建核桃、中药材等基地 3.5 万亩，出栏猪、牛、羊、家禽 76.89 万头，完成"平武果梅"中华人民共和国地理标志保护产品认证；启动 3 个幸福美丽新村综合试验区建设，完成 25 个幸福美丽新村建设；新增市级以上龙头企业 2 家、专合组织 4 个。

从以上对都江堰市、彭州市和平武县地震后 10 年来第一产业发展的具体分析可以看出，这 3 个县（市）虽然在这 10 年第一产业比重下降没超过 10%，但在第一产业提档升级上取得了突破性进展，农业规模化、产业化、标准化、特色化、品牌化程度显著提升。都江堰市和彭州市利用自身的区位及资源优势大力发展现代都市农业，在农业现代化、园区化、规模化、生态化、品牌化等方面都走在了全省前列。

9.3　第二产业稳中趋好

如图 9-12 所示，极重灾区 10 县（市）中的青川县、安县、彭州市、茂县、平武县第二产业比重均有不同程度的上升，上升幅度在 8.0～13.5 个百分点，上升幅度最大的是青川县达 13.5 个百分点；绵竹市、汶川县、什邡市、北川县和都

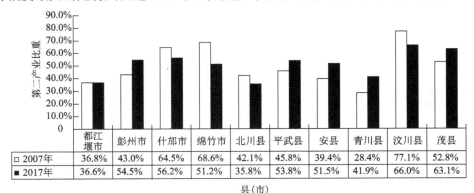

县（市）	都江堰市	彭州市	什邡市	绵竹市	北川县	平武县	安县	青川县	汶川县	茂县
2007年	36.8%	43.0%	64.5%	68.6%	42.1%	45.8%	39.4%	28.4%	77.1%	52.8%
2017年	36.6%	54.5%	56.2%	51.2%	35.8%	53.8%	51.5%	41.9%	66.0%	63.1%

图 9-12　10 县（市）2007 年与 2017 年第二产业比重对比

江堰市第二产业比重均有不同程度的下降，下降幅度在 0.2～17.4 个百分点，下降幅度最大的是绵竹市达 17.4 个百分点。极重灾区 10 县（市）第二产业比重有升有降表明，灾后重建资金、项目、政策等对极重灾区县域产业发展影响的差异性，因此，还需对比重上升的 5 个县（市）和下降的 5 个县（市）第二产业发展变化情况进行具体分析。

9.3.1　第二产业快速发展类

1. 青川县

如图 9-13 所示，青川县第二产业增加值从 2007 年的 3.92 亿元增加至 2017 年的 14.98 亿元，10 年增长了 2.82 倍，年均增速为 14.3%；其中，工业增加值从 2007 年的 2.68 亿元增加至 2017 年的 11.59 亿元，10 年增长了 3.32 倍，年均增速为 15.8%。第二产业及其中的工业因受地震的影响在 2008 年大幅下滑，在灾后重建结束后的 2011 年增加值增速最高，超过 50%，但 2013 年增速开始逐渐放缓，2014～2016 年 3 年的增加值增速都在 10% 以下。工业增加值占第二产业增加值的比重从 2007 年的 68.4% 上升到 2017 年的 77.4%。这表明工业增加值对青川县第二产业增加值占比上升的贡献在不断增加。

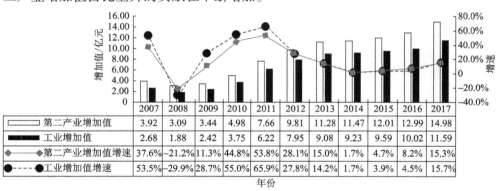

	2007	2008	2009	2010	2011	2012	2013	2014	2015	2016	2017
第二产业增加值	3.92	3.09	3.44	4.98	7.66	9.81	11.28	11.47	12.01	12.99	14.98
工业增加值	2.68	1.88	2.42	3.75	6.22	7.95	9.08	9.23	9.59	10.02	11.59
第二产业增加值增速	37.6%	−21.2%	11.3%	44.8%	53.8%	28.1%	15.0%	1.7%	4.7%	8.2%	15.3%
工业增加值增速	53.5%	−29.9%	28.7%	55.0%	65.9%	27.8%	14.2%	1.7%	3.9%	4.5%	15.7%

年份

图 9-13　青川县 2007～2017 年第二产业/工业增加值及增速

从"十一五"规划时期开始，青川县就按照"依托资源优势、拓展利用空间、培育产业集群"的思路，加快实施工业强县战略，工业生产快速发展，整体效益明显提高。2007 年，青川县规模以上工业总产值只有 6.17 亿元，利润总额仅 0.3 亿元；截至 2016 年底，规模以上工业实现总产值 56 亿元，利润总额达 3.5 亿元。2007 年全部工业实现增加值 26 805 万元，占 GRP 的比重达 19.4%，对经济增长的贡献率达 54.6%。2017 年全部工业增加值达 115 947 万元，对经济增长的贡献率为 45.4%，拉动经济增长 4.0 个百分点；规模以上工业增加值同比增长 14.1%，

2017 年实现总产值 415 100 万元，增长 28.8%。其中，轻工业实现产值 190 544 万元，增长 38.6%；重工业实现产值 224 557 万元，增长 21.4%。2017 年实现主营业务收入 402 541 万元，增长 28.8%；利润总额实现 23 060 万元，增长 45.5%。[①]2016 年主要产品产量增多降少，如表 9-6 所示。

表 9-6　青川县 2016 年本地规模以上工业企业主要产品产量

产品名称	产量	比上年增长（±%）
中成药	1 484 吨	77.7%
天然花岗石板材	445 万立方米	28.3%
精制茶	496.2 吨	11.1%
水泥	23.2 万吨	0.7%
人造板	10.6 万立方米	−4.6%
铁合金	5928 吨	−55.4%
鲜、冷藏肉	19248 吨	−7.3%

2007 年全县建筑业实现增加值 12 365 万元，比上年增长了 13.3%。其中，资质以上企业 2 户，实现产值 324 万元，较上年下降了 35.7%。房屋建筑面积 33.14 万平方米，竣工房屋面积 24.8 万平方米，其中，住宅 20.45 万平方米。2016 年全县建筑业实现增加值 29 664 万元，较上年下降了 7.5 个百分点，对经济增长的贡献率为 13.0%。资质以上建筑企业实现总产值 6985 万元，较上年增长了 34.3%。

2. 安县

如图 9-14 所示，安县第二产业增加值从 2007 年的 19.99 亿元增加至 2017 年的 66.20 亿元，10 年增长了 2.31 倍，年均增速为 12.7%；其中工业增加值从 2007 年的 17.49 亿元增加至 2017 年的 58.79 亿元，10 年增长了 2.36 倍，年均增速为 12.9%。第二产业及其中的工业因受地震的影响在 2008 年大幅下滑，在灾后重建结束后的 2011 年增加值增速最高超过 40%，但 2013 年开始增速逐渐放缓，2014～2016 年 3 年的增加值增速都在 10% 以下。工业增加值占第二产业增加值的比重从 2007 年的 87.5% 上升到 2017 年的 88.8%，表明安县工业在第二产业中的主体地位稳定。

---

① 数据来源于《关于 2017 年国民经济和社会发展的统计公报》，http://www.cnqc.gov.cn/NewDetail.aspx?id=20180313194615430，2018 年 12 月 25 日。

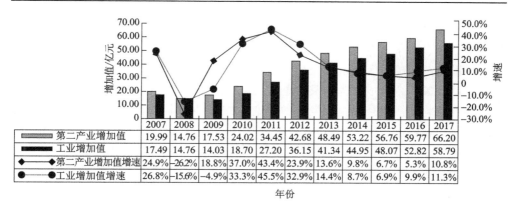

年份	2007	2008	2009	2010	2011	2012	2013	2014	2015	2016	2017
第二产业增加值	19.99	14.76	17.53	24.02	34.45	42.68	48.49	53.22	56.76	59.77	66.20
工业增加值	17.49	14.76	14.03	18.70	27.20	36.15	41.34	44.95	48.07	52.82	58.79
第二产业增加值增速	24.9%	-26.2%	18.8%	37.0%	43.4%	23.9%	13.6%	9.8%	6.7%	5.3%	10.8%
工业增加值增速	26.8%	-15.6%	-4.9%	33.3%	45.5%	32.9%	14.4%	8.7%	6.9%	9.9%	11.3%

图 9-14　安县 2007～2017 年第二产业/工业增加值及增速

灾后重建期间，安县抓住灾后重建契机，实现工业经济提速增效。实施企业、产业、园区"三个倍增计划"，精细化工、医药食品、汽车整装及零部件产业加快发展。2009 年末新增规模以上工业企业 9 户，总数达到 77 户，2010 年工业增加值同比增长 33.3%；工业园区完成开发 3 平方千米，累计入园企业 86 户，投产 38 户，完成工业产值 21 亿元。安县狠抓工业项目建设，2010 年末安县中联新型干法水泥、好医生中药饮片及固体制剂、启明星磷化工甲酸钾一期技改等项目竣工投产。"好医生"荣获中国驰名商标，工业产品名牌战略深入实施。

"十二五"规划期间，安县坚持"工业强县"发展战略，积极拓展和完善省级工业园区发展新平台，创新建立以借力招商引资和技术改造为主要动力的项目投入机制，主动导入产业集群发展的新理念，认真实践生态产业集成发展的新思路，着力促进工业化、信息化、城镇化和农业现代化同步发展，发展软硬环境加速改善、比较优势日益显现，工业发展质量和效益稳步提升，工业经济发展后劲进一步增强。2015 年，全县主营业务收入 2000 万元以上的规模工业企业达到 90 户，比 2010 年增加 33 户；实现规模工业总产值 194.85 亿元，年均增长率为 21%。

新型工业化加速推进，大项目大企业带动效应显著。"十二五"规划期间，化工、汽车、医药食品三大主导产业规模以上工业总产值占全县比重达到 73.6%，电子信息和材料产业产值占比达到 9.6%。规模以上工业企业总产值由 2010 年 75.1 亿元增长到 2015 年 194.85 亿元，年均增长率达 21%。工业性投资由 2010 年的 17.18 亿元增长到 2015 年的 40.96 亿元，年均增长率达 18.98%。2015 年，四川省银河化学股份有限公司（以下简称银河化学）、四川好医生药业集团有限公司（以下简称好医生药业）、绵阳华祥机械制造有限公司、北川中联水泥有限公司、绵阳启明星磷化工有限公司五家龙头企业实现产值 104.37 亿元，占全县规模以上工业企业总产值的 53.56%。

近几年来,安县坚持创新驱动,每年安排 1500 万元专项资金,鼓励龙头企业、科技型企业、中小微企业做大做强。大力支持绵阳朗迪新材料有限公司、银河化学、好医生药业改组上市,加快培育银河化学、好医生药业等一批"两新"(新材料、新能源)企业成长为全县骨干型的大企业、大集团。制定出台了《安县鼓励创新创业与加快科技型企业发展的意见》,重点对四川九渊医药科技有限公司、绵阳知觉科技股份有限公司等一批科技型中小企业给予大力扶持,助其做大做强。2015 年以来,企业专利技术项目实施转化产值增幅 9%,新增专利申请量 240 件、专利授权量 120 件。

2017 年,安县实现规模以上工业总产值 262.05 亿元,同比增长 25.05%,其中,汽车及零部件、精细化工、医药食品三大主导产业占比达 70.7%;规模以上工业增加值达 58.79 亿元,增速达 11.3%;新增规模以上工业企业 12 户,总数达到 110 户。完成工业投资 61.73 亿元,同比增长 30.14%,技改投资 43.16 亿元,同比增长 16.97%,工业投资和技改投资占全社会固定资产投资比重同比提高 5.27 个百分点和 0.41 个百分点。2017 年末,新增高新技术企业 6 户、战略性新兴产业企业 12 户,银河化学已发展成为亚洲最大的铬化学研发制造企业。

3. 彭州市

如图 9-15 所示,彭州市第二产业增加值从 2007 年的 49.37 亿元增加到 2017 年的 238.28 亿元,10 年增长了 3.83 倍,年均增速为 17%,高出 GRP 年均增速 3.5 个百分点。增速最高的 2014 年达到 45.1%。

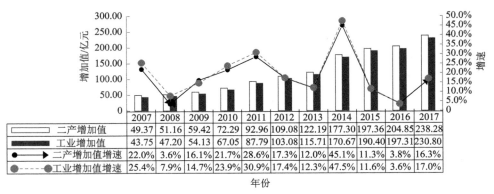

	2007	2008	2009	2010	2011	2012	2013	2014	2015	2016	2017
二产增加值	49.37	51.16	59.42	72.29	92.96	109.08	122.19	177.30	197.36	204.85	238.28
工业增加值	43.75	47.20	54.13	67.05	87.79	103.08	115.71	170.67	190.40	197.31	230.80
二产增加值增速	22.0%	3.6%	16.1%	21.7%	28.6%	17.3%	12.0%	45.1%	11.3%	3.8%	16.3%
工业增加值增速	25.4%	7.9%	14.7%	23.9%	30.9%	17.4%	12.3%	47.5%	11.6%	3.6%	17.0%

图 9-15　彭州市 2007~2017 年第二产业/工业增加值及增速比较

其中工业增加值从 2007 年的 43.73 亿元增加到 2017 年的 230.80 亿元,10 年增长了 4.28 倍,年均增速为 18.1%,高出 GRP 年均增速 4.6 个百分点,高出第二产业增加值年均增速 1.1 个百分点。工业增加值占第二产业增加值比重从 2007 年的 88.6%提高到 2017 年的 96.9%。可见,10 年来彭州市工业对第二产业与 GRP

的贡献及其所处的主导地位。同时，第二产业内部结构也不断优化升级。

一是绿色化工产业成链发展。四川石化彭州项目安全稳定运行，2016年全年累计加工原油729万吨，实现产值448亿元。产业链加快延伸，2016年碳九深加工综合利用等4个项目前期工作加快开展，污水脱氮改造等项目加快建设；重点储备总投资58亿元的天然气发电厂、润滑油调和等重大项目。

二是航空动力产业高端发展。2016年成功引进海空动力研发与制造等8个重大项目，协议总投资52.3亿元；推进增材科技金属3D打印等项目加快建设，FADEC（full authority digital engine control，全权限数字发动机控制器）及再制造等项目建成投运。北航成都航空动力创新研究院有限公司、四川省增材制造技术协会落户成都航空动力产业园。2017年航空动力产业全年实现产值29亿元，同比增长5.2%。

三是生物医药产业提升发展。2016年全市取得药品生产许可证（含深加工、提取、制剂等药品）生产企业和医疗器械企业26家，其中，规模以上医药企业18家，均已通过国内GMP（good manufacturing practice，良好生产规范）认证；截至2016年末有生物医药类科技研发机构10家，医药企业累计实现自主研发独家新药12种，四川新绿色药业科技发展有限公司中药配方颗粒等7个医药单品销售过亿元。成都国际医药港项目一期建成投运。2017年生物医药全年实现规模以上产值45.9亿元，同比增长21%。

四是家纺服装产业集群提升发展。截至2016年末，四大家纺服装专业园区累计建成标准厂房180万平方米，新入驻投产企业111家，入园投产企业总数达479家。专业园区精品化发展提速，华茂东方米兰服装产业园F区精品园竣工，万贯服装产业园精品园B2项目主体完工，中国（成都）国际时尚中心项目一期和二期会展中心完成基本建设，七色纺居家服装生产及配送项目、龙洋家纺城标准化厂房二期项目加快建设，盛泰服装产业园二期项目、华星家纺生产项目等加快推进前期工作。

4. 茂县

如图9-16所示，茂县第二产业增加值从2007年的5.35亿元增加到2017年的21.41亿元，10年增长了3.00倍，年均增速为14.9%，高出GRP年均增速2.0个百分点。其中，工业增加值从2007年的4.23亿元增加到2016年的18.28亿元，9年增长了3.32倍，年均增速为17.7%，高于GRP年均增速约4.8个百分点，高于第二产业增加值2.8个百分点。工业增加值占第二产业增加值比重从2007年的79.1%上升到2016年的87.3%，说明工业作为第二产业的主体地位进一步稳固。

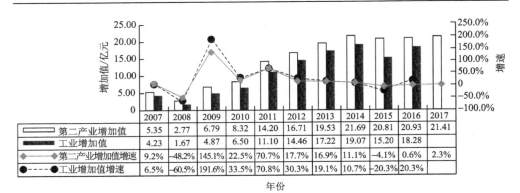

年份	2007	2008	2009	2010	2011	2012	2013	2014	2015	2016	2017
第二产业增加值	5.35	2.77	6.79	8.32	14.20	16.71	19.53	21.69	20.81	20.93	21.41
工业增加值	4.23	1.67	4.87	6.50	11.10	14.46	17.22	19.07	15.20	18.28	
第二产业增加值增速	9.2%	-48.2%	145.1%	22.5%	70.7%	17.7%	16.9%	11.1%	-4.1%	0.6%	2.3%
工业增加值增速	6.5%	-60.5%	191.6%	33.5%	70.8%	30.3%	19.1%	10.7%	-20.3%	20.3%	

图 9-16　茂县 2007～2017 年第二产业/工业增加值及增速

　　规模以上工业企业是茂县工业的主体。2010 年规模以上工业企业总产值占全部工业总产值的 89.4%，2016 年规模以上工业企业总产值占全部工业总产值的 88.8%。2010 年茂县有规模以上工业企业 10 户，主要以发电企业为支撑点，2010 年规模以上发电企业工业产值达 64 661 万元，增加值达 51 050 万元，占 10 户规模以上工业企业产值的 63.82%，占 10 户规模以上企业增加值的 89.95%。2016 年全县有规模以上工业企业 19 户，重工业在茂县规模以上工业经济发展中起主导作用。2016 年规模以上重工业累积实现工业增加值占全县规模以上工业企业完成增加值总量的比重达到了 97.63%，规模以上轻工业累计实现工业增加值占全县规模以上工业企业完成增加值总量的比重仅为 2.37%。电力、热力生产和供应业是支撑并领跑工业经济持续增长的行业，2016 年该行业实现工业增加值占全县规模以上工业企业增加值总量的比重为 67.36%[①]。工业已基本形成以电石、工业硅、盐化工等材料为主的高载能工业。

　　总的来看，茂县在地震后强力推进"工业强县"发展战略，走新型工业化发展道路，提升传统产业，实现由过去单纯"围绕资源办工业"向"利用两种资源和两个市场办工业"的转变；由高投入、高耗能、高环境污染、低效益的粗放模式向用循环经济的理念提高资源综合利用、减少环境压力方式转变；由过去的分散布局向区域集中布局、集约发展、促进城镇化和增加劳动就业方向转变。坚持以信息化、科技化带动工业精细化、循环化，依托资源条件、区位优势和政策优势，扩增总量、优化结构，提高工业的整体素质和核心竞争力。

　　5. 平武县

　　如图 9-17 所示，平武县第二产业增加值从 2007 年的 7.47 亿元增加至 2017 年的 21.80 亿元，10 年增长了 1.92 倍，年均增速为 11.3%；其中，工业增加值从

---

　　① 数据来源于《茂县统计年鉴 2016》（电子版，由茂县统计局提供）。

2007 年的 4.66 亿元增加至 2017 年的 12.67 亿元，10 年增长了 1.72 倍，年均增速
为 10.5%。第二产业及其中的工业因受地震的影响在 2008 年大幅下滑，在灾后重
建结束后的 2010 年增加值增速超过 40%，但 2013 年开始增速逐渐放缓，2014～
2016 年 3 年的增速都在 10% 以下。工业增加值占第二产业增加值的比重从 2007
年的 62.4% 下降到 2017 年的 58.1%，表明工业作为第二产业支柱的地位有所削弱。

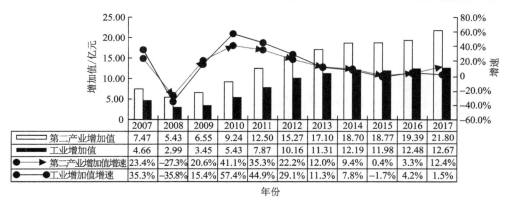

年份	2007	2008	2009	2010	2011	2012	2013	2014	2015	2016	2017
第二产业增加值	7.47	5.43	6.55	9.24	12.50	15.27	17.10	18.70	18.77	19.39	21.80
工业增加值	4.66	2.99	3.45	5.43	7.87	10.16	11.31	12.19	11.98	12.48	12.67
第二产业增加值增速	23.4%	−27.3%	20.6%	41.1%	35.3%	22.2%	12.0%	9.4%	0.4%	3.3%	12.4%
工业增加值增速	35.3%	−35.8%	15.4%	57.4%	44.9%	29.1%	11.3%	7.8%	−1.7%	4.2%	1.5%

图 9-17　平武县 2007～2017 第二产业/工业增加值及增速

从工业内部结构来看，2016 年全县共有规模以上工业企业 26 户。其中，农
产品加工企业 7 户，主要从事平武县生态农副产品生产加工和销售，实现产值 4.58
亿元，占工业总产值的比重为 21.0%；水电企业 7 户，主要从事水电开发，实现
产值 8.33 亿元，占工业总产值的比重为 38.2%；矿产品加工企业 7 户，主要从事
矿产开发和矿产品初加工，实现产值 7.15 亿元，占工业总产值的比重为 32.8%；
林产品加工业 2 户，主要从事纤维板、地板条等产品生产加工，实现产值 0.41 亿
元，占工业总产值的比重为 1.9%；河北-平武工业园规模以上企业 3 户，主要从
事新能源、新材料开发，实现产值 2.65 亿元，占工业总产值的比重为 12.2%。

工业园区有南坝工业集中发展区和河北-平武工业园。南坝工业集中发展区位
于南坝镇文家坝村、何家坝村、健康村，距平武县城 55 千米，距九环线 4 千米，
距江油市区 80 千米，有四川省平武锰业集团有限公司、四川省平武县矿业有限责
任公司、平武县宏建木业有限公司和其他规模以下工业企业，2016 年实现产值 2.1
亿元。河北-平武工业园位于高新区新扩区域内的磨家镇观音堂村、冯家湾村及河
边镇海峰村，现入驻的规模以上工业企业有四川亚塑新材料有限公司、四川中物
材料股份有限公司、华核电气股份有限公司。

可见水电、矿产品加工仍然是平武县工业的支柱，而作为飞地工业的河北-
平武工业园入驻的规模以上工业企业仅有 3 家，产值占比依然还很小。

从以上对 5 个第二产业比重上升的 5 个县（市）的分析可以看出，青川县虽

然在 10 年中第二产业比重上升了 13.5 个百分点,但 2017 年比重依然只有 41.9%,其余 4 县（市）都超过了 50%。5 县（市）中除了彭州市已基本实现了传统资源型工业向新材料、航天航空、生物医药、绿色化工等新兴工业的转型,其余 4 县基本上还是依赖传统资源型、高耗能高污染工业。这表明极重灾区县域传统产业转型之路还很漫长。

9.3.2　第二产业转型发展类

1. 都江堰市

如图 9-18 所示,都江堰市第二产业增加值从 2007 年的 42.90 亿元增加至 2017 年的 127.58 亿元,10 年增长了 1.97 倍,年均增速为 11.5%;其中,工业增加值从 2007 年的 27.75 亿元增加至 2017 年的 80.39 亿元,10 年增长了 1.90 倍,年均增速为 11.2%。第二产业及其中的工业因受地震的影响在 2008 年大幅下滑,直到 2010 年才恢复到地震前水平,在灾后重建结束后的 2010 年工业增加值增速超过 20%,但从 2013 年开始增速逐渐放缓,2015~2016 年 2 年的增速都在 10% 以下。工业增加值占第二产业增加值的比重从 2007 年的 64.7% 下降到 2017 年的 63.0%,表明工业作为第二产业支柱的地位有所削弱。

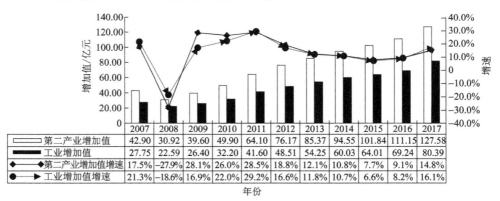

	2007	2008	2009	2010	2011	2012	2013	2014	2015	2016	2017
第二产业增加值	42.90	30.92	39.60	49.90	64.10	76.17	85.37	94.55	101.84	111.15	127.58
工业增加值	27.75	22.59	26.40	32.20	41.60	48.51	54.25	60.03	64.01	69.24	80.39
第二产业增加值增速	17.5%	-27.9%	28.1%	26.0%	28.5%	18.8%	12.1%	10.8%	7.7%	9.1%	14.8%
工业增加值增速	21.3%	-18.6%	16.9%	22.0%	29.2%	16.6%	11.8%	10.7%	6.6%	8.2%	16.1%

图 9-18　都江堰市 2007~2017 年第二产业/工业增加值及增速

"5·12"汶川地震灾后重建阶段,都江堰市将工业重建作为其走新型工业化道路的重要契机,在重建中推动存量调整、增量优化,促进工业集约、节约发展。

"十二五"规划期间,都江堰市始终践行科学发展集约环保型工业理念。遵循集约、环保、适度发展的原则,进一步凝练工业方向,突出区域特色优势,科学发展与城市功能和生态环境相协调的集约环保型工业。2015 年,都江堰经济开发区南区企业全面入驻并建成投产,工业集中度达 75%,形成 2~3 个年销售收入

30 亿～50 亿元的产业集群,单位面积产值和税收产出率稳步提高,单位产值能耗持续下降。

都江堰"十三五"规划中明确提出,要加快壮大"两型"(资源集约型,环境友好型)工业。坚持"提升存量、做优增量"的工业发展理念,重点发展精密机床、机电设备等精密机械制造,优化发展生物医药、特色食品,鼓励发展旅游设备和旅游商品制造业,坚持发展工业旅游,全面增强园区承载能力,加快形成特色突出、规模适度、绿色高效、产城融合的工业发展新格局。2016 年,都江堰市成功引进成都利尔药业有限公司、丹夫集团有限公司等 18 个亿元以上重大项目,成都宁江弘福科技有限公司、四川恒创特种纤维有限公司等一批企业实现技改增效,成都市都江堰春盛中药饮片股份有限公司、四川康能电气股份有限公司成功在"新三板"上市,四川华都核设备制造有限公司等高新企业达到国内领先水平。都江堰市实施"区局合一",建立市领导联系重点企业和联席会议制度,基本形成"全链条、一站式、零障碍"服务体系。创新"弹性供地"方式,设立中小企业债权融资风险资金池,联合金融机构推出"壮大贷""助保贷"等新型工业融资产品。都江堰市经济开发区北区承载能力全面提升,2016 年完成南区骨架路网建设,建成天然气第二输气管线、聚源储气调峰站和 2 个 220 千伏、3 个 110 千伏输变电工程。

2. 什邡市

如图 9-19 所示,什邡市第二产业增加值从 2007 年的 82.10 亿元增加至 2017 年的 153.31 亿元,10 年增长了 0.87 倍,年均增速为 6.4%;其中,工业增加值从 2007 年的 79.09 亿元增加至 2017 年的 142.90 亿元,10 年增长了 0.81 倍,年均增速为 6.1%。第二产业及其中的工业因受地震的影响在 2008 年大幅下滑超过 30%,在灾后重建结束后的 2011 年第二产业和工业增加值增速在 30% 左右,但 2013 年

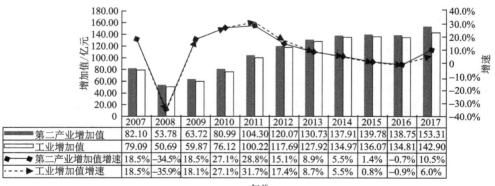

	2007	2008	2009	2010	2011	2012	2013	2014	2015	2016	2017
第二产业增加值	82.10	53.78	63.72	80.99	104.30	120.07	130.73	137.91	139.78	138.75	153.31
工业增加值	79.09	50.69	59.87	76.12	100.22	117.69	127.92	134.97	136.07	134.81	142.90
第二产业增加值增速	18.5%	-34.5%	18.5%	27.1%	28.8%	15.1%	8.9%	5.5%	1.4%	-0.7%	10.5%
工业增加值增速	18.5%	-35.9%	18.1%	27.1%	31.7%	17.4%	8.7%	5.5%	0.8%	-0.9%	6.0%

年份

图 9-19 什邡市 2007～2017 年第二产业/工业增加值及增速

开始增速逐渐放缓,2013~2016年4年的增速都在10%以下,2016年还出现了负增长。工业增加值占第二产业增加值的比重从2007年的96.3%下降到2017年的93.2%,表明工业作为第二产业支柱的地位仍然很稳固。

"5·12"汶川地震之后,什邡市工业经济经历了灾后重建、产业结构调整和国际、国内经济下行等多重震荡带来的阵痛,通过加快项目推进、加大中小微企业培育和加强要素保障等措施进一步促进全市工业经济转型升级,深入推动全市工业经济高效益和绿色化发展,不断提高全市工业的两化融合水平,为什邡市工业经济的长远发展开创了新的局面。

在地震后的十年里,全市工业经历了地震灾后经济的严重下滑到灾后重建以来的迅速崛起。在此期间,不少的产业和企业在市场经济大浪淘沙的洗礼中得到了不同的发展,全市工业结构发生了显著的变化。

一是工业经济总体竞争力进一步增强。地震后,全市工业企业个数虽然减少了,但是规模以上工业企业个数不断增加,全市工业经济总体实力进一步增强。

2007年,全市拥有各类工业企业4768家,实现工业总产值197.7亿元。其中,规模以上工业企业124家,实现工业总产值164.1亿元;规模以下工业企业4644家,实现工业总产值33.6亿元。地震后的2008年,全市拥有各类工业企业2756家。其中,规模以上工业企业137家,实现工业总产值112.9亿元;规模以下工业企业2619家,由于地震受灾严重和抗震救灾工作,2008年规模以下工业企业工业总产值数据未统计。截止到2017年12月,全市拥有规模以上工业企业227家,比地震前的2007年增加了103家,增长了83.1%;规模以上工业企业实现工业总产值488.5亿元,比2007年增长了197.7%(截至作者完稿,2017年工业统计年报工作尚未结束,目前只有截止到2017年12月的规模以上工业数据)。

二是工业结构进一步优化。在全市工业经济中,食品行业、机械加工(含设备制造)和化工行业既是什邡市的传统产业,也是什邡市的主导产业。三个行业发展情况成为全市工业经济的晴雨表。而地震后,在市场经济的竞争过程中,全市产业结构不断调整,包装印刷、家具、造纸及纸制品等行业企业数量和产值比重都有不同程度增加。

2007年,全市规模以上工业拥有食品企业10家、机械加工企业24家、化工企业44家,分别占全市规模以上工业企业总数的8.06%、19.35%和35.48%;食品企业实现工业总产值508 887万元,机械加工企业实现工业总产值627 110万元,化工企业实现工业总产值318 536万元,分别占全市规模以上工业总产值总量的31.01%、38.22%和19.41%。三大行业企业总数和工业总产值分别占到全市规模以上工业的62.90%和88.64%。

到2017年,全市三大行业中:规模以上食品企业达到30家、机械加工企业达到48家、化工企业达到60家,分别占全市规模以上工业企业总数的13.22%、

21.15%和26.43%,相比地震前占比分别上升了5.16个百分点、1.80个百分点和−9.05个百分点;三大产业实现工业总产值1 800 077万元、996 841万元和886 793万元,分别占全市规模以上工业总产值总量的36.85%、20.41%和18.15%,相比地震前工业总产值占比分别上升了5.84个百分点、−17.81个百分点和−1.26个百分点。

到2017年12月,全市拥有规模以上家具企业19家,占全市规模以上工业企业总数的8.37%,实现工业总产值167 297万元,占当年全市规模以上工业总产值的3.42%;包装印刷企业6家,占全市规模以上工业企业总数的2.64%,实现工业总产值124 079万元,占当年全市规模以上工业总产值的2.54%;造纸和纸制品企业9家,占全市规模以上工业企业总数的3.96%,实现工业总产值66 397万元,占当年全市规模以上工业总产值的1.36%。①

3. 绵竹市

如图9-20所示,绵竹市第二产业增加值从2007年的97.77亿元增加至2017年的133.50亿元,10年增长了0.37倍,年均增速为3.2%;其中,工业增加值从2007年的95.57亿元增加至2017年的128.80亿元,10年增长了0.35倍,年均增速为3.0%。10年中第二产业及其中的工业增加值基本上保持了同步增长,因受地震的影响在2008年大幅下滑超过45%,一直到2012年才略超地震前2007年的水平;在灾后重建结束后的2011年第二产业和工业增加值增速接近30%,但2013年开始增速逐渐放缓,2015~2017年3年进入滞胀期。工业增加值占第二产业的比重从2007年的97.7%下降到2017年的96.5%,表明工业作为第二产业支柱的地位有所削弱。

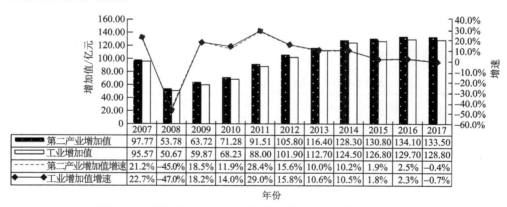

	2007	2008	2009	2010	2011	2012	2013	2014	2015	2016	2017
第二产业增加值	97.77	53.78	63.72	71.28	91.51	105.80	116.40	128.30	130.80	134.10	133.50
工业增加值	95.57	50.67	59.87	68.23	88.00	101.90	112.70	124.50	126.80	129.70	128.80
第二产业增加值增速	21.2%	−45.0%	18.5%	11.9%	28.4%	15.6%	10.0%	10.2%	1.9%	2.5%	−0.4%
工业增加值增速	22.7%	−47.0%	18.2%	14.0%	29.0%	15.8%	10.6%	10.5%	1.8%	2.3%	−0.7%

年份

图9-20 绵竹市2007~2017年第二产业/工业增加值及增速

---

① 2007年、2008年、2010年和2016年数据源自《什邡市统计年鉴》;截至作者完稿,2017年工业企业统计年报尚未完成,因此,2017年数据为12月快报数据;2010年,规模以上工业企业按照国家标准调整为营业收入2000万元以上的企业,因此,规模以上工业企业数量和工业总产值数据有所下降。

　　"5·12"汶川地震之后绵竹市与极重灾区其他县（市）一样，工业经济经历了灾后重建、产业结构调整和国际、国内经济下行等多重震荡带来的阵痛，通过加快项目推进、园区建设等措施进一步促进全市工业经济转型升级，深入推动全市工业经济高效益和绿色化发展。在地震后的十年里，全市工业经历了地震灾后的严重下滑到灾后重建的迅速崛起。在此期间，不少产业和企业在市场经济大浪淘沙的洗礼中得到了不同的发展，全市工业结构发生了显著的变化。

　　2008年，受"5·12"汶川特大地震影响，绵竹市国民经济遭受重创，各项经济指标急剧下滑，从此退出了"十强县"行列。2009年以来，在党中央、国务院的深切关怀和坚强领导下，在对口支援的江苏省和社会各界的倾情援助下，绵竹市经济得到了一定的恢复发展。

　　2011年以来，受经济下行压力加大、产业转型升级缓慢影响，绵竹市经济发展呈现增速放缓态势。工业在全市占比已逐年减小，从2011年的60.2%下滑到2016的57.9%，是2011年以来的最低点，对全市经济发展的支撑带动作用有所减弱。传统产业转型升级步伐缓慢，受市场因素影响大，导致失业人口数量居高不下。2015年绵竹市在全省县域经济排位情况已经下滑至第26名，离曾经的"十强县"越来越遥远。

　　从表9-7可以看出，绵竹市工业支柱依然是白酒、磷矿石、水泥、化工和服装这些传统产业。近年来，一方面通过"关停并转"加快传统产业转型，加快工业向园区集中，发展平台进一步拓展，初步形成了"3+2"（食品饮料、磷钛化工、装备制造三大传统产业和新材料、生物医药两大新兴产业）产业结构；加快工业园区建设，推动工业向园区集中。另一方面，加快培育壮大战略性新兴产业，打造石墨烯、铝空动力、智能终端、节能环保材料4个特色"园中园"，直至2017年，园区20个工业产品获第十二届四川名牌，战略性新兴产业企业达60户，产值占比提高到33.2%。

表9-7　绵竹市2012～2016年主要工业产品产量表

产品名称	2012年	2013年	2014年	2015年	2016年	年均增长率
白酒	124 579千升	146 586千升	150 457千升	153 056千升	149 461千升	4.7%
原煤	20.35万吨	15.87万吨				
磷矿石	298.81万吨	300.18万吨	348.64万吨	397.80万吨	397.00万吨	7.4%
水泥	380.23万吨	430.22万吨	169.93万吨	226.50万吨	259.80万吨	-9.1%
硫酸	67.61万吨	56.31万吨	158.89万吨	145.30万吨	135.70万吨	19.0%
磷肥	40.66万吨	62.85万吨	79.11万吨	84.90万吨	116.70万吨	30.2%
服装	35.20万件	45.70万件	43.47万件			

4. 北川县

如图 9-21 所示，北川县第二产业增加值从 2007 年的 5.54 亿元增加至 2017 年的 17.10 亿元，10 年增长了 2.09 倍，年均增速为 11.9%；其中，工业增加值从 2007 年的 3.90 亿元增加至 2017 年的 9.06 亿元，10 年增长了 1.32 倍，年均增速为 8.8%。第二产业及其中的工业因受地震的影响在 2008 年大幅下滑分别达 -32.3%和-50.4%，2009 年增速最高分别达到 74.8%和91.3%，但 2011 年开始增速逐渐放缓，2013～2017 年 5 年的增速基本在 10%以下，甚至出现了负增长。工业增加值占第二产业的比重从 2007 年的 70.4%下降到 2017 年的 53.0%，表明工业作为第二产业支柱的地位在逐步削弱。

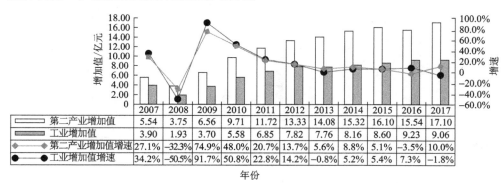

	2007	2008	2009	2010	2011	2012	2013	2014	2015	2016	2017
第二产业增加值	5.54	3.75	6.56	9.71	11.72	13.33	14.08	15.32	16.10	15.54	17.10
工业增加值	3.90	1.93	3.70	5.58	6.85	7.82	7.76	8.16	8.60	9.23	9.06
第二产业增加值增速	27.1%	-32.3%	74.9%	48.0%	20.7%	13.7%	5.6%	8.8%	5.1%	-3.5%	10.0%
工业增加值增速	34.2%	-50.5%	91.7%	50.8%	22.8%	14.2%	-0.8%	5.2%	5.4%	7.3%	-1.8%

年份

图 9-21　北川县 2007～2017 第二产业/工业增加值及增速

"十二五"规划期间，北川县通过大力实施"工业强县"战略，全县工业经济增势有力。截至 2017 年末，全县规模以上工业企业达到 36 家，规模工业总产值首次突破 30 亿元，规模以上工业增加值增速到达 9.7%。36 家企业中 4 亿元以上的大企业有 1 家，亿元以上的企业达到 6 家。通过实施转型升级和引进新兴产业，全县工业结构调整取得新进展，形成了水利水电、新型建材、医药食品、机械电子四大主导产业，共有规模以上工业企业 29 家，占全县规模以上工业企业的比重达到 80.6%。通用航空、新材料、生物医药、节能环保等新兴产业加快发展。通过优化工业布局，北川县逐渐形成了沿主要交通轴线和重点乡（镇）的"一区多园"空间发展格局。形成了以四川北川经济开发区为依托，建成山东产业园、石材产业园、正在发展的永安产业园和建设中的柳林产业园、通航产业园的产业园发展格局。

5. 汶川县

如图 9-22 所示，汶川县第二产业增加值从 2007 年的 22.20 亿元增加至 2017

年的 37.96 亿元，10 年增长了 0.71 倍，年均增速为 5.5%；其中，工业增加值从 2007 年的 19.45 亿元增加至 2017 年的 34.78 亿元，10 年增长了 0.79 倍，年均增速为 6.0%。第二产业及其中的工业增加值因受地震的影响在 2008 年大幅下滑分别达–63.4%和–65.7%，直到灾后重建基本结束的 2010 年才恢复到地震前水平；2009 年增速分别达到 87.3%和 74.4%，但从 2011 年开始增速逐渐放缓，2015～2016 年连续 2 年出现负增长。工业增加值占第二产业增加值的比重从 2007 年的 87.6% 上升到 2017 年的 91.6%，表明工业作为第二产业支柱的地位得以进一步稳固。

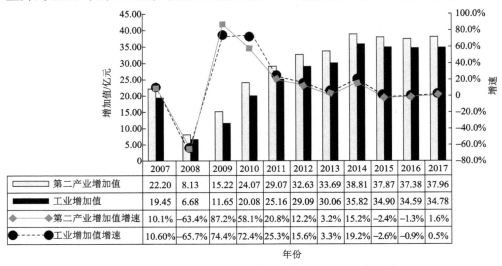

图 9-22　汶川县 2007～2017 年第二产业/工业增加值及增速

　　近年来，汶川县实施工业强县战略，推动工业产业由单一型资源开发向复合型加工制造转变，初步形成了以锂、氧化锆、电解铝、液氧液氮、生态医药为主的产业集群。2016 年实现全部工业增加值 34.59 亿元，比上年下降了 1.3%，对经济增长的贡献率为 55.6%，拉动经济增长 2.0 个百分点，工业化率达 61.1%；年末有规模以上工业企业 34 家，全年规模以上工业增加值增长了 3.5%。在规模以上工业中，分轻重工业看，2016 年轻工业增加值比上年下降了 7.0%，重工业增加值增长了 4.0%。分经济类型看，国有控股企业下降了 4.4%，股份制企业下降了 1.6%，外商及港澳台商投资企业增长了 4.6%，其他经济增长了 26.3%。分行业看，规模以上工业 12 个行业大类中有 5 个行业增加值增长。其中，黑色金属矿采选业增加值比上年增长了 5.8%，化学原料和化学制品制造业增长了 154.7%，橡胶和塑料制品业增长了 0.9%，黑色金属冶炼和压延加工业增长了 22.5%，有色金属冶炼和压延加工业增长了 26.3%，非金属矿采选业下降了 13.8%，酒、饮料和精制茶制造业下降了 4.5%，医药制造业下降了 9.1%，非金属矿物制品业下降了 66.0%，通用设备制造业下降了 16.8%，计算机、通信和其他电子设备制造业下降了 28.9%，电力、热力生产和供应业下降了 3.8%。从主要产品产量看，中成药下降了 12.8%，原铝产量下降了 26.7%，铝合金增长了 14.8%，发电量增长了 0.4%，塑料制品下降了 1.6%，铁合金增长了 34.3%，铁矿石增长了 0.9%，石灰石增长了 5.8%。[①]

2017 年汶川县科学编制了工业园区总体规划，积极构建"一园两区一线+飞地经济"的绿色工业发展新格局。2017 年全年投资 4.8 亿元实施工业项目 23 个，推动节能减排，淘汰落后产能，支持九寨沟天然药业集团有限责任公司、阿坝铝厂等企业技改升级；新培育规模以上工业企业 7 家，规模以上工业企业达 38 家，完成规模以上工业增加值 19.22 亿元。

从以上对第二产业比重下降的 5 个县（市）第二产业发展的具体分析可以看出，第二产业比重下降超过 8% 的绵竹市、汶川县和什邡市在地震前都以第二产业为主导，第二产业比重在 60%～80%，并且都是以资源型为主的传统工业。地震对这些县域传统工业经济的破坏性影响，使这些县域工业强县战略受到了越来越严峻的挑战。

总体而言，2017 年 10 县（市）中第二产业比重在 60% 以上的还有汶川县和茂县；在 50%～60% 的有彭州市、什邡市、绵竹市、平武县和安县；在 30%～45% 的有青川县、都江堰市和北川县。

9.4　第三产业快速发展

如图 9-23 所示，极重灾区 10 县（市）中只有茂县、彭州市第三产业比重有所下降，分别为-10.5 个百分点和-2.3 个百分点；其余 8 县（市）均有不同程度的上升，上升幅度在 0.4～17.8 个百分点，上升幅度最大的是绵竹市达 17.8 个百

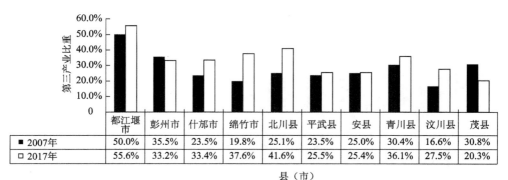

县（市）	都江堰市	彭州市	什邡市	绵竹市	北川县	平武县	安县	青川县	汶川县	茂县
■ 2007年	50.0%	35.5%	23.5%	19.8%	25.1%	23.5%	25.0%	30.4%	16.6%	30.8%
□ 2017年	55.6%	33.2%	33.4%	37.6%	41.6%	25.5%	25.4%	36.1%	27.5%	20.3%

图 9-23　10 县（市）2007 年与 2017 年第三产业比重对比

① 数据来自《2016 年汶川县国民经济和社会发展统计公报》。

分点。2017 年第三产业比重达 50% 以上的只有都江堰市，为 55.6%；在 40%～50% 的只有北川县，为 41.6%；在 30%～40% 的有彭州市、什邡市、绵竹市和青川县；平武县、安县、汶川县和茂县还在 30% 以下。可见 10 县（市）之间第三产业发展差距巨大。

9.4.1 第三产业快速发展差距拉大

如图 9-24 所示，都江堰市第三产业增加值从 2007 年的 57.9 亿元增加至 2017 年的 139.75 亿元，10 年增长了 2.35 倍，年均增速达 12.8%；彭州市第三产业增加值从 2007 年的 40.86 亿元增加至 2017 年的 117.43 亿元，10 年增长了 1.87 倍，年均增速达 11.1%；什邡市第三产业增加值从 2007 年的 29.93 亿元增加至 2017 年的 92.22 亿元，10 年增长了 2.08 倍，年均增速 11.9%；绵竹市第三产业增加值从 2007 年的 28.24 亿元增加至 2017 年的 98.00 亿元，10 年增长了 2.47 倍，年均增速为 13.2%；北川县第三产业增加值从 2007 年的 3.30 亿元增加至 2017 年的 19.87 亿元，10 年增长了 5.02 倍，年均增速为 19.7%；平武县第三产业增加值从 2007 年的 3.86 亿元增加至 2017 年的 10.32 亿元，10 年增长了 1.67 倍，年均增速为 10.3%；安县第三产业增加值从 2007 年的 12.70 亿元增加至 2017 年的 32.84 亿元，10 年增长了 1.59 倍，年均增速为 10.0%；青川县第三产业增加值从 2007 年的 4.18 亿元增加至 2017 年的 12.92 亿元，10 年增长了 2.09 倍，年均增速为 11.9%；汶川县第三产业增加值从 2007 年的 4.77 亿元增加至 2017 年的 15.84 亿元，10 年增长了 2.32 倍，年均增速为 12.8%；茂县第三产业增加值从 2007 年的 3.12 亿元增加至 2017 年的 6.89 亿元，10 年增长了 1.21 倍，年均增速为 8.2%。

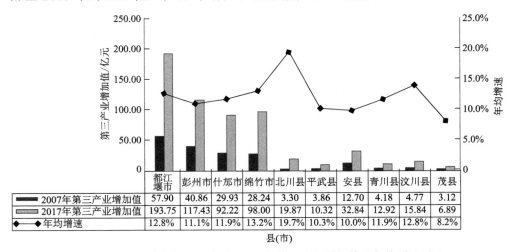

	都江堰市	彭州市	什邡市	绵竹市	北川县	平武县	安县	青川县	汶川县	茂县
2007年第三产业增加值	57.90	40.86	29.93	28.24	3.30	3.86	12.70	4.18	4.77	3.12
2017年第三产业增加值	193.75	117.43	92.22	98.00	19.87	10.32	32.84	12.92	15.84	6.89
年均增速	12.8%	11.1%	11.9%	13.2%	19.7%	10.3%	10.0%	11.9%	12.8%	8.2%

县(市)

图 9-24 10 县（市）2007 年与 2017 年第三产业增加值及年均增速对比

9.4.2　旅游产业引领第三产业发展

总体来看，极重灾区 10 县（市）2007～2017 年来第三产业都得以快速发展。其中旅游业迅速发展成为极重灾区县域近年来第三产业发展的一大亮点，如表9-8所示。

表 9-8　10 县（市）2007～2017 年旅游业收入及增速

县（市）	指标	2007 年	2008 年	2009 年	2010 年	2011 年	2012 年	2013 年	2014 年	2015 年	2016 年	2017 年
都江堰市	旅游业收入/亿元	33.33	18.00	42.08	50.90	63.30	76.61	82.75	91.77	112.75	145.50	195.91
	增速	22.4%	−46.0%	133.8%	21.0%	24.4%	21.0%	8.0%	10.9%	22.9%	29.0%	34.6%
彭州市	旅游业收入/亿元	5.10	1.65	1.70	3.60	3.96	4.99	5.51	10.54	16.20	30.20	46.50
	增速	15.9%	−67.6%	3.0%	111.8%	10.0%	26.0%	10.4%	91.3%	53.7%	86.4%	54.0%
什邡市	旅游业收入/亿元	9.37	3.20	3.83	5.49	7.41	9.63	13.00	19.00	24.70	34.38	48.50
	增速	24.9%	−65.8%	19.7%	43.3%	35.0%	30.0%	35.0%	46.2%	30.0%	39.2%	41.1%
绵竹市	旅游业收入/亿元	8.98	3.00	4.00	7.58	5.38	11.04	14.80	19.20	25.92	34.20	50.03
	增速	34.4%	−66.6%	33.3%	89.5%	−29.0%	105.2%	34.1%	29.7%	35.0%	31.9%	46.3%
北川县	旅游业收入/亿元	3.84	1.39	1.00	2.10	7.10	12.51	19.95	26.91	32.57	40.71	51.70
	增速	51.5%	−63.8%	−28.1%	110.0%	238.1%	76.2%	59.5%	34.9%	21.0%	25.0%	27.0%
平武县	旅游业收入/亿元	3.64	0.87	0.54	2.02	5.46	7.53	11.90	15.43	18.91	24.52	33.35
	增速	51.7%	−76.1%	−37.9%	274.1%	170.3%	37.9%	58.0%	29.7%	22.6%	29.7%	36.0%
安县	旅游业收入/亿元	6.38	3.25	4.16	6.60	9.97	14.71	22.00	31.06	38.23	47.98	66.66
	增速	47.3%	−49.1%	28.0%	58.7%	51.1%	47.5%	49.6%	41.2%	23.1%	25.5%	38.9%
青川县	旅游业收入/亿元	3.20	1.71	3.10	2.40	4.68	7.50	11.30	13.90	17.50	21.90	27.80
	增速	51.0%	−46.6%	81.3%	−22.6%	95.0%	60.3%	50.7%	23.0%	25.9%	25.1%	26.9%
汶川县	旅游业收入/亿元	2.34	0.51	2.03	6.18	17.71	24.74	26.29	28.97	35.48	37.46	27.15
	增速	19.6%	−78.2%	298.0%	204.4%	186.6%	39.7%	6.3%	10.2%	22.5%	5.6%	−27.5%

续表

县（市）	指标	2007 年	2008 年	2009 年	2010 年	2011 年	2012 年	2013 年	2014 年	2015 年	2016 年	2017 年
茂县	旅游业收入/亿元			1.04	2.42	5.63	7.91	8.55	10.86	14.46	19.97	15.42
	增速				132.7%	132.6%	40.5%	8.1%	27.0%	33.1%	38.1%	−22.8%

如图 9-25 所示，都江堰市旅游业收入从 2007 年的 33.33 亿元增加到 2017 年的 195.91 亿元，10 年增长了 4.88 倍，年均增速达 19.4%；彭州市旅游业收入从 2007 年的 5.10 亿元增加到 2017 年的 46.50 亿元，10 年增长了 8.12 倍，年均增速达 24.7%；什邡市旅游业收入从 2007 年的 9.37 亿元增加到 2017 年的 48.50 亿元，10 年增长了 4.18 倍，年均增速达 17.9%；绵竹市旅游业收入从 2007 年的 8.98 亿元增加到 2017 年的 50.03 亿元，10 年增长了 4.57 倍，年均增速达 18.7%；北川县旅游业收入从 2007 年的 3.84 亿元增加到 2017 年的 51.70 亿元，10 年增长了 12.46 倍，年均增速达 29.7%；平武县旅游业收入从 2007 年的 3.64 亿元增加到 2017 年的 33.35 亿元，10 年增长了 8.16 倍，年均增速达 24.8%；安县旅游业收入从 2007 年的 6.38 亿元增加到 2017 年的 66.66 亿元，10 年增长了 9.45 倍，年均增速达 26.4%；青川县旅游业收入从 2007 年的 3.20 亿元增加到 2017 年的 27.80 亿元，10 年增长了 7.69 倍，年均增速达 24.1%；汶川县旅游业收入从 2007 年的 2.34 亿元增加到 2017 年的 27.15 亿元，10 年增长了 10.60 倍，年均增速达 27.8%；茂县旅游业收入从 2009 年的 1.04 亿元增加到 2017 年的 15.42 亿元，8 年增长了 13.83 倍，年均增速达 40.1%。

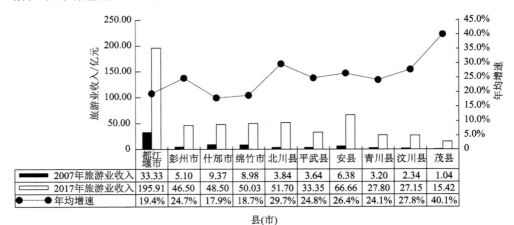

图 9-25　10 县（市）2007 年与 2017 年旅游业收入及年均增速比较

茂县 2007 年旅游业收入实为 2009 年数据

10 县（市）10 年间旅游业收入年均增速大多超过 20%，可见极重灾区县域 2007~2017 年旅游业都保持了高速增长。但 10 县（市）旅游业收入总额差距巨大，旅游业收入最高的都江堰市是最低的茂县的 12.70 倍；2017 年 10 县（市）中只有都江堰市超过了 150 亿元，达到 50 亿元的也只有安县、北川县和绵竹市。

9.4.3　电子商务助推第三产业发展

第三产业中除了旅游业的快速发展，近年来现代服务业尤其是电子商务产业呈现出蓬勃发展势头。其中安县自 2015 年以来，通过电商产业园区建设，积极推进农村电商，电商产业得到快速发展。2017 年获评四川县域电子商务十佳县和省级电子商务产业发展示范县，实现电商交易额 79 亿元，同比增长约 160%。

北川县在 2017 年国家第二批电子商务进农村综合示范项目绩效考评得分位居全省第 1，新增电商经营主体 55 家，达到 535 家，实现电商交易额 130 亿元，网络零售额 2.2 亿元。外贸出口实现零的突破。全年新增规模服务业企业 5 家，达到 22 家，新增限额以上商贸单位 8 家，达到 47 家。社会消费品零售总额达到 20.1 亿元，增长了 12.5%，服务业增加值增速为 10.7%。

青川县扎实开展"惠民购物全川行动""川货全国行""万企出国门"等市场拓展服务活动，2016 年全年组织企业 65 次，实现企业现场销售 120 余万元，签订意向性协议 2000 余万元；全面推进"商务部电子商务进农村综合示范县项目"建设，发展县域电商企业 31 家、个体网商 240 余户、物流企业 21 家，覆盖农业专合组织 120 个，带动农户 18 000 余户参与发展关联产业，提供就业岗位 11 000 余个，实现 2041 户建卡贫困户户均增收 3500 元，全年网络零售额达到 2.8 亿元，并荣登"2016 四川电商十强县"。

从以上对极重灾区县域 10 年来产业结构演进的特征分析中可以看出，10 个县域产业结构无论是三次产业比重还是三次产业内部结构都发展了较大变化，总体呈现出产业重构的特征。

9.5　"1+2+3"融合发展

震后 10 年来，极重灾区县域产业发展呈现出快速发展、结构优化、融合发展等特征。2016 年初国务院办公厅印发了《国务院办公厅关于推进农村一二三产业融合发展的指导意见》。该意见强调，要着力构建农业和二三产业交叉融合的现代产业体系，形成城乡一体化的农村发展新格局；到 2020 年，农村产业融合发展总体水平明显提升。2006~2007 年中央财政安排专项资金支持安徽、重庆等 12 个省（自治区、直辖市）开展农村一二三产业融合发展试点工作。极重灾区县域在近年来的实践探索中，已逐渐摸索出县域一二三产业融合发展的多种模式。

9.5.1 农业内部有机融合模式

近年来，在推动农业提质增效、农业供给侧结构性改革的实践中，山区贫困县逐渐探索出农业内部有机融合模式，即通过农牧、农林结合，循环发展，调整和优化种养结构，发展高效、绿色农业。

汶川县按照"南林北果+特色畜牧"的农业产业布局，推进片区抱团发展。南部万亩笋用竹、枫香树基地、林下中药材、茶叶等林业立体产业格局基本形成，2017 年末，北部甜樱桃、脆李子、香杏子等特色水干果达 13.6 万亩、年产量达 1.1 万吨，特色畜禽饲养总量达 34 万头（只）。

平武县依托国家地理标志产品"平武中蜂"，探索出"平武中蜂+一级蜜源草本经济作物+二级蜜源木本经济作物"的生态立体循环脱贫套餐产业模式，走出了一条当年见效、稳定持续、多重增收的脱贫致富之路。央视财经频道《第一时间》栏目用时 2 分 23 秒，聚焦"平武中蜂+"套餐扶贫模式，以《酿造"甜蜜事业"开辟脱贫新路》为题进行了宣传报道，"平武中蜂+"已成为全县精准脱贫的主导产业。

茂县第一产业以农业和畜牧业为主，在农业内部以蔬菜、水果为主；茂县畜牧业以养猪为主，其次是养牛和养羊。近年来茂县以优化农业内部结构的供给侧结构性改革为契机，加快农业标准化、特色化、品牌化建设，建成罗山村脆红李、南庄村羌脆李、木耳村高山绿色蔬菜、壳壳寨村果蔬一体化等 16 个标准化特色产业示范基地，果蔬产业面积占种植产业的 90%以上，优质生猪、优质牦牛（肉牛）、优质家禽、中蜂养殖得到较快发展，初步形成了"特色果、绿色菜、生态畜、道地药"的农业产业化发展新格局。

9.5.2 "农业+"融合发展模式

这种模式以农业为统领，将历史、文化、旅游、工业、生态、休闲、教育、康养、品牌等融入传统农业，实现农业业态创新，实现农业+旅游、农业+文化、农业+教育、农业+工业、农业+康养等产业深度融合，打造具有地域、民族、文化内涵的特色镇村。

这一模式在 10 县（市）的特色小镇打造、四好幸福美丽新村建设中均有体现。典型案例有：安县以花城果乡、塔水七里村、猕猴桃走廊、环湖碧荷园为主力军，打造出了一批赏花、采摘、垂钓、农家美食体验等富有农耕文化的旅游产品，形成农耕文化旅游品牌。

自 2015 年以来，什邡市在四好幸福美丽新村建设中突显的"马祖模式"备受关注。有着 1300 多年历史文化积淀、唐代佛教禅宗第八代祖师马道一的出生地——什邡市马祖镇，其拥有"五线交会、毗邻两区"的独特区位优势。近年来，马祖镇以"四好村"建设为引领，探索出了特色鲜明的乡村振兴的"马祖模式"。

马祖镇巧借马祖历史文化品牌，以农禅文化为魂，以美丽田园为韵，以生态农业为基，发展禅菊、车前子种植，建成田园体验+民俗活动+心灵之旅的特色景区，形成农业+文旅+田园社区的有机闭环，将马祖村建设成为融观光农业+创意农业+农事体验为一体田园综合体，并辐射带动周边东岳村、马高桥村、复兴村连片发展。

马祖镇围绕"突出特色建基地、围绕龙头建基地"，确定了以养生产业为方向，建设了以禅皇菊为主打的养生花草茶的生产、加工基地，把基地建设与马祖农禅文化特色产业培育紧密结合起来，建立了产品销售平台，依托六合家园种植专业合作社等社会组织，打造一二三产业深度融合发展示范区。

马祖镇依托自身优势，按照产村相融、农旅结合，把农业产业基地打造为乡村旅游景区，把特色农产品开发成旅游商品，把农民培养为乡村旅游从业人员，全力打造全省农旅结合示范点。以康养休闲为主题，以农业生产为基础，兴办各种节会活动，不断丰富乡村旅游内涵。连续举办了五届的"吉祥格桑花·马祖祈福游"活动，吸引了大批游客，成为什邡市四好幸福美丽新村建设示范村、乡村一二三产业有机融合的典范。

9.5.3 "旅游+"融合发展模式

该模式是以旅游为统领，将品牌、文化、农业、工业、小镇、乡村等与旅游有机融合，创新旅游业发展新业态，这一模式以绵竹市为代表。"5·12"汶川特大地震使绵竹市正蓬勃发展的旅游业遭受重创。地震以后，在江苏省的倾力援建下，绵竹市对全市旅游业发展现状与问题进行了认真梳理，结合新农村建设、各镇乡特色对旅游业发展进行了科学规划、科学重建。在震后 10 年的发展中，通过旅游+品牌、旅游+文化、旅游+农业、旅游+小镇、旅游+扶贫、旅游+体育等形式逐渐形成了"旅游+"全域旅游模式。

（1）旅游+品牌。积极推进各项品牌创建工作，不断彰显绵竹市文旅名城的美誉度和知名度，绵竹市成功创建为省级乡村旅游强县、省级旅游强县，全面启动了绵竹清平国家 4A 级旅游景区、九龙山-麓棠山省级旅游度假区、剑南老街及新市森海水上乐园国家 AAA（以下简称 3A）级旅游景区创建工作。截止到 2017 年末，九龙山-麓棠山省级旅游度假区、剑南老街国家 3A 级旅游景区创建已通过专家评审并公示。

（2）旅游+文化。绵竹市年画节、梨花节、赏果节、玫瑰节、汉文化系列活动的成功举办，为旅游的长期发展融入了文化灵魂。

（3）旅游+农业。依托万亩玫瑰园、梨园、猕猴桃、葡萄等农业资源，打造休闲观光农业与乡村旅游产业。利用玫瑰产品、山货、野菜、瓜果等农特产品的转化实现农旅融合发展。

（4）旅游+小镇。以清平银杏小镇、九龙山地运动小镇、土门玫瑰温泉小镇、孝德年文化小镇为重心，打造"一镇一貌"的旅游特色小镇发展格局。

（5）旅游+扶贫。通过涉旅企业、星级农家乐对接联系贫困户，通过安置就业、农副产品定点采购等帮扶带动发展。同时大力推进"秀美四川·乡村旅游扶贫项目——绵竹市金花镇乡村旅游双创园区"项目，推广"旅游专业合作社+贫困户"的帮扶模式，尤其在发展民宿、开发旅游商品、发展种植和养殖业等方面下功夫，积极引导和动员金花镇云盖村陪嫁湾民宿旅游专业合作社、年画村缤纷种植业专业合作社、汉旺镇龙腾种植专业合作社、遵道镇果树协会4家专业合作社加入脱贫攻坚队伍，2017年通过吸纳就业、农副产品开发，定点采购等方式带动300余户贫困户实现人均增收2000余元，有效带动了贫困户脱贫致富。

（6）旅游+体育。绵竹市成功举办了2017中国自行车联赛四川·绵竹站"玫瑰谷杯"比赛，并被命名为"中国最适宜骑行游览线路"；大九寨环线旅游黄金走廊区域联盟合作会议在绵竹市顺利召开,中国玫瑰谷被设立为永久性活动会址；全国篮球青年男子锦标赛、"花海漫漫·乐游绵竹"绵竹定向赛、"两汉三国·秦蜀古道"定向运动等体育赛事的成功举办，有效推动了旅游体育的融合发展，不断集聚绵竹旅游人气。

9.5.4 产业集聚发展融合模式

随着农业产业化、规模化、特色化、品牌化的逐步提高，农业产业园区化呈现集聚发展态势。同时，随着城乡一体化、特色小镇、幸福美丽新村建设的推进，一二三产业集聚发展融合模式也逐渐形成。

这一模式在极重灾区县域的典型代表有彭州市的"加工进园区、生产进基地"的现代农业聚集发展模式。

彭州市在"十二五"规划中明确提出了，构建"加工进园区、生产进基地"的现代农业发展格局。经过7年的建设发展，"一港一园五基地"的现代农业发展格局基本形成。"一港"即以濛阳为核心的现代农业港；"一园"即以葛仙山镇熙玉村为核心现代农业主题公园；"五基地"是指标准化蔬菜产业基地、标准化中华川芎产业基地、标准化优质猕猴桃产业基地、标准化养殖畜禽产业基地、冷水鱼产业基地。以蔬菜产业为重心，形成了"四中心三基地一园区"。"四中心"即农产品集散中心、价格形成中心、信息服务中心、蔬菜会展中心；"三基地"即农业科技转化基地、新品种新技术新材料展示基地、新型农民培训基地；"一园区"即国家级的现代农业发展示范区。建成了现代都市农业港农产品加工工业园、现代农业物流园，将农产品加工工业园区打造成为立足彭州、面向西南、走向全国的现代农副产品精加工基地，将现代农业物流园建设成为全国一流的集农副产品批发采购、加工包装、展示配送、仓储（冷藏）服务、电子商务、物流信息、金融服务等多种功能于一园，以专业化市场为特色的农业现代化物流园区。

此外还有什邡市雪茄风情小镇"1+2+3"集聚发展模式。什邡雪茄风情小镇建设模式既是一二三产业融合发展的典型模式，也是一二三产业聚集融合、新型城镇化的典型模式。

第10章 城乡统筹发展的灾区实践

城乡统筹发展作为四川省的重大战略之一,在10年的灾区转型发展实践中快速推进,卓有成效,形成了一些颇具特色的模式,取得了一些行之有效的经验。本章选取了一些在城乡统筹发展中具有代表性的案例进行深入研究,进而对极重灾区县域城乡统筹发展的经验和模式进行总结提炼。

10.1 全域统筹的现代田园城市示范

10.1.1 现代田园城市示范的彭州实践

一是全域统筹,实现城镇体系、产业体系、生态建设等方面的城乡一体化。从"十一五"规划时期开始,彭州市就率先提出了"加快推进城乡一体化",《彭州市国民经济和社会发展第十二个五年规划纲要》中明确提出"以城乡总体产业和空间发展功能分区为统领,以产业功能区、城市发展核、现代田园城市示范线为支撑,形成组团化、走廊式的城乡空间布局,构建'城在田中'、'城田相融'、'园在城中'的新型城乡空间形态,形成'四区、两核、一带、一轴'的规划体系"。《彭州市国民经济和社会发展第十三个五年规划纲要》则进一步明确了"按照产城一体、城乡一体、集群集约、协调推进、特色鲜明的思路,构建层次分明、功能协调的'一三三六'发展战略",即构建以中心城区为"一心",以濛阳、丽春、通济三镇为"三极",以城市经济组团、都市农业组团、山地旅游组团为"三组团",以现代石化产业集群、生物医药产业集群、航空动力产业集群、家纺服装产业集群、山地旅游产业集群、都市农业产业集群为"六集群"的城乡一体的现代田园城镇体系和产业体系。

二是按照组团式、集群化、一镇一特色、一村一品牌思路推动城乡一体的特色镇村建设。自2013年启动特色镇建设以来,已有濛阳镇、丽春镇、龙门山镇、通济镇、丹景山镇、葛仙山镇、白鹿镇及敖平镇8个镇被列为成都市特色镇示范镇建设,濛阳镇、丽春镇被列为省级百镇建设试点镇。按照"一三三六"发展战略、"一镇一品"、"一镇一主业"的具体要求,初步形成了濛阳农产品物流和大地蔬菜产业园、丽春航空动力产业、湔江河谷旅游集聚区及敖平川芎等特色产业。

三是加快川西林盘建设，推动林盘经济发展。根据"世界现代田园城市"的历史定位和长远发展目标，按照《成都市聚居林盘整治建设技术导则》要求，2008～2017 年实施了龙门山宝山、军乐九里城外等 44 个林盘保护利用点的建设，林盘对外连接道路和林盘内道路均进行了硬化，共硬化道路长 3.1 万米，宽 1.2～4.2 米，面积 9.3 万平方米；林盘内集中供水设施完善，共建设给水管网 2.5 万米；村民以自来水作为主要的生活用水，且均符合国家饮用水卫生标准；根据林盘面积及居住人口数量，修建了净化沼气池作为林盘内污水处理设施，实现污水处理后排放，共建设净化沼气池 36 个、容积 3820 立方米，排污管网 2.4 万米，散水沟 1.8 万米；林盘内供电设施完善、供电线路畅通，村民生活用电得到了保障，共安装变压器 12 个，为 1745 户村民提供了供电保障；每个林盘通信线路、光纤、有线电视等功能配套完善，家家户户均使用天然气或罐装液化气作为生活能源。

彭州市利用林盘良好的生态和景观环境及产业特色，逐步调整产业结构，形成了具有一定特色的产业，从而发展了林盘特色经济。已基本形成了新兴镇寿阳泉林盘乡村旅游业、丽春镇白果村林盘绿化苗木种植业、桂花镇灯塔村林盘猕猴桃种植业、红岩镇窝店村林盘万亩莲藕种植业、军乐镇银定村九里城外的农家特色餐饮、龙门山镇宝山村温泉度假旅游、丽春镇花棚村具有藏羌民族特色的餐饮娱乐和旅游观光的"爱琴海摄影基地"、葛仙山乡村旅游等一批具有林盘特色的产业。

四是统筹推进新型农村综合体建设。自 2008 年以来，已建成农民集中居住区 463 个，规划安置户数 85 715 户、274 322 人，实际入住 74 947 户、253 406 人（包括农村新型社区 405 个，规划安置 62 960 户、206 832 人，实际入住 58 582 户、197 378 人；城镇新型社区 6 个，规划安置 3767 户、7573 人，实际入住 2431 户、7540 人）。在农村危房改造方面，2010～2017 年，彭州市共完成农村低保户土坯房改造 17 户，D 级危房改造 525 户，C 级危房改造 254 户，农村居民居住条件有了较大程度的提高。

五是统筹推进历史文化名镇、名村建设。加强历史文化名镇的开发利用和文化传承。白鹿中法风情小镇结合特色镇建设，于 2014 年 5 月 4 日顺利通过国家 4A 级旅游景区建设验收，成功创建国家 4A 级旅游景区，树立了历史文化小镇品牌，提升了白鹿镇的知名度；白鹿镇 2016 年成功举办成都市第三届天府古镇艺术节，连续五年成功主办白鹿·法国古典音乐艺术节。新兴镇海窝子瞿上商业古街被命名为第三批成都市特色商业街区。升平镇昌衡村、桂花镇三圣寺村成功申报省级传统村落。[1]

我们将彭州市现代田园城市示范的成功经验简要归结为：现代田园城市建设

---

① 本小节一手数据资料由彭州市政府办公室提供。

战略定位既符合彭州市的实际也具有超前性，高瞻远瞩；"一心""三极""三组团"的全域统筹的现代田园城市建设规划，全面科学；全域统筹的现代田园城市建设实践极大推进了城乡融合，亮点纷呈。这一模式将一直走在全国前列的城乡统筹的成都实践和成都经验作了又一次升华。

10.1.2 都江堰天府源田园综合体建设

灾后重建阶段，都江堰市汇集全球十家一流规划机构，科学编制形成了覆盖全域的城乡建设总体规划，确立了"1475"田园城市架构体系。结合全市基础设施的改善，全面推进城镇改造和新农村综合体，努力建设 1 个中心城区、4 个发展组团、7 个特色城镇、500 个新型社区的城镇体系，城市基础设施、公共服务设施、商业配套设施等综合配套整体提升，城市建成区面积扩展到 35.3 平方千米，城市居住人口达 40 万人。

全面推进场镇改造，天马镇被列入成都建设世界现代田园城市示范镇，都江堰市被列入全省"新农村建设整体推进市"，虹口乡被四川省委确定为"三基地一窗口"示范区。

按照"把点做靓、把线做美、串珠成线、连线成片、全域推进"的思路，对沙西线、IT 大道、聚青线等骨架道路进行绿化、美化和旅游体系完善，对沿线农房进行风貌改造，建成的 220 千米绿道正在成为展示田园风光的生态之路、发展乡村旅游的致富之路。深入推进城市河道整治和滨河地带打造，"显山、亮水、秀城、融绿"的城市特色更加突出，"城在田中"的田园城市架构加快形成。

建成 361 个农村新型社区，农村新型社区基础设施全面改善，农村的公共服务和社会管理配套基本完成，深入实施"小院并大院、小田并大田"，加强耕地保护和河道整治，全面推进地质灾害治理，切实保护川西林盘资源和生态环境，城乡互动发展的新格局基本形成。

"十二五"规划期间，都江堰市继续深入推进城乡一体化，加快建设现代田园城市示范区。构建"1 个中心城区、4 大发展组团、7 个新市镇、500 个农村新型社区"四级城镇体系，形成以中心城区为核心，以新市镇和新型农村社区为节点，以城乡一体的交通、通信、公共服务和生态绿道等体系为依托，可承载 110 万人的组团式、网络化城市空间结构。

2013～2016 年，都江堰市有序推动青城山镇、崇义镇、玉堂镇、安龙镇、大观镇、向峨乡 6 个特色小城镇建设。启动青城山镇、蒲阳镇两个全国重点镇基础配套和安置房项目建设。坚持市场化运作，通过政府引进、乡镇推介和互惠合作的方式，以优惠政策体系引进社会投资企业参与聚源镇、中兴镇、向峨乡等小城镇改造和建设，中兴镇老街、石羊镇锦城壹号等集镇改造项目成效明显。

2017 年初步草拟《关于培育发展特色小镇的实施意见》（内部资料，由都江堰市发展和改革局提供），力争 3～5 年培育发展一批特色鲜明、产业创新、绿色生态、美丽宜居宜游的特色小镇；统筹推进川西林盘建设，2017 年计划投资 1670 万元，重点打造聚居、文态、生态等类别示范林盘点 8 个。以国家田园综合体和水文化主题公园项目建设为契机，加快柳街镇黄家大院、石羊镇朱家湾大院等林盘改造优化。

都江堰市在"十三五"规划期间，着力优化城镇网络体系。按照"一城两区"的总体发展思路和"独立成市"规划理念，优化城镇功能布局，加快新型城镇化进程，强化产业发展支撑，构建主城区、特色乡镇、农村新型社区、散居院落为一体的"组团式、集约型、网络化"旅游城镇体系。优化旅游城镇服务功能，加快青城山、崇义、安龙、向峨 4 个特色镇，以及天马、柳街、石羊、胥家、龙池、大观 6 个一般镇的开发建设，做大做强青城山镇在旅游服务、创意产业、会议培训、高端会展功能，龙池镇特色山地运动科考营地、湖山型旅游、休闲度假功能，向峨乡生态农业、户外休闲旅游功能，以及安龙镇花卉产业及农副产品加工功能。

在中长期发展规划中，都江堰市将按照成都市"西控战略"[①]要求，构建"主体功能区—特色镇——一般镇/新型社区/林盘聚落"三级城镇体系，加大对规模小、布局分散的乡镇和居民点整理合并力度，形成以城带镇、以特色镇带动一般镇和社区的发展格局。规划形成"4+1"个主体功能区、4 个特色镇、7 个一般镇、11 个新型社区、187 个林盘聚落的城乡体系。

其中特色镇 4 个，分别为青城山镇、聚源镇、大观镇和蒲阳镇。青城山镇的职能类型属于"特色镇+林盘+景区"，依托都江堰-青城山风景名胜区等景区，承担世界级旅游目的地的功能分解，形成"山上游，山下住"的旅游服务型小镇，重点发展旅游服务业、创意产业、高端会展业等。聚源镇的职能类型属于"特色镇+林盘+农业园区"，依托都市现代农业、通用航空机场等产业环境，重点发展文化创意产业、通用航空旅游、教育科研。大观镇的职能类型属于"特色镇+林盘+景区"，依托都江堰-青城山风景名胜区和大青城休闲旅游产业园区等景区，重点发展康体养生、旅游服务、创意产业等环保特色项目。蒲阳镇的职能类型属于"特色镇+林盘+产业园"，依托四川都江堰经济开发区，重点发展绿色科技型、创新型、高端型工业，并提供产城一体的服务配套。

田园综合体是由财政部主导，自 2017 年起首次在全国选择部分省（自治区、直辖市）试点推进的农业综合开发项目。天府源田园综合体项目，自 2017 年 5

---

① 西控战略是成都市坚持"东进、南拓、西控、北改、中优"，促进城市可持续发展战略的一部分，"成都的西部主要位于都江堰精华灌区，同时也是龙门山生态保护区域，对高排放的产业要加以限制，控制发展，转移发展，发展方式也要改变"，主要是持续优化生态功能空间布局，大力发展高端绿色科技产业，提升绿色发展能级，保持生态宜居的现代化田园城市形态。

月申报起，在成都市、全省和全国历经多轮公开竞争，都江堰市成功成为国家首批 15 个试点之一，是四川省首个试点项目。项目规划面积 36.6 平方千米，概算总投资 21 亿元。项目将致力促进农村生产、生活、生态"三生同步"，第一产业、第二产业、第三产业"三产融合"，农业、文化、旅游"三位一体"，建成在全省具有引领带动示范意义的"五区"。

一是美丽乡村示范区。通过项目建设，使劳动力、人才、资本、基础配套等生产要素向该区域集聚和延伸，补齐乡村发展短板。在保持乡村文化和风情的基础上，从根本上增强乡村内生发展能力，推动乡村生活品质和质量极大提升；提高社会治理水平，实现乡村高质量发展；探索一条符合都江堰市实际，独具都江堰市特色的美丽乡村建设新路子，形成田园乡村与繁华都市交相辉映的新型城乡发展形态。

二是农旅融合引领区。都江堰市立足丰富的旅游资源优势，把优美的生态环境作为宝贵的文化旅游资源保护和利用起来，体现田园风貌，彰显传统文化符号，使乡村更像"乡村"。吸引社会资本，创新融合传统农业，通过打造"玫瑰花溪谷""小南海"等"农业+""旅游+"特色项目，发展文化创意农业、农事体验、农业休闲观光、康养农庄、特色民宿等，丰富都江堰市旅游产品，最终实现第一产业和第三产业相融互动、融合发展，构建更加可持续发展的产业体系。

三是绿色农业典范区。都江堰市遵循乡村发展规律，坚持高端、高质、高效和绿色有机循环的发展方向，通过高标准农田建设，做强国家猕猴桃出口质量安全示范区，推广圣寿源蔬菜质量安全联盟模式，发展循环农业，培育 2~3 个区域农业知名品牌，推广节能生产生活和精细化管理，运用现代管理方式和手段，提升和改善乡村环境，永葆乡村绿色本底，记住乡情乡愁，打造城乡居民共享的生态家园。

四是农村改革先行区。项目采取股份经济合作社、土地入股保底分红、多业态合作经营、产业联盟等多元方式，推动农民与市场、农村与城市深度融合，探索创新农民与集体经济组织及新型农业经营主体之间的利益联结机制，确保农民在田园综合体内稳定持续增收，实现项目健康运营、农村健康发展，形成一条具有都江堰市特色的可复制、可推广的田园综合体建设模式。

五是多彩乡韵展示区。项目结合天府绿道"南北轴"锦江绿道建设，规划布局建设蒲阳河绿道，做到"可进入、可参与、景观化、景区化"。因地制宜实施农业园区景观化打造、发展大地景观。2017 年，在已梳理全都江堰市川西林盘底数（613 个）的基础上，于该项目区内启动打造 3 个以上胥家镇向家院子、米家林盘和天马镇李家林盘等既有景观价值、文化内涵，又具产业支撑、旅游功能的特色化、精品化川西林盘。同时，该项目与已上报成都规划建设的水润天府-都江堰水生态文化示范区项目有机结合，厚植田园人文之美，形成特色鲜明、形态多样的乡村风情，努力呈现原生的田园风光、原真的乡村风貌、原味的历史质感，打造美丽乡村，展现独特的川西田园风光之美。

"十三五"规划期间，都江堰市将借力田园综合体建设对乡村振兴的辐射带动作用，加快推动旅游转型升级、工业适旅发展、农旅相融互动，构建质量更高、结构更优的产业体系，特别是围绕旅游城市定位，打造更多的旅游项目，培育旅游经济增长点，促进服务业加快发展，确保既圆满完成各项年度经济指标等目标任务，又为今后县域经济社会持续健康发展奠定坚实的基础。

在未来中长期发展规划中，都江堰市将全面完善农村基础设施和公共服务设施，加强农村环境综合治理，改善居民生产生活条件，提升服务管理水平，建设新型农村社区。以传统村落保护为重点，传承历史文化和地域文化，优化乡村空间布局，凸显村庄秩序与山水格局、自然环境的融合协调。完善美丽乡村规划建设管理机制，实现现代化生活与传统文化相得益彰，城市服务与田园风光内外兼备，建设绿色低碳田园美、生态宜居村庄美、健康舒适生活美、和谐淳朴人文美的美丽乡村和幸福家园。

《都江堰市灾后重建总体规划》中提出了构建现代田园城市的目标，在2007～2017年的现代田园城市的建设实践中成效显著，成为四川省城乡一体融合发展的典范。现代田园综合体建设项目是现代田园城市示范建设的延续和升级。虽然这个项目在2017年5月才启动，但有都江堰市近年来现代田园城市建设的基础和经验，以及高标准、高起点的规划设计，我们相信也期待都江堰市作为四川首个试点项目，成为全省"三生同步""三产融合""三位一体"的典范。

10.2　统筹城乡一体发展的灾区示范

10.2.1　统筹城乡一体发展的什邡实践

"5·12"特大汶川地震对什邡市既是灾难也是机遇。什邡市在北京市的对口援建及帮扶下，借灾后恢复重建之机，将"北京理念"注入灾后恢复重建及发展振兴中。从什邡市"十二五"规划到什邡市"十三五"规划，统筹城乡一体发展便成为指导什邡市震后10年发展的基本原则和发展理念。什邡市以建设社会主义新农村和新型城镇化为契机，紧紧围绕缩小城乡差距、实现城乡一体化的目标，在经济发展、基础建设、社会发展、维护稳定等方面创新思路，全力推进全市统筹城乡综合配套改革各项工作。[①]

---

① 本小节一手数据资料由什邡市政府办公室提供。

1. 紧盯"六大统筹"，促进城乡均衡发展

一是统筹城乡规划，优化空间布局。统筹考虑未来人口分布、经济布局、国土利用和城镇化协调发展的要求，明确开发方向，控制开发强度，规范开发秩序，逐渐形成了功能定位清晰、产业特色鲜明、空间结构合理、城乡统筹发展的"两核、四轴、三心、三区"的县域空间开发新格局。按照人口、经济、资源环境承载力相协调的要求，逐步形成"中心城市-小城市-中心镇-一般镇"的城乡体系结构。

二是统筹城乡基础设施，改善生产生活条件。遵循"南快、北优，东西畅通"的交通发展策略，加快区域交通干线建设，强化什邡市与成都主城、德阳城区之间的交通联系，打造成什、什彭、什绵、什广通道，形成内外协调、接轨成都、面向成渝经济区的开放型综合交通网络。加快完善区域公路网络，以各大城镇为重要节点，结合高速公路、国省道规划，优化南北向交通通道，构建"二高五快三纵三横"的公路主骨架，基本实现城乡交通网络化和一体化。

三是统筹城乡产业发展，促进城乡经济共融。深入实施"互联网+"、《中国制造2025》，促进产业结构优化升级。按照三产联动、突出重点、区分层次的原则，发展壮大特色优势产业和战略性新兴产业，强化工业的支撑作用，大力发展现代农业，优先发展旅游康养产业，积极发展现代服务业，构建良性互动的现代产业体系，不断提升什邡市产业核心竞争力和市场占有率。

四是统筹城乡社会事业，促进城乡公共服务均衡化。坚持城乡就业政策、服务、培训、援助"四统一"，集中职业介绍、技能培训等方面资源向镇村倾斜。充分发挥家庭医生的健康"守门人"作用，多举措积极推进家庭医生签约服务政策落地。全面改善义务教育薄弱学校基本办学条件，促进义务教育均衡发展，积极建立以居住证为主要依据的进城务工随迁子女入学政策，优化与简化新生入学和转学学生流程及证明要求。加强公共文化服务体系建设，免费开放图书馆、文化馆、博物馆、16个镇（街道）文化站。

五是统筹城乡生态建设，打造绿色美好家园。不断加强城市园林绿化建设，提升园林绿化管理水平，基本形成了以绿化广场为点，城市公园为面，街道绿化为线，单位、居住区绿化为补充的点、线、面结合的园林绿化格局。已完成污染防治"三大战役"项目95个，其中，重点实施了黑臭水体河道清淤和垃圾清运、乡镇污水处理设施建设、土壤污染治理与修复规划、磷石膏堆场综合整治等项目。

六是统筹城乡社会管理，维护城乡和谐稳定。做好法律进乡村（社区）和民主法治示范创建工作。指导各镇（街道）结合实际，依法修订和完善村规民约（居民公约），引导广大农民群众依法参与村（居）民自治活动和其他社会管理。推

进农村社区建设试点工作，在湔氐镇下院村、马祖镇马祖村、冰川镇五马村开展了 3 个农村社区建设试点。

2. 紧盯"五项改革"，创新城乡统筹发展

一是深化户籍制度改革，逐步消除城乡居民身份差异。按照国务院、省政府、省公安厅及德阳市政府、德阳市公安局等相关文件精神，什邡市积极推进户籍制度改革，放宽了经商人员入户城镇、务工人员入户城镇、租住稳定住所人员入户城镇、居住证人员入户城镇、人才落户人员户口、企业设立集体户口、失地农民农转城、农村新型集中居住区农转城的落户条件，引导农村转移人口转变为城镇居民。同时，会同财政、国土资源、农业、人力资源和社会保障等相关部门建立财政转移支付与农业转移人口市民化挂钩机制、建立城镇建设用地与吸纳农业转移人口落户数量挂钩机制、建立农业转移人口农村"三权"（即所有权、承包权、经营权）维护和自愿有偿退出等机制。

二是有序推进农村产权制度改革，保障农民财产权利。根据上级文件精神，什邡市制定了《什邡市农村集体产权制度改革的指导意见》，全市 14 个镇、127 个村全部启动了清产核资、人员界定和股份量化工作。截止到 2017 年 11 月底，全市所有村完成方案制订和清产核资，完成成员界定的村 65 个、股份量化的村 50 个，登记成立股份合作社的村 4 个；按照《什邡市农村产权流转交易市场体系建设实施方案》，制定了县建农村土地流转交易中心、镇建农村产权流转交易服务站、村建农村产权流转交易服务点的工作框架，将林业、国土资源、住房和城乡建设等职能部门资源融合，建立农村产权交易中心；做好农村土地承包经营权确权登记颁证扫尾工作，建立完善农村土地承包信息化管理系统，积极探索确权登记成果在落实有关惠农政策等方面的运用，实现土地信息大数据资源共享。

三是完善城乡社会保障制度，建立覆盖城乡的社会保障体系。有序推进社会养老服务体系建设，城乡居民社会养老保障制度不断完善，实现了城乡居民社会养老保险全覆盖。截至 2017 年 11 月底，城镇职工基本养老保险参保 71345 人，城乡居民养老保险参保 196266 人，城镇职工基本医疗保险参保 101968 人，失业保险参保 35304 人，工伤保险参保 50991 人，生育保险参保 37492 人。基金应收尽收 87349 万元，发放各项社会保险待遇 11.86 亿元，社会化发放率为 100%。

四是稳妥推进用地制度改革，提高土地节约集约高效利用。按照《四川省进一步深化城乡建设用地增减挂钩试点改革助推脱贫攻坚意见》的统一部署，遵循"整理一批、规范一批、查验一批、移交一批"的原则，什邡市不动产登记中心积极与市林业局对接，摸清了林权登记原有的模式、数据库、档案等情况，制订了《什邡市林权登记档案移交工作方案》，进一步明确档案移交的范围及移交时间。

五是加快农村投融资体制改革，提升农村金融服务水平。什邡市修改、制定了《什邡市农村土地流转收益保证贷款管理暂行办法》《什邡市农村土地承包经营收益及土地流转收益价值评估办法》，在确权登记的基础上，继续展开农村土地流转收益保证贷款试点工作，解决了农民和规模经营业主融资难的问题。截至2017年末，全市已累计发放土地流转收益保证贷款25笔，金额7577万元。

3. 抓好典型示范，点面推进统筹城乡发展

以推进重点镇统筹城乡发展"以奖代补"项目为契机，以"百镇建设行动"试点镇为突破口，以红豆村、共和村、下院村、玉马村、杨寨村、金桂村、柿子坪村、石门村、渔江村、马祖村、箭台村11个统筹城乡示范村示范项目为重点，推进特色镇村建设的推广示范工作。秉承一二三产业深度相融、产城相融、宜居宜业、生态环境等方面优势，在全市范围内全面启动了特色小镇培育工作。师古镇、冰川镇、马祖镇被成功纳入德阳市首批特色小镇发展名单，其中，师古镇成功创建为四川省第一批省级特色小城镇，全力打造"雪茄风情小镇"。截至2017年末，市本级"四好村"50个，已申报了德阳市级"四好村"37个，拟申报了省级"四好村"20个。

统筹城乡一体发展的什邡实践从"六大统筹"入手，以"五项改革"作为保障，以典型示范点点面推进为路径，使什邡市在城乡一体、城乡融合发展方面取得了长足进展。我们认为，什邡经验值得平坝-丘陵地区县域借鉴。

10.2.2 统筹城乡一体发展的绵竹解法

近年来，绵竹市积极推进统筹城乡规划、统筹城乡基础设施建设、统筹城乡产业发展、统筹城乡生态建设、统筹城乡公共服务、统筹城乡综合配套改革"六大统筹"，按照"工业强市、文旅名城、美丽家园"的发展定位，加快构建宜居城、特色镇、新农村"三位一体"的城乡发展体系，实现城市更优、镇乡更强、农村更美，着力构建"一城五镇、极核同构"的城镇空间布局。一城即绵竹市中心城区；五镇即汉旺镇、孝德镇、土门镇、新市镇、富新镇5个重点镇。在强化核心城市的基础上，重点推进经济和人口集聚条件较好、环境容量和发展潜力较大的重点镇加快发展。通过重点镇带动影响发展轴上其他地区的发展，从而优化整个县域城镇体系的结构。

1. 城镇化水平不断提升

2016年全市户籍人口50.5万人，比2012年减少了0.2万人；年末常住人口45.7万人，比2012年减少了0.1万人；城镇化率从2012年的43.5%提高到2016

年的 48.1%，如图 10-1 所示。

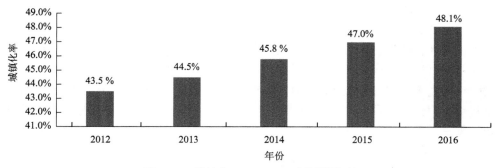

图 10-1 绵竹市 2012～2016 年城镇化率
只搜集到绵竹市 2012～2016 年的城镇化率数据

城市功能不断完善，城乡面貌持续改善。截止到 2016 年底，全市建成区绿地面积达到 494.63 公顷，建成区绿地率为 35.33%。

2. 整县推进新农村建设

2010 年 7 月，绵竹市被确定为全省首批整县推进新农村建设县。自整县推进新农村建设以来，市委、市政府高度重视，认真贯彻落实省委相关文件精神，按照"一年打基础、两年上台阶、三年大变样"的总体目标，以科学规划为引领，按照省级新农村建设示范片的建设要求，强力推进现代农业发展、村落民居建设、基础设施建设、公共服务配套建设和基层组织建设。经过不断努力，新农村建设各项工作取得了显著成效。

一是全面推进现代农业发展，带动农民增收致富。以科学规划为引领，围绕粮油高产示范区、特色精品农业区、高效循环农业区、休闲创意农业区四大农业示范区建设，大力推进现代农业产业基地建设，加快发展优势特色农业产业、生态观光农业，壮大产业化经营组织，全面推进现代农业发展。截至 2012 年底，连片发展优质粮油、特色蔬菜等产业基地累计达 36.1 万亩。截至 2017 年末，已建成优质猕猴桃、葡萄、早实核桃、茶叶、特色蔬菜、精品苗木花卉等特色农业产业基地近 5 万亩。通过江苏雨润控股集团投资的绵竹福润肉类加工有限公司、四川邦禾农业科技有限公司等龙头企业的带动，截至 2017 年末，累计完成规模养殖户 1782 户，建成标准化万头生猪养殖场 3 个，华西希望集团投资的重庆德康农牧集团有限公司在绵竹市投资 2 亿元打造"十万头生态猪循环养殖基地"正加快建设。全市省级以上名优品牌达到 12 个，无公害农产品 9 个，绿色食品认证 1 个。农业产业化经营重点龙头企业发展至 45 家，其中，德阳市级以上企业 29 家。农民专合组织发展至 407 家，其中，省级及其以上示范专合组织 7 家，德阳市级示范专合组织 7 家。龙头企业和农民专合组织带动农户面达到 89%。

二是分类推进村落民居建设，优化农村人居环境。绵竹市按照"三打破、三提高""全域、全程、全面小康"的要求，科学制订《县域村镇体系规划》《绵竹市市域新村建设总体规划》。以规划为指引，结合绵竹市悠久的历史文化内涵、川西民居风格，为农户提供了至少 6 种科学、经济、实用的民居户型设计图样。2008～2011 年，累计完成 14.55 万户农房重建和农房风貌改造，完成 1455 个新村聚集点的建设，涉及农户达 6.47 万户。孝德镇年画村、金花镇玄郎村、遵道镇棚花村等一批灾后新建村落，质量安全、设施配套、环境优美、特色鲜明，农村住房实现了上档升级，农村面貌焕然一新。坚持实施乡村环境综合整治和绿化工程，不断完善"户集、村收、镇运、县处理"的农村垃圾处理机制，建立环境治理长效机制，明显改善农村人居和生态环境。2012 年，绵竹市被评为"四川省环境优美示范城市"，1 镇 8 村被授予四川省城乡环境综合治理环境优美示范城镇、村。同时，依托农村建设成果和良好的生态自然资源、人文资源，成功创建中国绵竹年画村、九龙山生态旅游区两个国家 4A 级旅游景区，乡村旅游业不断得到发展。

三是配套完善基础设施和公共服务体系建设，提高农民生活质量。从农业和农村实际出发，围绕产业发展和生产生活需要，切实做好以农田水利基本建设、农村道路建设和土地综合治理为主的农村基础设施建设。截至 2012 年底，累计完成农田水利渠系建设 516.64 千米、农村硬化道路 2844 千米、农村土地综合整治 30.01 万亩、农村户用清洁能源建设 4.603 万户，农村饮水、用电、通信、广播、电视等基础设施全面配套，农业综合生产能力进一步提高，农村生产、生活条件得到极大改善。按照城乡统筹的要求，完成了全市所有行政村"1+6" 村级公共服务活动中心①的建设，积极引导公共服务网络由城镇延伸到村、新型社区，完善了教育、文体、卫生、防灾减灾、社会保障体系，深入开展公益性服务和文化活动，提高了农民生活质量。有效开展科技带头人、实用技术人才的生产技术技能培训，着力培养种养殖能手、营销大户等新型职业农民，大力开展农民创业培训，实现"打工农民"向"创业农民"转变。截至 2012 年底，累计完成农业新技术新品种培训、畜禽养殖技术培训等农业实用技术培训 39.8 万人次，完成缝纫工、烹饪、焊工等劳务技能培训 18279 人，农民综合素质明显提升。

四是加强基层组织建设，促进农村社会和谐。坚持选拔政治坚定、"双带"（即带头致富、带领群众致富）能力强的干部充实村两委班子，使村级组织具有较强的战斗力，充分发挥出推动发展、服务群众、凝聚人心、促进和谐的作用。坚持强化村级治理机制，完善了以村务公开、财务监督、群众评议为主要内容的民

---

① 即村级组织活动场所和便民服务中心、农民培训中心、文化体育中心、卫生计生中心、综治调解中心、农家购物中心。

主监督，坚持实行"四议、两公开、一监督"^①的"一事一议"制度，村民自治机制进一步健全。

五是积极推进清平新农村综合体建设，做好试点示范。按照"将清平乡建设成为现代化的新农村综合体和山水秀美的世外桃源"的目标要求，坚持全域规划、全域打造、整体推进、综合整治的思路，突出抓好新村建设、产业发展、社会管理、环境综合治理。到 2012 年底，已建成 6 个规模适度的灾后农房重建安置点；配套完善了生产性设施、生活性设施及公共服务设施；"微田园"等特色农业产业粗具规模，磷矿采掘产业初步恢复，乡村旅游正加快发展。

从 2013 年起，围绕"业兴、家富、人和、村美"的目标，大力开展幸福美丽新村建设，以扶贫解困、产业提升、旧村改造、环境整治、文化传承"五大行动"为重要抓手，建设宜居、宜业、宜游，配套设施完善，记得住乡愁的幸福美丽新村，截至 2016 年末，共建设土门镇麓棠村、金花镇云盖村等 77 个幸福美丽新村。全面开展以"住上好房子、过上好日子、养成好习惯、形成好风气"为主要内容的"四好村"创建工作，以"1+1+6"（即以党建为龙头、以产业为支撑、以"治脏、治违、治乱，法治、德治、自治"为抓手）的工作思路，以遵道镇棚花村作为示范率先创建，示范带动全市全面开展"四好村"创建活动。截至 2017 年末，绵竹市已创建省级"四好村"16 个，本级"四好村"29 个，已申报德阳市级"四好村"24 个。

3. 示范引领特色小镇建设

近年来，绵竹市结合各镇乡资源禀赋、区位优势，明确主导产业、特色产业，强化特色建镇、特产兴镇，实施文旅融合、体旅融合、农旅融合，逐渐形成横向错位发展、纵向分工协作的特色小镇发展格局。

一是突出"特"字做加法，加强顶层设计。特色小镇的本质在于"特"，魅力在于"特"，生命力也在于"特"。围绕保持鲜明的地域特色、产业特色、生态特色、文化特色，绵竹市以全域旅游示范区创建为契机，携手国内一流企业，高起点、高标准规划，统筹规划产业特色、文化内涵、地理分布、发展定位等宏观要素，力求基础产业不重复，形象风格不单一，确保一镇一特色，一镇一风格。

二是突出"放"字做减法，激发市场活力。政府放权、放手、放利，真正厘清政府与市场的边界，不搞大包大揽、不搞行政命令。坚持用好政府这只"有形的手"，通盘谋划、设计蓝图，政府根据发展规划，筑巢引凤、固巢养凤、扩巢添凤，最大限度地汇集人才、激活资源、发展产业；坚持放开市场这只"无形的

---

① 四议即党支部提议、村两委商议、党员审议、村民决议；两公开即内容公开、结果公开；一监督即民主监督。

手"，分阶段推进、分步骤实施，市场按照客观规律，做好资本运作、项目管理、项目运营，让"两只手"各归其位、各司其职、各尽其责，实现资本有收益、百姓有就业、产业有发展，促进特色小镇持续健康发展。

三是突出"引"字做乘法，撬动社会资本。政府以财政资金为杠杆，撬动社会资本支持特色小镇建设，通过加大基础设施投入，做实基础、做优环境、做好服务，吸引、带动民间资本、金融资本参与特色小镇建设，积极破解特色小镇建设的资金瓶颈。全力整合水利、农业、国土、交通等涉农项目，切实改变涉农资金散、小、杂、乱的管理状况，打破面面俱到、平均主义、"撒胡椒面"的资金投放分配方式，推动涉农资金向特色小镇定向、定点、定位投放，以较小的财政投入，取得较大的实物增量，实现特色小镇的环境增值、土地增效和农民增收。

四是突出"降"字做除法，减少建设成本。土地是特色小镇建设的基本保障，绵竹市围绕"重点工作六大攻坚、重点项目六大会战"战略布局，以永久基本农田划定为契机，立足现有产业基础和资源禀赋，及时调整土地规划，为产业发展、特色小镇建设预留发展空间，同时强化土地要素管控，严格实行土地流转市政府备案制度，最大限度降低项目落地成本、基础建设成本和产业发展成本。

特色小镇建设不是造城运动，更不能一哄而上。绵竹市坚持重点打造、示范带动的原则，集中力量、集中资源，打造一批有基础、有特色、有产业的小镇作为特色小镇"试验田"。

一是孝德中国绵竹年画村。以地处绵竹市孝德镇的国家 4A 级旅游景区中国绵竹年画村为核心，依托德孝文化、年画文化打造中国年画第一村。目前，该小镇引入文创商家和乡村旅游创客 30 余家，建成轩辕年画展示馆、年画街坊、花样年画等多处文化旅游景点，构建起一心、两翼、四区①的旅游格局，基本形成以文化交流、年画创意、休闲度假、观光体验、科学教育为一体的旅游业态。2017年，接待游客 70.38 万余人次，带动周边就业 400 余人，经济社会效益显著。

二是土门中国玫瑰谷。以国家玫瑰栽培综合标准化示范区、全国休闲农业与乡村旅游示范点，以及全球三大大马士革玫瑰种植基地之一为核心，依托宗教文化、赵坡绿茶文化和独特的温泉资源，定位打造体验玫瑰人生的国际旅游度假小镇。截至 2017 年末，已经建成万亩有机玫瑰园、麓棠温泉酒店、玫瑰大道及骑游道等设施，三溪艺术小镇观光体验中心项目竣工，正加快推进玫瑰景观带、玫瑰广场等建设项目。2017 年，接待游客达 80 余万人次。

三是清平银杏小镇。以"中国银杏沟"为核心，依托独特的气候条件、秀丽

---

① 一心是指依托现有村庄发展的绵竹年画体验游览中心；两翼是指围绕中心东西发展的乡村旅游发展翼与年画产业发展翼两个片区；四区分别为入口接待服务区、年画民俗文化体验区、乡村田园风光区和年画商业交易区这四个功能区。

的自然风光和丰富的野生动植物资源及罕见的萤火虫景观,打造中国最美银杏沟,最浪漫萤飞谷。现已建成芳草地花田景区、萤飞谷萤火虫观赏区和咖啡聚落,基本完成银杏号观光小火车项目,清平国家 4A 级旅游景区加快创建中。2017 年,接待游客达 50 余万人次。

四是九龙滑翔小镇。九龙镇是国家 4A 级旅游景区、全国特色景观旅游名镇、国家级美丽宜居小镇、国家级生态镇。以独特的地形地貌、自然风光,以及全省最大滑翔运动基地——九龙山滑翔伞基地为依托,打造中国滑翔第一镇。现已拥有滑草场、湿地沟、高效农业示范园、四季花田、农耕文化博物馆等特色旅游资源,已连续两年承办全国、全省滑翔联赛,九龙山花乡·花宿项目相继建成。2017 年,接待游客达 150 万余人次。

未来 5 年,绵竹市将围绕全域旅游发展,借力特色小镇建设,深入挖掘历史文化、民俗文化、自然景观等优势资源,按照产业特而强、功能聚而合、形态小而美、机制新而活的标准,继续沿九龙山、射水河生态旅游廊道,打造金土村年俗文化小镇、天池旅游康养小镇等一批特色小镇,推动特色小镇集群式发展。

绵竹市从全域统筹城镇体系和产业布局、整县推进新农村建设、示范引领特色小镇建设三个维度破解了作为遭受重创的工业强县的城乡一体振兴发展的难题,实现了绵竹市在灾难中的崛起,这也是值得总结的成功经验。

10.3　特色小镇建设的特色发展之路

10.3.1　水磨镇:产业升级型重建的样本

1998 年以前,水磨镇一直是农业大镇,以种植业、养殖业为主。四川省人民政府在 1998 年批准在水磨镇设立省级“能源高耗能经济开发示范区”,作为发展阿坝州工业的一个重要依托。2003 年 6 月经阿坝州人民政府决定批准正式设立阿坝州工业经济园区,重新规划了园区的规模,初步形成四个园区。2004 年 4 月 9 日四川省人民政府办公厅发布的《四川省人民政府办公厅关于保留开发区有关问题的通知》明确保留四川阿坝工业区。水磨镇工业大步发展,几年时间就聚集了 63 家高耗能、高污染企业。在工业发展的同时,由于其引进企业高能耗、高污染的特性,仅几年的时间,便已经开始让水磨镇付出代价,这里美好的自然生态环境受到了较大污染和破坏。

“5·12”汶川地震灾后恢复重建立足于“汶川生态新城、西羌文化名镇”的定位和“工业外迁,腾笼换鸟”的思路,紧紧抓住灾后重建、对口援建、扩大内需等历史性机遇,按照“遵循规律、以人为本、趋利避害、优质高效、加快发展”

的工作思路，将示范镇建设作为水磨镇推进新型城镇化进程、加快经济发展、提升镇域综合实力的重要抓手，不断创新机制、强化措施、真抓实干、科学规划、合理布局，城镇建设取得了良性发展。

2008 年 5 月 12 日汶川特大地震发生，距震中仅 8 千米的水磨镇受灾惨重。造成 311 人死亡、92 人重伤、2980 人轻伤，受灾群众 2 万人；房屋 100% 损坏，3/4 的房屋倒塌；山体严重滑坡，交通、通信、电力、供水等重要基础设施完全瘫痪，造成直接经济损失 58 亿元。地震后由广东省佛山市对口援建水磨镇，水磨镇获得了近 6.9 亿元的援建资金，而这个小镇从民国时期到现在也不过获得了仅不到 2 亿元的财政资金。"5·12" 汶川特大地震对水磨镇来说既是灾难，也是一次重生的契机。怎样变灾难为机遇，汶川县抓住灾后重建的契机，在《汶川县灾后恢复重建接受对口支援初步实施意见》中对全县的城镇体系、产业体系进行了重新科学规划。该规划调整了水磨镇的工业企业布局，将水磨镇定位为二级副中心城镇，作为全县教育、人居、现代服务型城镇，阿坝州文化教育与科技中心。近年来，水磨镇围绕"汶川生态新城、西羌文化名镇"的发展定位和"重生态、精农业、兴教育、强三产、构和谐"的工作思路，凝练出"运动康养·生态颐养·医疗康养"三大特色，提出建设全国首个藏羌风情健康小镇，打造世界首个国际特种康复小镇。经过近 10 年的建设发展，水磨镇基本实现了从工业园区向以体系教育、绿色居住、流通商贸为主的山水环境宜人的服务型城镇转型。

2007~2010 年全镇经济总收入分别达到 3663.88 万元、2622.94 万元、2910.35 万元和 3522 万元；农民人均纯收入分别达到 2986 元、2011 元、3549 元和 4034 元；工业方面，逐步淘汰产能落后企业，彻底转换城镇产业态势；2007~2010 年实现经济总收入 8409.3264 万元。"十二五"规划期间，水磨镇紧紧抓住灾后重建、对口援建、扩大内需等历史性机遇，突出投资拉动、产业支撑、民生改善等重点工作，镇域经济实力迈上新台阶，经济实力和综合竞争力不断增强。

"十二五"规划期间实现农村经济总收入累计 27438 万元，农民人均纯收入累计 27181 元；完成固定资产 22.2 亿元，三次产业的比重调整为 45∶25∶30，经济结构进一步优化。"十二五"规划期间，水磨镇新建餐饮 56 家，酒店客栈48 家，农家乐 13 家，全面贯彻落实各项惠民政策，促发展、扩内需初见成效，人民生活水平和生活质量明显提高。特色农业和现代畜牧业长足发展，文化旅游、服务业发展水平不断提升，2010 年 10 月水磨古镇成功创建国家 4A 级旅游景区，2013 年 7 月水磨古镇成功创建国家 5A 级旅游景区，成功打造了"汶川生态新城、西羌文化名镇"的水磨古镇旅游，开辟了环线农业旅游，带动了包括衔凤岩村、黄家坪村、连山坡村、大岩洞市、马家营市、寨子坪市、郭家坝市 7 个村的旅游业发展。

本着资源共享、互利双赢、公正平等、共同发展的原则，镇政府将水磨古镇景区整体委托给四川中大集团公司进行经营管理，利用水磨古镇的特色资源和旅游发展优势，更好地打造和提升水磨镇旅游品牌，增强与扩大水磨镇旅游知名度和影响力，以实现资源商品化、经营市场化、旅游国际化，快速推进水磨镇旅游产业、劳动就业、扶贫开发和经济社会持续发展。

一是以老街为核心，以绿色发展为方向，积极打造乡村旅游主导发展区，精心打造川西与羌藏风格的旅游小镇。采用复原再生、恢复重建和立面改造三种模式，对街道建筑立面和整体风貌进行整治，并增加和改善道路、给排水与通信等基础设施。保留古镇内"家带店及院落"布局的传统模式，截至 2017 年末，累计改造老街道路约 1300 米，安置 250 户，营造整体的历史风格，发展古镇旅游业。

二是将打造特色羌城与安置失地农民结合起来。对所有拆迁对象和失地农民按不同类型分别以水磨羌城的铺面和住房进行安置，做到房前、楼下是商铺，房后、楼上为住宿，可作为接待游客之用，既解决了群众的当务之急，又解决了搬迁群众的长远生计，截止到 2017 年末，已安置近 300 户，并按照羌城的功能分区，分别采取业主自主经营、公司独立经营，以及业主以商铺入股与公司联合进行股份制经营三种方式，构建具有水磨镇特色的经营管理模式。

"十三五"规划时期，水磨镇紧紧围绕"康养汶川·好氧水磨"的发展定位，确立了"生态优先、农业立镇、教育兴镇、旅游旺镇"的发展战略，以深入推进"三微三态"（即"微景观、微田园、微环境"三微联动，"生态、业态、文态"三态融合）建设为工作重点，着力推进一横四纵产业布局建设，大力实施仁吉喜目花谷改造、龙神岗庄园改造、黄龙观改造、寿溪河提升、老街和羌城规范管理、陈家山温泉开发等一系列项目。依托精准扶贫，大力完善旅游配套服务功能，形成以旅游休闲产业为主导的集镇发展模式，实现城镇建设和旅游休闲产业培育发展的有机结合。按照全县"三产互动+五型经济"的经济布局，结合自身资源优势和产业短板，积极谋划一横四纵产业发展布局，即以老人村、羌城等地为主的休养观光旅游区，以大槽头村、衔风岩村等村庄为主的生态康养旅游区，以刘家沟村、茅坪子村为主的养生文化旅游区，以二村沟片区为主的茶文化体验旅游区，以白石片区为主的温泉康养旅游区。

2017 年全镇经济总收入 2.8249 亿元，是 2007 年的 7.7 倍，年均增速为 22.7%；农民人均纯收入 15419 元，是 2007 年的 5.16 倍，年均增速为 17.8%。旅游发展呈现新增长点撬动全镇旅游经济发展良好态势，截止到 2017 年末，水磨镇接待游客约 115 余万人次，旅游创收预计约 1.1 亿元。[①]

根据迈克尔·波特的钻石理论，区域内某产业竞争优势的形成过程中，机遇和政府起着重要的作用。机遇和政府的重要性在于它们可能对影响产业竞争优势

---

① 本小节一手数据资料由水磨镇政府提供。

的五个关键要素（即生产要素、市场需求、相关产业与支持性产业、企业的战略、结构和竞争）产生较大的影响。机遇在水磨镇产业成功史上常扮演着重要的角色。水磨镇能成功实现产业的结构升级就是综合利用了积广东财力、重建汶川的机遇，利用了全国性产业升级与转移、扩大内需、农村土地改革等较大机遇。这些机遇扩大和改变了市场需求、改变和新增了生产要素，吸引了相关产业和支持性产业。

树立长期、中期、短期利益兼顾的重建思路，将重建与产业升级相融合。重建直接关系当前和未来灾区经济增长态势，而且难以在短期完成。在全国产业升级和产业转移大背景下，重建规划既要考虑如何尽快恢复原有产能，满足灾区经济快速恢复的需要；又要着眼未来，通过增量投入优化升级，在兼顾公平的基础上，使有限的资源投入产生最大的效益，使重建后的产业能较好适应外部环境变化和产业发展规律，带动经济的持续快速增长。在这样的结合方面，水磨镇已成典范。

我们将汶川水磨镇产业结构升级型重建的经验归结为：变“5·12”汶川特大地震的灾难为县域经济重生的契机，这关键在于找准自己在区位、资源、产业等方面的竞争优势，并将这种竞争优势转化为县域经济发展的核心竞争力。汶川县能在这样的大灾难面前保持清醒头脑，放弃地震前作为工业支柱的阿坝水磨工业集中区，探索出一条产业转型升级型重建的成功模式，这不仅是汶川县的成功，而且是党中央国务院在《汶川地震灾后恢复重建总体规划》及国家发展和改革委员会在《汶川地震灾后恢复重建生产力布局和产业调整专项规划》的科学规划的成功范例。

水磨镇获得了由全球人居环境论坛理事会和联合国人居署《全球最佳范例》（亚太版）杂志授予的“全球灾后重建最佳范例”的荣誉，水磨镇的重建奇迹，为世界贡献了快速的和可持续发展的灾后重建创新经验。

10.3.2 师古镇：产业聚集融合型的样本

世界的雪茄起源于玛雅，繁盛于美洲。中式雪茄起源于什邡。什邡市是中国唯一的三烟（烟叶种植、卷烟、雪茄）基地，有浓郁深厚、口口相传的雪茄文化，有独特优良、无可比拟的烟业产业基础。近年来什邡市在传统产业转型发展的道路上大胆探索创新，走出了一条将传统烟草种植、卷烟与雪茄生产产业链拓展，并与文化、旅游、休闲体验、体育有机融合的“1+2+3”融合聚集发展模式。实现了雪茄产业与文化、旅游产业融合创新发展之路，打造中国第一、世界知名的雪茄品牌、雪茄企业，将师古镇建设为中国雪茄小镇（中国雪茄城）。

什邡市全力打造“一城、二业、三产、四点”的中国雪茄小镇（城）。“一城”即建设中国唯一的雪茄之城，让什邡市成为中国雪茄的缩影，在城市建设中突出雪茄元素，彰显雪茄历史文化。“二业”即工业与农业融合。一方面，巩固

四川中烟长城雪茄烟厂——亚洲最大的雪茄烟厂、世界最大的单体烟厂的工业地
位；另一方面，打造雪茄种植示范区，发展以雪茄为代表的现代特色农业，建设
集种植观赏、手工体验、休闲旅游于一体的产业园区。"三产"即第一产业、第
二产业、第三产业有机融合：第一产业做大，扩大种植区域和规模；第二产业做
优、做精，打造享誉国内外的知名品牌；第三产业做活，雪茄产业与文化、旅游
产业融合发展，建设农业观光线、工业参观线、雪茄博物馆并配套工艺展示中心、
雪茄及旅游产品销售中心、生活体验基地等。推进产学研结合，依托什邡市职业
中专学校现有基础，筹建中国烟草职业学校，为中国烟草行业特别是雪茄工厂输
送实用型技术人才。"四点"即大泉坑村、红豆村区域走农旅、婚庆文化结合之
路；在四川中烟长城雪茄烟厂建设雪茄工业旅游参观线、雪茄博物馆、雪茄工业
旅游产品展示中心；在光明烟厂老厂区建设工业记忆的雪茄 Loft 生活广场；以元
石镇御景园为首开区，打造雪茄风情小镇，首建雪茄吧，分步建设雪茄驿站、雪
茄工坊、雪茄主题酒店、雪茄风情绿道，以元石镇为主体区，南向马井镇，西延
南泉镇交通线路，拓展小镇发展空间，扩展烟叶种植区域，打造一批各具特色的
雪茄院落、传统手工体验场（馆）。通过多点连线成带、全域布局，打造"忆味
茄乡、品味茄情、体味茄业、享味茄园、风味世界"的一种艺术、时尚、优雅、
高端的生活方式。[①]

　　师古雪茄风情小镇"1+2+3"集聚发展模式，运用自身特有的雪茄文化资源、
雪茄工业优势、临近省会城市和区域中心城市（德阳市、绵阳市）的区位优势，
以大众（消费者）日益增长的对生活品质、个性化、健康、时尚等需求元素为导
向，形成了第一产业、第二产业、第三产业聚集融合发展的特色小镇建设模式。
这一模式为平原地区县域特色小镇建设提供了值得借鉴的经验。

10.3.3　白鹿镇：文化生态旅游型的样本

　　白鹿中法风情小镇距离彭州市区 35 千米，面积 78.9 平方千米，截至 2017 年
末，人口 9658 人，其中，城镇居民 1335 人。

　　白鹿中法风情小镇旅游资源丰富，自然风光秀美，历史文化底蕴厚重，森林
覆盖率达 90%，拥有国家 4A 级旅游景区——白鹿中法风情小镇、龙门山国家地
质公园的核心景区——塘坝子飞来峰景区（区域内有上百处的溶洞群）、全国重
点文物保护单位——上书院（领报修院）和始建于清朝乾隆十九年的成都市十大
古镇之一——白鹿场老街等景点，是省级森林公园和国家级生态乡镇。

　　白鹿中法风情小镇在打造过程中，注重生态文明建设，先后关闭煤矿 30 余家，

---

　　① 本小节一手数据资料由师古镇政府办公室提供。

培育壮大农村新产业，不断提升农村净化、绿化、美化质量和人民群众生活水平。2008~2016年，白鹿中法风情小镇游客量呈阶梯式增长态势，年游客量从2008年的8万人次增长到2016年的157万人次，旅游收入1.97亿元。持续打好水、大气和土壤"三大战役"，加强污水排放、管网维护、化粪池清掏、油烟净化、餐厨垃圾处理、河道清理、垃圾焚烧、农药使用等管理，并建立网格化环境监管体系，加强巡查处置力度，严厉打击各类环境违法行为，保护白鹿中法风情小镇良好的自然景观和生态环境。

白鹿镇将继续推动生态文明建设与环境保护发展工作，在截污、清污、减污、控污、治污、管污等方面下功夫，扎实落实各级"河长制"；加强污水管网等配套工程建设，督促污水处理厂扩容；加强环境保护宣传，把生态文明理念逐渐融入群众生产生活的全过程，让群众的生产生活方式和消费模式向勤俭节约、绿色低碳、文明健康的方向转变，逐步形成人人、事事、时时崇尚生态文明的社会新风尚，努力创造白鹿中法风情小镇天蓝、水清、地净的生活环境。①

白鹿镇的特色是将独有的宗教人文资源、优势生态资源融入旅游业，形成了"旅游+文化+生态"的三位一体发展格局，有着与其他类似小镇不同的独特核心竞争力，这是支撑特色小镇可持续发展的源泉。白鹿经验也值得其他具有类似条件的小镇借鉴。

10.4　幸福美丽新村建设的美丽样板

三农问题是多年来一直困扰我国均衡发展的老大难。三农问题的解决路径需要两条腿走路：一是加快农村剩余劳动力的转移，走城镇化道路；二是依靠自身力量加快发展，走乡村振兴发展的道路。近年来，通过新农村建设——幸福美丽新村建设，农村内部发展取得了显著成效，形成了许多值得总结和借鉴的经验与模式。本节主要对极重灾区县域震后10年来出现的几种典型模式进行案例分析。

10.4.1　山区新农村建设的宝山村模式

彭州市龙门山镇宝山村处于龙门山脉西北褶皱断裂带，依傍湔江河、白水河流域，位于白水河国家级自然保护区、白水河国家森林公园、龙门山国家地质公园内，距彭州市36千米，距成都市76千米，海拔高度1050~4300米。全村总面积56平方千米，截至2017年末，有608户、2060人、耕地8000亩、人工森林19000亩。

改革开放以来，宝山村抓住发展机遇，制定科学决策，采取多元措施，生态、

---

① 本小节一手数据资料由彭州市环境保护局提供。

经济两手抓，将山区村落打造成如今风景优美、生态良好的景区。决策上，宝山村认真贯彻落实科学发展观，守住"绿水青山就是金山银山"的绿色发展理念，由砍伐树木维持生计的粗放型经济模式，转变为保护森林生态、发展循环经济的集约型模式，因地制宜、合理利用本地资源，走上了可持续发展的道路。措施上，宝山村坚持"以林养水、以水发电、以电兴工、以林兴旅"的产业发展思路，不断发展和壮大集体经济，坚持带领村民走共同富裕道路。经过三十多年的发展，始创于 1983 年的四川省彭州市宝山企业（集团）有限公司形成了集水电开发、林产品加工、旅游开发为一体的，拥有 26 家企业、固定资产达 48 亿元的综合性集团公司，建成了经济发展、村民职工富裕、环境优美、文化丰富、管理科学的具有山区特色的花园式社会主义新农村。

在推进生态文明建设过程中，宝山村大力开展植树造林，提高森林覆盖率。同时，关闭污染企业，实施产业转型，大力发展健康旅游产业，先后发展了宝山太阳湾风景区、宝山温泉宾馆、天宝温泉宾馆、仙泉山麓温泉酒店、宝山国际乡村俱乐部[①]、宝山卡丁车赛场等健康休闲服务业，成功实现了产业转型升级；先后举办了宝山音乐节、宝山蔷薇花节和全国"村长"论坛，这些节庆活动极大提高了宝山村的知名度，同时也促进了宝山村农家乐等休闲旅游业的发展，带动了宝山村民增收致富，宝山村从此走上了绿色健康可持续发展的道路。

2016 年，全村实现工农业总产值 64 亿元，人均可支配收入 57 822 元，创利税 5188 万元。宝山村先后被评为"全国先进基层党组织""全国文明村""全国造林绿化千佳村""四川省十佳红旗村""中国特色旅游乡村"，2014 年 3 月宝山旅游区被评为"国家 4A 级旅游景区"。[②]

宝山村模式的成功在于率先实现了从粗放型向集约型转变，率先将生态资源转化为生态产业，依托生态产业实现了农旅、林旅融合，以及三次产业融合。"1+2+3"产生的乘数效应不仅促进了农民增收，还壮大了集体经济，使长期困扰我国的三农问题在宝山村"现代农业+绿色工业+旅游等现代服务业"的良性循环中得到有效解决，走出了一条山区农村可持续发展的道路。

10.4.2　孝德镇中国绵竹年画村的花样年画

中国绵竹年画村地处四川盆地西北部，位于孝德镇境内，德（阳）阿（坝）路、成（都）青（川）路、成绵高速复线穿境而过。全村总面积 7.5 平方千米，截至 2017 年末，共有 2716 户、6160 人。该村依托自然山水、生态田园景观，以

---

① 宝山国际乡村俱乐部由宝山国际高尔夫俱乐部、运动中心、峰尚帐篷区、镜湖居、演艺中心组成，是集运动休闲、聚会娱乐、养生体验、音乐文化于一体的俱乐部。

② 本小节一手数据资料由彭州市环境保护局提供。

国家级非物质文化遗产——绵竹年画这朵民间艺术奇葩为主题，传承和展现中国传统文化精髓，打造集生态观光、游乐休闲、文化博览、文创体验、养生度假等功能于一体的文创体验型旅游目的地。截至 2017 年末，中国绵竹年画村已引入文创商家和乡村旅游创客 30 余家，建成轩辕年画展示馆、年画街坊、花样年画等多处文化旅游景点，构建起一心、两翼、四区的旅游格局，基本形成以文化交流、年画创意、休闲度假、观光体验、科学教育为一体的旅游业态。[①]

中国绵竹年画村相继被评为"四川省乡村旅游示范村""国家 4A 级旅游景区""国家级非物质文化遗产生产性保护示范基地""四川省省级文化产业示范基地"，以及德阳市和绵竹市"最美乡村""中国乡村旅游模范村""四川省传统村落"。中国绵竹年画村的建设发展经验可以归纳为以下三个方面。

一是坚持规划为主导，整体布局建新村。"5·12" 汶川地震后，中国绵竹年画村抓住灾后重建这个契机，以新村建设的标准从基础配套、产业提升、文化传承等方面对中国绵竹年画村进行了整体规划布局。农房规划建设统一采用青瓦、白墙、朱漆的川西民居和江苏园林风格相结合，通过年画上墙，打造出了"川苏合璧"的新农村风貌。以年画文化为核心，以年画产业为基础，以文创体验旅游为目标，高起点规划、高标准配套建设旅游设施、公共服务设施、生态观光体验设施，推广"微田园"建设，绿化和美化环境，打造"记得住乡愁"的美丽乡村。

二是坚持年画为主线，文创旅游促发展。年画村是绵竹年画的发源地，素有年画制作销售的传统。灾后重建以来，市委、市政府把年画产业列入全市文化产业振兴发展的重要抓手，大力支持年画产业发展。截至 2017 年末，建成了年画街坊、年画展示厅，汇集了各具特色的年画企业 15 家。在传统木板年画的基础上，相继开发出刺绣年画、陶版年画、竹编年画、木雕年画等 100 多种年画新品，2017 年实现 1000 余人从事年画相关产业，年产年画 3 万件。同时通过电商平台，拓宽销售渠道，2017 年实现年销售收入 2000 多万元。每年通过举办年画节等各类节庆活动，吸引了大量的游客前来游玩，2017 年接待游客 69.9 万人次。同时通过文创旅游的深度开发，努力将该村打造成为集生态观光、游乐休闲、文化博览、文创体验、养生度假等功能于一体的文创体验型旅游目的地，从而进一步带动乡村旅游发展和农民持续增收。

三是坚持村民为主体，机制创新添活力。中国绵竹年画村坚持村民自建、自管、自收益的原则，不断完善党委领导、政府负责、社会协同、公众参与的社会管理格局，进一步深化了"三委一站一网"（即支委、居委、监委和综合服务站、村居信息网）的城乡社区管理运行机制。村组干部积极转变工作思路和职能，创新工作方法，增强服务意识和公仆观念，主动适应和积极应对农村中出现的

---

① 本小节一手数据资料由绵竹市政府办公室提供。

新情况与新问题，让法治村和村民自治成为乡村治理新机制。

绵竹市孝德镇的中国年画村借灾后重建之机，乘新农村建设及幸福美丽新村建设之风，将自身独有的年画文化资源转化为年画文化产业，形成了年画文化经济的核心竞争力。其不仅是地震极重灾区灾后新村重建的样板，成功将文化资源转化为文化经济的样板，也是具有相似资源的乡村转型与振兴的样板。

10.4.3　贫困村脱贫致富的阴平村模式

青川县青溪镇阴平村距国家 4A 级旅游景区唐家河自然保护区 7 千米，距国家 4A 级旅游景区青溪古城 2 千米。截止 2017 年末，青川县青溪镇阴平村辖 5 个居民小组，431 户、1442 人，党员 31 人。该村 2006 年人均纯收入不足 1000 元，到 2017 年末全村人均纯收入逾 2 万元。震后 10 年来，阴平村先后被评为全国一村一品示范村、生态文化村、乡村旅游模范村、休闲农业示范村、文明村、省级"四好村"、"百强名村"、2017 年四川十大幸福美丽新村。[①]在几次深入该村调研以后，我们将阴平村震后 10 年的快速发展的成功经验总结为以下三个方面。

一是能人带动找出路，乡村旅游产业兴。2007 年前，阴平村与周边其他村一样还是个穷村。摆脱贫困在当时许多村民意识里还只是美好愿望的时候，村两委（村中国共产党支部委员会和村民自治委员会的简称，以下前者简称为村支部，后者简称村委会）就开始主动思考怎样让全村走上致富路的问题。2007 年初正值唐家河自然保护区建成开放，游客纷至沓来，这让村两委班子敏锐感觉到在阴平村开办农家乐的机会。村两委班子在经过深入讨论后迅即确立了"农家乐致富，旅游业兴村"的发展思路，并迅速付诸行动。村两委班子首先"以党员带头示范为抓手，动员并帮助本村具有一定经济实力的邓崇建、杨国清等党员率先建起农家乐。同时，为解决村民不会技术、不善经营、不懂管理等问题，村党支部先后 10 余次组织村民外出考察学习，并邀请旅游院校教师来村里现场传授知识技能。2007 年，由党员带头开办的第一批农家乐'闫家居'、'向阳居'、'聚贤堂'、'红梅阁'相继营业，当年户均收入 5 万元以上"[②]。这些党员带头人也是阴平村的第一批致富能人，在他们的示范带动下，村里其他农户也纷纷开办起农家乐、农家客栈。截至 2017 年末，"全村发展农家乐经营户 120 户，星级农家乐户数达到 36 户，从事农家乐服务行业 236 户"[③]。阴平村的乡村旅游产业从最初的农家乐、

---

① 本小节一手数据资料由青川县政府办提供。

② 《四川青川县如何把一个村的人均收入从千元增至万元》，http://sc.people.com.cn/GB/n2/2017/0227/c379469-29773474.html，2018 年 11 月 26 日。

③ 《青川县青溪镇阴平村入围四川十大幸福美丽新村》，http://www.cnqc.gov.cn/NewDetail.aspx?id=2dda316027dc449b8c5c2aeec97f29a1，2018 年 11 月 26 日。

农家客栈发展成为集休闲观光、餐饮娱乐、民宿民居、康养度假等为一体的乡村旅游产业链。

二是政府引领抓机遇，美丽乡村品牌靓。"5·12"汶川大地震使阴平村遭受重大损失。按照中央、省市、县等各级政府的统筹部署安排，浙江温州市对口援建阴平村。阴平村两委紧抓灾后重建机遇，以灾后重建为契机，高规格编制了《清溪镇阴平生态示范村建设规划》（以下简称《规划》）。《规划》"将乡村旅游发展与灾后恢复重建相结合，与社会主义新农村建设、发展地方特色文化相结合"①按照"千年蜀道明珠，川北世外天堂"的定位，对阴平村的乡村旅游产业、新村总体布局、村内道路、民居风貌等进行了统一规划。温州市对阴平村2年的援建，使阴平村的面貌发生了巨大变化。一片片掩映在苍山小溪间的"小青瓦、白粉墙、人字顶、提脚线"川北民居，成为通往唐家河自然保护区沿途的靓丽风景。四通八达的村道直通每一户农家，每家庭院前的小果园、小菜园、小花园呈现出的"微田园"风光令人流连忘返。高规格高起点的灾后重建，使阴平村的乡村旅游支柱更加稳固，也使阴平村这张美丽乡村品牌更加响亮。

三是村民自治强服务，新村通向幸福路。随着阴平村乡村旅游业规模的不断扩大，村内从事乡村旅游的家庭和人员不断增加，四面八方慕名而来的游客也日渐增多。乡村旅游从业者中的不文明、不规范等乱象也日益显现。为了规范全村的从业行为、提高服务质量，村两委组织开展了"乡村旅游品牌创建"行动，同时组建了"旅游发展指导队""文化活动服务队""文明行为劝导队""矛盾纠纷调解队""民情民意搜集队"等党员志愿服务队，推行公共事项"大家管、大家干"。为了提升旅游品牌形象，阴平村采用了"村支部+旅游协会+党员+农户+合作社"的营运模式，按照"统一规划、统一建设、统一宣传、统一价格"的"四统一"原则进行规范化治理。

震后10年来阴平村已不再是一个贫穷的小山村，而是"业兴、家富、人和、村美"四川十大幸福美丽新村。80后的中国散文学会会员马晓燕在目睹如今的阴平村后写道，"阴平村，仿佛陶渊明笔下的世外桃源，又仿佛是无字的诗歌、无韵的旋律、无线的风筝。它以亘古不变的姿态，让你在蓦然回首时发现尘封于心底的浓浓乡愁"②。这个带着"浓浓乡村"的幸福美丽新村正以靓丽的姿态吸引各方游客观光和身居他乡的游子回家。

青川县清溪镇阴平村10年的脱贫致富路，探索出了山区贫困村脱贫致富的成功经验和模式。这一模式的亮点在于：发挥自身资源优势找准了产业脱贫的可持

---

① 《温州援建青川阴平"帮"出一个中国乡村旅游模范村》，http://news.66wz.com/system/2018/05/13/105083244.shtml，2018年11月26日。

② 《广元青川县青溪镇阴平村逐梦中迈向振兴》，http://sc.people.com.cn/GB/n2/2018/1031/c345167-32225843.html，2018年11月26日。

续支柱；抓住灾后重建机遇，借对口援建之外力转化为自我发展之源泉；形成"政府引领（县/镇/村）+能人示范+农户参与+合作社运营+村民自治"的贫困乡村可持续发展模式。

10.4.4　石椅村"五变"走出富民新路子

北川县曲山镇石椅村（又称石椅羌寨，羌语称"拿巴日格"），位于北川老县城东，紧邻北川地震遗址纪念馆和唐家山堰塞湖，距北川新县城 23 千米，平均海拔 1200 米左右，属山地喀斯特地貌，辖区面积 3.5 平方千米，截至 2017 年末，辖 3 个村民小组，村民 92 户、344 人，其中，建卡（即建档立卡）贫困户 6 户。近年来，该村依托优美自然生态、羌族文化资源和北川羌城旅游区国家 5A 级旅游景区品牌优势，大力发展乡村旅游，走出了一条旅游富民新路子。2015 年，石椅村接待游客 6.8 万人次，实现旅游收入 638 万元，全年人均综合纯收入达 14 051 元，带动全村贫困户全部脱贫。该村先后被评为"四川省农民专业合作社示范社""四川省乡村旅游示范村""全国文明村""中国乡村旅游模范村"。①

一是变山地为基地。石椅村属山地喀斯特地貌，山地多，耕地少，农业基础薄弱。震后 10 年来，该村依托独特的高山气候和原有的果林资源，发动、组织村民利用荒地、坡地，大力种植生态水果，在近 3 平方千米的山地上累计打造了 1300 余亩生态水果基地；村两委成立了县内第一个水果专业合作社，吸收 81 户（含 4 户建档立卡贫困户）农户入社，通过"合作社+农户+基地"的模式进行统一管理、统一经营、统一核算，极大地提高了经济效益。如今，石椅村的桐子李、大五星枇杷、猕猴桃等优质品种因体大、味美、绿色、生态而远近闻名，并注册"羌山绿宝"商标，吸引了大量游客前来观光、采摘，产品远销省内外，石椅村因此赢得了水果之乡的美誉。2015 年，石椅村水果纯收入达 100 万元，户均收入 1.08 万元，基地效益凸显，有效带动了村民致富。

二是变村民为股民。为走规模化发展道路，石椅村组建旅游专业合作社，截至 2017 年末，吸收 51 户（含 2 户建档立卡贫困户）农户通过土地、房屋、资金入社，引进实力雄厚的北川石椅羌寨文化旅游有限公司开发乡村旅游，采取"合作社+公司+农户"的方式联合经营 12 家农家乐，盘活了村民闲置资产，让村民产权流动起来，将资产转化为资金，变村民为股民，实现村民财产利益最大化。2015 年，石椅村旅游专业合作社有 51 户农户，户均增收达 3.2 万元。

三是变上山为上班。"5·12"汶川地震灾后恢复重建以前，石椅村的村民把"日出而作，日落而息"叫作"上山"。如今，村里两家专业合作社统一经营和管

---

① 本小节一手数据资料由北川县政府办公室提供。

理水果基地与农家乐，通过种植技能和服务水平培训，村民们再也不用"上山"，而是进合作社上班，成为"上班族"。截至 2017 年末，石椅村水果基地和 12 家农家乐长期用工 55 人，最低月工资为 1500 元，最高月工资达 2800 元。

四是变羌民为艺人。石椅村地处县内羌族聚居区中部，羌族原生态文化独具特色，该村将文化和旅游融合，通过羌族老艺人传授技艺，聘请专业教师教授歌舞乐器，对村民进行歌舞表演、吹拉弹唱、羌族礼仪培训。但凡游客参观、游览、娱乐、体验、购物、就餐、住宿，都能感受到浓浓的羌族文化氛围，增强"文化+旅游"的内在魅力和吸引力。截至 2017 年末，石椅村长期从事羌族文化展演的团队有 2 支共计 32 人，参与古老羌族迎宾礼仪表演和接待的老中青年村民多达 45 人。

五是变产品为商品。石椅村因地制宜、农旅结合，构建"旅游+全产业链"发展模式，鼓励和引导农民将茶叶、腊肉、土鸡、豆制品、香菇、木耳、魔芋、水果、野菜等农土特产品商品化，依托羌城旅游区、农家乐等游客集中区域进行营销，同时，合作社免费开通电商网店，帮助村民线上线下宣传推介、网络销售，从而提升农副产品附加值，增加村民收入。2015 年，石椅村有 20 户农户从事农副产品加工和销售，户均收入 3000～5000 元。

与扶贫帮困深度融合，高效助农增收，石椅村走出了一条勤劳和智慧、开拓和创新的脱贫致富路，成为北川县幸福美丽新村建设的佼佼者。

石椅村的"五变"，解决了长期困扰边远山区农村发展的五大问题，将山地资源、文化资源等资源优势转化为产业优势，推进了三次产业的有机融合；借助"互联网+"实现了边远山区的市场化及其与外界的对接，形成了山区乡村的独特竞争优势。

10.4.5　民族地区美丽新村样板河坝村

汶川县三江镇河坝村位于汶川县西南部，距汶川县城 85 千米，距都江堰市 46 千米，距省会城市成都 113 千米。河坝村是典型的民族村，2017 年全村总面积 11 平方千米，总人口不足 1000 人，其中 60%为藏族和羌族。由于毗邻"5·12"汶川地震震中映秀镇，在地震中受损严重。经过震后 10 年的建设发展，河坝村不仅成为国家 5A 级旅游景区汶川三江生态旅游区第一村，而且被评为第三批全国民族团结进步创建活动示范单位、2017 年四川十大幸福美丽新村、省级"四好村"、省级爱国卫生村、州级文明村。河坝村震后、精品旅游村寨 10 年的建设发展经验可归结为以下三个方面。

一是借对口援建之力使村容村貌大改善。按照灾后重建及对口援建的统一部署，由广东省惠州市对口援建河坝村。惠州市对河坝村民房、道路及产业等的恢复重建都按照统一规划、统一设计、统一建设的形式进行。经过惠州市 2 年的援建，彻底改变了河坝村村道泥泞、房屋凌乱的窘况，如今的河坝村"康庄大道直通家家户户，水电、通信、网络覆盖全村，一个崭新的旅游精品村寨跃然呈现；村活动室、村医疗卫生服务室、村幼儿园等公共设施一应俱全；村内院落整治面达 100%，垃圾、污水无害化处理达 100%，实现了村庄绿化、道路硬化、路灯亮化、卫生洁化、休闲公园化、生活城市化"[①]。惠州市的对口援建，使河坝村基础设施、公共服务设施、民房和村容村貌等有了很大改善，为河坝村产业发展及走上致富路打下了良好基础。

二是扬资源禀赋之优助支柱产业大发展。汶川三江生态旅游景区毗邻卧龙国家级自然保护区和青城山风景区，是世界自然遗产大熊猫栖息地，是世界最大的"植物活化石"珙桐生长区，也是离省会城市成都最近的藏民居住区。河坝村位于汶川三江生态旅游区境内，是汶川三江生态旅游区第一村，村内有秀美的明月湖，这里自然生态、藏羌文化等资源丰富。按照灾后重建与产业发展相结合的科学重建思路，惠州市结合三江镇及河坝村实际，在充分发挥其区位优势和自然生态、文化资源的基础上，将河坝村的主导产业定位为乡村旅游产业和特色种养业。震后 10 年来，河坝村以水乡藏家风情园为特色的乡村旅游，以猕猴桃、林下中药材和跑山鸡等特色的种养业不断发展，成为村民致富和村集体经济发展的支柱。2017 年，"河坝村村集体收入达 200 万元，全村人均可支配收入超过 2 万元"[①]。

三是借民族文化之势促文化旅游大融合。河坝村是离成都最近的藏族羌族集中居住区，其藏羌民俗文化、茶马古道历史文化等文化资源丰富。震后 10 年来，河坝村通过统一打造藏式民居风貌、挖掘藏羌民俗文化资源、开办藏家乐、打造水乡藏寨风情园等，将藏羌文化与乡村旅游有机融合，以藏羌文化为主要元素的乡村旅游已经成为河坝村旅游产业的核心竞争力，成为河坝村走上致富路、幸福路的持续动力和源泉。民族文化资源与乡村旅游的大融合，不仅使藏羌文化资源转化为藏羌文化产业从而成为村民持续增收的源泉，也使藏羌文化得以不断开发和传承，增强了各族人民的大团结。2016 年河坝村被评为第三批全国民族团结进步创建活动示范单位。

河坝村震后 10 年的发展经验彰显了震后新农村建设的成果，为我们提供了一种文旅大融合的典范，更为我们提供了一个民族地区幸福美丽新村建设的样板。

---

① 《寻找四川十大幸福美丽新村》，http://tpv2.scol.com.cn/17zmxc/detail-34700.html，2018 年 11 月 26 日。

第 11 章　生态文明建设的实践探索

自党的十七大首次提出生态文明建设目标以来，生态文明建设已成为我国经济可持续发展的方向杆，成为我国经济发展方式转变的突破口。生态文明建设也是极重灾区县域经济可持续发展的重要组成部分。本章选取了在生态文明建设中取得显著成效和经验的部分典型代表作为案例进行深入分析，进而对极重灾区县域在生态文明建设中取得的成就、经验和模式进行总结提炼。

11.1　绿色崛起的北川发展之路

11.1.1　生态城市建设样板县

北川新县城是"5·12"汶川大地震后唯一一个整体异址重建的县城，被誉为城建工程标志、抗震精神标志和文化遗产标志。新县城位于永安镇与安昌镇之间，距离北川老县城 23 千米。是我国历史上动员范围最广、投入力量最大、规划层次最高、施工组织难度最大的建设工程。由 50 多家全国资质最高的设计单位、多名著名专家学者参与设计。218 个建设项目同时启动，一年多时间全面竣工，创造了中华人民共和国建城史上的"奇迹"。北川新县城按照绿色建筑标准建设，公共绿地占建设用地的 8%，人均绿地 16 平方米，超过国家园林城市标准；70%以上的城市照明采用 LED 节能灯，新引进的工业企业达到环保要求；北川巴拿恰商业步行街集购物、餐饮、娱乐休闲等功能于一体，方便了本地群众和外来游客，也成为新县城的一大亮点；在"数字北川"项目的推动下，全国首家县级数字化城市管理中心逐步建成[①]。

11.1.2　生态经济发展示范县

近年来北川县注重促进产业生态化和生态产业化，增强发展的可持续性，以建设"大美羌城、生态强县、小康北川"为目标，重点打造文旅发展引领区、精品农业示范区、通航经济创新区、应急产业先行区。[②]

---

① 《北川羌族自治县县情简介（组图）》，http://roll.sohu.com/20110527/n308743887.shtml，2017 年 12 月 28 日。
② 本节数据由县委政策研究室提供。

（1）注重文旅结合，打造文旅发展引领区。以文旅融合为引领，坚持农旅、林旅、体旅等融合发展，打造以文化为特色、产业为载体、融合发展为核心的全省文旅融合发展引领区。截至 2017 年末，全县共有 1 个 5A 级、4 个 4A 级旅游景区，2 个省级乡村旅游示范镇和 1 个省级乡村旅游示范村，星级农家乐 32 家，开发打造羌绣、草编等 500 余种旅游产品。全域旅游格局初步成形，2016 年被列入首批"国家全域旅游示范区"创建单位。

（2）注重特色生态，打造精品农业示范区。抓好现代农业示范工程、高标准农田、高产创建、农村沼气等重点项目建设，推广脱毒马铃薯种薯、羊肚菌种植。依托山区特有的自然资源优势和国家地理标志品牌优势及绿色农产品基地优势，以青片河流域、白草河流域和都坝河流域等为重点，构建生态特色农业产业体系，加快形成专业化生产格局和区域化特色农业产业带，打造精品农业示范区，扩大农业规模，提升农业附加值，助推富民增收。

（3）注重规划引领，打造通航经济创新区和应急产业先行区。编制完成通航产业园区规划，力争通用机场规划获得审批，加快通航产业园区基础设施建设。加强与四川省航空学校、四川九洲电器集团有限责任公司、四川长虹电器股份有限公司等合作，力争四川省航空学校迁建取得实质性进展，推动中国紧急救援基地及培训等项目尽快落地建设，加快纵横自动化无人机项目、楠迎通航项目建设，支持四川特飞科技股份有限公司扩大生产。开通通航观光旅游线路，开发低空飞行旅游产品。完成应急产业发展规划编制，积极申报建设第二批国家应急产业（专业）示范基地县。

（4）"两新"产业（即高新技术产业和战略性新兴产业）和"互联网+"后发跨越。北川县抢抓国家产业结构调整重大机遇，在抓好传统产业技改扩能的同时，更加注重新兴产业培育发展。截至 2017 年末，全县"两新"企业总数达到 6 家，新增科技型中小企业 14 家，达到 156 家；建成电商平台 4 个，电商服务站点 163 个，电商经营主体达到 463 家。四川普网科技有限公司、四川北华农林开发有限公司、四川北川羌族自治县富民村镇银行有限责任公司等总部落户北川县，羌山农牧成功上市"新三板"，实现上市公司零的突破。

11.2　生态文明建设的绵竹实践

11.2.1　优化城乡一体的生态功能布局

生态功能区划作为区域生态-经济-社会为一体复合生态系统空间异质性的直观反映，是制订区域生态规划和区域经济发展规划的前提与基础。依据生态系统类型和生态服务功能，综合分析绵竹市自然生态系统特征、社会经济环境发展趋势、生态环境现状，以及生态环境敏感性四大方面的基础资料，将绵竹市划分为六个生态功能区，分别是西北部四川九顶山省级自然保护区、北部自然资源综合开发生态功能区、中低山沿山生态旅游功能区、平原地区生态农业功能区、中部平原城市商贸和人居环境生态功能区，以及南部平原工贸生态功能区。每个生态功能区都有各自的生态服务功能和发展方向，不再简单地让农村发展工业，盲目进行城市改造，而是最大限度地利用每个区域的环境优势，为该区域量身打造其适合的发展规划。①

11.2.2　构建城乡一体的生态产业体系

通过循环利用，提高资源能源的利用效率，形成资源—产品—污染—资源的可持续循环利用模式，最大限度地利用资源，建立共融共生的城乡一体化生态体系。

立足于现有的产业基础和资源承受能力，积极推进清洁生产，发展绿色工业，构建绿色工业经济发展新格局。2012年以来，绵竹市按照四川省环境保护厅要求，先后对15家企业实施了强制性清洁生产审核，并督促企业按照强制性清洁生产审核报告逐一落实清洁生产中、高费方案，进一步提高企业清洁生产水平。运用经济手段，引导产业关联的生态化转向，推进建设具有循环型工业特点的零排放工业园区。

优化农业产业结构和产品结构，实施资源转化战略，大力推进生态农业产业化发展。截至2017年末，绵竹市建成了核心示范面积300亩辐射面积5万亩的江苏现代高效农业示范园、沿山4万亩成片梨园、2万亩玫瑰园、核心基地1万亩辐射面积4万亩的猕猴桃基地；积极培育名优产品，将优质粮油、蔬菜、食用菌、经济林果和以玫瑰为主的花卉作为农业五大优势主导产业，大力发展有机、绿色、无公害农产品；已有4家企业（农民专合社）的5个农产品获得无公害农产品认证，1家企业的1个农产品获得绿色食品认证。

与此同时，积极发展城乡一体的生态旅游业。依托以剑南春为代表的酒文化，以及年画文化、三国文化、地震遗址、沿山乡村旅游、九顶山自然生态等旅游资源，开展城市和乡村间的协作与联动，着力在景区保护、提升旅游产业结构、文化提升等方面下功夫，加快旅游产业升级，促进生态旅游快速健康持续发展。

① 本节一手数据资料由绵竹市环境保护局提供。

11.2.3　构建城乡一体的生态环境体系

绵竹市严格执行国家的环保政策和产业政策，对煤矿资源进行有序开发，开发前执行"三同时"（即建设工程的安全设施必须和主体工程同时设计、同时施工、同时投入生产和使用）制度，开发中实施在线监测与评估，开发后矿山迹地结合生态恢复与治理。严格执行《中华人民共和国土地管理法》确立的"十分珍惜、合理利用土地和切实保护耕地"的基本国策，实施土地复垦恢复项目，确保基本农田保护面积不减少、质量不降低。改造中低产田，实施沃土工程，提高土壤质量，推广农业立体种植，提高土地利用率。规划地下水使用功能，建立健全地下水污染防治的政策、法规和技术体系，形成地下水防治的长效保障机制。

以生态公益林、水土保持林建设为重点，加强全市水土流失监督能力建设，以绵远河等小流域为单元，以乡村为单位组织群众集中成片成规模治理，调动社会各界力加强对重点企业、重点行业的污染源技术改造，降低工业粉尘的排放量，按国家要求足额征收二氧化硫排污费，用经济手段促进治理。倡导俭约的社会生活方式，降低城区社会活动强度，控制社会生活噪声源。积极建设完善的绵竹市工业固废处理体系，实现工业固废收集、运输、储存、处置的全过程管理。

积极开展龙门山山区生物多样性资源调查、生态环境及物种变化的监测、生物资源的调查和监测。重点完善自然保护区基础设施、配套设施、规章制度，充实管理队伍，设立执法机构，强化法制管理。实施濒危珍稀动物迁地保护、饲养与繁育，濒危珍稀植物的异地培育，加强珍稀动植物栖息地廊道建设，减轻生境破碎化对物种的负面效应。

11.2.4　构建城乡一体的生态人居体系

坚持统一规划、基础先行、分步实施的原则，切实加强生态宜居城市、生态特色乡镇、生态优美村庄和生态文明家园建设，形成生态网络体系，全面推进城乡居住环境改善。"生态立市，生态兴市"是绵竹一贯坚持的战略。以灾后恢复重建、新农村建设为契机，各乡镇结合自身特点和建设规划，通过生态乡镇建设，完善乡镇基础设施，提高农民生活水平和文明程度，有效保护生态环境，统筹城乡发展。积极创建生态村、生态家园，推进农村生产、生活方式的根本性转变，加大农村环境综合整治力度，切实解决农村环境问题。

自 2009 年以来，绵竹市共创建省级生态乡镇 11 个，其中，7 个通过技术核查，4 个通过验收并获命名；创建省级生态村 4 个，市级生态村 97 个，生态家园 197 个。绵竹市加大投入，铺设城市生活污水配套管网，日处理污水 2.5 万吨，实现了城市污水处理全覆盖。积极推行并建立户集、村收、镇运、市处理的农村生活垃圾四级处理机制。以公园绿地为"点"、道路绿化为"线"、庭院绿化为"面"，完成了城区多条道路的新建、改建绿化工作。同时大力开展森林植被生态修复工程，打造公路沿线森林景观，将生态修复项目与新农村建设相结合。

11.2.5 构建城乡一体的生态文化体系

生态文化建设是生态文明建设的重要组成部分。绵竹市积极创建绿色社区，倡导绿色家庭，建设社区生态文化。大力推动"绿色学校"创建活动，促进受教育对象传统价值观念的转型，提高青少年的环境意识，培养具有生态环境保护知识和意识的新一代，截至 2017 年末，绵竹市已有 4 所学校创建成为"绿色学校"。大力弘扬人与自然和谐相处的核心价值观，增强全民生态忧患意识、参与意识和责任意识，牢固树立生态文明观、道德观、政绩观，弘扬绿色消费观。

通过优化城乡一体的生态功能布局，构建城乡一体的生态产业体系、生态环境体系、生态人居环境、生态文化体系，逐渐将"绿色、生态"理念注入城镇体系、产业体系、环境体系、人居体系、文化体系等构建过程，形成了城乡一体的生态文明建设新模式。

11.3　"三生"理念助茂县生态经济发展

生态是茂县的立县之本和发展生命线。在优先保护生态环境的前提下，把生态资源转化为生态资本、生态价值转化为经济价值、生态优势转化为产业优势，推进传统发展模式的转变，走绿色低碳循环之路，形成生态经济的新型发展模式。①

11.3.1 以"三生"理念推进生态立县战略

（1）生态立县首先就是保护好茂县的生态本底，厚植生态基础。为此，近年来茂县扎实推进绿色生态长廊建设，按照规划为先、科学种植、科学管护的原则，利用国家重点生态功能区财政转移支付资金，实施县域内国道沿线生态建设，栽树种草，县域内主要交通干道正成为靓丽的绿色生态长廊。

（2）扎实推进生态项目建设。实施高半山植被恢复项目、水土保持项目，落实草原生态奖补政策等对水土流失进行有效治理。扎实推进城市绿化、美化工程。狠抓城市绿化、美化，实施县城滨河景观带和半岛公园等绿化提升改造工程。茂

---

① 本节一手数据资料由茂县政府办公室提供。

县深入推进城乡环境综合治理，成功创建为省级卫生城市。

11.3.2 以"三生"理念推进产业转型升级

以"三生"理念推进传统农业向优势特色农业转型，抓"三化"提农业品质。一是基地化。截至 2017 年末，茂县建设了罗山村脆红李、南庄村羌脆李、木耳村高山绿色蔬菜、壳壳寨村果蔬一体化等 16 个标准化特色产业示范基地，新建 3 个万亩示范区和 6 个核心示范基地，提档升级 5 个万亩示范区和 28 个果蔬核心示范基地，稳定蔬菜面积 7.3 万亩，通过优化提升，实现每亩增收 3000 元。二是生态化。推广生物农药、太阳能杀虫灯等多种绿色防控技术，截至 2017 年末，绿色防控示范达 1.5 万亩，带动推广 3 万亩。着力打造特色生态品牌，2009～2016 年全县取得"羌脆李"等绿色食品认证 18 个，"羌脆李"等有机转换产品认证 6 个（表 11-1）。优质生猪、优质牦牛（肉牛）、优质家禽、中蜂养殖得到较快发展，初步形成了"特色果、绿色菜、生态畜、道地药"的农业产业化发展新格局。三是标准化。修订和完善了茂县李、茂汶苹果、枇杷等 15 个名特优新农产品质量安全标准及其配套生产技术规程，建立和完善了农产品生产与监测相配套的标准体系。以龙头企业、专业合作经济组织为主体，开展多种形式的农业标准化实施示范创建活动，形成体现茂县特点、质量可控的标准化生产模式。

表 11-1 茂县"三品一标"年度获得情况（2009～2016 年）

年份	获得"三品一标"情况
2009	获得 1 个绿标——茂县花椒
2010	被四川省认定为无公害农产品产地（6395 公顷）
2011	获得"茂县花椒"国家地理标志认证
2012	获得"茂县李"国家地理标志认证
2013	获得 3 个绿标——大白菜（太平木耳蔬菜专业合作社）、脆红李（茂县罗山村脆红李专业合作社）、青脆李（南庄青脆李专业合作社），3 个有机转换产品认证——木耳大白菜（莴笋）、南庄青脆李、土门猕猴桃，1 个国家地理标志认证——"茂汶苹果"
2014	获得 11 个绿标（鑫农公司）——玉米、洋葱、马铃薯、花菜、羌脆李、辣椒、莴笋、枇杷、大白菜、甜樱桃、番茄，1 个有机转换产品认证——凤毛枇杷
2015	获得 3 个绿标——大白菜、莲花白（光明胜利蔬菜专业合作社）、莴笋（太平木耳蔬菜专业合作社），2 个有机转换产品认证——水西苹果、罗山脆红李，1 个有机产品认证——南庄青脆李
2016	截至 2016 年底，全县共有"三品一标"33 个（其中，绿色食品 24 个，无公害农产品 6 个，农产品地理标志 3 个），无公害农产品基地 1 个

　　工业转型成效明显，循环经济粗具规模，初步形成清洁能源开发、循环高效工业、绿色加工工业为主的"三位一体"工业发展体系。茂县结合自身资源和产业格局实际，加快推进园区产业发展。目前，园区产业的集群竞争优势逐步显现，为茂县工业经济快速发展起到了积极的推进作用和带动效应。如今，茂县工业园区已成为企业竞相投资的主阵地、政府培植稳定性税源经济的增长源、拓宽就业的主渠道。对于工业经济发展，茂县探索出了一条独具特色的生态工业发展道路：坚持绿色环保理念，着力培育战略性新兴工业产业，走出一条绿色、循环和生态型的工业发展路子。将茂县工业园区建设成为发展循环经济的生态经济示范园区，在绿色工业发展过程中，茂县围绕建设"川西北生态经济示范区"的目标定位，加强了企业之间、产业之间、集中区之间的循环链建设，建立资源再利用和再循环的循环经济机制，从而实现"有限空间无限发展、有限资源无限创造"。

　　全域旅游加速推进，初步构建五大精品旅游品牌[①]和以文化旅游、特种旅游、生态旅游、乡村旅游为主的复合型旅游格局，集生态观光、休闲度假、购物娱乐于一体的中国羌文化旅游目的地正在形成。

11.4　生态特色小镇建设的彭州样板

11.4.1　磁峰镇土溪河生态长廊

　　磁峰镇位于彭州市西北部，距彭州市区 33 千米，距成都市区 70 千米，辖区面积 103.2 平方千米，海拔在 720～1637 米，2017 年末总人口 2 万人。地震以前的磁峰镇产业布局以资源型企业为主，小煤窑众多，虽然经济发达，但大量洗煤、淘炭等经营活动，使河水变得浑浊，在里面洗手手都会变黑。地震后，党委政府抓住重建契机，高度重视生态文明建设和环境保护工作，在多年努力下土溪河由以前的浑浊不堪、鱼虾绝迹变为现在的河水清澈见底，鱼虾随处可见，人们的生活环境不仅得到了改善，来磁峰旅游的人也多了。

　　近年来，磁峰镇采取农民集中居住、产业结构优化布局等有力措施，不断改善土壤、水资源和大气环境质量。高度重视环境改善和土溪河生态长廊建设，大力发展第一产业，截至 2017 年末，在皇城村、滴水村、涌华村等村种植黄檗、杜仲、厚朴"三木"药材 3000 余亩，在莲花湖社区、石门村、蟠龙村等土溪河沿岸

---

　　① 以黑虎、牛尾、杨柳等为代表的羌族文化旅游品牌；以叠溪松坪沟旅游景区、九顶山省级自然保护区等为代表的生态旅游品牌；以牟托、安乡、坪头等 10 个精品旅游村为代表的乡村旅游品牌；以羌族民俗风情、休闲度假、歌舞表演等为特色的民俗风情旅游品牌；以民族服饰、民间刺绣、传统风味小吃及土特产、中药材等系列开发为重点的旅游商品品牌。

的村（社区）种植慈竹 4000 余亩；优化产业结构，截至 2017 年末，引进成都佳惟他农业有限公司、成都馨兰德农业开发有限公司、成都市神农农业投资有限公司、成都百裕制药股份有限公司等 7 家现代农业公司，在小石村、西一村、鹿坪村等 6 个村（社区）建成高端猕猴桃种植园区 1.2 万亩，在涌华村、庙坪村 2 个村建成核桃基地 3000 亩，在西一村建成药用银杏种植园区 2000 亩，在莲花湖社区、石门村种植慈竹 8000 亩，抛荒地得到有效利用，流转比例超过 50%，位居全市前茅。

同时，磁峰镇始终坚持"绿水青山就是金山银山"的绿色发展理念，切实强化生态环境保护的意识和责任，着力降低生产能耗，美化城乡环境。开展扬尘污染防治，切实抓好秸秆禁烧工作，2017 年建成秸秆综合利用处置中心 1 个，秸秆综合利用率达 95%。严厉打击乱砍滥伐、私挖滥采等非法行为。制定了《磁峰镇环境保护管理办法》，持续开展散居院落、百村容貌、场镇市场秩序整治，加大对土溪河流、河道垃圾的整治清理力度，鼓励群众在河道沿线添绿，大力发展绿色产业，地震后到 2017 年末土溪河沿线发展慈竹种植 9000 余亩，沿线生态环境得到了提升。2014 年磁峰镇被环境保护部命名为"国家级生态乡镇"。

土溪河环境的改变使得越来越多外地游客前来磁峰镇旅游，土溪河生态长廊每年吸引游客 10 余万人次，截至 2017 年末，在周边发展农家乐 5 家，直接经济收入 500 余万元，群众在环境保护中得到了实惠。当前，在群众眼中，磁峰镇水更清了、山更绿了、生态环境更好了，磁峰镇也被外来的游客赞誉为"天然的氧吧"。

11.4.2　葛仙山乡村旅游示范带

葛仙山镇位于彭州市北部，辖区面积 72.4 平方千米，辖 20 个村和 2 个社区居委会，2017 年末全村人口 3 万余人，距成都市 60 千米，属成都 1 小时交通圈内。葛仙山镇作为龙门山国家地质公园的腹心地带，具有良好的生态环境和得天独厚的地理优势，先后获得了"国家级生态乡镇""全国休闲农业与乡村旅游示范点""四川省环境优美乡镇""四川省乡村旅游特色镇"等称号。

葛仙山镇拥有 1 万亩的花木果树资源，5 万亩的大田林盘风光，共同组成了覆盖全镇的生态本底。域内的葛仙山既是道教名山，也是龙门山国家地质公园核心区，其中，冰川漂砾地质奇观世界罕见。葛仙山镇农耕文化、道教文化、林盘文化深厚，既有乐音王墓、云居院古塔、摩崖造字等人文资源，又有花卉、园林等现代农业产业资源，还有林盘、农田、河流、绿道等自然资源。在发展过程中，充分挖掘全镇乡村旅游生态优势，每年举办以花为主题的葛仙山田园赏花活动、田园自行车体验活动、花园沟李子节、三月三朝葛仙山庙会等有一定知名度的旅游活动，在这里既能品尝地方特色农产品，又能体验丰富多彩的休闲生活。

长期以来，葛仙山镇筑牢生态环境保护意识，始终坚持"绿水青山就是金山银山"的绿色发展理念，切实加强生态环境保护，着力美化城乡环境，大力发展绿色生态旅游业。通过镇党委、镇政府的努力，自 20 世纪 90 年代以来，葛仙山镇共在丘陵村发展桃、李、梨等小水果 1 万多亩，把葛仙山镇建成了生态宜居的"花果山"。2012 年以来，葛仙山镇党委政府紧抓乡村旅游提档升级示范区建设的机遇，实施熙玉村、大曲村、乐江村等村农业综合性开发利用，打造生态观光农业，完成牡丹种植近 4000 亩，使彭州市成为中国西部最大的牡丹观赏基地。

葛仙山镇紧紧围绕产业发展和生态乡村旅游示范建设这一中心工作，坚持生态旅游和特色农业的融合发展，依托牡丹花海、花源路生态观光农业示范带等项目着力推进休闲农业与乡村生态旅游业的发展，初步实现"农旅一体"的第一产业、第三产业互动发展新局面。

近年来，葛仙山镇广大老百姓充分感受到了生态环境建设带来的红利，游客逐年递增——2014 年 150 万人次，2015 年 180 万人次，2016 年 200 万人次，2017年上半年突破 220 万人，农户收入得到大幅增长，使其真正感受到了"绿水青山就是金山银山"的内涵。①

磁峰镇和葛仙山镇都是彭州市生态特色小镇建设的典型样板。两个镇的共同点都是拥有丰富的生态资源，能充分运用这些资源，通过农旅、文旅融合，成功将生态资源转化为生态产业，从而找到了小镇可持续发展的有效路径。两个生态特色小镇又各有自己的特色，磁峰镇的特色是药材种植基地和土溪河生态长廊，葛仙山镇的特色是牡丹花海。真正实现了"一镇一特色"，这才是这些具有类似资源禀赋的小镇可持续发展的不竭源泉。"一镇一特色"不仅需要本级政府的规划与打造，更需要上级或者是上上级政府从全域层面进行统筹规划设计。也正是因为彭州市震后 10 年来注重全域统筹规划，才有今天彭州市特色小镇建设的亮点纷呈。

11.5　推进环境综合整治的什邡经验

良好的生态环境是民心所向。近年来，面对广大群众盼环保、求生态的迫切愿望，什邡市深入践行绿色发展理念，主动作为，全市环境保护取得重大进展，生态建设取得重大突破，绿色发展迈出重大步伐。

11.5.1　重拳出击整治环境"老大难"

什邡市探明磷矿储量 1.7 亿吨，保有储量 1.3 亿吨，远景储量 3 亿吨，是我国

---

① 本节一手数据资料由彭州市环境保护局提供。

六大磷矿基地之一,磷化工产业也是什邡市主要工业支柱。2007 年全市规模以上磷化工企业 44 家,占全部规模以上企业总数的 35.5%,产值占规模以上工业总产值的 19.4%;2017 年全市规模以上磷化工企业 60 家,占全部规模以上企业总数的 26.4%,产值占规模以上工业总产值的 18.2%。[1]大量磷化工企业在生产磷化工产品的同时也生产了大量的磷石膏矿渣,成为影响什邡市甚至下游区域的主要污染源。近年来,在中央、省、市环保治理力度加大的外在压力,以及本市环境整治内在需求的双重推动下,什邡市在推进磷石膏综合整治工作中探索出了一条成功经验。

一是变渣山为公园。坚持磷石膏堆场整治与生态利用相结合,将穿心店磷石膏堆场与穿心店地震遗址统一规划整合,着力打造一个连接城市、自然和文化的现代体育休闲公园。同时,对宏达洛水基地(即四川宏达集团位于洛水镇的磷化工基地)、什邡市临江天丰金川磷石膏堆场进行绿化美化,将其打造为石亭江沿岸的一道景观。

二是变废料为产业。推动磷石膏"变废为宝",培育泰山石膏(四川)有限公司、四川华磷科技有限公司等 8 家磷石膏综合利用企业,将磷石膏用于生产纸面石膏板、水泥缓凝剂、装配建材等产品,深受市场欢迎,2016 年实际消耗磷石膏 133 万吨,实现磷石膏消化量大于产生量,远超工业和信息化部磷石膏综合利用标准。

三是变黑水为景区。实施白鱼河景观改造与美化,培育沿河景观,凸显视觉看点,昔日黑臭水体正在变为河畅、水清、岸美、花香的乡村生态休闲廊道。

11.5.2 全面提升产业转型"绿动力"

强化绿色发展政治担当,综合采取市场、政策、行政等手段,奋力推动经济发展、环境保护互动共进双提升。

(1)以生态优先倒逼产业升级。严把项目准入关口,严格执行环境影响评价制度,2014 年以来,总投资达 54 亿元的 106 个项目,因不符合环保要求和环境容量,被什邡市拒之门外。大力淘汰落后产能,建立不符合生态保护要求的企业动态评估、有序退出机制,2014 年以来依法关闭落后生产企业 65 家、淘汰落后生产线 101 条,关闭煤矿 15 家,万元 GRP 综合能耗累计下降 18.32%。推动产业结构调整,传统化工向精细化工、现代化工转型,航空与燃机、新型节能环保材料等高端新兴产业迅猛发展,加快形成绿色发展新格局,什邡市被评为全省首批工业强市示范市。在生态环境持续改善的同时,全市经济发展提速提质,2017 年

---

① 本节一手数据资料由什邡市政府研究室提供。

前三季度 GRP 增速达 9.7%，规模以上工业增加值增速达 11.2%，高新技术企业产值增速达 30.9%。

（2）以绿水青山收获金山银山。把"绿色+"理念融入发展全过程，大力发展生态旅游，既让什邡市绿起来、又让群众富起来。近年来，依托特色优质的绿色生态资源，建成了红峡谷、樱花谷等一批生态休闲旅游景区，建成了四季东城、花信箭台等一批农旅融合特色村，加快打造"雪茄风情""云上冰川"等一批特色小镇，全市旅游呈井喷式发展，激活了绿水青山的经济价值。

11.5.3　持续打造绿色怡人"好家园"

坚决扛起环保大旗，坚决向环境污染宣战，加快建设山清水秀的美丽家园，奋力打造天蓝地绿的亮丽名片。

（1）以"五大工程"为抓手，率先实施环保攻坚。什邡市 2014 年召开千人环保大会，率先成立环境保护委员会，率先建立环境义务监督员队伍，率先实施蓝天、碧水、洁净、减排、生态五大工程，率先打响污染治理攻坚战、突破战。截至 2016 年，共实施五大工程项目 326 个，投入资金超过 20 亿元，重点完成化工、医药等企业环保设施改造，开展强制性清洁生产审核，推进磷石膏整治及综合利用，抓好全域秸秆禁烧，实施筏子河绿地景观、四门五路绿化景观、20 支渠防洪景观等一批生态工程，推动了环境质量一年一提升、三年大变样。什邡市创建为国家森林城市、城乡环境优美示范县城，红白镇创建为国家级生态乡镇，回澜镇等 4 镇创建为省级生态乡镇，104 个村创建为省、市级生态村，全市新增森林面积 1450 公顷，森林覆盖率达到 36.8%。

（2）以"三大战役"为核心，全力抓好污染防治。聚焦沱江流域水环境污染、农村面源污染、大气污染等突出问题，全面打响"三大战役"，截至 2017 年末，实施污染防治项目 132 个，93 个项目已全面完工，39 个项目正加快推进。坚决打好"蓝天"战役，大力推进减排、压煤、抑尘、治车、控秸，截至 2017 年末，按照"四个一批"分类整治散乱污企业 2088 家，其中，取缔关闭 528 家、整改规范 1185 家、停产整治 369 家、引导搬迁 6 家；实施城乡公共交通系统升级改造，2018 年首批 50 辆纯电动公交车投运；全市空气质量显著提升，"什邡蓝"逐步成为新常态。坚决打好"碧水"战役，开展"千人向黑臭水体宣战"行动，全市 18 条问题河（渠）已完成整治 17 条；加快推进污水处理厂建设，经济开发区灵江污水处理厂和洛水镇污水处理厂等 5 个集镇污水处理厂建成投运；抓好 1205 户规模养殖场治理，实现禁养区 90%养殖场关闭、准养区 90%养殖场技术改造；全面完成双盛镇、禾丰镇境内的 23 家化工企业生活污水治理项目；全市流域水质生态环境明显改善，境内主要河流多项指标达到地表水Ⅲ类标准。坚决打好"净土"战役，重点抓好磷石膏堆场科学治理，聘请四川省环境保护科学研究院制订"1+7"整治方案，严格采取"一布一膜"规范化整治，截至 2017 年末，全市 7个磷石膏堆场已完成整治 4 个，其余 3 个正加快推进；完成双盛桥头 100 亩污染土地生态恢复工程。同时，强化生态资源保护，深入开展砂石行业清理整顿专项行动，截至 2017 年末，全市 54 家砂场和砂石加工企业全部关停、清场退出；大力实施什邡蓥华山风景名胜区综合整治，成立蓥华山风景名胜区管理委员会，加快景区总规修编、详规编制和违建整治，截至 2017 年末，执法查处 120 个违建项目；切实加强九顶山省级自然保护区管护，保护区生态环境明显改善，2007～2017 年首现大熊猫活动痕迹；全面整顿环境违法违规建设项目，截至 2017 年末，清理违法违规项目 356 个。

（3）以中央环保督察为契机，切实解决突出问题。紧紧抓住中央环保督察重大契机，借势借力开良方下猛药，从严从快治顽症除痼疾，全力破解环境难题，加快补齐环境短板。围绕中央环保督察组交办的 32 批 49 件环保信访案件，建立快交办、快确责、快核实、快反馈、快整改、快问责、快跟踪、快公开"8 快"工作机制，立行立改、边督边改，截至 2017 年末，35 件案件已高效率整改到位，其余 14 件案件正高标准有序推进，做到了案件数量少、落实力度大、整改效果好。创新开展环保"查访解"活动（即"大排查、大下访、大化解"活动），深入开展环保"大接访""大下访""大走访"，全面畅通 12369 热线、环保警察受理电话、书记市长信箱等监督渠道，组织"两代表一委员"（即中共党代表、人大代表、政协委员）与信访群众逐一见面，确保案件逐一销号，群众满意度大幅提升。

11.5.4　加快形成全民环保"新态势"

扛起环保政治责任，创新工作机制，推动共治共享，着力打造环境治理升级版，着力形成全民环保新格局。

（1）创新"法治环保"机制。2016 年什邡市率先在全省成立环保警察中队，2017 年升格为环保警察大队，形成了"环保+公安"的联合执法模式，建立了高效顺畅的联合办案机制，解决了环境执法进门难、取证难、移交难的问题。率先成立环境资源审判庭，实现了刑事、民事、行政"三审合一"归口审理。环保警察成立以来，重拳出击、精准打击、快侦快办、从严惩处，依法行政拘留 23 家违法排污企业、29 名相关责任人，刑事拘留 3 家违法排污企业、10 名相关责任人，给环境违法犯罪分子以极大震慑，有力捍卫了生态环境底线。

（2）创新"科技环保"机制。建立线上智能监测系统，实行 24 小时全天候监控监测。建立规模以上企业"环保管家"机制，聘请第三方机构对企业进行"X光"透析，提供全程"精准订单"隐患排查和治理服务，截至 2017 年末，50 家重点企业与环保专业第三方机构签订合作协议，进一步提高了治污效率，实现了达标排放。

（3）创新"全民环保"机制。开发"环保随手拍"APP（application）程序，截至2017年末，落实环保巡查员157名，建立"快速搜集—研判分析—及时处置"机制，收集处理环境问题200余件，实现环境监管网格化全覆盖无死角。创新开展"1+X"主题活动，组织市镇"两代表一委员"积极联系群众，践行爱护环境"十不准"公约。创新公众参与机制，定期举行环保开放日活动，聘请社会监督员对环保工作进行监督，组建环保志愿者队伍，营造人人参与环保的良好氛围。制作环保公益广告、公益海报，拍摄《满袋阳光》等7部环保微电影，举办"美丽新什邡"摄影大赛，利用各种媒体、各类渠道广泛宣传，推动环保理念深入人心、全民践行。

（4）创新"全域环保"机制。强化规划引领，编制完成《什邡市"十三五"环境保护规划》，制订磷石膏综合治理、水保护等3年规划，实现环境治理规划全覆盖。认真落实河长制，制订"1+1+4"（即1个河长制工作方案，"一河一策"管理保护方案，目标、问题、任务、责任4张清单）工作推进方案，截至2017年末，设置市级河长18人、镇级河长126人、村级河长276人、群防群治监督员187人，实现河道全域共治共管。大力开展乡村洁美行动，在全市村、社区全面实施治脏、治乱、治水、治气、治噪专项整治，实现制度全面到位、群众全员参与、整治全域覆盖，城乡面貌明显改观。

什邡市以"愚公移山"的精神，重拳整治了一批困扰什邡市、影响群众的环境"老大难"问题。磷石膏从"灰山"变"青山"，污染流域从"黑水"变"活水"，砂石资源从"乱象"到"根治"，蓥华山从"无序"到"管住"等一幅幅青山绿水的美好图景，正在章洛大地铺展。

什邡市以"壮士断腕"的勇气，全面提升了经济发展、产业转型的"绿动力"。落后产能加快淘汰，绿色经济加速崛起，为未来发展腾出了宝贵空间；2017年前三季度，什邡市GRP增速位居德阳市第一，多项指标在德阳市靠前，开创了2012年以来经济增长最快、在德阳市排位最好的时期。

什邡市以"脱胎换骨"的决心，持续打造了绿色怡人、生态宜居的"好家园"。城市周边形成了100万平方米的生态绿带，占地600亩的雍湖公园为城市再添"绿肺"，德什路、亭江东路提档升级工程为城市再添亮丽风景线，21支渠绿地景观成为城市滨水绿轴，亲水亲绿公园城、优质都市生活圈的魅力正逐步展现。

什邡市以"踏石留印"的毅力，加快形成了全民参与、全民环保的"新态势"。全市上下凝心聚力、实干苦干，环保执法利剑出鞘、锋芒毕现，两会代表（委员）走村组、进社区、到现场，以身作则带动群众护水、护绿、护生态，掀起了全民环保的热潮。

第12章 扶贫脱贫的灾区攻坚之路

扶贫脱贫成为我国近年来全面决战小康目标的攻坚战略。2013～2017年，我国有6600多万人口稳定脱贫，农村贫困发生率由10.2%下降至4.5%。极重灾区10县（市）中就有5个贫困县，还有众多的贫困村和贫困人口。脱贫攻坚既是震后10年来极重灾区县域的攻坚之战，也是县域经济可持续发展的题中之意。本章选取了部分扶贫攻坚中的典型案例进行深入研究，进而对极重灾区县域脱贫攻坚的成就、经验和模式进行总结提炼。

12.1 "六专注"精准扶贫攻坚的北川模式

2008年"5·12"汶川特大地震中，北川县15 645名同胞遇难，4412人失踪，1725人致残，直接经济损失585.7亿元，11 823户、30 484名农业人口因灾失地，占全县总人口的13%以上。2009年行政区划调整后，全县增加了38 820名农业人口。2008～2011年灾后重建期间，北川县坚持民生优先战略，把住房重建、设施重建、产业重建等工作与扶贫工作有机结合，规划实施125个扶贫新村，全面完成29 796户城乡住房维修加固和57 060户城乡住房重建，建设了95个集中安置点，复垦耕地14万余亩，帮助"零就业"家庭、遇难人员家属等困难、特殊群体就业6万多人，建设中羌药材、茶叶、高山蔬菜等特色产业基地40万亩，曾经满目疮痍的地震灾区发生脱胎换骨的巨大变化，灾区群众满怀信心地创造新的生活。

2012年6月北川县被纳入"国家集中连片特困地区县"，全县共识别贫困村93个，贫困户6929户、20384人，贫困发生率为12.8%。面对严峻的脱贫攻坚形势，北川县认真贯彻落实中央、省委、市委部署要求，学思践悟习近平总书记关于扶贫工作的新理念、新思想、新战略，始终紧扣"从整体连片贫困到同步全面小康跨越"目标，统筹县域发展与脱贫攻坚，统筹精准扶贫与区域攻坚，统筹贫困村与非贫困村，统筹贫困户与非贫困户，确保不落一户、不落一人。2014～2017年累计减贫19 135人（其中，2014年减贫4745人，2015年减贫5024人，2016年减贫4962人，2017年减贫4404人），18个贫困村退出，2017年拟退出的48

个村已全部达到"一低五有"标准①，全县贫困发生率下降至 0.85%，全面达到四川省贫困县退出"一低三有"标准②。

2007～2017 年，北川县在脱贫攻坚实践中积累了如下的好经验和好做法，值得借鉴和推广。③

12.1.1　专注扶持对象精准"聚好焦"

一是全方位发动。做到"五个一"宣讲动员，层层召开业务培训会和群众坝坝会，通过一人一本宣传册、一户一张明白卡、一组一次宣讲会、一天一次广播放、一村一支宣传队，把精准识别的要求和程序及各类帮扶政策，宣传到村组干部、广大群众，确保政策宣讲、业务培训、群众发动"三到位"。二是全覆盖识别。落实找人、找户、找房"三找"，开展全覆盖摸排，按照"两公示一比对一公告"要求，逐人逐户精准化、精细化识别，紧紧盯牢低保、五保、残疾、重大疾病和慢性病、易地搬迁、危房改造、危房未改、老人户八类群体，开展"八必到八必访"活动，消除死角，堵住漏点，及时动态调整更新，增强认同感、公信力。三是全过程监管。依托公安、工商、房管、车管等联网的大数据平台，整合部门监督、群众监督、社会监督力量，开展专人暗访曝光、信访举报受理、纪委跟踪督办等工作，保证识别过程公开透明。四是全达标退出。始终抓住户脱贫这个核心、群众认可这个关键，反复比对标准，缺啥补啥，重点对可能返贫户、插花贫困户、临界困难户逐一量身定做帮扶措施，开展"回头看、回头帮、回头查"，对符合脱贫标准的严格按照规定程序有序实施退出，做到国扶系统、连心卡、帮扶清单、收入清单、政策清单"五个吻合"，让群众清清楚楚算账、明明白白脱贫。

12.1.2　专注项目安排精准"带好路"

一是产业发展项目主推脱贫。首先是特色农业稳增收。借力农业供给侧结构性改革，北川县完成产权确权颁证，截至 2017 年末，流转农村土地 36 300 亩，打造中羌药材、高山蔬菜、茶叶、魔芋、特色果品"五大特色基地"75 万亩，构建庭院式微循环、园区内微循环、小片区微循环、镇域综合循环四种"种养循环模式"，带动 15 686 名贫困人口增收。其次是园区工业稳增收。建设山东产业园、北川通用航空产业园、新材料工业园、智慧家具产业园、农产品加工园"五大园

---

① "一低五有"标准即村庄退出贫困村行列的标准：贫困发生率低于 3%，有集体经济收入、有硬化路、有卫生室、有文化室、有通信网络。

② 贫困县退出标准"一低三有"，即贫困发生率低于 3%，乡乡有标准中心校、有达标卫生院、有便民服务中心。

③ 本节一手资料数据由北川县政府办公室提供。

区",带动贫困户进"园"入"链",截至 2017 年末,就近务工 2135 人。最后是现代服务业稳增收。构建旅游景区带动型、特色村寨推动型、旅游产品驱动型"三动型"全域旅游扶贫模式,截至 2017 年末,7600 余名贫困人口在家门口吃上"旅游饭";构建电商港、药博园、维斯特农产品交易中心"一港一园一中心"体系,实现交易额突破百亿元,加速"北川产"走出羌山。二是基础设施项目助推脱贫。加大以交通为主的基础设施建设投入力度,大力构建"四纵两横"公路体系,2014 年以来累计建设国省干线、农村公路 1176 千米,其中,村、组道路 1009千米,通车里程达 2725 千米,村村通上"致富路";实施 93 个饮水项目,家家喝上"健康水";在 311 个行政村实施农网改造升级工程,户户用上"安全电"。三是公共服务设施项目助力脱贫。实施校舍维修、教学计算机换代等项目建设,改善薄弱学校办学条件。截至 2017 年末,66 个贫困村卫生室、23 个乡镇便民服务中心达标建设全面完成。实施通信惠民工程,加快互联网"宽带乡村"工程建设和城镇光纤接入工程建设,全县实现通信网络全覆盖;实施文化惠民工程,截至 2017 年末,建成乡镇综合文化站 23 个、村(社区)文化活动室 343 个,66 个贫困村达到"六有"标准①。实施广电惠民扶贫,完成广播电视村村通、户户通工程,实现农村广播电视全覆盖,基本形成完备的县、乡、村三级公共文化服务体。四是人居环境改造项目提升脱贫。实施城乡环境综合整治硬化、净化、绿化、彩化、美化"五化提升"工程,提升农村环境质量。实施"两改一建一入",引导 2 万余户农户改厨、改厕、建院坝、建入户路,农村生活条件有效提升改善。

12.1.3　专注资金安排精准"用好钱"

一是多方找钱。健全"多个渠道引水、一个水池蓄水、一个龙头放水"的投入格局,2014~2017 年全县累计投入 314 535 万元用于脱贫攻坚。争取财政资金,2014~2017 年累计争取到中央、省市财政专项扶贫资金、发展资金、奖补资金等资金 233 806 万元,县本级财政投入 35 513 万元。撬动金融资金,2014~2017 年利用过桥贷款 3.77 亿元,发挥北川禹羌投资有限公司等融资平台的金融撬动作用。设立扶贫再贷款,引导金融机构推行"扶贫再贷款+扶贫小额信贷""扶贫再贷款+产业带动贷款+增收平台"两种模式,支持建档立卡贫困户发展生产、就业增收。深化网络普惠、信用普惠、数字普惠、政策普惠、扶贫普惠五大"普惠金融"行动,完善农村信用体系、信贷支持体系,为符合条件的所有贫困户评定信用等级,2014~2017 年北川县为 2349 户建档立卡贫困户发放扶贫小额信贷 9878.35 万元。

---

① 贫困户脱贫标准为"一超六有":年人均纯收入稳定超过国家扶贫标准且吃穿不愁,有义务教育保障、有基本医疗保障、有住房安全保障、有安全饮用水、有生活用电、有广播电视。

调动社会资金,用好扶贫"再贷款"等政策,大力开展"扶贫日""百企帮百村"等活动,截至 2017 年末,吸引北川羌族自治县羌山雀舌茶业有限公司等 109 家企业累计投入 5036 余万元,群众自筹 2480 余万元。二是整合用钱。北川县制定了《关于统筹整合财政涉农资金用于脱贫攻坚的实施意见》等文件,明确"三为主三为辅"①,突出"六严六实"②,坚持"八必议八公开"③,确保资金管理规范有序、精准使用。建立"四项基金"④15 339.79 万元,2014~2017 年累计帮助 18 875 人次贫困户解决增收难、就医难和上学难问题。三是严格管钱。北川县制定了《中共北川羌族自治县委办公室 北川羌族自治县人民政府办公室关于进一步加强全县统筹整合财政涉农资金项目管理的通知》等文件,开出监督约束"十条负面清单"。开展村务公开面对面、纪检干部进村、脱贫攻坚专项巡察等活动,对项目资金评审、绩效等全覆盖检查,创新"互联网+精准扶贫代理记账",实现财务、村务、扶贫信息公开透明。

12.1.4 专注措施到户精准"瞄好靶"

在全面落实"普惠"政策的基础上,出台"特惠"政策解决个性问题。

一是对缺技术、缺资金贫困户,创新"五金增收"模式。北川县在农民增收固化模式方面大胆探索,2014~2017 年让 3113 名贫困人口务工就业挣薪金、207 人委托经营拿酬金、3723 人流转土地林地收租金、641 人入股分红获股金、1517 人集体反哺得现金,带动 9201 名贫困人口年人均增收 1120 元;发放产业周转金 4859 万元,促进 1696 户建档立卡贫困户通过发展种养业增收。截至 2017 年末,109 家民营企业通过"企业+基地+农户"等模式与 1000 余户贫困户建立利益联结,年均增收 1500 元以上。探索大师带动、基地示范、文旅结合、能人引领、志智双扶、扶持激励六种模式,2014~2017 年平均每年转移输出农村劳动力 5.53 万人次,其中,贫困户 4875 人次,开发村级公益性岗位 3814 个,技能培训 4.6 万人次,健全就业创业扶贫长效机制。经抽样调查结果测算,2016 年贫困群众人均纯收入达到 7928 元,同比增收 912 元,同比增长了 13%,同口径增幅比全县农村村民可支配收入高 2.3 个百分点。

---

① "三为主三为辅"即"做什么,以群众需要为主,乡镇引导为辅;怎么做,以群众自建为主,外包服务为辅;效益如何,以群众满意为主,三方评价为辅"。
② "六严六实"即项目申报要严,实施方案要实;建设标准要严,建设质量要实;建设内容要严,补助标准要实;项目监管要严,项目责任要实;项目验收要严,管护机制要实;报账审批要严,票据内容要实。
③ "八必议八公开"即项目内容、建设标准、补助标准、造价预算、质量数量、筹资筹劳、招标采购、财务信息八个方面的内容,事前都必须通过一事一议,由群众集体商议决策,事前、事中、事后的相关内容、程序及资料必须通过村务公开栏等形式公开公示,从源头到报账实行一站式直通服务。
④ "四项基金"即扶贫小额信贷分险基金、贫困村产业扶持基金、教育扶贫救助基金、卫生扶贫救助基金。

二是对无安全住房贫困户，实施"四项工程"。实施地质灾害搬迁、易地扶贫搬迁、全域危改、拆除破旧房"四项工程"，截至 2017 年末，地质灾害搬迁 533 户（其中贫困户 7 户）、易地扶贫搬迁 26 户，全域改造农村 C 级、D 级危房 3913 户（其中贫困户 1572 户），拆除破危房屋 2301 户 4967 间，建设幸福美丽新村 178 个。

三是对因病致贫贫困户，筑牢"五道防线"。坚持"基本医疗保险+大病医疗保险+补充医疗保险+民政医疗救助+爱心基金救助"，截至 2017 年末，贫困人口参加城乡基本医疗保险参合率达 100%，个人医疗费用报账比例在 91%以上，因病致贫、因病返贫、因病举债等现象被有效遏制。

四是对因残致贫贫困户，强化"三大扶持"。2014 年全县有 18 967 名残疾人，建档立卡贫困残疾人 981 户 1506 人。为此，北川县强化生活保障扶持、康复能力扶持、就业创业扶持，将 2289 名生活困难残疾人纳入低保兜底，为 660 名贫困家庭残疾人进行辅具适配，为 99 人次残疾儿童提供康复转介服务或矫治手术救助。截至 2017 年末，建立残疾人扶贫基地 5 个，带动 93 名残疾人就业增收；残疾人居家灵活就业（创业）直补 960 人，发放补贴资金 104 万元；对纳入建档立卡扶贫对象的持有二代残疾人证的农村贫困残疾人按照 1000 元/（户・年）的补助标准进行产业扶持，共扶持 782 户次。大力开展低保兜底工作，全面实现"两线合一"（即农村低保标准与国家扶贫标准"两线合一"工作），截至 2017 年末，对 1855 户 3657 人建档立卡贫困对象应兜尽兜。

五是对因学致贫贫困户，开展"三大帮扶"。开展"控辍保学""免费教育""就业促进"行动，截至 2017 年末，对 35 名残疾儿童送教上门，义务教育阶段适龄学生入学率达 100%。全面落实民族地区 15 年免费教育、免费营养午餐等教育扶贫政策。2014 年以来累计帮助 387 名大学生圆"大学梦"，累计帮助 287 名贫困家庭中职生毕业就业，其平均月收入在 2000 元以上，实现一人就业、全家脱贫。

12.1.5　专注驻村帮扶精准"握好拳"

一是把帮扶力量沉下去。突出选优配强，2014～2017 年统筹县级领导干部 36 名、帮扶单位 84 个、驻村工作组 93 个、第一书记 111 名、驻村农技员 94 名、家庭医生服务团队 93 个 272 人联村帮户，实现贫困村"六个一"、非贫困村"三个一"全覆盖，全面开展"结亲帮万户，奔上小康路"活动，6909 名干部职工（含村组干部）与 50 408 户农户结亲包户，实现驻村全覆盖、帮扶全到位。二是把严格管理硬起来。建立联席会议、三张清单、协调运行、业务咨询对接等制度 13 项，健全实行日纪实、周小结、月督查、季考评的日常管理体系，促使帮扶干部履职尽责。三是把温馨关爱显出来。落实意外保险、乡镇补贴、生活补助、走访慰问等制度，2014～2017 年每年落实贫困村第一书记经费 5 万元、非贫困村第一书记经费 2 万元。同时，明确一线用人导向，2014 年来，60 名优秀乡镇扶贫干部、12 名第一书记得到提拔重用，55 名脱贫攻坚一线优秀干部人才进入公开遴选和递进培养干部人才库。四是把良好形象树起来。坚持在脱贫攻坚一线挖掘典型、选树形象，第一书记驻村工作被中央电视台和《人民日报》等媒体多次宣传报道，3 名第一书记被评为全省"优秀第一书记"，2 名农技员被评为全省"优秀农技员"。

12.1.6 专注脱贫成效精准"迈好步"

一是紧盯"组织设计"，打好"总体战"。压实县委和县政府主要领导、包乡和行业分管县级领导、帮扶部门责任人、乡镇主要领导、村支部书记和村主任"五长"责任制，完善"1 个'十三五'脱贫规划+7 个扶贫工程+22 个专项规划+N 个配套文件"的脱贫攻坚政策套餐，县乡村建立"脱贫攻坚作战室"，挂出"脱贫攻坚作战图"，形成县、乡、村三级联动、凝心聚力抓脱贫攻坚的良好局面。二是紧盯"要事难事"，打好"歼灭战"。聚焦脱贫指标、产业培育、集体经济、非贫困村贫困户同步脱贫等"硬骨头"，下深水、出实招、求实效。建立省市督导暗访、县级督导、县级自查、县内交叉检查四级问题处理机制，做到一天交办、两天整改、三天回访、不定期杀回马枪，2014～2017年台账管理、动态解决 23 800 个问题，一件件难事要事得到有效解决。三是紧盯"薄弱环节"，打好"持久战"。北川县组建了 5 个片区督导组，县委授予督导组"三项权力"：有权决定干部就地停职、有权启动问责、有权决定岗位调整。督导组实行包片蹲点督查制，实行日快报、周通报、旬调度、月考核、季约谈，常态化开展明察暗访、逐户走访、实地查看、现场办公、查漏补缺、缩差补短，严防被脱贫、假脱贫和数字脱贫等现象发生。四是紧盯"同奖同惩"，打好"阵地战"。落实差旅报销、村组干部年终绩效等关爱政策，激发干事创业激情。出台《北川羌族自治县全面决战决胜脱贫攻坚 50 条硬措施》等文件，严明脱贫攻坚"五个严禁""五个一律"纪律要求，明确 10 种问责情形，不摘穷帽就摘官帽。五是紧盯"精神脱贫"，打好"主动战"。健全自律机制，进一步完善"村规民约"规范公序良俗，形成群众认可的约束机制。健全激励机制，定期评选十星级文明户、脱贫攻坚带头人等，开展干部讲政策、专家讲技术、典型讲经验、群众讲感恩、集体议发展"四讲一议活动"，引导群众依靠勤劳双手过上幸福生活。健全治理机制，推广农村"三三""四四""五五"治安防控新模式，在场镇推行"三三"模式——通过在农村场镇组建应急处突队、在重点企事业单位组建联合防控队、在社区组建多功能巡逻防控队，编织"三队联动"人防网；通过在重点单位、场所建设联合防控技防网，在行业场所建设安全监控平台技防网，在场镇建设"小天网"技防网，编织"农村场镇三级技防网"。在自然村推行"四四"模式——以派出所为龙头，村委干部为中心，"联户代表"为防控单元，党员、群众为防控基点，编织"四级联动"人防控网；通过在大院落中心及村道"关口"设立"报警点"，在联户区域群众家中配发"无线一键式报警器"，在进村的道路交叉口安装"简易式"高清红外摄像头，对离防控核心较远的住户及养殖户安装"独立式"全覆盖报警系统，编织"四级联防"全覆盖技防网。在集中安置点推行"五五"模式——以片区中心警务室为中心，警务联系点为纽带，七员一队治安防控队伍为骨干，"联户代表"为防控单元，党员、群众为防控基点，编织"五级联动"人防控网；通过在片区中心警务室安装"警民一键通"和"感应式警民联系箱"，对农村留守老人、妇女儿童和距离警务室较远的散户配发"一键式报警手机"，在联户区域内安装"十户联防报警系统"，在辖区养殖户、学校、重点场所、部位建设"周界报警系统"，在片区内建设"农村广播系统"，编织"五极联户"技防网。创新农村社会治理，将羌风融入司法调解治理，得到了省委主要领导高度评价，中国社会科学院形成专题调研报告向国务院建议推广。

12.2　"平武中蜂+"套餐扶贫模式

平武县委、县政府高度重视脱贫产业的培育扶持和发展，作为秦巴山区贫困县，平武县依托国家地理标志保护产品"平武中蜂"，探索出"平武中蜂+一级蜜源草本经济作物+二级蜜源木本经济作物"的生态立体循环脱贫套餐产业模式，走出了一条当年见效、稳定持续、多重增收脱贫致富之路。央视财经频道《第一时间》栏目用时 2 分 23 秒，聚焦"平武中蜂+"套餐扶贫模式，以《酿造"甜蜜事业"开辟脱贫新路》为题进行了宣传报道，"平武中蜂+"已成为全县精准脱贫的主导产业。①

12.2.1　"平武中蜂+"绿色产业助脱贫

天下大熊猫第一县——平武县，地域辽阔、生态优良，蜜源植物品种多、数量大，饲养中蜂投资小、见效快，不与农业争地争水、不与畜牧业争饲料，并为农作物和牧草传花授粉，且平武中蜂的数量和品质在全省名列前茅。"平武中蜂+"是以国家地理标志保护产品"平武中蜂"为主导产业，各区域、各乡镇、各村社

---

① 本节一手资料数据由平武县政府办公室提供。

和贫困群众因地制宜，在养蜂区套种以粮油作物、草本药材等为代表的一级矮秆蜜源经济作物和以毛叶山桐子、板栗等为代表的二级高秆蜜源经济乔木，多渠道增加群众收入。该模式既解决了发展中蜂的蜜源问题，又提高了土地利用效率；既形成短、中、长产业科学规划，又实现农户倍增收益；既形成种养结合小循环，又最大限度减少化肥、农药使用，倒逼产业结构调整和生态环境保护。

12.2.2　"平武中蜂+"形成合力抓发展

"平武中蜂+"按照党委政府主导、龙头企业引领、经营主体组织、贫困群众参与的原则在全县 25 个乡镇全面推行，按照一个片区一个龙头企业引领、一个贫困村一个"平武中蜂+"产业示范园、一个贫困村一个专合组织、一个贫困村一支技术团队的要求，形成合力，上下联动。一是党委政府负责产业发展政策、规划、计划的制定，负责产业发展统筹协调，解决产业发展中的重大问题。二是在不同区域，分别由平武县康昕生态食品集团有限公司（以下简称康昕集团）、四川省平武县绿野科技开发有限公司（以下简称绿野科技）和四川平武润生众品生态农业发展有限公司 3 个龙头企业引领发展，负责贫困群众蜂箱、蜂种的组织和资金支持，尽量减少贫困群众投入；负责养蜂技术培训和技术指导，提高贫困群众养蜂技术水平；负责回收中蜂产品，解决贫困群众产品销售难问题。三是每个贫困村建立 1 个中蜂养殖合作社，由合作社负责组织贫困群众发展生产，监督生产过程和产品质量，形成龙头企业、专合组织和农户的利益连接机制，保障贫困群众增收和集体经济的收入。四是贫困群众通过自主养殖、代养、托管等多种方式参与到"平武中蜂+"产业发展之中，获取养殖红利。

12.2.3　"平武中蜂+"多措并举塑品牌

县委、县政府适时启动"品牌创建年"活动，大力开展"三品一标"创建和认证工作，把"平武中蜂+"系列特产创建为无公害、绿色、有机产业。一是策划启动"食药同源"农业文创工作，创建"食药同源，平武原生"区域品牌，让平武县特色农产品成为优质生态品、旅游商品和馈赠佳品，提高市场认可度和号召力。二是国家地理标志保护产品"平武中蜂"协议授权给符合条件的龙头企业使用，鼓励企业加大"三品一标"认证力度，对取得"三品一标"的企业和新型经营主体给予资金支持与奖励。三是开展清真食品认证工作并鼓励和引导企业进行"欧美标准"认证工作，积极开拓中东和欧美市场，让在中东呈现 800 元/斤的平武县"大山老槽蜜"再创辉煌。截止到 2017 年末，"平武中蜂"获国家地理标志证明商标，"食药同源"文化品牌注册工作即将完成，大山老槽蜜、羌家蜜、百花蜜等企业品牌成功进入高端市场，全县"三品一标"认证已达到 119 个。

12.2.4　"平武中蜂+"创建体系保品质

县委、县政府创新发展生态信息农业，探索建立五大体系保证产品质量。一是建立产品质量监测体系。明确中蜂等系列产品质量标准，利用农产品质量检测中心，对产品进行质量检测，确保产品质量。二是建立完善可追溯体系。龙头企业将蜂产品等生产、采购、包装、运输、销售等环节的信息采集运用，实现信息溯源和质量可追溯。三是建立诚信体系。将"三品一标"认证、产品质量安全及禁用农药、兽（鱼）药和有毒有害物质在产品方面的情况、诚信档案建立和完善情况、产品合同与商标使用情况等内容纳入生产者、经营者诚信体系，通过村规民约、农民专合组织协会章程等手段提高农民诚实守信意识，设立诚信担保基金。四是建立认证体系。通过"三品一标"的申报认证和监管，开展产品商标申报和国家驰名、省著名、市知名商标品牌创建工作。五是加强生态环境体系建设。加强"平武中蜂+"产业区周边环境监测、治理和保护，将其纳入信息化管理，为生态农产品提供良好的生态环境。截至 2017 年末，生态信息农业示范点已达 38 个。

12.2.5　"平武中蜂+"多产融合齐联动

平武县坚持一二三产业融合发展，实现产加销、农工贸、科经教一体化。一是通过"平武中蜂+"产业的不断发展，产品产量不断增加、产品质量不断提高，进一步延伸产业链条，促进加工业、饮食业的发展。二是在种植蜜源植物的过程中，因势利导，巧妙规划，形成规模和特色，以及形成一道亮丽的观光风景线，助推休闲观光农业和乡村旅游业的发展。三是通过发展中蜂，贫困群众积极参与，获得劳动生产红利，收入稳定，激发他们的内生动力，逐步减少返贫现象的发生。四是发展中蜂产业，提高农户种植蜜源植物积极性，调整了产业结构；减少农药化肥等化学药剂的使用，生态环境得到保护，为生态文明建设做出贡献。目前，"平武中蜂+"特色产业、加工业及以生态旅游为主的服务业已得到长足发展。

12.2.6　"平武中蜂+"三网融合拓市场

为开拓蜂产品市场，在政府主导下，龙头企业、专合组织和农户充分利用天网、地网与人网，积极做好"平武中蜂"的市场开拓。一是天网。推进农业供给侧结构性改革，发展电子商务及"互联网+"，绿野科技、康昕集团加入天猫、京东等大型电商平台，成功创建"平武一点通""平武生态农特馆""润生众品"等电商平台，加强农村电商、微商建设和培育，着力解决"最后一千米"问题。二是地网。引导和扶持龙头企业在全国一线、二线、三线城市建立生态农产品体验店，在北京、上海、广州等一线城市建立平武生态农产品展示展销厅。三是人网。按照"政府搭台，企业唱戏"的方式，积极组织县域企业参与"川货北京行""新春购物节""糖酒会"等各种展会活动，大力开展定制农业和团购业务。让天网、地网和人网，成为平武蜂蜜和其他农特产品展示与展销的主渠道。

12.2.7 "平武中蜂+"齐抓共管促保障

县委、县政府把"平武中蜂+"作为全县农业攻坚和产业脱贫的重要抓手，制订了"平武中蜂+"产业发展规划和实施意见。一是2016～2017年县委、县政府整合了产业扶贫资金800万元用于扶持"平武中蜂+"产业，林业部门按林业相关政策对种植毛叶山桐子等蜜源植物进行补贴。二是把"平武中蜂+"产业分为三个片区，分别落实了片区负责牵头的部门和引领的龙头企业，明确了相关责任。三是各有关部门和乡镇及时成立了"平武中蜂+"产业发展领导小组，建立了机构，落实了人员。四是农业部门整合力量，成立了"平武中蜂+"技术服务团队，具体负责中蜂产业发展技术培训和技术咨询服务，确保"平武中蜂+"扶贫套餐产业强力、快速、高效推进。

小蜜蜂，大产业，甜甜蜜蜜奔小康。目前，县委、县政府正深入推进农村改革，以农村新型经营主体为纽带，实现土地有序规模流转，探索推进农村产权交易改革，变资源为资产，变产权为资本，大力推进农业供给侧结构性改革，着力解决有效供给和优质供给，根据市场确定"平武中蜂+"蜜源经济作物的配置和套种，把"平武中蜂+"脱贫套餐产业做大做强，实现经济、社会和环境的多丰收。

12.3 "大健康"助推脱贫攻坚的汶川模式

汶川县是民族地区、革命老区、边远山区、地震重灾区，是国家集中连片特困地区和四川省88个片区贫困县之一。受地理环境、自然灾害、历史成因等影响，汶川县贫困人口点多面广，高半山区和边远村寨是贫困人口最集中、贫困程度最深的地方，"插花式"贫困最为普遍，因病、因残、因灾贫困较为突出，这部分人口约占全县贫困人口的50%。2014年，按照群众提、村组议、乡镇核、县上查的识别程序，识别出建档立卡贫困村37个、贫困户1341户4440人（其中51%的贫困人口分布在37个贫困村，其余49%的贫困人口分布在74

个非贫困村），贫困发生率为 6.8%。①

12.3.1　恢复重建与扶贫开发有机结合

"5·12" 汶川特大地震以来，汶川县将恢复重建与扶贫开发有机结合，实施农村灾后重建暨综合扶贫攻坚等措施，全县贫困落后的面貌逐步得到改善。特别是 2014 年以来，汶川县准确把握中央、省、州关于扶贫开发的决策和部署，坚持以精准扶贫、精准脱贫统揽经济社会发展全局，扎实推进 "六个精准" "五个一批" ②等措施，实施 "三农" 综合提升工程，下足绣花功夫，全力以赴、攻坚克难，推进脱贫攻坚工作向纵深全面发展。2014 年，实现 253 户 960 人脱贫；2015 年，实现 296 户 1088 人脱贫；2016 年，完成 11 个贫困村退出、405 户 1244 人脱贫。2017 年，完成 16 个贫困村退出、255 户 750 人脱贫。截至 2017 年，结存贫困人口 132 户 398 人，贫困发生率降至 0.65%。

12.3.2　以 "大健康" 理念构建扶贫新格局

汶川扶贫工作的一大特色就是将 "大健康" 理念融入大扶贫工作格局。"健康扶贫" 是脱贫攻坚战的重要一环，是四川省 "十三五" 规划时期打赢脱贫攻坚战，实现农村贫困人口脱贫的一项重要保障。汶川县面对民族地区地域辽阔、交通不便、人口分散、收入偏低，以及省、市级医院的 "双虹吸效应" 和当地医疗服务水平与服务能力的限制，将 "大健康" 理念融入扶贫攻坚工作格局，探索出了一条大健康引领大发展、助推大扶贫的实践之路。应邀参加了第六届、第七届、第九届中美健康峰会，第九届全球健康促进大会，全国慢性病防治工作会议等多个国际、国内重要会议并作经验交流，赢得了中央及省州的高度认可和赞扬，健康中国汶川实验地和健康创造汶川实体店初步建成。

12.3.3　将 "大健康" 理念植入脱贫全过程

将 "大健康" 理念植入脱贫攻坚全过程。没有全民健康，就没有全面小康。经过灾后重建，汶川经济社会取得了显著发展，但作为一个经济欠发达的少数民族自治县，其依然存在群众看病就医难，医疗成本高，公共服务职能、资源、项

---

① 本节一手资料数据由汶川县政府办公室提供。

② "六个精准" 即对象要精准、项目安排要精准、资金使用要精准、措施到位要精准、因村派人要精准、脱贫成效要精准；"五个一批" 即发展生产脱贫一批、易地扶贫搬迁脱贫一批、生态补偿脱贫一批、发展教育脱贫一批、社会保障兜底一批。

目整合统筹难等问题。面对这些问题，2010 年汶川县提出了创建"全民健康示范县"的目标，用"健康"统领政府各项工作，将"健康"融入所有政策，提出了发展健康经济、营造健康环境、培育健康文化、倡导健康生活、优化健康服务五大体系，在全国率先将全民健康作为治县理政的核心理念、率先建立统筹健康工作的组织指挥体系、率先形成全民健康的行动纲领、率先建立全民健康的标准体系、率先建立主动医疗服务模式。筑起了城乡居民基本医疗保险、大病保险、大病补充商业保险、城乡居民医疗保险倾斜性支付补偿、城乡居民医疗保险重大疾病专项补助、城乡居民医疗保险重特大疾病特殊补助、医药爱心基金、医疗卫生扶贫救助基金、汶川县城乡救助基金的"三保三补三基金"九道防火墙，探索出了一条大健康引领大发展、助推脱贫攻坚的实践之路。

12.4　东西协作扶贫脱贫的青川模式

青川县因"其水清美"而始名于唐代天宝年间，辖区面积 3216 平方千米，2017年户籍人口 23.09 万人，是国家重点生态功能区、秦巴山区连片扶贫开发重点县、"5·12"汶川特大地震极重灾区和革命老区。贫困面广、量大、程度深，2014 年精准识别贫困村 79 个、贫困人口 9872 户 30 450 人，贫困发生率为 16.14%。截至2017年底，全县退出贫困村 49 个，稳定脱贫 7191 户 22 364 人，贫困发生率降至4.29%，为 2018 年整县脱贫"摘帽"奠定了坚实基础，东西部扶贫协作工作模式主要体现为以下几个方面。[①]

12.4.1　推动区域扶贫协作见效

自 1996 年党中央、国务院安排东部沿海发达省（直辖市）帮扶西部贫困地区以来，浙江与青川结下了 22 年血浓于水的深情厚谊。特别是"5·12"汶川特大地震发生后，浙江举全省之力，千里驰援，与青川人民共克时艰。援建任务完成后，浙江又继续对青川进行 10 年长效帮扶。2016 年 7 月，习近平总书记对东西部扶贫协作做出战略部署，浙江省委、省政府带着崇高的政治使命和对青川的浓浓情谊，继续定点帮扶青川。车俊书记、袁家军省长高度重视，部署扶贫协作和对口支援工作。2018 年"5·12"汶川特大地震十周年之际，车俊书记在青川县委书记、县长《致浙江省委省政府主要领导的信》上就"5·12"汶川地震十周年和东西部扶贫协作工作专门做出批示，就进一步加大帮扶工作力度，责成相关领导和部门尽快研究并提出方案。2017 年，浙江省政协副主席、致公党浙江省委会

---

① 本节一手资料数据由青川县政府办公室提供。

主委郑继伟，浙江省人大常委会委员、环境与资源保护委员会副主任谈月明，以及浙江省发展和改革委员会党组成员、省对口支援工作办公室专职副主任陈海涛先后赴青川调研指导脱贫攻坚及扶贫协调工作。2017 年，四川省委书记王东明、省长尹力研究部署东西部扶贫协作工作，省长尹力及广元市委书记王菲、市长邹自景先后赴浙江对接东西部扶贫协作相关事宜。青川县委、县政府认真学习习近平新时代中国特色社会主义思想，特别是扶贫开发重要战略思想和总书记银川东西部扶贫协作座谈会重要讲话精神，成立了以县委书记、县长为组长的东西部扶贫协作领导工作小组，先后多次召开县委常委会、县政府常务会研究部署扶贫协作工作，并与浙江签订了《战略协作框架协议》，编制了《浙江长效帮扶"十三五"规划》。2016～2017 年，县委书记、县长先后 3 次赴浙江对接汇报、学习考察、招商引资。同时，青川与浙江援建县市区及部门建立了互访对接、帮扶合作长效机制，全县 36 个乡镇党委政府主要负责同志累计 70 余次带队到浙江对接，加强沟通，争取支持。2016 年以来，浙江省和四川省两地互访达 2200 人次。

12.4.2　推动生态产业提质增效

依托青川资源禀赋，借力浙江长效帮扶资金，大力发展生态产业。助力打造生态产品基地县。截至 2017 年末，投入资金 1740 万元，帮扶青川打造"七佛贡茶"品牌，全县茶叶总面积达 27.5 万亩，总产量达 6330 吨，茶农人均增收 2850元。通过油橄榄管护技术培训，科学管护 8 万亩油橄榄，实现项目区农民人均增收 1200 元。"七佛贡茶"被认定为"国家生态原产地产品""中华人民共和国地理标志保护产品"，被授予"中华文化名茶"称号；青川被授予"中国茶文化之乡""中国名茶之乡"称号。通过一系列的帮扶措施，建成板桥乡红旗现代农业园区、乔庄镇三谷现代农业园区等九大现代农业园区，青川黑木耳、青川天麻、青川竹荪等 7 个产品荣获"中华人民共和国地理标志保护产品"称号，青川成功创建为国家有机产品认证示范县、国家生态农业试点县、全国绿色食品原料标准化生产基地和国家生态原产地产品保护示范区，助力打造生态工业强县。鉴于青川"九山半水半分地"的实际，为帮助青川增强"造血"功能，推动青川生态工业发展，浙江省投资 2 亿元在广元经济技术开发区建成川浙飞地产业合作园，投资 1 亿元在青川竹园经济开发区建成浙商产业园，推动中哲控股集团有限公司、广元甬川钢结构有限公司、四川五神娃新能源有限责任公司等浙江企业在广元青川落户发展，奠定了青川生态工业发展的坚实基础。助力打造全域旅游示范区。2010 年，浙江帮扶青川建立了县内第一个旅游公司——青川县川浙旅业旅游有限公司，青川当年旅游综合收入首次过亿。在浙江的帮扶下，青川学习借鉴浙江美丽新村、精品民宿、特色风情小镇建设经验，打造了青溪避暑氧吧小镇、竹园科技教育小镇、关庄文化创意小镇等特色小镇和茶坝乡月明村、观音店乡两河村等传统村落，建成了白龙湖·幸福岛、初心谷·田缘张家、大坝·凌霄花谷、仙雾茶海等特色乡村旅游景区，全县共有国家 4A 级旅游景区 4 个、3A 级旅游景区 3 个，乔庄镇大沟村荣获全国文明村，青溪镇阴平村被评为"2017 年四川十大幸福美丽新村""四川百强名村"，国家全域旅游示范区格局初步形成。

12.4.3 推动人才资源共建共享

按照人才共建、成果共享、双向流动的原则，建立浙江和青川两地人才交流长效帮扶机制，2017 年选派 5 名脱贫一线优秀人才到浙江丽水挂职锻炼，与教育、卫生、农业等领域签订对口帮扶协议，整合浙江智力帮扶资金 1055 万元，组织教育、卫生、农业等专业领域优秀人才赴浙江开展专题培训 280 余期 27 990 人次，培训茶叶种植、乡村旅游、水产养殖、油橄榄管护等各类人才 21 254 名。2009～2017 年末，浙江在青川实施了三年全体教师轮训、三年骨干教师培训、三年薄弱学科教师培训的三个"三年轮训计划"，为青川培养了一支扎根本土的教师人才队伍。2011 年以来，浙江农林大学、中国农业科学院茶业研究所等领导专家 230人次先后赴青川考察评审指导帮扶项目，中国农业科学院茶业研究所白堃元教授20 余年坚持不懈帮扶和指导青川茶叶产业发展，为青川茶叶产业发展做出了重大贡献，白教授是数以千计的浙川交流人才的典范。在白教授的传、帮、带下，王兴超博士主动投身青川茶叶产业发展。"爱在青川公益联盟"发起人徐一骐，以一己之力组织浙江 60 余家企业捐款 900 余万元，帮助青川建成未成年人校外活动中心。海南亚洲制药集团董事长楼金先生、浙江中南建设集团有限公司董事长吴建荣先生、鲲鹏建设集团有限公司董事长毛晨阳先生等一大批爱心人士纷纷捐款捐物，关注青川孩子健康成长。县政府先后授予徐一骐、楼金、吴建荣青川"荣誉市民"称号，进一步拉近了青川与浙江企业家的距离。浙川两地人民长期互相学习、友好往来、务实合作、携手奔康，建立了情同手足的深厚友谊。

12.4.4 推动劳务供需精准对接

对接市场需求，立足青川实际，不断加大青川与浙江劳务合作，与浙江建筑业、劳动密集型等企业达成全方位、多层次的用工协议，在用工方面优先招用青川贫困群众，在技能培训方面优先培训青川贫困群众。与浙江宁波、台州、金华、丽水等 16 个市县建立了劳务派遣机制，搭建"浙江-青川劳务信息平台"，建立稳定持续的就业援助协调机制，帮助贫困人口通过劳务输出实现就业增收。2017 年，浙川携手举办现场劳务招聘会 6 场，49 家企业提供 6000 余个就业岗位，2000 余人达成就业意向，711 名贫困人口在青川的浙商企业实现就近就业，转移劳务输出 7876 人。

12.4.5　推动帮扶资金高效运行

用好用活浙江长效帮扶政策，坚持小资金大作用、小投入大撬动的理念，发挥四两拨千斤作用，在浙江长效帮扶资金的基础上，青川每年整合 6000 万元用于生态产业贷款贴息，撬动 6 亿元的社会资金投入产业发展。通过资金整合、股权量化、品牌打造等方式，让昔日的"小作坊"变成了今天的"大企业"，让高山上的"农民"变成了园区里的"股民"，让山区的"产品"变成了城市里的"商品"，实现了产品畅销、企业发展、农民增收的多赢局面。青川探索的"三资入股""飞地扶贫""乡村助劳""旅游扶贫"等经验，得到了国家、省、市的充分肯定。2017 年在浙江项目资金的支持下，通过与社会资本合作，实施了七佛贡茶基地及配套设施农业产业等 21 个项目，带动投资达到 4425 万元。强化帮扶资金监管，每年对浙江长效帮扶资金进行专项审计，确保了资金安全使用、高效使用、廉洁使用。

2018 年，青川有 30 个贫困村退出，8106 名贫困人口脱贫。青川县始终坚持把脱贫攻坚作为最大的政治任务和第一民生工程，举全县之力，借浙江之势，施精准之策，下绣花之功，超常推进脱贫攻坚，确保实现整县脱贫"摘帽"。一是抢抓东西协作机遇，深化浙川两地协作。与浙江共建人才培养基地，建立定期轮换互派机制，重点在农业产业、教育卫生、城镇建设、旅游营销等领域强化合作。选派优秀干部双向挂职、两地培训，组团式支教、支医、支农。继续加强职业教育和技能培训协作，让青川的孩子能够在家门口享受优质教育。加大劳务输出，依托东部广阔的劳务市场，建立稳定的"村企合作""校企合作"机制，定向式培训、订单式输出，为青川群众提供更多就业岗位。二是借力浙江帮扶优势，加快县域经济发展。强化招商合作，围绕生态工业、乡村民宿旅游等项目开发和青川黑木耳、油橄榄、核桃等特色农产品加工，精准对接招商，力争更多的浙江企业来青川投资兴业，带动贫困户增收致富。用好浙江对口援建青川县的发展优势和 39 个援建指挥部援建干部的人脉优势，推动建立扶贫协作新机制。出台更加优惠的政策，大力支持浙江民营企业、社会组织、公民个人积极参与东西部扶贫协作宏伟事业，推动青川县域经济加快发展。三是立足青川资源禀赋，实现双方互利共赢。借力浙江资本、人才、市场等优势，立足青川独特的资源禀赋和坚实的援建基础，在生态文明建设、承接产业转移、科技成果转化应用、土地增减挂钩结余指标流转等方面进一步加强合作，实现双向共赢、协同发展。

在习近平新时期扶贫开发重要战略思想的指引下,浙江与青川的扶贫协作工作取得了阶段性显著成绩,归纳起来,有六个方面的经验。一是帮扶时间跨度最长。从1996年起,浙江对青川的帮扶先后经历了对口支援、灾后重建、长效帮扶、扶贫协作四个阶段,历时22年,是东西部扶贫帮扶时间跨度最长的地区。二是精准扶贫启动最早。"5·12"汶川特大地震灾后重建结束后,浙江着眼青川长远发展,针对青川县贫困面广、量大、程度深的实际,2011年启动了十年长效帮扶,率先连续三年每年实施十个特困村建设,成为全国扶贫从"大水漫灌"到"精准滴灌"的先行者。三是领导重视程度最高。时任浙江省领导的习近平、张德江、夏宝龙、赵洪祝、李强、陈敏尔、黄坤明、蔡奇先后到广元、青川,调研视察帮扶工作。四川省委原书记刘奇葆、王东明,原省长蒋巨峰、尹力,广元市委书记王菲、市长邹自景和青川县委、县政府主要领导先后赴浙江对接扶贫协作工作,邹自景市长同青川县委主要领导专程赴浙江向袁家军省长汇报扶贫协作工作。两地领导的高度重视,推动了中央决策部署和扶贫协作工作在青川落地落实。四是两地合作范围最广。从党政机关到乡村干部、从县属国企到民营企业、从医疗卫生到教育文化、从脱贫攻坚到经济社会发展等浙川两地扶贫协作实现了全方位、多领域、跨行业覆盖,是合作范围最广的扶贫协作。五是对口支援力度最大。浙江累计安排资金近90亿元,派遣各类专业人才40余批、4500多人次帮扶青川,培养各类本土人才2万余人,实现了"输血"与"造血"、"扶贫"与"扶智"的深度融合。六是扶贫协作成效最好。浙江立足青川实际,着眼青川长远发展,紧紧围绕产业这个关键和人才这个根本,为青川培育了一大批叫得响、潜力大、质量高的优势特色产业,培养了一大批扎根青川、奉献青川、建设青川的优秀人才。

12.5 集体经济助推脱贫的茂县实践

茂县在脱贫攻坚的实践中高度重视贫困村村级集体经济发展。坚持因地制宜、依法依规、统筹发展、安全稳妥的原则,加大资金投入、灵活发展方式、强化督查考核,促进贫困村基层组织建设不断增强,农民脱贫奔康步伐进一步加快。截止到2016年底,全县30个拟退出贫困村村级集体经济总收入达35.87万元、村民人均收益达24.36元,贫困村集体经济发展达标率达100%。2017年3月,茂县发展村级集体经济助推脱贫攻坚经验在全省村级集体经济发展现场会上交流推广。①

---

① 本节一手资料数据由茂县政府办公室提供。

12.5.1　创新机制，加强领导

调整完善茂县发展壮大村级集体经济领导小组，以县委、县政府主要领导为组长，以县委副书记、县委组织部部长、县委宣传部部长等五个副县级领导为副组长统筹、指导和督办全县发展壮大村级集体经济工作，印发了《茂县积极支持发展壮大农村集体经济实施意见》《茂县贫困村村级集体经济发展实施方案》《关于规范新型村级集体经济收益分配管理工作的指导意见》《茂县贫困村产业扶持基金实施细则》，指导全县发展村级集体经济。各乡镇也对应成立相应领导小组，贫困村精心制订了村级集体经济发展方案，形成了一级抓一级、层层抓落实的工作格局。同时，建立县、乡领导干部联系点工作制度，各级领导干部经常深入到挂点村，帮助找准发展路子，帮助解决实际问题。

12.5.2　上下联动，合力攻坚

县委组织部把壮大农村集体经济作为基层党建的重要环节来谋划，加强农村集体经济村级组织建设。县委农村工作委员会办公室充分发挥牵头协调作用，整合部门资源，凝聚农口力量，全面推进农村集体经济发展。财政、国土、旅游、林业、农业畜牧和水务、发展和改革、科技、金融等县政府职能部门履行职责、紧密协作、相互配合。各乡镇抽调得力干部，组建工作组，会同"双联""挂包帮"①干部，对村级集体经济发展进行逐村调研，形成上下联动、合力攻坚的工作格局。

12.5.3　整合资金，加大投入

按照渠道不乱、用途不变、放大效益的原则，县财政局、县委农村工作委员会办公室、县扶贫和移民工作局等加大向上争取资金力度，用好、用活国家政策，整合产业扶持基金、社会资本等各类资金 995 万元，重点用于 2017 年拟脱贫摘帽的 30 个村的扶持力度，对规划好、项目好的村优先考虑确保农村集体经济建设资金需求。同时，各乡镇周密规划农村集体经济发展项目并及时申报，全力组织实施各类村级集体经济项目。

---

①　"双联"是指党政机关联系困难企业、机关干部联系困难职工；"挂包帮"即领导挂点、部门包村、干部帮户。

12.5.4　三大模式，分类施策

结合各村实际，坚持因地制宜、依法依规、统筹发展、安全稳妥的原则，重点发展生态产业、股份合作、资产经营三种模式的村级集体经济。截止到 2017 年末，30 个村新发展蔬菜 132 亩，新养殖藏香猪 230 头、家禽 4000 余只、蜜蜂 100 余桶，建成商铺 5 间。同时，县农业畜牧和水务局牵头加强"三资"（指农村集体的资金、资产、资源）的清查评估，通过盘活闲置的场地、固定资产及流动资金，找准市场需求点，开展资产运作，实施股份合作制改革，确保农村集体资产保值增值。

12.5.5　强基固本，建强组织

建立村党组织、村民自治组织、村集体经济组织"三位一体"的组织构架，推行由党组织会议议事、村民（代表）大会定事、村民委员会理事为核心的"三会治事"运行机制，加快建设社会主义新农村。加强村干部选拔培育工作，选好配强村级班子带头人，县委每年对农村党支部书记进行一次集中培训，乡镇每年都对农村党员干部进行一次普遍轮训，村依托农村党员干部远程教育网络进行经常性培训，不断提高农村党员干部发展壮大村级集体经济的能力。

12.5.6　严格考核，强化督办

县委把各乡镇发展壮大村级集体经济情况，纳入每年度对各乡镇实绩考核、基层党建责任制考评、单位和个人评先表彰的重要内容。在全县经济工作会议上，县委对发展壮大村级集体经济工作进行总结、评比和表彰。县委、县政府目标督查办公室对各地发展壮大村级集体经济情况，进行经常性的跟踪检查督办，实行每季度一检查、半年一小结、全年一考核。同时，各乡镇也结合实际，制定考核细则，把村干部经济待遇与村级集体经济发展情况挂钩，与各村签订发展壮大村级集体经济的责任书，严格奖惩兑现。

12.6　"5 个 1+*N*"的什邡大扶贫模式

自脱贫攻坚以来，什邡积极探索助推脱贫攻坚新理念、新路径、新机制，充分依托"5 个 1"[①]帮扶力量，汇聚 *N* 方资源，创新 *N* 种举措，构建"5 个 1+*N*"

---

① 脱贫攻坚"5 个 1"即每个贫困村有 1 名联系领导、1 个帮扶单位、1 名第一书记、1 个驻村工作组、1 名农技员。

大扶贫格局，扎实深入推进精准扶贫。①

12.6.1　汇聚 *N* 方资源助力脱贫攻坚

一是用好教育资源。落实家庭经济困难学生教育资助政策，开展"农民夜校""送教下乡"等活动，培训农村剩余劳动力，积极鼓励、引导和支持贫困户产生"造血"机能，切实做到因村、因户、因人分类帮扶。

二是用好医疗资源。大力实施四川省健康扶贫"五大行动"②，采取设立贫困人口疾病诊疗服务窗口，落实挂号、就诊、取药、住院、出院、缴费等一站式服务，设立扶贫病床等方式，夯实脱贫攻坚基本医疗保障。

三是用好金融资源。充分发挥金融行业助力扶贫工作作用，加大扶贫小额贷款、扶贫保等金融产品支持贫困户力度，对贫困户予以安排授信工作，对部分符合条件的贫困户，采用贷款入股方式，年底保底分红。

四是用好企业资源。截至 2017 年末，优选 122 家非公企业与 122 个有贫困户的村结对共建，通过捐基金、购项目、买订单、帮就业等方式，创新开展"万企帮村""'5 个 1'+非公企业"等活动，助力脱贫攻坚工作。

五是用好军队资源。发挥驻什邡部队的优势，采取集中土地资源、建好厂房设施、引进合作企业、享受利润分红的方式，吸引地方扶贫资金，打造出涵盖合作养殖、蔬菜种植等项目的现代化农业产业园，走出军地合作扶贫的路子。

12.6.2　采取 *N* 种措施确保精准脱贫

一是办"扶贫超市"。以村为单位，结合实际需要，由多数贫困户提出建设产业扶贫、基础设施等项目申请，镇审核把关后统一将项目包装成"商品"摆进"扶贫超市"，通过行业主管部门、"五个一"帮扶力量、社会各界力量"认购"等方式，解决区域贫困户实际问题。

二是制"扶贫订单"。以贫困户为单位，对照贫困户脱贫"一超六有"标准，深入贫困户家中，全面了解和掌握当前硬性需求，由贫困户自己提出具体"需求订单"，逐级申报后由镇政府"制单"，并主动对接帮扶部门、社会各界等"买单"，解决贫困户最急最需问题。

三是配"扶贫股权"。针对无独立生产能力的"特殊群体"，设立财政专项扶贫产业发展周转金，由贫困户提出周转金使用申请，并将产业周转金以入股委

---

① 本节一手资料数据由什邡市政府办公室提供。

② 健康扶贫"五大行动"：贫困人群医疗救助扶持行动、贫困人群公共卫生保障行动、贫困地区医疗能力提升行动、贫困地区卫生人才培植行动、贫困地区生育秩序整治行动。

托经营形式，由当地经营状况良好、有社会责任心的新型农业经营主体代为管理经营，按照"保底+分红"，让贫困户持续受益。

四是设"扶贫基金"。有针对性地整合社会各界力量，建立脱贫攻坚专项基金，发挥财政专项扶贫资金杠杆作用，依托什邡市现有资源，让社会各界想扶贫的能参与、想捐赠的有渠道，集中力量统一发力，达到财政资金+社会资金良性互动的脱贫攻坚总体态势。

五是建"扶贫园区"。按照产业向园区集中、贫困户向园区集中、政策资源向园区集中的办法建立脱贫奔康产业园。遵循"分类建园、分村（跨镇）建园、党支部+新型农业经营主体+贫困户"的原则，有效解决贫困户的长期持续增收问题。

以绣花功夫推进健康扶贫、教育扶贫、旅游扶贫，打造红白镇红枫岭、马祖镇禅菊和车前子脱贫致富产业园等31个脱贫致富产业园，建立邡达现代农业产业园，实现"什邡订单+喜德扶贫产业"长效扶贫机制。截至2017年12月底，有建档立卡贫困户7813户15 014人，累计减贫7233户13 893人，贫困发生率从4.9%下降至0.8%，脱贫攻坚工作取得阶段性成效。

12.7 安县脱贫攻坚的多样化实践

2017年，安县全面完成5个省级贫困村、6个区级贫困村、2722人脱贫"摘帽"年度目标任务。广泛推行"三四三"产业扶贫[①]、"2+2"创业就业[②]、百企帮百村等模式，全面落实健康扶贫"五大行动"，并在近年的扶贫道路上探索出可资借鉴的本地经验。[③]

12.7.1 "四众"网络扶贫模式

2016年以来，安县积极顺应"互联网+"发展趋势，借助网络力量推动精准扶贫、精准脱贫，探索建立"众建、众筹、众帮、众扶"网络扶贫模式，推动形成网络扶贫人人参与大格局。2017年，安县入选第四届世界互联网大会国内唯一网络扶贫先进典型，被四川省互联网协会确定为全省帮扶示范基地，晓坝镇成为市、区、镇三级共建网络扶贫示范镇。

---

① "三四三"产业扶贫：通过建立三方联动机制、创新四种结对帮扶经营模式、组建三大支撑体系，充分协调产业脱贫各相关部门、金融机构、组织的新型农业经营主体共同参与产业扶贫，帮助贫困户脱贫增收。
② "2+2"创业就业，即通过"2种内动模式+2种外动模式"累计实现5000名贫困人口就业。内动模式包括开发1300个村级公益性岗位兜底一批，开展技能培训输送一批。外动模式包括开辟民间社会用工途径吸纳一批，开拓区域外劳务对接空间转移一批。
③ 本节一手资料数据由安州区政府办公室提供。

网络公益"众筹"，汇聚网络扶贫力量。开启全民扶贫"在线模式"，依托社会扶贫网、智慧安州 APP 等网络平台，线上发布贫困户生产生活需求，引导网络社会力量主动参与扶贫帮困活动，形成人人参与的工作格局。

网络智库"众帮"，激发网络扶贫活力。借助"全光纤网络县"优势，通过远程教育、网上医疗会诊和"指尖夜校"等平台，实现社会优质资源向贫困村延伸。

网络创业"众扶"，破解网络扶贫难题。依托淘宝网、易田网等电商平台，2016～2017 年安县累计在 10 个贫困村组建电商扶贫合作社和服务点，为网络创业者提供策划、营销、代运营等专业服务，帮助 946 名贫困人口再就业。

12.7.2　"3+1"金融扶贫模式

安县通过建立 3 项机制、落实 1 项政策，探索出"3+1"金融扶贫模式，着力解决金融支持新型农业经营主体助推脱贫攻坚机制体制问题。

一是构建"四级"整体联动机制。针对新型农业经营主体申请贷款存在的"中梗阻"问题，积极构建以中国人民银行推动、地方政府主导、各职能部门协调配合、银行保险积极参与的工作推进机制，确保政策互动、工作联动和信息共享。

二是建立"三层"利益联结机制。针对种养殖大户带动贫困户脱贫致富作用发挥不充分问题，探索建立"政策扶贫支持+金融精准扶贫+金融支持新型农业经营主体"的扶贫机制，利用"农业产业化龙头企业+贫困户""农民专业合作社+贫困户""家庭农场+贫困户"等信贷支持模式，将贫困户创业就业与新型农业经营主体发展有机结合，有效吸纳附近贫困劳动力就业。

三是健全"四方"风险分担机制。针对金融机构对新型农业经营主体放贷安全屏障薄弱、信用风险高等问题，建立健全政府、银行、保险、新型农业经营主体四方风险分担机制。

四是创新"最优惠"金融扶持政策。针对新型农业经营主体贷款缺乏足额有效的抵押和担保问题，与农村商业银行、中国农业银行、中国邮政储蓄银行等涉农银行签订意向协议，积极为新型农业经营主体量身定制信贷产品，并在担保条件等方面给予优惠。

2017 年向四类新型农业经营主体投放贷款 2.06 亿元，余额 3.02 亿元，带动贫困户 132 户。开发保险扶贫产品——扶贫保，2017 年为 8075 户贫困户提供保险保障 4.5 亿元，创新将魔芋保险纳入地方特色保险，承保魔芋 2630 亩，提供保险保障 526 万元。

12.7.3 "租建结合"扶贫模式

安县黄土镇芋河村是省级贫困村,2017年全村469户、1112人,村集体经济薄弱、产业发展乏力。为解决该村产业扶贫缺带头人、缺启动资金、缺种养技术等难题,黄土镇以"省级农民合作示范社"——拓普无花果种植专业合作社为试点,采用"租建结合"的方式,在芋河村实施异地产业扶贫模式,截至2017年末,带动26户贫困户实现产业脱贫。

无花果果苗从种植到挂果周期一般为两年,为解决果苗生长周期内村集体和贫困户无收入、脱贫难等问题,拓普无花果种植专业合作社通过"租"的方式,让芋河村村委享有合作社现有部分果园经营管理权,村集体通过承包果园,26户贫困户通过到果园务工获得劳务费收入,从而实现脱贫。

产业扶贫的关键是通过政府和社会的帮扶,帮助贫困村建成村集体所有的产业基地和畅通的销售渠道,"租"仅能解决燃眉之急,但不能解决长效脱贫问题,拓普无花果种植专业合作社通过"帮建"的方式,在芋河村新建100亩无花果种植试点基地,取得预期成效后将适度扩大种植面积。

第13章 极重灾区县域经济发展模式比较研究

2007 年以来,极重灾区经历了"5·12"汶川特大地震的灾难,通过三年灾后重建逐渐从灾难中重新站起来。在近年县域经济发展振兴的历程中,10 县(市)形成了许多有价值的成功经验,也探索出县域经济发展的不同模式。本章在对极重灾区县域经济发展主要模式进行简要分析的基础上,着重对几种典型模式进行深入分析。

13.1 极重灾区县域经济发展的主要模式

13.1.1 资源导向模式

极重灾区县地处自然生态环境丰富、人文环境多样的特殊区域,地震后各地区以科学发展观为引领,因地制宜,努力探索出了自然资源导向型、人文资源导向型、资源综合导向型三种资源导向模式,促进了灾后重建和人民生活水平的提高。

一是自然资源导向型。自然资源是指在一定时间条件下,能够产生经济价值以提高人类当前和未来福利的自然环境因素的总称,如土地资源、水资源、生物资源、气候资源、矿产资源等。自然资源导向型模式,就是根据区域的自然环境和资源种类、储量与开发条件,而制定的区域经济发展策略。青川县、平武县、都江堰市 2007~2017 年的县域经济发展模式可以归入自然资源导向型模式。

青川县地处四川省北部边缘,以中山地形为主,兼有低中山、低山、谷地等,矿产资源、水力资源、林业资源等自然资源丰富。具体来看:石英砂岩矿、铝土矿、石灰石等矿种丰富,是四川省矿产资源优势县之一;县境内横贯白龙江、青竹江,水能储藏量丰富,并建设有宝珠寺水电站;县内林地面积约 23 公顷,森林覆盖率达 43%。近年来,青川县依托好山、好水、好环境,孕育出一大批原生态好食材,黑木耳、竹荪、羊肚菌、七佛贡茶等有机农产品深受市场欢迎,唐家河、白龙湖等生态景区深受游客喜爱。

平武县境内植被种类丰富,森林植被常见优势树种 23 科、37 属、78 种,有银杏、苏铁等孑遗植物和珙桐、连香树、杜仲、平武藤山柳等特有植物。境内水利资源丰富,主要河流涪江由西北至东南贯穿县境 157 千米,流域面积 5510 平方千米，总落差 2990 米；有清漪江、夺补河等涪江支流 15 条、溪流 428 条。平武县属国家级剑门蜀道风景名胜区范围，又是九寨沟、黄龙寺的门户，位于众多风景名胜和人文景观中心，东接"太白故里"江油市，南邻"大禹故乡"北川县，西连"人间瑶池"黄龙寺，北抵"童话世界"九寨沟。县内有报恩寺、王朗自然保护区、雪宝顶自然保护区、小河沟自然保护区、北山公园、龙池坪森林公园、白马民族风情等游览景区。震后 10 年来，平武县抓住灾后重建的机会，依托丰富的自然资源和旅游资源，深入实施生态立县、旅游兴县、工业强县、依法治县、和谐发展战略，探索出"平武中蜂+"的套餐扶贫暨县域经济发展模式。

都江堰市位于成都平原的岷江上，与成都市区、青城山风景区的距离分别为 50 千米、20 千米，拥有丰富的动植物资源、土地资源、矿产资源、旅游资源，其中旅游资源富集作用凸显，拥有举世瞩目的世界文化遗产、世界自然遗产、全国重点文物保护单位、国家级风景区等，而都江堰风景区主要有伏龙观、二王庙、安澜索桥、玉垒关、离堆公园、玉垒山公园、都江堰水利工程等，其主要因世界著名水利工程都江堰和中国道教发祥地青城山而久已名闻遐迩。因堰而起、因水而兴，以山、水、林、堰、桥浑然一体，充分体现城中有水、水在城中、"灌城水色半城山"的布局特色，为此有着"拜水都江堰，问道青城山"之美誉。都江堰依托得天独厚的自然条件，积极建设世界旅游目的地，全面建成川西旅游集散地、成都旅游休闲度假卫星城和现代治理先进城市，以旅游业为主导塑造旅游品牌，拓展旅游产业链，带动服务业等产业转型升级，促进经济发展。震后 10 年来，都江堰市旅游转型升级迈上新台阶，旅游产业能级不断壮大，旅游配套服务功能不断完善，旅游开放合作不断深化，先后成功创建全国旅游标准化示范市、四川省乡村旅游示范市。2016 年，都江堰市被国家旅游局列为首批"国家全域旅游示范区"创建单位。都江堰市以改革创新为发展理念，以构建大文化、大旅游、大生态、大健康四大现代高端绿色产业为支撑，因地制宜、个性化、差异化、多层次共进，推动全域旅游示范区建设，打造国际生态旅游名城。

二是人文资源导向型。人文资源包括劳动力、知识、技术、资金和历史文化等。自然资源可以相对独立地在经济发展中发挥作用，而人文资源则不然，劳动力、资本、技术往往融合在一起，促进区域经济发展。根据人文资源发挥作用的强弱进而又可划分为人力资源导向型、知识技术导向型和历史文化资源型三种模式。

茂县是全国羌族的主要聚居区，也是羌族文化的核心区，有着悠久的历史和源远流长的羌民族文化。从建筑到服饰，从宗教到歌舞都有原生态远古痕迹：神奇的黑虎"邛笼"古碉、激越的莎朗、婆娑的羌红、醇美的咂酒、神秘的祭祀、苍凉的羌笛、悠扬的口弦、充满吉祥的婚俗、趣味的体育活动和悲壮的丧葬，在羌乡的每一个角落都飘荡着古羌的遗韵和自然的生命激情。茂县的非遗文化资源丰富，如羌族多声部民歌、姜戈大战、羌族羊皮鼓舞、羌年等，地方民俗主要有春季的"祭山会"和秋季的"羌年节"，名胜古迹主要有茂县羌乡古寨、叠溪·松坪沟、九鼎山、叠溪地震遗址、黑虎羌寨碉楼群、营盘山新石器时代文化遗址、宝鼎沟国家自然保护区、土地岭省级森林公园等。据此，茂县充分发挥人文资源优势，积极打造了《瓦尔俄足》《羌族碉楼营造技艺》《羌年》《羌笛的演奏及制作技艺》4 个国家级非物质文化遗产名录项目，11 个省级非物质文化遗产名录项目，以及 134 个县级非物质文化遗产名录项目；建设了中国古羌城和中国羌城博物馆，以历史文化资源为主导带动茂县相关产业的发展和经济的恢复发展，促进了人民生活水平的提高。

什邡市历史悠久，文化底蕴深厚，属于四川省第三批历史文化名城，其历史可以追溯到 5000 多年前，发掘的什邡王印、战国船棺、大唐金代等文物名誉海外。什邡市还拥有悠久独特的烟叶种植文化、雪茄文化等。近年来，什邡市充分利用这些文化元素，通过旅游+文化、农业+文化、工业+文化，逐渐实现了一二三产业融合发展。

绵竹市的酒文化、孝文化、宗教文化、农耕文化、年画文化资源非常丰富，近年来，绵竹市将这些文化元素注入工业、农业和旅游业，寻求传统工业转型、农业和旅游业提档升级的有效路径。

三是资源综合导向型。在区域内部存在着多种资源，每种资源对经济发展的作用不同，而且并不是每种资源都对区域经济发展起主导作用，大多数情况下，是多种资源联合对区域经济发展起关键作用，即资源综合导向型模式。从更广泛的意义上看，这一模式存在两种情况：人文资源或自然资源内部中的两种或两种以上的资源联合起主导作用的模式；人文资源和自然资源的组合起主导作用的模式。10 县（市）中的大多数县都可归入资源综合导向型模式，其中最为典型的是汶川县和北川县。

汶川县位于青藏高原东部边缘、四川省西北部，居川西北高原和阿坝州东南部，总面积 4084 平方千米，县城海拔 1236 米，区位优势明显，交通便利。汶川县植物资源种类繁多，存在全国独有的、成片分布的野生珙桐林，与其伴生的水青树、连香树、伯乐树和其他属于国家级重点保护野生植物的珍稀树木达 20 余种。还有许多名木古树和"国香"兰花，使人在珍稀美、风采美、悠古美诸多方面获得丰富的意境和多种的美感。汶川县有野生动物 2000 多种，珍稀品种有大熊猫、金丝猴等 45 种。在这些动物中，不仅有猕猴、云豹、水鹿、灵猫等喜温湿的南方动物，而且有牛羚、猞猁、马熊、白唇鹿、白马鸡等耐严寒的高原和北方动物。为此，汶川县素有"阳光谷地、熊猫家园、康养汶川"之美誉。汶川县以新城建设为契机，依托独有的自然资源和人文资源，深度挖掘治水文化、羌藏文化、熊猫文化、大爱文化"汶川文化四朵花"内涵，全力打造烟雨三江、丹青水磨、天地映秀、熊猫家园、大禹故里、古韵羌山"汶川六景"，大力发展甜樱桃、脆李子、香杏子"汶川三宝"产业。探索出了一条大健康助推县域经济发展的新模式。

北川县地处四川省西北部，全境皆山，其山脉大致以白什、外白为界，其西属岷山山脉，其东属龙门山脉。北川县植被种类丰富，主要为黄壤和常绿阔叶林、黄棕壤和常绿落叶混交林、暗棕壤和针阔叶混交林等。在水力资源方面，北川县有一江（湔江）、五河（白草河、青片河、都坝河、苏宝河、平通河）、四大沟（小寨子沟、太白沟、后园沟、白坭沟），水能资源可开发量约 35 万千瓦。生物资源丰富，野生植被（1000 余种）、国家一级珍稀保护动物（300 余种）种类多样化。2008 年地震之后，北川县是唯一一个异址重建的县城。境内拥有全市唯一的国家 5A 级旅游景区（北川羌城旅游区），4 个国家 4A 级旅游景区（西羌九皇山、药王谷、北川维斯特农业休闲旅游区、寻龙山），品牌魅力进一步彰显。总体而言，北川县和汶川县的发展皆因融合了自然资源与人文资源，形成融合资源合力，推动了县域经济的恢复和发展，树立了灾后重建示范县的品牌。依托这些丰富的自然生态资源和民族文化资源，北川县探索出了一条全域旅游的绿色崛起之路。

13.1.2 政府主导模式

我国在经济转型过程中，对政府和市场的关系研究从未停止，而且其一直是研究的重点和焦点。县域经济的发展靠自发而发展起来的实例较为鲜见，大多数县域经济的发展离不开政府的支持。在我国改革开放道路探索中，逐渐形成了被广为认可的三种政府主导型县域经济发展模式，即苏南模式、温州模式、珠江模式，苏南模式是政府超强干预型、温州模式是政府引导型、珠江模式则是二者兼容型（罗志辉和傅元海，2002）。极重灾区县域在震后 10 年的发展中也带有明显的政府主导特点。

一是政府主导灾后重建。灾后重建和极重灾区经济发展可分为自我恢复发展模式和政府主导发展模式两大类。自我恢复发展模式是指极重灾区在恢复重建中，依靠自身条件，包括自然条件、社会条件、经济发展条件、人文素质条件等恢复和发展生产。这种模式恢复生产建设的能力十分脆弱，即使能依靠自身恢复生产建设，但是也要耗费较大的人力、物力、财力，以及经历漫长的时间。极重灾区地处自然地理环境条件脆弱、经济发展较为落后的地区，靠自身恢复生产较为困难。政府主导模式是指政府依靠政策、资金、技术、人力资本等的投入，使受灾地区较快恢复生产建设和发展的策略。总体而言，政府主导模式在灾后重建县域经济发展中起着非常突出的作用，使极重灾区在政府干预作用下，在较短的时间内、较小成本的控制下，迅速恢复生产建设，并且因地制宜综合利用自然资源、人文资源、社会资源形成合力，实现社会经济发展的转型升级。

二是政府主导异地搬迁。北川县异址重建、汶川县龙溪乡羌族异地搬迁等。以北川县为例，从县城的选址、设计、招标、建设、验收、安置等各环节均以政府为主导。北川县始终坚持民生优先、科学重建。先建城乡居民住房，先建学校医院，先恢复道路交通设施，再修党政机关办公楼。灾后三年恢复重建以来，北川县新建了 52 000 多户城乡居民住房，加固维修了 18 000 多户居民住房，新建了 33 所学校和 24 所医院。新建的房屋漂亮美观，道路基础设施极大提升，可以说经过三年重建，北川县跨越发展了 30 年以上，北川县灾后重建创造了世界奇迹，创造了非凡业绩，灾区面貌发生了翻天覆地、脱胎换骨的变化，实现了从悲壮走向豪迈的历史跨越，成为汶川地震灾区灾后重建中当之无愧的一面旗帜。

三是政府主导对口援建。灾后恢复重建是一项十分艰巨的任务，为举全国之力，加快地震灾区灾后恢复重建，并使各地的对口支援工作有序开展，经党中央、国务院同意，建立灾后恢复重建对口支援机制，即山东省-北川县、广东省-汶川县、浙江省-青川县、江苏省-绵竹市、北京市-什邡市、上海市-都江堰市、福建省-彭州市、河北省-平武县、辽宁省-安县、山西省-茂县。对口支援的重点集中在基础设施建设，工业、农业、旅游、公益建设，新农村建设，移民搬迁，产业发展等领域。

四是政府主导县域发展。在县域这一层面，无论是政治建设、社会建设、文化建设，还是生态建设、经济建设，政府主导特色都很明显。极重灾区县域经济发展的政府主导色彩同样强烈。从县域发展规划制订和实施、资源配置、招商引资、产品销售，到百姓生活改善、社会福利、脱贫致富等无不带有政府主导的影子。可以说，县级政府已成为县域经济系统的"代理人"或者说"CEO"。

13.1.3　精准帮扶模式

极重灾区地处我国生态环境极为重要且经济相对落后的区域，在扶贫开发过程中不仅要保护好生态环境，还要有效促进人们生活水平的提高。极重灾区各地在扶贫开发过程中摸索出了财政资金扶贫、旅游开发扶贫、基础设施建设扶贫、新农村建设扶贫、产业扶贫、教育扶贫、健康扶贫等模式，人民生活水平整体上取得较大提高。在精准帮扶脱贫中，极重灾区县根据各地差异，深挖资源、深度思考、深入实践，摸索出了集中摆脱贫困的几种新模式，即公司+农户模式、基层党建+农户模式、农业合作社+农户模式等。

一是公司+农户模式。通过企业进村把农户连接起来，既为企业提供充足的劳动力、土地等资源，也为农户提供就业机会、增收机遇，实现企业和农户的双赢，达到精准脱贫的目的。

茂县实行的"万企进万村"活动。茂县以扶贫帮扶到户，措施细化到人为原则，整合协调就业、工商业联合会、经济商务和信息化局等部门，动员县域企业，为困难群众搭建平台，在就业岗位、技能培训、服务安置等方面提供帮扶。采用"1+1"即1家企业联系1个贫困村的模式，"1+2"即1家企业帮扶2户特困户的模式，动员有能力的企业与贫困村、贫困户结成帮扶对子，给予技术、资金、信息等方面支持，帮助困难群众早日实现脱贫致富。

青川县积极践行精准扶贫，将农业精准扶贫摆放在压倒性位置上，积极开展农业科技创新，深化农村经营机制创新，青川县产业扶贫取得了积极进展，在农业扶贫县起到了示范作用。一是依托要素禀赋，调优产业结构，增强农村致富能力。例如，乌龙村依据本村农业要素特征，结合本县产业结构，因地制宜制订产业发展规划，提出种养配套的农业发展战略。二是开展技术富农，通过科技下乡、下户等增强农民科学种植农作物的能力。同时，农业有关部门专门派出农业技术组等指导农村地区制订农业发展规划、开展良种培育、培植新型农业经营主体、培训农民经营技能等，为新型农业经营体系的构建提供了坚实基础，使本地真正培育出特色农业经营方式，改善了农村经营条件，拓展了农民致富路子，有效提升了产业发展质量和效益。

二是基层党建+农户模式。基层党建+农户模式是指以党员干部带头，主动联系贫困户，实行一对一、一对多的帮扶，通过制订脱贫计划、脱贫方法、招商引资、招商引智等方案，切实解决问题、化解矛盾，切实促进农民增收、农业增效、农村发展。

汶川县实行的"第一书记"活动。自脱贫攻坚开展以来，汶川县实行"全员联系驻村"制度，截至2017年末，选派10名县委常委担任乡镇党委第一书记，县委书记等38名县级领导带头挂职联系11个软弱涣散村（社区）、建档立卡贫困村，71个县级部门联系帮扶111个村，579名党员领导干部联系632户贫困户；组建由11名具有中高级职称的畜牧师、农艺师组成的农技专家服务团队，全覆盖提供技术支撑。汶川县在脱贫攻坚工作中大力推行"一线工作法"，组织各级党组织和广大党员干部扎根基层一线，在思想上用情真帮，在行动上用力真扶，密切了党群干群关系，让贫困群众切实感受到党和政府的温暖。

北川县积极贯彻落实省委会议精神，从县到乡镇努力在落实精准扶贫方面解决了"扶持谁""怎么扶"的问题。在解决"扶持谁"的问题上，北川县组成以县长为组长的扶贫工作组，同时动员近千名农村干部深入农村贫困地区，走访贫困户，指导完善台账，真正找准贫困户，开展部门联动的"大扶贫"模式，力争做到了"五个一"：每个工作组联系一个贫困村、每个干部结交一个亲情户、帮贫困户解决一个大困难、确定一个好项目、建立一本明白账，真正实现了贫困有人帮、致富路一起修、先富带后富的结对脱贫路子。

三是农业合作社+农户模式。通过建立农业生产合作社把困难群众联系起来，统一生产、统一管理、统一销售，提高农户的市场预测能力、生产经营能力、价格谈判能力和盈利能力，建立增收长效机制，使精准脱贫落地生根。

安县推行的"供销社+"模式。安县在发展"农业合作社+农户"精准帮扶的过程中形成了"供销社+产业服务""供销社+专业合作""供销社+农村电商""供销社+综合服务"的产业立体模式。安县围绕"贫困党员带头脱贫、带领贫困群众脱贫"目标，建立实施"专业合作社+农户"精准扶贫示范工程，帮助完善合作社内部制度，形成带动贫困农民脱贫致富的长效机制，引领专业合作社规范化发展。

青川县瓦砾乡乌龙村通过创新农业经营体制机制助推农业精准扶贫，培养新型经营主体带动产业发展活力。该村积极培育农业专业合作社，探索创新资产收益扶贫机制，以资源变资产、资金变股金、农民变股民，推动贫困户脱贫致富。乌龙村依托茶叶、食用菌、核桃种植构建了三个合作社，以股份分红方式将贫困户带入产业，带动贫困户分享产业发展红利。一是按照"专合组织+集体经济+贫困农户"的模式，新建青川县联农茶叶种植专业合作社，集体和农户以资产（茶园）入股，业主、集体、农户三者按 5∶2∶3 比例进行收益分成。二是新建青川乌龙食用菌种植专业合作社，村集体现金入股 10 万元，贫困户每户入股 5000 元，同时将整合的 50 万元产业扶持资金以贫困户优先入股的方式量化到户，合作社与农户签订协议按股金比例分红。三是新建青川县乌龙村核桃种植专业合作社，集体以土地所有权、农户以土地承包经营权入股，业主、农户、集体按 5∶4∶1 比例分成。

13.1.4　城乡统筹模式

统筹城乡发展就是要把城市与农村、农业与工业、农民与市民作为一个整体，将其纳入经济社会发展统一规划中去考虑，把城市和农村经济社会发展中存在的问题及其相互关系综合起来研究，统筹加以解决，建立有利于改变城乡二元结构的市场经济体制，实现以城带乡、以工促农、城乡一体的协调发展。我国不同地区在统筹城乡发展方面，形成了许多各具特色的发展模式，概括而言，主要有三种，即以城市为主导，以城带乡的城乡统筹模式；以乡村为主导，以乡促城的城乡统筹模式；以城乡为整体，规划引领的城乡统筹模式（欧阳敏和周维崧，2011）。

一是以城带乡的城乡统筹模式。茂县实施以城带乡的城乡统筹模式。茂县坚持绿色低碳、以人为本的新型城镇化理念，统筹协调城乡发展，将城镇化与工业化、新农村建设相结合，通过集中发展中心城区，择优发展重点镇，因地制宜发展一般乡镇，科学推进村庄建设，引导人口向城镇聚集，有序推进农业转移人口城镇化，增加全县总人口中从事非农产业的人口比重，增加第三产业产值在 GRP

中的比重，把茂县建设成为阿坝州的区域中心城市。预计到2020年城镇人口达7万人，城镇化水平达到48%。

彭州市坚持"以工促农、以城带乡（以贸带农）、以旅助农"方针，积极改善农业设施基础条件，推动一二三产业融合发展，逐渐完善农业社会化服务体系、优化升级农村金融服务体系、气象灾害防御体系，形成有机衔接、全面覆盖的规划体系。通过统筹城乡基础建设推动城乡公共服务、社会事业设施提档升级，加快推动新农村建设。

二是以乡促城的城乡统筹模式。都江堰市自2003年，开始自费进行统筹城乡改革，通过工业向集中发展区集中、农民向城镇和新型社区集中、土地向适度规模经营集中的"三集中"模式，在全国率先实施了新型农村合作医疗和农村产权制度改革试点。建立了工业向集中发展区集中的推进机制，建成"双认证"农产品基地和全国最大的猕猴桃鲜果出口基地与粮食规模化经营综合试点区，建设农民安置点工程。以发展乡村旅游、特色农业、品牌农业，促进城市建设和发展。

绵竹市以城乡社区为切入点统筹实施"六大体系"（民生保障体系、公共服务体系、特殊人群帮扶体系、矛盾纠纷化解体系、公共安全体系、思想道德体系）建设，全面推进市级部门资源整合、乡镇工作重心向社会管理和公共服务转移，将加强和创新社会管理融入灾后恢复重建与经济社会发展大局之中，统筹城乡发展，在灾后重建的各项工作中取得显著成效。具体实施方案如在推进民生保障体系中，构建了市、镇、村三级的就业服务信息网络，通过订单、定向培训实现推荐就近就业，逐渐消除零就业家庭，实现劳有所得，并逐渐完善城乡医疗卫生服务体系，推进城乡公共服务均等化，实现病有所医。事实上，早在2012年绵竹市就完成了13.9万户农房重建，建成50余个特色生态聚居点和1000余个农民集中居住点，完成了2.6万套城镇住房重建，实现了住有所居。

什邡市依据统筹城乡发展的实际发展情况，以幸福美丽新村为切入点，创新比选模式、推进机制，扎实推动新型城镇化进程。该市在实践过程中，坚持严格按照统一决策、统一口径、统一推进、统一尺度、统一验收的"五个统一"工作要求，成立专门的推进办公室督促检查、扎实指导，确保政策执行不走样，各项工作落实到位。同时，以产业带动新村发展模式，开发农业新态势，实现三产融合，促进农村经济可持续健康发展。

三是规划引领的全域统筹模式。安县突出规划引领，把全域统筹作为推动安县跨越发展的重要抓手，坚持优化布局先行。围绕全面融入绵阳主城区开放开发，进一步优化县域空间布局，调整完善全县总体规划，强化县城、园区两极带动，促进人流、物流、信息流、资金流汇聚流动，加快产城融合发展。进一步整合资源，规划建设核心发展区、现代农业区、重点提升区和生态涵养区，构建"一心、三轴、四区"的城镇发展格局，以城乡网格化服务管理为抓手，推进城乡管理一体化，全面提升城乡管理水平，形成了中心城区、小城镇、美丽乡村协调发展的良好格局。

彭州市坚持规划先行，逐步完善城镇体系、镇域总体规划、新农村综合体建设规划和现代农业发展规划，同步推行农业基础设施建设、社会事业发展、生态环境建设，健全气象灾害防御体系等，形成全面覆盖的规划体系，推动城乡协调发展。

13.1.5　投资驱动模式

极重灾区县在恢复重建和发展中，形成了项目投资驱动模式、产业投资驱动模式、基础设施建设驱动模式等。需要说明的是这些投资模式并不是孤立起作用的，而是相互交叉、相互影响、难分主次、难以分割、协同作用的。

一是项目投资驱动模式。以重点项目建设为基础，带动投资增长，从而推动县域经济发展。例如，北川县"项目年"工作。北川县制订了"项目年"工作方案、重点项目考核办法、重大项目策划包装工作实施意见等，并举办重点项目集中开工仪式、项目投资交流现场会、重大项目包装工作会等，对道路、交通、水利等领域进行重点投资，对投资项目进行监督考核，对存在的问题和矛盾给予有效及时解决。2017 年，北川县规划重点年度项目 113 个，投资 48.6 亿元，对县道、省道、国道进行了重点投资建设，上半年带动民间投资达 15.3 亿元。此外，北川县还积极投资产业园和产业项目建设、电子商务平台建设、旅游示范区建设等，增强了县域经济的发展活力和经济发展动力。

二是产业投资驱动模式。灾后重建中，投资领域的选择也是十分重要的。在极重灾区县中，经济条件、社会条件、资源条件各不相同，产业带动经济发展的模式各异，因此，在产业恢复生产中，因地施策，产业侧重点略有不同。例如，什邡市、绵竹市、彭州市是中心城市德阳市、绵阳市、成都市的经济附属区域，经济发展环境较好，因此，产业投资偏向第二产业，即什邡市的冶金、建材、医药、食品、机械、化工"六大产业"，绵竹市的年画产业、光机电产业、酿酒业等产业，彭州市的石化产业等；汶川县、茂县等则依托自然资源和人文资源，投资领域侧重于乡村旅游业；而平武县、青川县等则重点投资第三产业，如电商平台建设等。各县根据自身禀赋条件，选择重点投资领域，以投资带动和促进相关产业的发展。

三是基础设施建设驱动模式。这一模式在极重灾区县域都有不同程度的体现。基础设施建设是地震后各县投资的重点领域，通过基础设施建设使受灾群众住有所居、病有所医、学有所教、通有所道，使人们的生产生活得以恢复。基础设施建设投资为招商引资、招商引智、招商引企创造了条件，为相关产业的开发奠定了基础，使产品走出去、文旅品牌建设、产业链拓展、人力资源输送等成为可能。除此之外，通过基础设施建设，使广大受灾区县在基础设施层面迅速与东部较为发达的省区市看齐，缩小了东部和西部基础设施建设方面的差距。通过基础设施建设投资拉动和带动了建筑业、水利工程、交通运输、钢构、水泥等相关产业的发展，以此为依托带动第三产业如乡村旅游、文化旅游、景观旅游等第三产业的发展。

13.2 全域旅游"四个一"的北川模式

北川县是全国唯一的羌族自治县，属"5·12"汶川特大地震极重灾区、数民族地区、革命老区、秦巴山连片特困地区和边远山区"五区合一"的地区。近年来，北川县始终把脱贫攻坚作为首要目标、把永续发展作为关键目标、把民生改善作为终极目标，专注科学发展、跨越发展基本取向，大力实施"品牌先导、绿色崛起、双创驱动、开放粘合"战略，着力打造文旅发展引领区、精品农业示范区、通航经济创新区、应急产业先行区，以绣花功夫推进精准扶贫、精准脱贫，开启了建设"大美羌城、生态强县、小康北川"的崭新篇章。

近年来，北川县把全域旅游示范县创建作为县域经济发展的突破口，紧扣旅游主线和扶贫主题，构建全域旅游"四个一"的发展模式，以旅游促发展，以发展促脱贫，实现旅游产业全域覆盖。全域旅游"四个一"模式是北川县经济社会可持续发展的重要经验，为北川县产业结构的优化升级做出了重要贡献。

13.2.1 优化一套规划，引领发展格局

始终坚持规划先行，以全域旅游理念做好顶层设计，突出"全域旅游+"发展模式，优化产业布局。

一是优化全域旅游规划，引领扶贫全覆盖。依据《四川省"十三五"旅游发展规划》、《绵阳市旅游业"十三五"发展规划》及《北川羌族自治县国民经济和社会发展第十三个五年规划纲要》，充分考虑城建、交通、林业、农业、水利等规划中的涉旅元素，高标准编制《北川羌族自治县全域旅游目的地发展总体规划及近三年行动计划》，覆盖全县23个乡镇93个贫困村，突出业态布局、产业融合、品牌打造、主客共享，构建"点、线、面、体"全域发展格局。

二是优化旅游扶贫规划，引领扶贫全精准。结合全县旅游扶贫规划，以提升景区、辐射周边为目标，编制了九皇山二期、药王谷三期、寻龙山二期三个旅游规划；以打造村级产业带为目标，精心编制了马家道沟、正河、安绵、通坪、楠华、大安、金龟等十余个乡村旅游规划。全县形成了以康养避暑产业带、休闲农业旅游带、特色民俗体验带为特色的乡村旅游扶贫新格局。

三是优化扶贫实施方案，引领扶贫全着力。在深入摸排调研基础上，对标旅游扶贫专项要求，制订了《北川旅游扶贫实施方案》和通坪村、南华村、金龟村、九成村等九个村的旅游扶贫项目实施方案，挂出"作战图""时间表"，签订"责任书"，分项、分类、分批实施，确保扶贫对准标、踩准点、用足力，全面推进。

13.2.2　做强一个体系，夯实发展支撑

坚持以产业发展为基石，以项目建设为抓手，包装一批项目，招引一批项目，建设一批项目，着力构建旅游项目体系，夯实发展支撑。

一是筑巢引凤，吸引项目落地。截至 2017 年末，北川县聘请专业团队对 102 个储备项目进行业态分类，精心包装云盘山文化产业园、温泉休闲度假等 13 个文旅项目，预算投资达 23.8 亿元；积极洽谈预算总投资达 120 亿元的新县城温泉休闲度假、小寨子沟景区、熊猫小镇、堰塞湖开发等项目；桂溪古坊、曲山玉皇山、318 房车风情小镇等乡村旅游项目已签约落地，签约资金 19.2 亿元。

二是高速推进，建设重点项目。2017 年规划建成北川旅游服务区、九皇山 720 度高科技体验、药王谷三期、寻龙山二期、神木寨旅游开发、青片羌民俗主题酒店、羌王竹海旅游度假区、清溪谷漂流、西羌莫尼山农业文化旅游、名岛旅游度假区等二十余个重点项目建设，增添了旅游扶贫新的支撑。

三是精准施策，推进扶贫专项。部门主导、乡镇配合、村组主体，全面推进安昌镇金龟村、坝底乡通坪村等 5 个村的省级旅游扶贫示范项目和擂鼓镇茶坊村、桃龙乡九成村等 4 个旅游扶贫村项目建设，完善基础配套、景观小品和风貌改造，提升接待能力。2017 年，金龟村、南华村年接待游客分别达 25 万人次、10 万人次，带动旅游综合收入 20 万元、15 万元，25%的村民吃上了"旅游饭"，带动70%的贫困户脱贫。

13.2.3　打造一批精品，丰富发展载体

按照"建一个景区，富一方百姓""一村一品一特色"的发展思路，打造文化旅游精品，丰富发展载体，提升品牌效益。

一是打造旅游精品，凸显北川魅力。截至 2017 年末，北川县建成 1 个国家 5A 级旅游景区、4 个国家 4A 级旅游景区，成功创建国家级乡村旅游模范村、旅游扶贫示范项目 3 个，省级乡村旅游示范镇、特色乡镇、生态旅游示范区、精品村寨、旅游扶贫示范村、特色业态经营点等 16 个，培育星级农家乐 61 个，民俗达标户 60 户，凸显"北川名片"，吸引大量游客畅游西羌秘境、亲子秘境、康养仙境、活力动境，轻松享受北川乡村休闲康养的闲情逸致。

二是做靓文旅活动,助推扶贫升温。截至 2017 年末,依托自然生态和民俗文化资源,打造辛夷花节、乡村文化旅游节、羌茶节、采笋节、猕猴桃节、牡丹花节、荷花节、年猪节、情歌节等生态节会和文化活动 30 余个,开展送文化下乡 98 场次、文体活动 40 个村 6000 人次、巴拿恰常态化民俗演艺 800 余场次,使"每季度的大型文旅活动、每月的主题文旅活动、每周的特色文旅活动、每天的民俗展演"成为一道道靓丽风景,吸引八方游客游羌乡,唱羌歌,跳沙朗,住农家,品羌家咂酒,吃羌家美食,购羌家特产。

三是开发文创产品,增加消费热点。发挥旅游"接二连三"融合功能,大力实施"旅游+",依托文化资源,打造羌历新年、大禹祭祀、沙朗节三大民俗文化品牌和 12 类 30 余种特色歌舞,连续举办两届文创产品大赛,开发羌绣、羌漆、羌茶、草编、工艺品等 1500 余种特色文创旅游产品;依托循环农业、观光农业,开发观光体验类、果蔬茶菌采摘类农旅产品 30 余种,打造高山蔬菜、北川腊肉、白山羊等农旅产品 10 余种,研发膳食养生、药疗推拿等中羌医药产品 20 余种;依托 400 余万亩林地资源,打造花卉观赏、森林探险、山地穿越等 20 个林旅产品。丰富的文创产品,有效增加了消费热点,推动手工产品、农副产品变旅游商品。

13.2.4 探索一组方式,彰显发展效益

依托旅游景区、特色村寨、专合组织等优势资源,突出"溢出带动效应",积极探索"三型"扶贫方式,找准定位,差异发展,促进贫困群众就业增收。

一是旅游景区带动型。变封闭式景区为开放式景区,将景区周边村寨打造成为景区观光休闲和民俗体验承接区,优化利益联结机制,充分发挥景区辐射带动作用,采取"景区+村委会(或合作社)+农户"的联合经营模式,带动群众增收致富。截至 2017 年末,全县 1 个国家 5A 级旅游景区、4 个国家 4A 级旅游景区、4 个准国家 3A 级旅游景区,辐射带动永昌镇—曲山镇(至禹里镇)—桂溪镇沿线及周边 8 个乡镇、17 个村、1800 多户、5400 余人直接或间接从事旅游业,户均年增收 1.3 万~4 万元,其中贫困户 566 户、1775 人,户均年增收近万元。

二是特色村寨推动型。以"绿水青山就是金山银山"为理念,扶持打造吉娜、石椅、五龙等 12 个精品旅游羌寨,带动全县各乡镇依托自然生态、民俗文化、农林基地、幸福美丽新村、传统村落等本地特色资源,培育打造羌王竹海、莫尼山庄园、西窝羌寨、黑水羌寨等 20 余个旅游特色羌寨,截至 2017 年末,成功建成擂鼓镇南华村、安昌镇金龟村等 5 个省级旅游扶贫示范村,吸引大量游客旅游观光,累计带动 100 余户贫困户户均年收入近 1000 元。

三是专合组织驱动型。依托吉娜、石椅、五龙等 12 个精品旅游羌寨,截至

2017 年末，组建旅游协会，培育正河民俗、依纳羌寨、拿巴日格等 6 个乡村旅游合作社，吸纳 275 户农户通过资产、资金、土地入股，采取"合作社+村委会+农户"模式，建立"统一品牌、统一包装、统一接待、统一管理、统一分配"的运行机制和"资产股权量化+按股分红+利益共享"的利益共享机制，联合经营乡村旅游，让村民变股东、民房变客房、上山变上班，截至 2017 年末，直接带动贫困人口 745 人就近就地就业，实现户均年增收达 13 000 元。①

13.3　健康中国推进落实的汶川解法

党的十八大首次将人民健康放在优先发展的战略地位，如何推动落实健康中国建设战略部署，使健康水平持续改善，全民共享健康红利，县一级至关重要。

"5·12"汶川特大地震，给汶川这方土地和人民带来了毁灭性灾难。大灾后，人民更加深切地感受到生命的脆弱和健康的可贵。基于对生命价值的思考和对未来发展路径的选择，2010 年，汶川县率先在全国提出了创建"全民健康示范县"，将"大健康"理念融入治县理政全过程。探索出了破解健康中国推动落实的"汶川解法"。实践证明，全民健康幸福汶川建设方向正确、路径清晰、措施得力、成效显著，给人民群众带来了实实在在的健康福祉。2016 年 11 月，汶川县作为优秀案例入选全球健康促进大会并作交流发言。

13.3.1　在体制机制上寻求突破

一是汶川县在全国率先建立了以县委书记任主任、县长任执行主任的健康委员会，下设专家咨询、统筹保障、经济促进、环境营造、文化倡导、服务推进六个工作组，形成了县委统揽、政府主导、群众主体、社会参与的工作格局。各乡镇、各部门、各村成立了相应工作机构，建立县、乡（镇）、村三级联动网络，形成横向到边、纵向到底的工作格局。将健康融入了治县理政的全过程，打破了以往条块分割的局面，突破了传统意义的小健康，破解了条块分割形不成合力的痛点。

二是以县委出台决定，县人大做出决议的形式，将全民健康建设施政纲领上升到法定程序，固化施政方略，将县委、县政府的执政主张变为全县人民的共同意志和历届县委政府最大的民生工程。

三是邀请了哈佛大学、清华大学、北京协和医学院公共卫生学院，以及国家发展和改革委员会社会发展司专家制订完善了《汶川县创建全民健康示范县总体规划》，在全国率先形成了全民健康的行动纲领。明确了汶川县的总体目标：就

---

① 本节一手资料数据由北川县县委办公室提供。

是要让人民群众住上好房子、拥有好身子、过上好日子，物质富裕、精神富足。找准了现实路径：发展健康经济、营造健康环境、培育健康文化、倡导健康生活、优化健康服务五大体系，为汶川县全民健康建设制定了路线图。

四是建立资金整合保障机制，整合部门力量，形成合力，制订了《汶川县全民健康体检实施方案》《汶川县全民健康体检筹资方案》，整合了教育、残疾人联合会、卫生和计划生育、工会等部门的有利资金，在不增加本县财政负担的情况下，确定了每两年为全县的干部群众免费体检一次（第一年普检，第二年查漏补缺），破解了县级财政窘境难以持续推进的痛点。围绕"经济抓转型"的工作基调，把产业转型升级作为汶川发展的根本路径。2017～2020 年共规划项目 100 个，规划预计投资 75.94 亿元，其中，申请国家资金 16.42 亿元、自筹及其他资金 59.52 亿元（含拟采取 PPP 模式或其他方式融资建设及招商引资企业投资），按年度划分为 2017 年计划投资 11.18 亿元、2018 年计划投资 25.86 亿元、2019 年计划投资 24.17 亿元、2020年计划投资 14.73 亿元。

五是针对目标任务，抽调专业精干力量开展工作。聘请哈佛大学、清华大学、北京市红十字基金会全民健康烽火行动基金、中国标准化研究院等多家国内外著名研究机构专家学者担任汶川县全民健康组专家，提供智力支持；根据目标工作的需要，从全县各单位抽调相应的精干力量推动工作，实现了人员的有效利用。破解了县级人才匮乏难以高效推动落实的难点。

13.3.2　在责任担当上寻求突破

一是推动经济发展转型的担当。首先是大力推进农业提质增效工程，寻求农业转型上的突破。甜樱桃、香杏子、脆李子"汶川三宝"享誉全国，但前些年，由于老百姓经营粗放，田间种植密度过大等，造成汶川特色水果品质退化，口感变差，市场竞争力下降，影响了"汶川品牌"。2014 年，县委、县政府及时提出了农业提质增效工程，对以往老百姓任由果树自由生长进行矮化处理和密度过大的进行移除处理，刚开始群众认为政府这样做把大树锯矮了、把果树移除了，影响了他们的产量，始终不太接受和认同，存在严重的抵触情绪，经过多年来的不断宣传和实践教育，老百姓不仅认识到了精细管理带来的良好效益，近几年还有很多老百姓自掏腰包到山东等地考察学习种植技术，主动引进新品种。2016 年，克枯乡大寺村村民陈富军销售甜樱桃、脆李子收入达 30 余万元；龙溪乡布兰村脆李子销售收入户均达 10 万元，更多生态红利和健康红利源源不断流入老百姓腰包。其次是发展"三新工业"寻求传统工业转型。全民健康建设以前，汶川有工业企业 287 户，高耗能、高污染企业近 200 户，是阿坝州的工业大县。化学需氧量排放强度、二氧化硫排放强度均超过国家标准。由于污染严重，老百姓虽然可以在企业打工挣钱，但老百姓的认可度不高、获得感不强。提出建设全民健康幸福汶川后，把绿色发展、生态保护作为经济社会发展的"命门"，以壮士断腕的决心做出"工业外迁、腾笼换鸟"的产业发展思路，搬迁企业 63 家。现有的工业企业均是以水电、锂电池、宝石加工、生物制药为主的新材料、新技术、新工艺的"三新工业"。最后是大力发展生态旅游，推动旅游业快速发展。汶川县立足县情和独特区位、气候优势，提出了运动康养、生态颐养的康养旅游发展定位，2016 年，共接待游客 809.98 万人次，实现旅游收入 37.46 亿元。汶川县 GRP 由 2008 年的 13.69 亿元，增加到 2017 年的 57.66 亿元，增长了 3.21 倍，地方公共预算收入由 2008 年的 0.58 亿元，增加到 2017 年的 3.15 亿元，增长了 4.4 倍；农村居民人均可支配收入和城镇居民人均可支配收入分别由 2008 年的 2745 元和 10 768 元，增加到 2017 年的 12 452 元和 29 623 元，分别增长了 3.5 倍和 1.8 倍。在"换血"阵痛中，不仅彻底摆脱了传统的高污染企业，而且成功地完成了向绿色工业、生态农业、康养旅游的转变，三次产业结构由 2007 年的 6.5∶75.8∶17.7 调整为 2016 年的 6.3∶66.0∶27.7，为汶川生态环境改善带来了前所未有的良机，初步实现了"人居共山水一色，经济与绿色齐飞"的新生梦想。

二是守护青山绿水环境的担当。汶川像保护眼睛一样保护环境，像对待生命一样对待环境，以解决环境突出问题为导向，大力实施"蓝天、碧水、宁静、绿地和细胞"环境保护五大工程，不断强化农村水、电、路、通信、网络、电视等基础设施建设和地质灾害治理，稳步推进岷江流域水生态综合治理。截至 2017 年末，通信网络覆盖率达 100%，有线电视覆盖率达 98%，村民用电率达 100%，沼气用户有 2900 个；空气质量优良率达 95%以上，县城空气污染指数（air pollution index，API）49，空气质量指数（air quality index，AQI）48，$PM_{2.5}$ 细颗粒物达 0.029 毫克/米^3，生态区负氧离子浓度可达到 9500～18 000 个/厘米^3，主要河流水质达到 II 类水质，饮用水源水质达标率达 100%。

三是培育健康文化的担当。深入开展"文明四风""移风易俗"活动。活动开展前，老百姓送礼往来不断攀比，在农村一个年收入仅 8000 余元的农户，参加一个婚礼至少得送 600 元，在此恶循环下，结婚、生子、升学、乔迁等花样百出，送礼由头越来越多、礼金越送越大，百姓苦不堪言，负担不断加重。开展"文明四风""移风易俗"活动后，用村规民约规定，各类礼金最高不超过 200 元，彻底减轻了农民负责，深受群众的拥护。

四是倡导健康生活方式的担当。将全民健身与全民健康深入融合，开展了全县篮球运动会、职工工间操比赛、职业人万步有约、展送电影下乡、放坝坝电影等活动；免费开放博物馆、图书馆、文化馆、体育馆等公共设施，截至 2017 年末，共接待群众和游客 380 余万人次；截至 2017 年末，全县体育健身道达 150 条。丰富了群众业余文化生活，群众主动参与度高了，破解了政民不一、一厢情愿的痛点。开展全民健康建设后，群众的业余生活丰富了，居民经常参加锻炼比例由30%增加到60%，健康状况得到明显改善，实现了从"主动医疗"到"主动健康"的飞跃。2010~2015年，汶川的婴儿死亡率从13.60‰降低到了10.34‰；新生儿死亡率从9.93‰降低到了9.18‰；孕产妇死亡率从124.07/10万降低到了114.81/10万，影响妇女儿童健康的重点问题逐步得到了解决。群众对全民免费体检满意度达到了99.5%。

13.3.3　在优化服务上寻求突破

一是在全国率先建立了公共服务标准化。围绕规范、高效、优质、便民的服务宗旨，采取精细化管理、标准化建设、规范化服务的服务手段，不断优化服务设施、提升服务功能、提高服务效率。在县建立了政务服务中心、每一个乡镇建立了政务服务站。确定了包括医疗卫生、公共教育、健康文体、健康环境、健康就业、食药安全六大领域为标准化重点领域的13项试点项目，制定了多个全民健康服务标准，其中，采用国家标准109个、行业标准110个，地方标准78个，自制标准355个，共652个标准，标准平均覆盖率达到90%以上。过标准化的实施，规范了行政服务，提高了办事效率，破解了以往碎片化的管理和难以持续推进的痛点。群众对公共服务满意度显著提升，满意率由试点前的74.4%上升到试点后的95.34%。

二是在全国率先实现了全民健康免费体检和全员慢性病管理。建立了全民免费体检中心，借助移动诊疗中心每两年开展一轮全民免费体检（第一年体检，第二年查漏补缺），2012~2017年，累计整合资金1300余万元，通过移动诊疗中心和体检中心累计免费体检近20万人次，居民定期体检比例由20%上升到80%，建立健康电子档案9.4万份，规范化电子建档率达到98%以上。2012~2017年免费为体检发现的4179名高血压、2018名糖尿病、336名乙肝、47名结核病患者提供了确诊和复诊检查，慢性病规范化管理率由80%上升到了90%。

三是在全国率先探索建立了主动医疗服务模式。2012年，成功创建全国慢性病防控示范区，构建了"1小时医疗服务圈"，定期开展巡回医疗，疑难杂症远程会诊和远程教学，群众可以在自家门口享受方便、快捷、专业的医疗服务。率先建立了移动诊疗中心和连续管理中心，通过移动诊疗主动把病人"找出来"，并积极探索"5321"（五病先行、三师共管、两套工具、一体化管理）主动医疗模式，把"找出来"的病人"管起来"，改变"等患者来院"为"主动送医上门"。创建全国慢性病防控示范区以来，全县建立了10 691份慢性病患者健康管理档案，规范化管理率提高到90%。据抽样发现，汶川县映秀镇黄家院村通过全民健康体检筛查，实施"5321"主动医疗，2013~2017年，高血压发生率从 20%下降到了 14%，糖尿病发生率从 8%下降至了 2.7%，慢性病得到有效控制。

13.3.4　健康汶川实践的重大影响

一是正在影响执政方式。创建全民健康示范县，不仅开创了西部民族地区建设健康社会的历史先河，更是在探索政府职能转变，用标准推进服务型、责任型、高效型人民政府建设，实现社会管理创新的道路上迈出了重要的一步。汶川县提出的全民免费体检正在全州推广；汶川县提出的住上好房子、拥有好身子、过上好日子，物质富裕、精神富足的"三好两富"和淳善家风、良好校风、和谐民风、清廉政风的"文明四风"建设，正在四川省进行推广。汶川县的实践，正在影响省州的执政方式。

二是正在改变发展路径。在经历了资源消耗型增长方式之后的汶川，其未来不能只靠 GRP 来衡量，还要靠汶川人民的幸福指数来评价，只有全民幸福健康，才能保证汶川拥有健康的生产力，拥有健康可持续的城市发展动力，才能保持汶川速度、汶川奇迹，巩固发展灾后重建成果。

三是正在顺乎群众期盼。按照政府引导、群众主体、社会协同、多方参与、共建共享的原则，努力创造有利于广大人民群众真正拥护和参与的氛围，不仅让百姓享受良好的生存环境，还要有好的发展路子，住上好房子，拥有好身子，最终真正过上好日子。转变了政府公共服务职能，让群众在实践中得到了实实在在的好处。

四是正在影响社会管理。在创建工作中，政府施政理念由重视 GRP 增长到心系群众、以民为本；价值观念从盲目追求"现代化"到"文明四风"的形成。应该说，创建全民健康示范县正在通过多层次、多系统的实践，探索形成全新发展模式和社会管理方式创新典范。

五是正在形成健康共识。通过健康教育"五进工程"的深入开展和一系列全县性重大活动的开展，以及润物细无声的时常引导，群众的健康素养明显提高，从"要我健康"到"我要健康"的主动健康意识正在形成。[①]

13.4　国际生态旅游名城的都江堰示范

13.4.1　借灾后重建之机促旅游产业升级

灾后重建期间，都江堰市充分利用灾后重建的契机，加快建设国际旅游城市。

---

① 本节一手资料数据由汶川县政府办公室提供。

都江堰市主动对标国际化景区,高标准完成青城山-都江堰景区景点和旅游设施重建。确立了建设国际旅游城市的目标,完成泰安古镇、青城后山等景区建设,青城山博物馆群、芒城遗址等旅游项目正加快建设。加快打造五星级酒店集群,引进香格里拉和恺撒里兹等五星级酒店及管理品牌,努力推进酒店品牌国际化。借助灾后重建带来的全球关注和全国关心,推出《道解都江堰》大型实景演出、《青城》大型音乐剧等文化旅游产品,举办清明放水节、道教文化节、世界超级模特大赛等活动,城市品牌国际化进一步推进,以旅游业为龙头的现代服务业快速发展。2017 年全市接待游客 2354.5 万人次,其中,入境游客 6 万人次;实现旅游综合收入 195.91 亿元。

13.4.2　取文化生态之魂建国际生态名城

2011~2016 年,都江堰市旅游业紧紧围绕建设国际生态旅游名城的总体目标,突出旅游主导、国际取向的全域旅游发展取向,把旅游产业转型发展作为经济转型发展的核心引擎,旅游业快速健康发展。旅游转型升级迈上新台阶。先后成功创建全国旅游标准化示范市、四川省乡村旅游示范市;虹口景区、灌县古城国家 4A 级旅游景区;大青城省级旅游度假区,虹口、青城山省级乡村旅游示范乡(镇)。旅游产业能级不断壮大。启动创建大熊猫国家公园,包装策划中国西部高山河谷旅游度假区等项目,成功引进成都万达文化旅游城、泰合青城山国际旅游度假区等重大引擎旅游项目,滨江水主题乐园、天府源湿地公园等项目开工建设,形成了千亿级旅游产业化投资。旅游配套服务功能不断完善,完成环山旅游公路等旅游交通路网建设和智慧旅游交通系统建设,实施公交车和出租车车身景观化改造,设立全国首个国家 5A 级旅游景区异地候机室;启动"百万平米品质酒店集群培育行动"。2013~2017 年,都江堰市累计接待游客 10 638.82 万人次,实现旅游综合收入 622.77 亿元。

《都江堰市国民经济和社会发展第十三个五年规划纲要》提出,落实"全域旅游"理念,围绕旅游"产业化、现代化、国际化"发展取向,加快旅游资源开发利用和旅游集散网络建设,创新旅游发展机制,全面建成川西旅游集散地,初步建成四川旅游中心。构建多元化旅游精品体系,立足消费人群需求,深入挖掘山、水、道、熊猫等特色旅游元素,加快大青城旅游区旅游产品开发、乡村旅游新业态培育和城市旅游高地打造,形成以文化体验、康体养生、运动休闲、主题观光为主导,以节庆演艺、科普教育、温泉、滑雪等为补充的创新型、多元化、分层次的精品旅游体系,推动旅游业由单一观游向休闲度假游转变。

2017 年,都江堰市紧紧围绕国际生态旅游名城定位,以全域旅游发展为主线,抓项目增后劲,抓品牌树形象,抓营销拓市场,抓服务促提升,全力推动旅游业创新发展、绿色发展。2017 年全年共接待游客 2354.5 万人次，同比增长了 4.98%，综合收入 195.91 亿元，同比增长了 34.6%，人均花费 832 元。强化产业核心支撑，完善产业要素配套，推动产业融合发展，积极构建以旅游为主导的大旅游产业生态圈，启动建设玫瑰花溪谷等 12 个农业景观项目，着力打造安龙海棠公园、柳街田园诗歌等新兴乡村旅游品牌，成功申报全省唯一国家农业综合开发田园综合体建设试点。获批全国中医药健康旅游示范区创建单位、国家通用航空旅游示范区、全国研学旅游示范基地。

"十三五"规划期间，都江堰市计划以创新发展为动力，以转型升级为主线，充分发挥市场在产业转型升级中的重要作用，深入实施质量强市战略，推进新产业、新业态、新技术、新模式蓬勃发展，加快构建以旅游业为核心，现代服务业、两型工业、都市现代农业全面协调融合发展的现代产业体系。

13.4.3 建四大产业体系筑全域旅游之基

近年来，都江堰市紧紧围绕建设国际生态旅游名城的总体目标，突出旅游主导、国际取向的全域旅游发展取向，把旅游产业转型发展作为经济转型发展的核心引擎，旅游业快速健康发展。在此基础上，构建全域适旅产业体系，强化产业核心支撑，完善产业要素配套，推动产业融合发展，积极构建以旅游为主导的大旅游产业生态圈。

原国家旅游局局长李金早对全域旅游的内涵作了系统梳理。他提到，全域旅游是指在一定区域内，以旅游业为优势产业，通过对区域内经济社会资源尤其是旅游资源、相关产业、生态环境、公共服务、体制机制、政策法规、文明素质等进行全方位、系统化的优化提升，实现区域资源有机整合、产业融合发展、社会共建共享，以旅游业带动和促进经济社会协调发展的一种新的区域协调发展理念和模式。

2016 年，都江堰市被国家旅游局列为首批"国家全域旅游示范区"创建单位。一年多来，都江堰以改革创新为创建工作的统领，以构建"大文化、大旅游、大生态、大健康"四大现代高端绿色产业为支撑，因地制宜、个性化、差异化、多层次共进，奋力推动全域旅游示范区建设，打造国际生态旅游名城。

全域旅游发展，产业是关键支撑。按照成都"西控"战略空间布局，都江堰市坚持生态优先，着眼绿色生产方式，优化产业结构，以旅游产业为主导，带动三次产业协调融合发展，加大项目招引、促建，构建"大文化、大旅游、大生态、大健康"四大现代高端绿色产业体系。

第一，大文化产业。都江堰市将以青城山-都江堰世界文化遗产保护区为载体，深入挖掘道家文化、水利文化、古蜀文化、熊猫文化，促进"旅游+文化"蓬勃发展，建设"天府文化"的文创中心。

第二，大旅游产业。都江堰市将推进旅游业态从观光游览型的"传统旅游经济"向休闲度假型的现代旅游经济转变。

第三，大生态产业。以都市现代农业功能区为载体，加快乡村旅游提档升级，打造休闲农业和乡村旅游精品示范线、高端生态农业、绿色田园综合体、天府源精华灌区景区，建设绿色生态产业中心。

第四，大健康产业。以中国·青城山世界健康养生目的地为载体，打造以大青城休闲旅游产业园区为核心的健康小镇、度假小镇等特色康体养生小城镇，深度挖掘道家养生文化、道地中药材资源。

都江堰市通过发展全域旅游，把推进旅游与关联产业的互动、渗透、融合作为推进全域旅游发展的重中之重，通过旅游业的带动，促进三次产业转型提升，正在形成"一业兴百业旺"的良好局面，在 2017 第八届 C21 论坛大会上，都江堰市荣获"四川全域旅游示范奖"称号。①

13.5 对口援建变对口合作的创新实践

2009 年 9 月温家宝总理在考察指导四川灾后恢复重建工作时指出，"鼓励支援省与受援县在巩固援建成果、互利共赢的基础上，探索建立长期合作机制"②，温家宝总理的讲话，具有战略性、全局性、前瞻性、预见性，明确了从抗震救灾到灾后重建再到长期合作的方向，对于做好援建工作具有重要的指导意义。灾后重建任务基本完成以后，各受援县（市）都积极主动建立与对口援建省市合作的长效机制，积累了变对口援建为对口合作帮扶的各种成功经验。本书仅以山东-北川、北京-什邡、上海-都江堰的合作为例。

13.5.1 山东-北川对口合作帮扶模式

2010 年 11 月，山东省全面完成北川灾后重建工作任务后，即签署了《山东省-北川羌族自治县长期合作协议》，由"输血"转为"造血"，由对口支援转变为对口合作。近年来，在山东省各级党委政府、省对口支援办公室、援川干部的关怀和大力支持下，北川县扩大对外开放与合作，在旅游、商贸、农业、文化教育等方面与山东省的合作交流取得了明显成效。截止到 2017 年 12 月，北川县与山东省签署合作协议 9 个，其中，与峡山签署友好城市战略合作协议 1 个，迪梦

---

① 本节一手资料数据由都江堰市政府办公室提供。
② 《温家宝在川考察：努力夺取灾后恢复重建全面胜利》，http://www.gov.cn/ldhd/2009-09/27/content_1428029. htm，2018 年 11 月 27 日。

小镇项目战略合作协议 1 个；与山东发展投资控股集团有限公司签署战略合作协议 1 个，设立产业基金协议 1 个，打造片口旅游项目合作协议 1 个，电影拍摄合作协议 1 个；与潍坊市农业局签署现代农业培训合作协议 1 个；与青岛、潍坊市旅游发展委员会签署旅游合作协议 2 个。合作内容主要包括以下几方面。

1. 文化旅游合作

一是潍坊风筝文化交流。在潍坊国际风筝会办公室的大力支持下，2014 年将北川作为潍坊国际风筝会放飞基地，已连续 5 年在北川成功举办了 5 届潍坊国际风筝会选拔赛，并举办了 4 届北川民族风筝节、1 次潍坊风筝万里行放飞活动。北川风筝节成为北川一张特色名片，游客数量逐年递增，2017 年，仅风筝节吸引游客 5.3 万人。北川风筝协会每年代表北川参加潍坊国际风筝会及国内外各类风筝赛事活动，大大提高了北川知名度和影响力。

二是文化合作交流。北川县与青岛胶州市开展了非物质文化遗产交流活动，参加青岛"国色天香"非物质文化遗产展示；山东齐鲁周刊社、青岛少海诗社到北川采风宣传推介北川；与山东海右文化传播有限公司合作在北川拍摄大型网络电影《梦西游》，将于 2018 年初在北川开拍。北川民族艺术团于 2018 年春节期间赴峡山文艺会演。

三是旅游合作。2012 年北川县参加了在青岛市举办的全国文化旅游节，与青岛市、潍坊市旅游局签署了战略合作协议；每年邀请山东各市旅游部门参加绵阳市（北川）旅游发展大会，共商旅游发展大计；通过与山东广播电视台乡村旅游频道、山东省旅行社协会合作宣传推介北川旅游和农特产品，开通山东—北川旅游专列。

2. 农业领域的合作

借力山东现代农业优势，通过合作交流助推北川农业发展。一是与潍坊市农业局合作，加强农业干部培训与交流，2017 年潍坊市农业局帮助北川培训农业干部、农业技术人员、专业合作社、农业企业管理人员 40 人。二是北川与潍坊峡山区签署了《友好城市合作备忘录》，主要在产业发展、文化旅游、人才交流等方面加强合作，峡山区助力北川有机农业认证申报工作，通过"有机汇"网上平台帮助北川禹珍实业有限公司销售生态农产品。2018 年上半年计划选派干部到峡山挂职，首批 10 人。

3. 经贸合作

一是与山东发展投资控股集团有限公司共同设立 5 亿元规模的产业发展基

金，投向在北川区域内的文化旅游、生物科技、军民融合、高端制造业等项目。共同打造老片口旅游项目、新北川温泉康养项目，由济南天诺液压气动设备有限公司、北川瑞辉科技有限公司投资开发的温泉康养项目于 2018 年开工建设。

二是与潍坊峡山区签署了《峡山-北川友好城市战略合作协议》，峡山金融控股投资公司与北川羌族自治县禹羌投资有限责任公司签署《战略合作协议》，共同开发迪梦小镇项目。

4. 人员互访

一是 2016 年底全面完成承建项目资金结算工作。二是山东北川两地领导互访持续升温，援建结束后，北川县委、县政府坚持每年赴山东感恩汇报，春节通过山东广播电视台向山东人民拜年。山东省直机关部门、国有企业及各市援建干部约 800 人次回访北川，2016 年邀请援建干部参加了绵阳市（北川）感恩文化节，山东省委、省政府心系北川，捐赠 300 万元用于北川教育事业发展。

5. 合作扶贫

海军青岛第一疗养院助力北川脱贫攻坚，对口帮扶 1 个贫困村，安排北川优秀骨干教师及家属到青岛疗养 26 人，2017 年投入帮扶资金 60 余万元，将持续帮扶 3 年。

从对口援建到对口合作的转变，离不开鲁川情的黏合，也是北川县近年来实施"开放粘合"战略的成就。这里不再有中央政府的行政手段，主要取决于市场这只无形的手。资源共享、优势互补、合作共赢——这才是市场这只看不见的手指引的方向。[①]

13.5.2 北京-什邡对口合作帮扶模式

2008 年 8 月，两市签署了《灾后恢复重建对口支援（2008—2010 年）总体框架协议》，对北京市对口支援什邡市恢复重建的 70 亿元资金及其具体安排等事宜达成了协议。2010 年 8 月对口援建期满后又续签了《北京市-什邡市合作框架协议（2010—2013 年）》，就京什双方在教育、卫生、产业发展、农副（特）产品销售、农业技术合作等方面达成了协议。2013 年 9 月又签署了《巩固京什友谊深化双边长期合作协议》，就京什双方在教育、卫生、产业、商务、旅游、培训等方面的交流互访和项目合作达成了协议，并形成了具体实施方案。根据京什双方签署的这三个协议及其内容，我们将京什对口援建—合作分为三个阶段。这三个

---

① 本小节一手资料数据由北川县对口合作办公室提供。

阶段的重点、特征及京什关系都呈现出明显的差异，如表 13-1 所示。

表 13-1　京什对口援建—合作发展阶段及特征

属性	对口援建	对口帮扶	对口合作
重点	资金投入、项目驱动；民生、住房、公共设施服务设备、基础设施、重灾区域产业项目等硬件设施恢复重建	引资、引智；教育、医疗卫生等公共事业领域的智力和技术支持；产业扶持：北京·什邡产业园中关村科技产业基地	全方位合作—人员互访、多领域项目合作；产业园区共建：北什产业园
特征	紧迫性；强制性；短期性；政府主导	自愿性；中期性；政府主导，市场主体	自愿性；可持续性；政府引导，市场决定
京什关系	援建方—受援方；利益输出—利益输入	施助方—受助方；利益输出—利益输入	合作方—合作方；共建共赢

　　震后 10 年来，京什双方从对口援建、对口帮扶到对口合作，使彰显中国力量的对口援建模式得以进一步发扬光大。京什双方的关系也从对口援建阶段的"援建方—受援方暨利益输出—利益输入"关系转化为"合作方—合作方暨共建共赢"的关系。北京市在援助什邡市灾后恢复重建、地震后什邡产业发展、教育、医疗、卫生等公共事业发展中，将首都理念、首都意识、首都标准、首都精神植入什邡市，不仅将北京在资金实力、产业项目、智力和技术、体制机制等方面的优势转化为推动什邡灾后县域经济恢复重建、振兴发展的强劲动力，同时也收获了什邡人民的深厚情谊，还让北京在与什邡的产业园区共建、资源共享、人员互通方面实现了共赢。[①]

13.5.3　上海-都江堰对口合作帮扶模式

　　围绕"三年任务两年基本完成"的目标要求，都江堰市与上海市援建指挥部密切配合，紧扣时间节点，坚持硬件和软件相结合、"输血"和"造血"相结合、当前和长远相结合，扎实稳步推进对口援建工作。在援建工作即将结束之时，都江堰市按照全省灾后重建工作会议上提出的"建立完善对口支援长期合作机制，以对口支援深化对口合作，以'输血'帮扶增强'造血'功能，巩固和发展对口援建成果"的目标要求，积极探索抓住对口援建契机、继续深化对接、构建对口支援工作的长效机制。

　　第一，双方两地从政治层面继续做好深化对接；第二，保障援建项目有效运行，充分发挥援建项目"造血"功能；第三，注重三次产业的恢复提升和长足发

---

① 本小节一手资料数据由什邡市发展和改革局提供。

展，实现产业的密集合作与互动；第四，充分发挥好"上海联络处"的窗口平台作用；第五，坚持智力援建与智力传承，留下一股"永不撤走"的上海力量。

都江堰市进一步加强与上海市的对接，变援建为合作，着力深化对口援建成果，先后与上海市签订了总投资 57.5 亿元的 100 个合作协议，48 个经济合作项目均已落地，并建成生产性项目 12 个。上海市还将都江堰市列入全国除省会城市以外的"世博会旅游推广工作站"，促成 15 家旅行社与都江堰市达成战略合作协议。

自 2012 年建立两地长效合作联席会议制度以来，截至 2017 年末已召开沪都两地长效合作联席会议 5 次，总计议定 53 项重点合作内容并得以贯彻落实。两地累计共办展会活动 52 余次，围绕教育、医疗、干部培训等开展互访活动 140 余批次，互访人数近千余人次，先后选派 7 批共 65 名后备青年干部赴上海挂职培训，组织各行业系统干部 277 名赴上海参加学习培训。以上海建工集团都江堰建设工程有限公司、绿地控股集团有限公司、上海御庭酒店管理集团有限公司等为代表的优质企业签约落户，总投资超过 308.3 亿元。①

---

① 本小节一手资料数据由都江堰市发展和改革局提供。

第四篇
极重灾区县域可持续发展的战略选择

内容提要：本篇从极重灾区县域经济存在的问题、面临的挑战和机遇的深入分析入手，提出了极重灾区县域经济可持续发展的战略选择，为极重灾区未来县域经济差异化发展、可持续发展精准施策提供有价值的理论借鉴。

第14章 极重灾区县域经济可持续发展面临的挑战

经过 3 年的灾后重建和近 7 年的振兴发展，极重灾区县域在经济发展规模、产业结构演进、统筹城乡一体发展、生态文明建设、脱贫攻坚等方面已取得显著成就和突破性进展，并在产业发展、城乡一体发展、幸福美丽新村建设、特色小镇建设、精准扶贫脱贫、生态文明建设等方面积累了大量经验，为下一个 10 年的可持续发展打下了坚实基础。但目前仍然存在县域经济整体水平不高、产业结构性矛盾突出、保护与发展的矛盾、区位和交通瓶颈、新旧动能转换难题等一系列影响县域经济可持续发展的问题，还面临着资源优势和政策性红利渐失、传统产业转型升级和新兴产业培育壮大、全球一体化加快和县域之间的竞争加剧等方面的挑战。本章重点从资源优势、传统产业转型、政策红利、全球一体化四个维度来分析极重灾区县域经济可持续发展面临的问题和挑战。

14.1 资源优势逐渐丧失的挑战

资源主要包括自然资源、历史文化资源、生态旅游资源等。极重灾区 10 县（市）中除了都江堰市、彭州市、绵竹市、什邡市、安县境内有一部分处于平坝区域，其余县域基本上是环绕龙门山脉，县域境内多以半高山为主。丰富的动植物资源、水电资源、矿产资源、生态资源、旅游资源是极重灾区 10 县（市）县域经济发展的独特资源优势，但这些优势资源在"5·12"汶川特大地震中遭到了不同程度的破坏性损毁，使极重灾区县域资源优势不同程度地丧失。10 年来，各级政府投入了大量的资金、人力到极重灾区进行生态修复和灾害治理，生态环境明显改善。但随着地震后新的地质灾害隐患点不断出现，我们发现之前远远低估了地质灾害治理和生态修复的难度，以及地震对生态环境、经济发展的长远影响。我们在深入 10 县（市）调研时，发现几乎所有县域都面临着同样的问题，地质灾害隐患点增多致使极重灾区县域面临灾害治理困境与经济发展困境的双重挑战。

14.1.1 矿产资源优势逐渐丧失

汶川特大地震使极重灾区县域矿产资源遭到不同程度的损毁，使以前依赖独有矿产资源支撑工业发展的县域失去了优势。

以下是我们在什邡市调研时搜集到的数据：2008年初什邡市地质灾害隐患点共有28处，"5·12"汶川地震后经四川省煤田地质局巡排查全市共有地质灾害隐患点360处，2015年、2017年两次对什邡市地质灾害隐患点进行详查，分别查出地质灾害隐患点318处和325处，自2008年以来什邡市一直为四川省地质灾害防治重点县市。为了切实做好什邡市的地质灾害防治工作，2008～2017年什邡市共争取上级资金12454万元，另外本级政府还配套资金2498万元，共进行了138处地质灾害隐患点的工程治理和应急排危除险任务，完成162户481人地质灾害避险搬迁任务（未包括地震原因造成的异地选址搬迁户）。经过多年的防治，什邡市地质灾害状况仍很严重，2017年7月的详查发现，仍存在325处地质灾害隐患点主要威胁聚集区、分散农户及公路，部分工人、生产用房等，威胁1754户5307人的生命财产安全，潜在威胁达33986万元。什邡市的地质灾害防治工作还任重道远，面临的环境形势仍然严峻。①

以下是我们在北川县调研时搜集到的数据资料："5·12"汶川特大地震后，全县共有地质灾害隐患点489处；2013年"7·9"洪灾后，全县地质灾害隐患点增加至1318处；2017年汛前，全县共排查新老隐患点258处（其中滑坡149处、泥石流62处、崩塌33处、不稳定斜坡11处、其他隐患3处），威胁群众2146户8656人，威胁财产4.5亿元。通过10年来不断的工程治理及应急排危，截止到2017年末，全县共计有地质灾害隐患307处（威胁2621户9219人，威胁财产56442万元）。2008～2017年末，北川县积极向上争取资金投资6亿多元完成地灾工程治理118个，应急排危669处，避让搬迁795户。②虽然通过治理，北川县的地质灾害隐患点净减了118处，但可以看出2007～2017年呈现出边治理边增加的特点。

以下是我们在茂县调研时搜集到的数据资料："5·12"汶川地震前茂县地质灾害排查隐患点总数为105处。茂县2010年开展的四川省茂县地质灾害调查与区划确定的地质灾害调查确定地质灾害隐患点433处。2011年四川省冶金地质勘查局水文工程大队对茂县开展了地质灾害(补充)调查区划工作，本次工作对"8·13"地质灾害排查期间调查的549处灾害点进行了核查，在全县范围内补充调查确认新的地质灾害隐患点17处，其中，滑坡4处，泥石流沟3条，崩塌（危岩）3处，不稳定斜坡7处，地质灾害总点数为566处。2013年"4·20"期间对茂县地质灾害隐患点情况进行了补充调查，更新了地质灾害数据，确定新增地质灾害隐患点65处，全县共确定地质灾害隐患点631处；2013年重庆蜀通岩土工程有限公

---

① 数据资料由什邡市国土资源局提供。
② 数据资料由北川县国土资源局提供。

司对全县范围内的地质灾害进行了排查，全县共确定地质灾害隐患点数量为 919
处。2015 年茂县人民政府根据茂县地质灾害现状和发展趋势预测，对全县的地质
灾害现状进行了规划分区，并对茂县"十三五"规划期间的地质灾害防治工作进
行了合理规划，确定了 772 处地质灾害点。2017 年 2 月，四川省蜀通岩土工程公
司做的茂县地质灾害详细调查后所确定的各类地质灾害隐患点共计 960 处。
2007～2017 年，茂县地质灾害隐患点总数从 105 处增加到 960 处，除去期间治理
的净增 855 处，详情见表 14-1。①

表 14-1　茂县地质灾害隐患点基本情况梳理结果一览表　　单位：处

资料名称	隐患点总数	滑坡	泥石流	崩塌	不稳定斜坡	地面塌陷
"5·12"汶川地震前排查	105	84	14	7	—	—
2010 年排查	433	189	49	89	106	—
"8·13"排查	549	211	86	110	142	—
2011 年茂县排查	566	215	89	113	149	—
"4·20"排查	631	249	96	113	173	—
2013 年茂县排查	919	403	143	135	237	1
地质灾害防治；《茂县国民经济和社会发展第十三个五年规划纲要》	772	354	130	98	190	—
阿坝州茂县地质灾害防治规划（2017～2020 年）	960	383	152	163	261	1

虽然其他县（市）没有提供准确的地质灾害隐患点排查和治理的详细数据，
但都反映出地质灾害治理方面不同程度的问题。极重灾区地质结构复杂，容易诱
发地质灾害，水土流失问题比较严重，是国内生态环境比较脆弱的地区。汶川地
震对极重灾区脆弱的自然资源环境破坏很大，所形成的次生灾害不断，水土流失、
农田被毁、植被破坏、河流阻塞等生态环境问题尤为突出。

地震后频发的地质灾害，不仅影响到极重灾区道路、水利、农田等基础设施
的恢复，也造成了许多稀有矿产资源的永久性损毁，或难以在短期内予以修复。
这对什邡市、绵竹市、北川县、茂县、汶川县等以稀有矿产资源为依托的资源型
工业县（市）造成了毁灭性的打击，也为这些县域传统资源型工业的转型带来了
严峻挑战。

---

① 数据资料由茂县国土资源局提供。

14.1.2 生态资源优势遭受损毁

3个县（市）提供的数据资料显示，极重灾区在地震后地质灾害频发，地质灾害隐患点增多，这不仅直接威胁到灾区人民的人身财产安全，也给极重灾区道路、水利、农田等基础设施的恢复和建设带来了挑战。尤其是北川县、汶川县、茂县、绵竹市、什邡市等几个县（市）的山区地带，至今都还有难以打通的"断头路"（如北茂公路、绵茂公路等）。交通依然是目前制约极重灾县中除了都江堰市和彭州市的其他8县（市）县域经济发展的瓶颈。

地震后频发的地质灾害，不仅影响极重灾区道路、水利、农田等基础设施的恢复，也造成了许多珍惜动植物资源、生态资源、水资源、矿产资源等的永久性损毁，或难以在短期内予以修复。地震后许多旅游景点受到不同程度的损毁，旅游业也受到较大影响。同时根据《全国主体功能区规划》"七区二十三带"的划分，极重灾区大部分县域都是国家层面的限制开发区域和禁止开发区域。极重灾区10县（市）大多以资源型产业为主，主要依托自身矿产资源、水利资源、生态资源、旅游资源等资源优势从事农业、工业、旅游业开发，资源型产业是极重灾区县域的主导产业，在未来的发展中将面临自然资源优势逐渐消失和生态红线压力的双重挑战。其中尤以绵竹市、什邡市、汶川县、茂县、北川县、平武县、青川县更为突出。

14.2 传统产业转型升级的挑战

极重灾区10县（市）地震前多以资源型传统产业为主导产业，经过10年的产业恢复重建、转型升级，一些县（市）已经走出了传统产业转型升级的困境，走上了产业现代化、特色化、品牌化的良性发展轨道，如都江堰市、彭州市。也有一些县（市）逐渐找到了产业转型升级的突破口，如汶川县提出的"大健康产业"，北川县提出的"绿色崛起"战略，茂县提出的"三生"理念，平武县提出"平武中蜂+"概念，安县、绵竹市、什邡市和青川县提出的"全域旅游"战略，等等。但大多数县域都还面临传统产业受市场环境和生态红线所迫必须转型，而新兴产业培育滞后、新旧动能转化动力不足的双重挑战。

根据调研所了解到的情况，我们依据不同县域在传统产业转型升级中遇到的不同问题和困难，将10县（市）分为工业主导型、旅游主导型和农业主导型三类。

14.2.1 工业主导型县域面临的主要问题

地震前，10县（市）中的什邡市、绵竹市、彭州市作为工业强县一直占据全省 10 强之列，地震后这些老工业县域再与 10 强无缘。根据四川省统计局从 1994 年开始发布的四川省县级经济综合评价排位情况数据：什邡市由 2006 年的第 2 位已降到 2016 年的第 19 位，彭州市从 1994 年的第 6 位降至 2016 年的第 21 位，绵竹市由 2006 年的第 4 位降到 2016 年的第 26 位；2016 年安县排名第 68 位，汶川县第 91 位，平武县第 135 位，茂县第 142 位。

2017 年末，彭州市、绵竹市、什邡市、汶川县、茂县、安县、平武县 2017 年第二产业比重还超过 50%，其中，彭州市、安县、平武县、茂县在 10 年中第二产业比重是上升的，主要是依托自身的区位或资源优势，实施"工业强县"战略。这 4 县（市）中彭州市和安县依托自身的区位优势实现了第二产业的快速提升，第二产业布局多以承接中心城市或主要城市产业转移中的传统产业，如彭州市的"彭州石化"，安县的"中联水泥"和化工行业，这些传统产业在初生期就面临转型的巨大压力。平武县的第二产业主要依托其水电和矿产资源，多是传统型高耗能、高污染行业，在生态红线的刚性约束下，地震后通过发展"飞地"工业，在绵阳市建立了"河北-平武工业园"，但震后 10 年入驻企业还是严重不足。茂县在震后 10 年依托自身的矿产资源优势，实施"工业强县"战略，工业已基本形成以电石、工业硅、盐化工等为主的高耗能产业体系，但近年来受市场需求不振、企业经营效益下滑的影响，转型升级必然面临巨大的沉淀成本和资金需求压力。

工业主导型县域中的绵竹市、什邡市、汶川县，2007～2017 年第二产业比重总体下降，主要是受制于地震后部分矿产资源被毁和近年来日益趋紧的生态红线政策。

绵竹市和什邡市在区位、资源和主导产业方面都有许多共同特点，在传统产业转型中也面临相似的问题和困难。传统的食品、白酒、磷化工、装备制造依然是绵竹市三大支柱产业，资源型、高污染型工业仍然是绵竹市工业的支柱。食品、机械加工（含设备制造）和化工既是什邡市的传统产业，也是什邡市的主导产业。近年来，随着供给侧结构性改革的深入推进，以及生态保护红线更加严格，环境保护压力增大，尤其是依赖磷石矿资源的大量磷化工企业面临关停并转的严峻形势。目前最为突出严峻的是九顶山省级自然保护区探、采矿权依法有序退出所带来的一系列问题。

九顶山省级自然保护区于 1999 年经省政府批准建立，位于绵竹市、什邡市境内。九顶山省级自然保护区内 46 个矿权全部位于绵竹市境内，通过清理整顿，截至 2017 年末已完成 44 个矿权的整改任务，封闭井硐 236 口、占总井硐数的 97.1%。磷化工产业是绵竹市的传统支柱产业，2016 年，在部分矿山企业已经停产的情况下，以磷钛化工产业为主的矿产品、化工产品、非金属矿物制品等行业的税收贡献仍达 5.39 亿元，占绵竹全市国地两税总收入的 17%。2017 年在部分企业只能继续使用存量矿源和外购矿石的基础上，绵竹市磷化工相关企业利税大幅减收。2017 年 29 家磷钛化工企业实现利税 306 282 万元，比 2016 年的 599 620 万元下降了 48.9%。

企业利税的减收，对绵竹市财政收入的稳定造成了极大的压力。同口径计算，绵竹市 2017 年一般公共预算收入减收近 1 亿元。从行业与税种来看，采矿业减收 4000 万元，其中，资源税减收 2300 万元；化工业减收 3500 万元，其中，增值税减收 1500 万元；关联的电力、金融、交通运输业减收 2000 万元。2018 年，矿山企业全面停产，下游磷化工企业将无矿可用，部分化工企业面临倒闭。经测算，在 2017 年已大幅减收近 1 亿元的情况下，2018 年一般公共预算收入将再减少 1.2 亿元。其中，增值税减少 3500 万元，所得税减少 3000 万元，资源税减少 2300 万元，关联的其他税收减少 1200 万元，山区镇乡非税收入减少 2000 万元。

当前，矿权整治推进中的主要问题是财政收入下降与矿权整治推进日渐增加的民生支出之间的矛盾。随着矿权整治工作的推进，关停的企业增多，下游相关产业的迅速衰败，财政在支持企业转型发展、下岗职工再就业、矿区的生态修复等都需要大量的财力保障，这给绵竹市财政运行的稳定，对"保运转、保民生、转变支持产业发展方式"的基本财力保障都造成了巨大的压力。

什邡市也面临着与绵竹市同样的问题和挑战。一方面，传统磷化工企业转型面临技术、资金等成本剧增的压力而难以为继，工业发展支柱遭受重挫，失业及再就业问题一并而生；另一方面，航空与燃机、新能源、新材料等战略性新兴产业的培育还需时日，经济增长新动能在短期内难以形成。可见，怎样处理好转型与发展、保护与发展之间的矛盾，培育新的主导产业和新的经济增长点，不仅需要发展理念的根本转变，还取决于体制机制和技术创新及发展战略的转变。

汶川县坚持工业强县理念，推动工业产业由单一型资源开发向复合型加工制造转变，初步形成了以锂、氧化锆、电解铝、液氧液氮、生态医药为主的产业集群。但随着近年来生态红线约束，汶川县许多属于禁止开发区的工矿企业都面临着外迁的问题，虽然四川省出台了鼓励民族地区发展"飞地"经济，但这对汶川县传统产业转型发展，以及实施"工业强县"战略提出了严峻挑战。

14.2.2 旅游主导型县域面临的主要问题

2007～2017 年，极重灾区 10 县（市）中第三产业比重除了彭州市和茂县有所下降，其余 8 县（市）都有不同程度的上升，其中，上升最多的绵竹市增幅达 17.8 个百分点，北川县达 16.5 个百分点，汶川县达 10.9 个百分点，什邡市达 9.9 个百分点。而 10 县（市）旅游业的年均增速都远远超出第三产业年均增速，可谓是旅游业成为 10 县（市）第三产业快速发展的领跑者。但无论是第三产业比重最高达 55.6% 的都江堰市还是最低的茂县仅 20.3%，几乎所有的县域都把旅游业作为产业转型升级的突破口，几乎都提出了"全域旅游"概念或战略。

但我们在调研中发现，从 10 县（市）全域旅游规划及落地情况来看，除了都江堰市有无可比拟和取代的绝对优势与地位，其他具有相似区位、资源条件的县（市）的旅游线路、产品、品牌等的同质化程度非常高，或者说缺乏自身有比较优势的旅游产品和地位。这种同质化的竞争会随着旅游市场消费需求的不断升级暨需求个性化、差异化而重新洗牌，缺乏特色和个性的旅游产品会很快因消费者"用脚投票"而退出。因此，我们认为目前极重灾区县域的"全域旅游"战略的实施落地还因各自的实力、条件的不同面临不同程度的挑战。

绿水青山就是金山银山，极重灾区县域大多有着"金山银山"之源，但在震后 10 年的发展中仍未将之转化为县域经济发展的主要动力之源。根据四川省统计局从 1994 年开始发布的四川省县级经济综合评价排位情况数据：都江堰市曾经排名前七强，2016 年排名第 16 位；北川县 2016 年排名第 118 位；青川县 2016 年排名第 150 位。旅游业一方面受生态红线、主体功能区规划等政策性"硬性"制约；另外，受区位、交通、开发模式等县域差异化条件限制，绿水青山转化成金山银山还有一个漫长的过程。

14.2.3　农业主导型县域面临的主要问题

2017 年，10 县（市）中第一产业比重超过 20% 的只有青川县、安县、北川县和平武县，虽然没有哪个县提出"农业主导"或"农业强县"战略，但是我们暂把它们归为农业主导型县域。随着人们日益增长的对美好幸福生活的向往和需求，农业供给侧结构性改革势在必行，传统农业的耕作方式、农产品的销售模式都会发生很大变化，现代农业对农业技术人员、信息技术人员、职业农民、农业企业家等方面的人才需求将会与日俱增。这些都是极重灾区县域传统农业转型、农业提质增效的瓶颈，极重灾区县域面临着农业规模化、产业化、特色化、品牌化、现代化的多重挑战。

14.3　政策红利逐渐消失的挑战

极重灾区县域遭受了"5·12"汶川特大地震的巨大灾难，但在党中央国务院和全国各兄弟省区市的倾力援助下，很快从地震灾难中获得重生。2011 年以来，又在国家扶贫开发战略、国家主体功能区战略、四川省多点多极支撑战略、新型城镇化战略等的实施过程中赢得了多重机遇，获得了多项政策红利，但随着 2020 年小康目标的实现，中国特色社会主义进入新时期，中国将进入更加均衡、更加公平的发展新时期，许多针对灾区的政策红利即将不在。

14.3.1 对口援建红利基本用尽

从表 14-2 可以看出，汶川地震极重灾区灾后恢复重建共投入资金 2591.88 亿元。主要用于城乡住房建设，占比 35.2%，产业恢复调整占比 17.9%、城镇体系建设占比 12.7%、公共服务设施建设占比 12.0%、农村建设占比 7.9%、基础设施建设占比 8.5%、生态恢复占比 2.7%、防灾减灾占比 1.6%、精神家园占比 2.75%、其他占比 1.4%。资金分布具体占比在各县（市）有一定差异。

表 14-2　10 县（市）灾后重建投入资金及分类　　　　单位：亿元

分类	都江堰市	彭州市	什邡市	绵竹市	北川县	平武县	安县	青川县	汶川县	茂县	小计
城乡住房建设	182.50	124.62	87.50	204.98	41.34	29.86	148.00	33.27	38.97	20.68	911.72
产业恢复调整	51.35	57.84	77.60	81.91	35.81	13.56	57.14	16.10	35.79	38.04	465.14
城镇体系建设	60.02	13.92	31.64	34.19	66.86	13.66	18.43	19.89	49.96	19.43	328.00
公共服务设施建设	56.58	24.36	34.97	33.90	34.19	16.43	22.76	34.28	26.76	26.32	310.55
农村建设	27.14	18.11	25.13	27.21	12.54	15.86	36.13	11.19	13.81	18.91	206.03
基础设施建设	13.33	13.39	26.38	25.96	27.16	12.16	17.96	19.97	47.02	17.84	221.17
生态恢复	4.64	3.89	1.19	4.16	11.03	6.30	11.84	6.98	10.89	8.56	69.48
防灾减灾	4.21	0.30	2.37	0.52	6.41	5.85	3.76	4.91	6.69	5.29	40.31
精神家园	0.03	0.02		0.16	1.12		0.05	0.11	0.71	0.55	2.75
其他			13.26			2.83		17.68	2.96		36.73
合计	399.80	256.45	300.04	412.99	236.46	116.51	316.07	164.38	233.56	155.62	2591.88

注：数据由 10 县（市）调研提供

从灾后重建资金投入分布可以看出，10 县（市）灾后重建资金投入体现了"保民生、保重点"基本原则。各地使用灾后重建资金着力抓好"五个突出"：突出民生优先抓重建，城乡住房条件明显改善；突出社会事业抓重建，公共服务设施水平不断提升；突出基础设施建设抓重建，综合承载能力不断增强；突出经济恢复发展抓重建，产业发展迈上新台阶；突出生态环境建设抓重建，城乡环境逐步改善。

从表 14-3 可以看出，10 县（市）灾后重建资金总额是近 10 年（2007～2017 年）GRP 的 0.23 倍，是近 10 年固定资产投资总额的 0.27 倍，是近 10 年地方一般公共预算收入的 3.35 倍。具体到各县（市），灾后重建投入资金占近 10 年 GRP 比例最高的北川县达 0.72 倍，青川县为 0.66 倍，茂县为 0.63 倍，汶川县为 0.51 倍；最低的彭州市也有 0.10 倍。灾后重建投入资金占近 10 年固定资产投资总额比例最高的北川县和汶川县达 0.47 倍；最低的彭州市也有 0.14 倍。青川县灾后重建投入资金占近 10 年地方一般公共预算收入比例最高的是青川县，达 13.59 倍，茂县是 11.10 倍；最低的都江堰市是 1.53 倍。

表 14-3　10 县（市）灾后重建投入资金与主要经济指标对比

地区	灾后重建投入资金/亿元	重建资金 GRP	重建资金 地方一般公共预算收入	重建资金 固定资产投资总额
都江堰市	399.80	0.18	1.53	0.21
彭州市	256.45	0.10	1.77	0.14
什邡市	300.04	0.15	2.45	0.24
绵竹市	412.99	0.22	3.96	0.30
北川县	236.46	0.72	8.85	0.47
平武县	116.51	0.40	5.33	0.25
安县	316.07	0.35	8.24	0.36
青川县	164.38	0.66	13.59	0.36
汶川县	233.56	0.51	8.19	0.47
茂县	155.62	0.63	11.10	0.35
10 县（市）合计	2591.88	0.23	3.35	0.27

注：表中 GRP 为各县（市）2007～2017 年的总和；地方一般公共预算收入为各县（市）2007～2017 年总和；固定资产投资总额为各县（市）2007～2017 年总和

可见灾后重建资金在 2～3 年的集中投入对极重灾区县域 2007～2017 年固定资产投资增长和县域经济发展的总体贡献很大。由于灾后重建资金主要都集中在 2008～2011 年，这些资金又主要投在"保民生、保重点"的恢复重建方面，也正是在这三年中，在极重灾区的废墟上拔地而起的农民新居、现代化的学校、设施一流的医院、现代化的体育中心、四通八达的公路、漂亮的公园和广场等成为灾区的一道道靓丽风景线。

我们在调研中与各县（市）部门领导座谈时了解到，灾后重建项目多是在时间紧迫情况下设计论证并实施的，在科学性、长期性及项目的后续维护管理方面缺乏周全考虑，致使一些项目在建成以后作用发挥有限，有些项目因为缺乏后期的维护管理资金而难以为继。有一些在灾后重建中打造的新农村建设示范点、特色小镇因为缺乏后期项目资金投入而逐渐破败；有些对口援建工业园区、经济开发区也因缺少实质性项目和入驻企业而成为"虚园"。

我们在调研中还了解到，一些县域在灾后重建后出现了新的城乡"差距"，如绵竹市和什邡市。绵竹市灾后重建资金中有约 50%投向了城乡住房建设，投入资金总额 204.98 亿元。其中，城镇住房建设投入 47.30 亿元，占比 23.1%；农村住房建设投入 157.68 亿元，占比 76.9%。由于 76.9%的城乡住房重建资金投向了农村，城镇住房尤其是县城住房恢复重建资金薄弱，县城许多 C 级、D 级危房只能进行简单加固，从而留下了一系列后遗症，如今在县城还存在大量"危房"，成为城市建设的"牛皮癣"。

与绵竹市的灾后重建资金分布不同，什邡市城乡住房建设资金占比为 29.2%，而在产业恢复调整上的投资占比为 25.9%，公共服务设施建设上的投资占比为 11.7%，城镇体系建设上的投资为 10.5%，基础设施建设占比为 8.8%，农村建设占比为 8.4%。但什邡市也反映出与绵竹市类似的问题，因为灾后重建资金更倾向于集中投向农村，2007～2017 年什邡市农村面貌发生了翻天覆地的变化，但县城建设严重滞后，也极大制约了城镇功能的完善和城镇化进程。

在调研中我们还了解到，由于对口援建的大部分项目属涉及社会民生的学校、医院和城市维护等公共服务项目，且规划建设采用的标准都较为先进，管理维护费用高，财政运营成本大幅增加。例如，什邡市 2011 年需要开支的重建项目运行维护费用约 2.71 亿元，2012 年起重建项目运行维护费年均增加支出 2.23 亿元，这加重了财政赤字及政府债务负担。

我们在北川县针对政府债务调研时了解到类似的问题。为顺利实现"三年任务两年基本完成"目标任务，北川县实施了规模宏大的超常规重建，2008～2010 年形成了超过 120 亿元的巨额债务。

2011 年以来，在中央、省、市的关心和支持下，北川县化解政府性债务 38.65 亿元，债务额降到 81.35 亿元。2013 年 8 月，绵阳市审计局按照"见人、见账、见物，逐笔、逐项"的原则，对县地方政府性债务进行审计，确认北川县截至 2013 年 6 月底政府性债务为 75.99 亿元。2014 年 3 月，省财政厅会同省审计厅锁定北川县因灾后重建政府性直接债务为 58.03 亿元，其中，灾后重建银行贷款为 39.35 亿元，工程欠款为 18.68 亿元。2014 年 5 月，省政府召开会议，专题研究"5·12"地震灾后重建政府性债务风险管控和债务化解有关工作，会议明确北川县债务"个例特例处理""县主体、市支持、省帮助"原则，结合"政府主导、市场主体、不转嫁金融风险和增加债务"的思路，通过相互让步、三方互惠、合作多赢的模式，省、市政府积极支持，金融机构协力推进，省、市、县平台公司共同参与，切实推进政府性债务化解工作。

通过资产债务重组、二级公路化债、拖欠工程款贴息、化债补贴、盘活资产、审计审减及收回灾后重建城乡住房贷款等方式，截止到 2017 年底，北川全县债务总额为 28.67 亿元（占 2017 年北川县 GRP 的 60.0%）。一是地方政府性债务管理系统内余额 22.45 亿元；二是地方政府性债务管理系统外余额 6.22 亿元，其中，2015 年以来新增债券 3.60 亿元，棚户区改造贷款 2.02 亿元，开茂水库工程中国农业发展银行专项建设基金 0.60 亿元。经测算，2018～2027 年到期债券资金需要还本付息资金 25.74 亿元。①

　　以上虽然只是搜集到的个别市（县）的数据，但这反映出：一方面灾后重建资金的集中大规模投入，极大改善了极重灾区县域城乡住房条件，极大提升了极重灾区基础设施、公共服务设施保障水平，推进了极重灾区县域经济社会的全面发展；另一方面也反映出援建结束后支撑极重灾区县域经济发展的政策性投资力度大大减弱，这无疑是极重灾区县域尤其是经济实力依然较弱的县域的严峻挑战。

14.3.2　扶贫政策红利即将用尽

　　10 个极重灾区县域中北川县、平武县、青川县、汶川县、茂县 5 个县都属于秦巴山区集中连片贫困县。这 5 个县在震后年中除了争取到省、市级财政扶贫资金，还有来自社会各界的对口扶贫资金、项目。这些扶贫"资金池""项目库"无疑成为推动贫困县发展的强大支柱。在此，我们仅以北川县为例做简要分析。

　　北川县 2007～2017 年投入扶贫项目资金 29.0319 亿元，是这 10 年北川县地方一般公共预算收入 26.72 亿元的 1.09 倍。2007～2013 年争取上级财政专项扶贫资金 2.1 亿元，主要用于村组道路、饮水安全、五改三建②等基础设施建设项目；2014～2017 年投入扶贫项目资金 26.9319 亿元，含教体、卫计等对标补短项目资金和各项基础设施建设项目资金。2007～2017 年财政专项和统筹整合涉农资金 4.454 97 亿元，其中，村组道路、水利设施、两改一建一人等基础设施项目投入资金 3.799 亿元，农业产业项目投入资金 6559.7 万元。

　　这些扶贫项目和资金极大地推动了北川县经济社会的发展。

　　第一，基础设施全面提升。一是改善农村基础设施，通过加大对交通为主的基础设施建设投入力度，累计建设国省干线、农村公路 1176 千米，其中村、组道路 1009 千米，村村通上"致富路"；实施 93 个饮水项目，家家喝上"健康水"；实施农网改造升级工程，户户用上"安全电"。二是改善公共服务设施项目。实施校舍维修、教学计算机换代等项目建设，改善薄弱学校办学条件。66 个贫困村卫生室、23 个乡镇便民服务中心达标建设全面完成。实施通信惠民工程，加快互联网"宽带乡村"工程建设和城镇光纤接入工程建设，全县 343 个村社区实现通信网络全覆盖；实施文化惠民扶贫工程，建成乡镇综合文化站 23 个、村（社区）文化活动室 343 个，66 个贫困村均达到"六有"③标准。实施广播电视惠民扶贫工程，实现农村广播电视全覆盖，基本形成完备的县、乡、村三级公共文化服务体系。

---

① 数据资料由北川县财政局提供。

② 五改即改厕、改水、改圈、改厨、改路；三建即建沼气池、建农家房舍、建致富园。

③ 六有即有室内外活动场地、有宣传栏、有图书、有文化器材、有广播器材、有体育器材。

第二，产业发展全面提升。依托山东产业园、新材料工业园、智慧家具工业园、农产品加工园"四大园区"，带动2135名贫困人口进"园"入"链"，务工增收。借力农村供给侧结构性改革，完成农村土地确权颁证，流转农村土地36300亩，打造中羌药材、高山蔬菜、茶叶、魔芋、特色果品"五大特色基地"75万亩，构建庭院式微循环、园区内微循环、小片区微循环、镇域综合循环四种"种养循环模式"，总共带动15 686名贫困人口增收。完善利益联结新机制，发展"六型"集体经济。在小坝镇泡花村等26个村推广"村集体+能人"模式，在安昌镇开茂村等80个村推广"村集体+合作社"模式，在陈家坝镇青林村等10个村推广"村集体+种养大户"模式，在曲山镇安子坪等21个村推广"村集体+土地出租"模式，在禹里镇湔江村等39个村推广"村集体公共设施+服务"模式，在安昌镇高安村等135个村推广"股权量化+定额收益"模式，311个村全部有集体经济收入。

第三，社会效益。人居环境得到全面改善，实施城乡环境综合整治"五化提升"工程：对县乡干道、村道进行硬化；对荒山、荒坡及灾损植被进行绿化；对全域旅游线路及乡村旅游线路进行彩化；对新县城及安昌等重点场镇进行净化；对村庄院落和安置点进行美化、彩化、净化。治理农村面源污染，提升农村环境质量。实施"两改一建一入"，截至2017年末，引导2万余名农户改厨、改厕、建院坝、建入户路，农村生活条件明显提升改善。全覆盖开展"乡村礼仪、乡村清洁、乡村健康"三大行动，做到房前屋后庭院化、村落民居整洁化、基层治理法治化、新风培育常态化，截至2017年末，建成"四好村"111个。2014~2017年累计减贫19 135人（其中，2014年减贫4745人，2015年减贫5024人，2016年减贫4962人，2017年减贫4404人），66个贫困村退出。①

从北川县的个案可以窥见一斑，北川县如此，其他贫困县也是。即便不考虑社会各界扶贫资金和项目对贫困县发展的推动作用，仅各级财政扶贫资金对北川县基础设施建设、产业发展和人民生活改善的影响也是非常深远的。这么多年来政府源源不断地向贫困县"输血"，有的县域"造血"机能也日渐恢复，但有的县还需要"扶上马，送一程"。

2015年党的十八届五中全会提出了2020年"贫困县全部摘帽"的脱贫攻坚目标，同年11月《中共中央 国务院关于打赢脱贫攻坚战的决定》提出，对"摘帽"的贫困县，在扶贫攻坚期内国家原有扶贫政策保持不变，即"摘帽不摘政策"的原则。2016年4月，中共中央办公厅、国务院办公厅发布了《关于建立贫困退出机制的意见》，明确了贫困退出的标准和程序。2017年，汶川地震极重灾区的5个贫困县（北川县、平武县、青川县、汶川县、茂县）也正紧锣密鼓地准备接受摘帽评估。2020年以后，以前贫困县所专享的各种扶贫优惠政策将逐一取消，这

---

① 数据资料由北川县扶贫开发局提供。

对极重灾区 5 个贫困县来说又是一大严峻挑战。

14.4　全球一体化加速的挑战

全球一体化实质上就是资本、劳动力、技术等生产要素在世界范围内的重新分配，市场在世界范围内的重新分割，利润在世界范围内的重新洗牌。这一过程必然会出现资本、劳动力、技术等生产要素和产业向更能获利的区域聚集，市场向更有竞争优势的区域开放，利润被更能率先占领市场的"先驱者"享有。目前正在加速推进的全球一体化对刚刚从地震废墟中"站立"起来的极重灾区县域无疑是严峻的挑战。

14.4.1　国内外竞争加剧的挑战

目前全球一体化正加速推进，不同国家和地区间的经济联系加强，要素流动和产业分工在世界范围内进行。但市场范围的扩大，必然会引起竞争者的增多，一个地区的比较优势也会相应发生变化，竞争压力加大。尤其金融危机后，世界经济长期低迷，复苏缓慢，国际经济环境复杂多变，国际市场、资源、人才、技术、资金竞争日益激烈。全球产业分工进入了再布局阶段。美国等发达国家为刺激经济复苏、促进就业，实施再工业化战略、技术创新战略和多轮量化宽松政策，吸引中高端制造业回流；东南亚国家正凭借资源优势、劳动力成本优势争取劳动密集型产业转移，这使我国县域经济在新一轮国际分工中面临高端制造业回流、低端产业向东南亚转移分流的双向挤压的被动局面。

世界经济复苏步伐弱于预期，国际市场、资源、人才、技术、资金竞争日益激烈，贸易保护主义压力也逐渐增大。一方面，国际金融危机的后续效应依然存在，一些国家希望通过扩大出口创造更多的就业岗位、提高经济增速，而采取各项贸易保护政策，各国政府的移民政策、投资政策、监管政策等均不同程度收紧；另一方面，在国际贸易疲软的背景下，高度依赖外部市场的新兴经济体需要出台多项贸易保护措施以维护及扩大本国产业的国际、国内市场份额。贸易主义抬头，贸易摩擦时有发生，加剧了我国出口的不确定性，在一定程度上阻碍了县域对外经济的展开。

跨太平洋伙伴关系协定（trans-Pacific partnership agreement，TPP）、跨大西洋贸易和投资伙伴关系协议（trans-Atlantic trade and investment partnership，TTIP）、国际服务贸易协定（trade in service agreement，TISA）等欧美主导的重大的区域自协定进展速度超出预期。国际资本可能会重新考虑在中国的投资而转向 TPP 成员国或其他地区，国内企业将加快海外布局的步伐，资本外流压力上升；我国商品和服务出口将受到更多的约束、面对更小的市场份额、付出更高的成本，出口和相关企业、相关产业将受到冲击，进而影响国内经济发展的稳定和就业市场的稳定；而包括我国在内的多个国家同样建立多个贸易协定或自由贸易区，各国间的政策博弈趋于加剧，加大了国际经济环境的不确定性和复杂性。外部环境的不稳定性、不确定性提高给县域经济发展带来挑战。

14.4.2 "后发劣势"进一步凸显

发展经济学中的后发优势理论表明，经济欠发达地区以较低的成本吸引发达地区的技术、人才和资金，结合自身的比较优势，进而实现跨越式、赶超式的发展模式。向亚洲四小龙等产业梯度转移成功案例也进一步证实了这一理论的价值。但大多欠发达经济体却因为自身在资金、技术、人才等方面的劣势，其很难追赶上经济发达的高梯度经济体。这是因为欠发达地区一般都会对发达地区在技术、资金等方面形成依赖，容易造成依附性发展，由外延型发展方式向内延型发展方式转变比较困难。

目前，极重灾区县域在土地使用成本方面还具有一定的相对比较优势。但资金、技术、人才等方面还处于相对劣势。

首先是资金上的对外依赖性还较强。震后 10 年来，灾后重建资金、扶贫专项资金、对口帮扶资金成为极重灾区尤其是其中的 5 个贫困县（北川县、平武县、青川县、汶川县、茂县）的县域经济发展主要源泉。这些县域自身财力弱，大多是收不抵支，需要靠上级政府的转移支付才能保证基本运行，更无资金投向产业发展项目，支撑极重灾区县域的"资金池"主要依靠上级政府政策性项目资金和社会资本。由于极重灾区县域自身在区位、交通条件、地质条件、生态脆弱性方面的瓶颈，其很难吸引社会资本聚集。目前，10 县（市）中除了区位、交通和资源条件较好的都江堰市、彭州市，其余 8 县（市）在资金方面的对外依赖性仍然较强。

其次是人力资源方面的劣势突显。一般来讲，以常住人口与户籍人口进行比较，可以判断一个地区属于人口净流入或者是净流出；如果常住人口大于户籍人口，表明是净流入；反之，是净流出。人口流动指标也是经济发展的晴雨表，人口净流入表明一个地区对人口的总体吸引力，或是因为经济发展水平与活力，或是因为气候、生态、交通等宜居属性的引力；人口净流出表明一个地区，或是因为经济发展滞后，劳动力人口无法在本地充分就业，或是因为当地气候、生态、交通等居住环境较差。

图 14-1 所示是 10 县（市）2013 年和 2017 年户籍人口和常住人口的数据，10 县（市）中除了都江堰市和汶川县常住人口略大于户籍人口属于净流入县域，其余 8 县（市）都是净流出县域。2013～2017 年的动态数据比较来看，都江堰市的人

口净流入从 2013 年的 5.13 万人增加至 2017 年的 6.83 万人,汶川县的人口净流入从 2013 年的 833 人增加到 2017 年的 6409。彭州市的人口净流出从 2013 年的 3.80 万人降至 2017 年的 2.51 万人,什邡市的人口净流出从 2013 年的 2.20 万人降至 2017 年的 1.70 万人,绵竹市的人口净流出从 2013 年的 4.90 万人降至 2017 年的 4.37 万人,北川县的人口净流出从 2013 年的 3.79 万人降至 2017 年的 1.23 万人,平武县人口净流出从 2013 年的 1.14 万人增至 2017 年的 1.37 万人,安县的人口净流出从 2013 年的 5.95 万人降至 2017 年的 5.33 万人,青川县人口净流出从 2013 年的 3.64 万人降至 2017 年的 1.81 万人,茂县人口净流出从 2013 年的 0.58 万人降至 2017 年的 0.14 万人。10 县(市)总体人口净流出从 2013 年的 20.79 万人降至 2017 年的 10.99 万人。同时,10 县(市)2013~2017 年人口变化的另一个特征是,户籍人口略有下降、常住人口略有增加,10 县(市)户籍人口从 2013 年的 369.05 万人降至 2017 年的 365.90 万人,净减少 3.15 万人;常住人口从 2013 年的 348.26 万人增至 2017 年的 354.91 万人,净增加 6.65 万人。

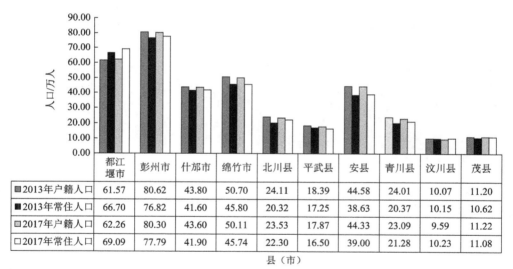

县（市）	都江堰市	彭州市	什邡市	绵竹市	北川县	平武县	安县	青川县	汶川县	茂县
2013年户籍人口	61.57	80.62	43.80	50.70	24.11	18.39	44.58	24.01	10.07	11.20
2013年常住人口	66.70	76.82	41.60	45.80	20.32	17.25	38.63	20.37	10.15	10.62
2017年户籍人口	62.26	80.30	43.60	50.11	23.53	17.87	44.33	23.09	9.59	11.22
2017年常住人口	69.09	77.79	41.90	45.74	22.30	16.50	39.00	21.28	10.23	11.08

图 14-1　10 县(市)2013 年和 2017 年户籍人口和常住人口比较

可见极重灾区 2013~2017 年人口变化呈现出两个特点:一是县域人口净流出还是普遍现象;二是户籍人口略有下降、常住人口略有增加。调研中我们发现,在极重灾区影响县域人口净流出的主要因素有:与大城市或其他发达区域相比较本地经济相对落后,就业难、增收难。而致使本地经济相对落后的原因则不尽相同,5 个贫困县(北川县、平武县、青川县、汶川县、茂县)主要是因为区位、交通等自然条件方面的劣势,其余 5 个经济基础相对较好的县域中绵竹市和什邡市主要是因为灾后传统产业转型的阵痛。

极重灾区县域人口劣势除了人口规模下降尤其是人口净流出，还有就是人力资源质量的挑战，这使极重灾区大多数县域陷入经济发展洼地—人才洼地—技术洼地—创新洼地的恶性循环。这便是欠发达地区在资金、人才、技术、创新等方面的"后发劣势"。

14.4.3　资源型县域竞争优势削弱

极重灾区县域走向国际一体化的前提和保证是良好的公路运输条件、先进的网络基础设施等条件。良好的公路运输是保证本土特色产品和旅游业走向国际市场的基础条件。在信息化、数字化快速发展的经济环境下，全球经济逐渐融为一体，大面积覆盖的网络基础设施是保证极重灾区与"一带一路"沿线国家进行线上贸易的重要渠道。但是，极重灾区县域地势以山地为主，公路交通基础设施比较落后。在地理空间上，地震极重灾区县域地区大多远离国内主要消费区达200～4000千米，距离中心城市200～300千米之远，加之自身市场容量有限对资源型产品消费量较小，长远的运输距离更增加了部分资源和资源密集型产品的运输成本。这一长期存在的资源空间市场劣势很难在短时期内消除，不仅可能使部分资源比较优势明显下降，还使其资源密集型产品丧失了市场竞争能力。同时，极重灾区县大多网络信息基础设施欠缺，物流业发展基础薄弱，这将会影响当地特色农产品、特色旅游产品走向国际市场。

第15章　极重灾区县域可持续发展面临的机遇

党的十九大明确了我国已经进入中国特色社会主义新时代，我国社会主要矛盾从人民日益增长的物质文化需要同落后的社会生产力之间的矛盾，转化为人民日益增长的美好生活需要和不平衡不充分的发展之间的矛盾。这意味着中国经济社会也进入了新时代，新时代赋予新使命，新时代提出新要求，新时代孕育新机遇。

15.1　新时代赋予新使命

改革开放 40 年来，我国稳定解决了十几亿人的温饱，总体上实现小康，我国成为世界第二大经济体，创造了世界经济增长的奇迹。2013～2017 年，国内生产总值（gross domestic product，GDP）年均增长 7.2%，高于同期世界 2.6%和发展中经济体 4%的年均增长水平；中国对世界经济增长的平均贡献率达到 30%以上，超过美国、欧元区和日本贡献率的总和；人均 GDP 由 5940 美元提高到 8000 美元以上，接近中等偏上收入国家平均水平。

回望中国的发展轨迹，从贫困时代到温饱时代、小康时代，从全面建设小康社会到全面建成小康社会，经过长期努力中国经济进入了新时代。一方面，从经济发展的需求侧来看，人民对美好生活的向往和需求日益广泛，不再是仅停留于满足温饱的生存需要、物质需求，而是对生活品质、生活方式等物质文化生活提出了更高的要求；不再是仅停留于物质文化方面的需要，在民主、法治、公平、正义、安全、环境等方面的要求也日益增长。另一方面，从经济发展的供给侧来看，虽然已经基本改变了落后的社会生产状况，我国总体经济实力也显著增强，但城乡之间、区域之间、不同行业之间、不同群体之间的发展不平衡不充分的问题依然突出，经济结构性问题也日渐突显，仍然不能满足十几亿人民对不同产品结构和各种服务的多样化需求。也正是基于此，党的十九大在提出中国特色社会主义进入新时代的同时，也提出了新时代的主要矛盾转化为人民日益增长的美好生活需要和不平衡不充分的发展之间的矛盾。

新时代主要矛盾的转化，也同时为新时代提出了新的任务和使命，就是要把一切工作的重心转向解决这一主要矛盾。习近平总书记在党的十九大报告里已明确提出了新时代的新任务。新时代的第一个新任务就是"决胜全面建成小康社会"。

习近平总书记指出，"从现在到二〇二〇年，是全面建成小康社会决胜期。要按照十六大、十七大、十八大提出的全面建成小康社会各项要求，紧扣我国社会主要矛盾变化，统筹推进经济建设、政治建设、文化建设、社会建设、生态文明建设，坚定实施科教兴国战略、人才强国战略、创新驱动发展战略、乡村振兴战略、区域协调发展战略、可持续发展战略、军民融合发展战略，突出抓重点、补短板、强弱项，特别是要坚决打好防范化解重大风险、精准脱贫、污染防治的攻坚战"[①]。新时代的第二个新任务就是"开启全面建设社会主义现代化国家新征程"。习近平总书记高瞻远瞩，未雨绸缪，提出了"从二〇二〇年到本世纪中叶分两个阶段"或"分两步走"[①]，全面建成社会主义现代化强国。

习近平总书记赋予新时代的新使命，不仅是全党全国人民的奋斗目标，也是指引我国未来 30 年经济社会发展的标杆。要实现这两大新目标，完成新使命，就必须把工作重心转向解决好不平衡不充分的问题。在新时代，以此为引领，极重灾区县域在党和国家重心转向解决不平衡不充分的新使命中必将迎来新的机遇，以国家统筹推进经济、政治、文化、社会和生态文明建设，实施科教兴国、人才强国、创新驱动发展、乡村振兴、区域协调发展、可持续发展和军民融合发展战略为契机，抓住机遇，变"后发劣势"为"后发优势"，实现县域经济跨越式发展。

15.2　新时代提出新要求

新时代及主要矛盾变化不仅给中国提出了新任务，也提出了新要求。新时代对不同领域、不同行业的新要求各有不同，在此我们仅就新时代对深化县域经济领域改革的新要求做初步探讨。

新时代要求进一步深化供给侧结构性改革以适应需求侧的变化。新时代的主要矛盾实质上是需求侧与供给侧的矛盾。人民日益增长的美好生活需要属于需求侧，经过改革开放 40 多年的发展，这一需求侧已经从温饱型的生存需求逐渐升级为品质型的全方位发展需求。经济学中的供求理论揭示了两个简单的定律：供求均衡才能实现效益最大化；在一个完全竞争市场里通过市场这只看不见的手可以自动实现供求均衡。近年来我国供求市场却出现了如此现象：一方面，作为满足大众需求的供给侧出现了结构性的"过剩"，大量生产落后、低端、低品质（甚至是假冒伪劣产品）产品的行业或企业产能过剩、库存积压，而特色化、个性化、高品质产品的行业或企业产能不足；另一方面，需求侧出现了"中国游客抢购日本马桶盖""中国游客抢购德国刀具"，以及日渐升温的出国游、出国购等种种

---

① 引自 2017 年 10 月 28 日《人民日报》第 1 版的文章《决胜全面建成小康社会 夺取新时代中国特色社会主义伟大胜利》。

迹象表明，主动积极深化供给侧结构性改革也适应需求侧变化，既是对欠发达县域的挑战也是机遇。

新时代要求发展方式从高速增长向高质量发展转变。改革开放以来，我国经济持续了近 30 年的高速增长，这种高速增长在促进我国经济规模和实力快速提升的同时，也造成了对资源的过度开发、对生态和环境的破坏，也使人民对美好生活的向往和需求受到限制。新时代必须要转变这种高能耗、高污染、高产出的粗放型发展方式，以人为本，走向低能耗、生态化的绿色发展之路，实现从高速增长到高质量发展的根本转变。

极重灾区县域总体经济实力还普遍不强，粗放型、资源驱动型、投资驱动型发展特征还较突出，但必须按照发展方式转变的要求，率先向高质量发展转变。

新时代要求均衡发展以全面建成社会主义现代化强国。目前我国经济发展的不平衡还表现在城乡差距、地区差距、行业差距、群体之间的差距等多方面，既有世界级的现代化大都市的迅速崛起，也有边远山区贫困县和贫困人口存在。只有解决这些发展不充分、不平衡问题，才能全面建成公平、共享的小康社会，才能全面建成社会主义现代化强国。

四川作为中国人口大省，但同时也是西部欠发达地区。目前四川省内的发展不充分、不平衡现象也很突出，省会城市成都首位度居高不下，龙泉驿一个区的经济总量超过四川七个市州，县域经济发展滞后等都是四川经济发展中出现马太效应、发展不均衡不充分的集中体现。四川必须要面对新时代的这一新要求，解决发展不均衡、不充分的问题。

15.3　新时代孕育新机遇

新时代赋予新使命、提出新要求的同时，也为县域经济发展孕育新机遇。

15.3.1　供给侧结构性改革的机遇

自 2015 年中央经济工作会议部署供给侧结构性改革工作以来，各级政府已将供给侧结构性改革作为首要任务并取得了一定成效。2017 年党的十九大报告对新时代及主要矛盾变化的论断，将进一步深化供给侧结构性改革提到更为紧要迫切的层面。供给侧结构性改革对极重灾区县域既是严峻挑战，也是重大机遇。

一是为传统产业转型升级带来机遇。极重灾区县域大多以传统的资源型产业为主，长期以来形成了矿产、化工、水电、水泥、家纺等为主导的工业体系。地震后，其中许多赖以维系的资源都遭到不同程度的损毁，极大制约了这些县域第二产业的发展，导致了以工业为主导型县域经济的大幅度下滑，其中最为突出的是什邡市和绵竹市。近年来供给侧结构性改革的需求形成的传统产业转型升级压力，极大推进了这些县域产业转型升级的步伐，为这些县域传统产业转型升级赢得了时间，为新时代新兴产业的催生打下了基础。

二是为新兴产业发展带来了机遇。供给侧结构性改革将淘汰一些落后产业和产能，也会促使能满足人民高品质、个性化、全方位需求的产业的快速发展。目前人民消费需求升级的趋势呈现出高品质、个性化、全方位等特征。高品质不仅是质量过硬，还包含品牌、健康、服务等多元化元素；这为传统产业链拓展增加产品附加值，以及为大健康等新兴产业带来发展机遇。个性化产品不再是大批量标准化模式下的产品，而是走精细化、差异化的生产模式或商业模式，这就为私人订制型产业发展带来了大好机遇。全方位特征需要提供的产品和服务能满足人们物质、文化、健康、情趣、审美、体验等多层次、全方位的需求，为产业融合发展带来大好机遇。极重灾区县域可以抓住这些机遇，加快推进新兴产业发展。

三是为文化旅游健康产业发展带来了机遇。人民日益增长的美好生活需要在近年来快速兴起的旅游业中得到很好体现，从传统的景区游，到农家乐、乡村休闲游、古镇游、民宿游，再到集游乐、文化、体育、健康、体验等元素于一体的大旅游产业。目前旅游+文化、旅游+健康、旅游+体育等方兴未艾，这为拥有丰富的生态、文化旅游资源的极重灾区县域旅游业发展带来大好机遇。

15.3.2 推进均衡发展战略的机遇

解决发展不平衡不充分将是我国进入新时代的首要任务。目前我国发展不平衡不充分还突出表现在：区域发展差距、城乡发展差距、群体发展差距等方面。解决发展不平衡不充分就必须要缩小这些差距。党的十九大报告中已明确提出，要坚定实施区域协调发展战略、可持续发展战略、乡村振兴战略等，突出抓重点、补短板、强弱项，特别是要坚决打好防范化解重大风险、精准脱贫、污染防治的攻坚战。

党的十九大报告还明确提出了实施区域协调发展战略："加大力度支持革命老区、民族地区、边疆地区、贫困地区加快发展，强化举措推进西部大开发形成新格局""以城市群为主体构建大中小城市和小城镇协调发展的城镇格局，加快农业转移人口市民化"[①]。

极重灾区县域作为西部较为落后的贫困区域，还属于新时代要补的"短板"、要强的"弱项"。极重灾区县域可借助国家深入推进区域协调发展战略、精准脱贫的最后时期，尽快补齐"短板"，转"后发劣势"为"后发优势"，为全面建

---

① 引自 2017 年 10 月 28 日《人民日报》第 1 版的文章《决胜全面建成小康社会 夺取新时代中国特色社会主义伟大胜利》。

成社会主义现代化国家打下可靠基础。

15.3.3　实施乡村振兴战略的机遇

党的十九大报告首次提出"乡村振兴战略""城乡融合发展"。这也是基于解决我国发展不平衡不充分中的城乡差距问题。长期以来形成的城乡二元结构使城乡在收入、教育、医疗、社会保障、环境和生活方式等方面出现了巨大差距，虽然近年来有逐渐缩小的趋势（图 15-1），但 2011~2016 年全国城乡居民人均可支配收入比基本上还保持在 3 左右，最高的 2009 年达到 3.31，2016 年仍为 2.72；四川省虽历年都低于全国，但 2016 年仍为 2.53。

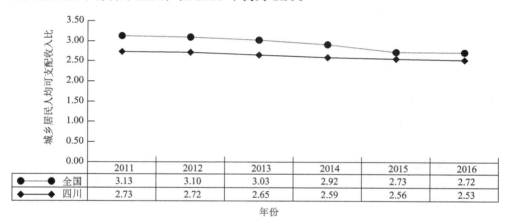

	2011	2012	2013	2014	2015	2016
全国	3.13	3.10	3.03	2.92	2.73	2.72
四川	2.73	2.72	2.65	2.59	2.56	2.53

年份

图 15-1　2011~2016 年全国和四川城乡居民人均可支配收入比变化

党的十九大报告还明确了实施乡村振兴战略的主要措施："坚持农业农村优先发展，按照产业兴旺、生态宜居、乡风文明、治理有效、生活富裕的总要求，建立健全城乡融合发展体制机制和政策体系，加快推进农业农村现代化。巩固和完善农村基本经营制度""深化农村集体产权制度改革，保障农民财产权益，壮大集体经济""构建现代农业产业体系、生产体系、经营体系""促进农村一二三产业融合发展"[①]。

乡村是县域经济的重要组成部分，乡村振兴是县域经济发展迎来的历史性大好机遇。极重灾区县域需抓住这一历史性机遇，统筹推进城乡融合发展，实现县域经济新的跨越。

---

① 引自 2017 年 10 月 28 日《人民日报》第 1 版的文章《决胜全面建成小康社会 夺取新时代中国特色社会主义伟大胜利》

第16章　极重灾区县域经济可持续发展的战略选择

基于以上对极重灾区县域经济可持续发展面临的问题和挑战，以及历史性机遇的分析，本章进一步深入分析极重灾区县域经济可持续发展的战略选择。

16.1　将资源优势转为产业优势

依据迈克尔·波特的竞争战略理论，县域发展战略必须是竞争战略，这样的战略才能引导县域在竞争中立于不败之地。而找准"竞争优势"才能形成真正管用的竞争战略。一个区域的竞争优势通常体现在区位、交通、资源、产业、资本、土地、劳动力等关乎发展振兴的各个要素中，优势可能是显性的也可能是潜在的（或隐性的），我们把已经被认可、被发挥的优势称为显性优势，把尚未被发现或认可的优势称为隐性优势或潜在优势，优势本身是动态变化的，隐性优势转化为显性优势可能会经历一个过程，有些显性优势也可能随着时间、空间、政策等条件的变化而失去"优势"。

依据县域所处的地理位置和民族差异，四川省将全省县域分为四类，即平原地区县域、丘陵地区县域、盆周山区县域、民族地区县域。极重灾区10县（市）中都江堰市、彭州市、什邡市、绵竹市和安县被归入平原地区县域，平武县和青川县被归入盆周山区县域，北川县、汶川县、茂县属于民族地区县域。但极重灾区10县（市）在区位上有一个共同之处是都集中分布于龙门山脉，县域行政区划内大多属于半高山地带，包括被归入平原地区的5个县域境内都分布有不同比重的山区地带。例如，什邡市素有"六山、一水、三分田"之称（即山地占60%，水域占10%，平坝占30%），彭州市的山地面积也占46.7%。因此，极重灾区县域都拥有极为丰富的动植物资源、水资源、生态资源、矿产资源。这些资源是大自然的恩赐，也是极重灾区县域具有相对优势的自然资源。

资源优势转化为产业优势还需要具备多方面的条件：是否有政策限制；是否属于可以开发区域；是否具备开发的条件，如交通、地质等条件是否许可；是否具备开发的能力，如开发主体、资金、技术等条件是否具备；是否具有广阔的市场前景；是否具备了一定的转化基础；等等。综合考虑这些因素，目前极重灾区大多数县域已经具备了相应的条件和基础。将这些优势资源转化为优势产业，是未来极重灾区县域可持续发展的重大战略之一。

16.1.1　将特色农业资源转化为特色农业产业

按照四川省县域分类，本节将极重灾区县域分为两类进行分析：一类是山区县域，包括青川县、平武县、北川县、汶川县和茂县；另一类是平原地区县域，包括都江堰市、彭州市、什邡市、绵竹市和安县。这两类县域拥有较为相近的区位条件和特色农业资源条件。

如表 16-1 所示，盆周山区及民族地区 5 县域在区位条件方面具有相同或相似特点，县域境内都以山地、水域为主，都远离省会或区域中心城市，在区位及交通条件方面处于劣势；但都拥有丰富的珍稀动植物资源、林木资源和特色农业资源，这是它们的相对比较优势。平原地区 5 县（市）在区位条件方面也具有相同或相似的特点，县域境内山、水、坝兼有，都临近省会城市或区域中小城市，在区位及交通条件方面具有相对优势；但拥有的农业特色资源与山区县域不同，其农业特色资源以规模化粮食、果蔬、花卉、家禽养殖等为主。

表 16-1　盆周山区及民族地区 5 县特色农业资源情况（2017 年末）

县域	区位特征	特色农业资源
北川县	少数民族县、贫困县，以山、水为主	①有野生脊椎动物 515 种，大熊猫、川金丝猴等国家一级、二级重点保护动物 74 种。有野生植物 2150 种，珙桐、红豆杉等国家一级、二级重点保护植物 13 种 ②特色农产品有中羌药材、茶叶、魔芋、高山蔬菜、水果；有苔子茶、花魔芋、白山羊 3 个国家地理标志保护产品，"三品一标"产品 21 个
平武县	盆周山区县、少数民族待遇县、贫困县，以山、水为主	①有野生植物 4100 多种，其中珙桐、红豆杉等国家重点保护野生植物 55 种。已知野生动物 1900 余种，有大熊猫、扭角羚、金丝猴等国家重点保护野生动物 88 种，其中，野生大熊猫数量居全国之首 ②农副土特产品有茶叶、核桃、蚕桑、木耳、香菇、"三木"药材、天麻、蜂蜜等 1800 余种，被规划为全国茶叶、木耳、生漆生产基地县
青川县	盆周山区县、贫困县，以山、水为主	①有银杏、珙桐等野生植物 1900 余种，大熊猫、金丝猴、扭角羚等珍稀动物 440 余种 ②盛产黑木耳、香菇、竹荪等山珍和茶叶、核桃、油橄榄等有机食品及天麻、乌药、青贝等名贵中药材；有青川黑木耳、青川天麻、青川竹荪、七佛贡茶、白龙湖银鱼、青竹江娃娃鱼、唐家河蜂蜜 7 个国家地理标志保护产品
汶川县	少数民族县、贫困县，以山、水为主	①植物资源有珙桐等珍贵植物近 4000 余种，动物资源有 2000 余种 ②农作物品种有玉米、小麦、荞麦、油菜籽、马铃薯和无公害蔬菜大白菜、灯笼辣椒、莲白等。养殖业以三江黄牛、大耳羊、汶川铜羊、土鸡等为主。土特产三江腊肉、汶川大樱桃、汶川土鸡蛋、羌绣尤为出名
茂县	少数民族县、贫困县，以山、水为主	①植被丰富，珍稀植物达 30 余种。野生动物种类繁多，约有 385 种。有丰富的野生药材资源，如虫草、大黄、羌活、秦艽、青蒿、贝母、虫草、柴胡、南星、重楼等 ②特色农产品有高山绿色蔬菜、水果，优质生猪、优质牦牛（肉牛）、优质家禽、中蜂养殖

　　近年来，两类县域在发展特色农业方面已取得了不同程度的进展，也积累了许多经验，但在将特色农业资源转化为特色农业产业方面还有很大潜力，还需要进一步总结和挖掘。作者认为，这些县域在实施特色农业资源转化为特色农业产业战略时需把握以下重点。

　　第一精准定位，用好农业优势资源。目前，这 5 个山区县域和 5 个平原地区县域因为区位、地形地貌、优势资源、发展基础等方面都有许多共同之处，正是这些共同性容易使其陷入同质化竞争。同质化竞争一方面可以推进竞争对手竞相通过改进技术、降低成本、创新商业模式等方式提升自身的竞争力，进而推进社会生产力水平的提高；另一方面又可能加剧竞争对手之间的竞争，进而将部分"劣势"竞争对手"挤出"这个市场，这就是优胜劣汰效应。所以，竞争者一般都会选择具有自身比较优势的竞争战略。比较优势一般包含两个层面：一是自身内部的优势，即与自身的其他要素（如区位、资源、产业等）相比较，具有显著的比较优势；二是与竞争对手相比较的优势，一般么是"人无我有"，要么是"人有我精""人有我特"。

　　表 16-1 所列的盆周山区及民族地区 5 县的特色农业资源是相对于其他区域的比较优势，这些优势资源大致可以分为四类：珍稀动植物资源，主要有大熊猫、金丝猴、鸟类、昆虫、珙桐、银杏、红豆杉等；特色农作物资源，主要有高山有机果蔬、野生菌类等山珍；特色经济作物资源，主要有中羌药材、茶叶等；特色养殖业资源，主要有优质生猪、优质牦牛、优质家禽、中蜂养殖等。基于此，这些县域可以首先锁定这些特色资源中"人无我有"的特色——山珍、有机、生态等作为自身的特色。

　　相对于盆周山区及民族地区 5 县，平原地区 5 县（市）在区位条件、交通条件、产业基础方面更具有比较优势，在农业资源方面却不具备山区山珍、有机、生态这些天然特色，但具有农业产业化、规模化、现代化方面的相对优势。基于此，平原地区 5 县（市）应发挥其区位优势，进一步彰显农业规模化、园区化、科技化方面的特色。

　　第二精准发力，抓好农业品牌建设。在依据自身优势资源锁定"特色"的基础上，还需要进一步打造"特色"。所谓特色就是自己独一无二的特质，在产品市场上，必须以"品牌"来体现，因此，品牌建设是特色产业发展至关重要的环节。自 2001 年农业部提出"三品一标"建设以来，农业品牌建设正如火如荼进行。近年来，极重灾区县域也不断加大"三品一标"建设力度，取得了一定成效，每个县都获得了不同数量的"三品一标"认证，为农业品牌化打下了基础。

　　据不完全统计：截止到 2017 年，平武县已有"三品一标"农产品 119 个，其中，农产品地理标志 8 个，无公害农产品 36 个，绿色食品 29 个，有机农产品 46 个；截至 2016 年底，茂县共有"三品一标" 33 个，其中，绿色食品 24 个、无公害农产品 6 个、农产品地理标志 3 个，以及无公害农产品基地 1 个；截至 2016 年底，北川县有苔子茶、花魔芋、白山羊 3 个国家地理标志保护产品，"三品一标" 21 个；截至 2016 年底，都江堰市拥有都江堰猕猴桃、都江堰茶叶等 5 个国家地理标志保护产品，"三品一标" 达 80 余个；截至 2016 年底，彭州市"三品一标"认证达 72 个。

"三品一标"还只是农产品品牌化建设的第一步，要形成真正专属于自己的独特品牌，不只是取得"三品一标"的认证，还需要在质量提升、特色培育上精准发力，形成消费者（市场）认可的品牌。对极重灾区县域来说，必须要完成从品牌打造、品牌培育、品牌推广到品牌固化的过程，才能真正实现品牌化。

第三精准施策，形成农业特色产业。10 县（市）还没有完全将特色资源转化为特色经济，要实现这一转化还需要形成特色产业。从特色农业资源到特色农业品牌，特色农业产业形成，即资源—品牌化—产业化。产业化的实质是市场主体或企业依据市场需求，以利润为目标，以专业化的经营管理，形成的品牌化、规模化的组织形式，产业化的前提是专业化、品牌化和规模化。随着市场化程度的提高和竞争的加剧，产业特色越来越成为产业竞争力的关键要素。农业作为三次产业中最古老、最传统的产业，自产生之初就将满足人们生存需求为己任，已随着人们日益增长的对生活质量的需求而被赋予新的内容和特性。现代农业已经不仅为养活人类而生产，还要以让人类活得更好、更健康、更有个性来拓展自己的功能。现代农业也不再是依赖刀耕火种的生产方式，而是更多地依赖于现代农业科技、农业技术、信息化手段等。

基于此，我们所提出的特色农业产业不仅要具备农业作为产业的特征，要完成从产业到产业化跃升，实现品牌化、规模化、现代化，还要实现特色化。农业特色化体现在生产要素（土地、资本、劳动力）、生产方式（科技、信息化等）、农产品品质（甚至包含品牌、健康、包装设计等）等环节，不只是最终产品的特色化。这既为特色农业产业发展提供了广阔的发展空间和平台，也给传统农业带来了严峻的挑战。极重灾区县域完全可以利用自身特色农业资源优势将这种挑战转化为机遇。

对于两种类型的县域来讲，因为各自的优势不一样，竞争战略选择也应有所不同。对于山区县域来讲，锁定山珍（原生态、野生）、有机、绿色这些特色元素，打好"健康""品质"牌，形成有机、生态农业产业链，发展有机果、绿色菜、生态畜、道地药，不断壮大特色农业产业规模，使之成为县域经济发展的重要支柱。由于山区县域区位、交通的劣势，还需要借力互联网，形成特色农业+电商的现代农业格局。对于平原地区县域来讲，要更好地发挥区位优势、科技优势和规模优势，以规模化、现代化为突破口实现产业聚集，形成特色农业产业专业化、园区化、景观化，不断拓展农业的功能和产业链，形成"农业+工业""农业+文化""农业+休闲""农业+旅游""农业+体育"的特色农业产业化模式。

16.1.2　将特色文旅资源转化为特色文旅产业

如表 16-2 所列，因为其独特的地形地貌、生态、水系，极重灾区县域大多具有丰富的山地旅游资源，其中的一些旅游资源已被开发或部分被开发利用。

表 16-2　10 县（市）已开发的主要特色文旅资源（截至 2017 年末）

县域	区位特征	特色文旅资源
北川县	山区县、贫困县，临近中心城市	北川羌族民俗博物馆、"5·12"汶川特大地震纪念馆等各类纪念馆 6 个；羌年入选国际非物质文化遗产保护名录，有禹的传说、口弦音乐等国家级非物质文化遗产保护名录 3 项，羌戈大战、羌族沙朗等省级非物质文化遗产保护名录 16 项；被称为"中国大禹文化之乡""中国羌绣之乡"。1 个国家 5A 级（北川羌城）旅游景区，4 个国家 4A 级（西羌九皇山、药王谷、北川维斯特农业休闲旅游区、寻龙山）旅游景区
平武县	山区县、贫困县、远离中心城市	"深山宫殿"——报恩寺、三国遗址——蜀汉江油关、"大熊猫乐园"——王朗、雪宝顶国家级自然保护区，有独特的白马风情、羌乡风情，有虎牙大峡谷、泗耳风光、小河沟等自然、人文景观和牛飞村、南坝新场镇等灾后新貌景观
青川县	山区县、贫困县、远离中心城市	有"全域山水画、天然大氧吧""夏青川、爽天下"的美誉。境内唐家河、东河口地震遗址公园、青溪古城、青川县域战国木牍文化生态圈 4 个国家 4A 级旅游景区，白龙湖·幸福岛、初心谷、田缘张家、大坝·凌霄花谷 3 个国家 3A 级旅游景区和省级自然保护区毛寨、东阳沟
汶川县	山区县、贫困县、远离中心城市	有"阳光谷地、熊猫家园、康养汶川"之美誉，有国家 5A 级旅游景区汶川特别旅游区、国家 4A 级旅游景区大禹文化旅游区等景点，冬无严寒、夏无酷暑、风光秀美、特色鲜明。是华夏始祖大禹的出生地，是藏族、羌族、回族、汉族等各族群众交会融合的地带，是全国四大羌族聚居县之一，国家羌文化生态体验区
茂县	山区县、贫困县、远离中心城市	有"羌乡古寨"景区；有省级风景名胜区——叠溪·松坪沟和九鼎山-文镇沟大峡谷，有世界上保护较为完整的叠溪地震遗址，有黑虎羌寨碉楼群和营盘山新石器时代文化遗址，有宝鼎沟国家级自然保护区和土地岭省级森林公园
都江堰市	平原地区县、临近中心城市	山、水、林、堰、桥浑然一体，充分体现城中有水，水在城中，"灌城水色半城山"的布局特色，为此有着"拜水都江堰，问道青城山"之美誉。有都江堰-青城山风景名胜区
彭州市	平原地区县、临近中心城市	国家森林公园、白水河国家级自然保护区、国家地质公园、龙门山省级风景名胜区、国家湿地公园。古蜀文化、宗教文化、湔江文化和牡丹文化竞相迸发，是三星堆文明、十二桥文明、金沙文明的源头。拥有亚洲第一高佛塔，全国三大牡丹基地之一、世界最大的冰川飘砾群
什邡市	平原地区县、临近中心城市	享有"禹迹仙乡"之美誉，是佛教禅宗八祖马道一的故里，汉代名将雍齿的受封之地，有蓥华山、古刹龙居寺、留春苑、竹溪公园、西川佛都罗汉寺、青牛沱景区、战国船棺葬群、李冰陵园
绵竹市	平原地区县、临近中心城市	九龙山-麓棠山旅游区、国家 4A 级旅游景区——中国绵竹年画村、剑南老街、诸葛双忠祠、九顶山国家地质公园、云湖森林公园、汉旺地震遗址公园
安县	平原地区县、临近中心城市	四川省乡村旅游示范县，有全国唯一的海绵生物礁国家地质公园、国家级自然保护区——千佛山国家森林公园、可与法国"薇姿"温泉相媲美的罗浮山温泉、唐代佛教名地"飞鸣禅院"、省级文化产业示范园罗浮山羌王城、"西蜀明珠"白水湖省级风景名胜区及闻名中外的姊妹桥等

如表 16-2 所示，极重灾区县域已被开发或部分被开发的旅游资源可以分为三类：第一类是一个县域独享的特色旅游资源，如都江堰市的青城山-都江堰景区，青川县的唐家河自然保护区，平武县的报恩寺、白马-王朗景区和虎牙大峡谷，北川县的小寨子沟和九皇山，茂县的叠溪·松坪沟景区等以独特的自然景观为主的景区，以及大多数具有文化独特性的景区。这类旅游资源具有唯一性或不可替代性，但这种不可替代性不是绝对的，随着人们消费需求的不断升级，人们对旅游产品的需求已不仅是"上车睡觉""下车拍照"式的走马观花游，还会不断增加一些如体验、康养、休闲等其他元素。基于此，这类旅游产品的竞争战略就是依托其唯一性和不可替代性走品质提升之路。不仅要在设施设备和服务质量上进行提升，还要从内容、商业模式等方面不断进行创新。

第二类是几个县域共同拥有的自然或人文景观资源，如龙门山国家地质公园、九顶山国家地质公园等分布于相邻几个县域。这些山地旅游资源的开发利用不仅受交通、资金、地质灾害等方面客观条件的制约，还受国家主体功能区开发等政策性制约。目前，绵竹市、什邡市、茂县都在逐渐开发这些资源，但独自开发成本更高，可在国家生态红线许可、地质条件许可的前提下，以及对项目市场前景进行科学论证的基础上走区域共同开发、链条式发展道路。

第三类是属于在近年来依托各自特色资源进行开发利用或打造的，如特色小镇、古镇、民宿旅游区、乡村旅游度假区等。这类旅游资源相对丰富，但可复制性强，很容易在消费者"喜新厌旧"情绪左右下"用脚投票"给淘汰掉。目前许多古镇、特色小镇、特色村落在市场的快速复制节奏中已经呈现出"百镇一面""千村一孔"的趋势，也离政府或者投资方一镇一特色、一村一品牌的初衷越来越远。基于此，作者认为，对这类旅游资源和项目的开发利用必须要坚守特色元素，失去特色就失去了优势。从哪里体现自身特色？一般认为"历史文化"这样的特色是唯一的，但现在到许多景区去走走，才发现同一个历史人物、历史故事在不同地方上演！"旅游+文化"也必须彰显特色，文化特色不能靠"编故事"，既要客观地尊重历史文化的本真，也要在旅游商业模式方面下足功夫，做出真正的特色。更不能一窝蜂地县县都搞全域旅游，没有特色的全域旅游终究会在县域同质化竞争中寿终正寝。

目前，极重灾区县域存在旅游经济总量不足，资源优势尚未转化为产业优势和经济优势，旅游品牌单一，竞争力不强，缺乏高端精品项目，旅游产业相对比较分散，旅游六大要素（吃、住、行、游、购、娱）不完整，旅游文化内涵缺乏，运行体制和机制还不够活等问题。产业集群理论表明，在一定空间范围内产业的高集中度形成的产业链，有利于降低企业的生产成本、交易成本，提高企业的规模经济效益和范围经济效益，进而提高整个产业链上各个企业的综合竞争力。同样，极重灾区县域旅游产业发展实施集群战略有利于改变以前"散、乱、弱"的局面，有利于发挥规模效应和集聚效应，进而推动区域旅游产业向一体化模式、链条化发展。同时极重灾区县域应该推动旅游业与新型城镇化、农业现代化、信息化的同步发展，加快旅游业与第一产业、第二产业的融合发展。

16.1.3 将特色生态资源转化为特色生态产业

生态资源就是指在人类生态系统中，一切被我们所利用的物质、能量、信息、时间和空间，又可被称为生态环境资源。可见生态资源无处不在。但在不同的区域又因构成人类生态系统的要素（如植物、动物、水域、阳光、气候、空气等）差异而造成生态资源的差别，越是接近自然生态系统本真的生态资源越优质；反之越差，这就是我们通常所说的优质生态资源或者劣质生态资源。众所周知，在人类足迹进入密集的区域，自然生态被破坏的程度越高，生态资源的质量可能就越差，这就是为什么人口集中的城市普遍比人口稀少的山区生态资源质量低下。极重灾区县域大多处于山区地带，相对远离大城市或中心城市，因此，其比大城市或中心城市拥有更优质的生态资源，如珍稀动植物资源，比大城市拥有更清新的空气、更高的森林覆盖率、更优质的水资源。将这些更优质的生态资源转化为生态产业，满足人类日益增长的对健康、绿色、有机产品的需求，才能形成现实的生态经济效益。

生态产业是包含工业、农业、服务业等部门所依赖的生态环境有机系统，包括自然生态系统、人工生态系统、产业生态系统。生态产业是基于生态系统承载能力，在农业、工业和服务业等生产活动中应用生态工程的方法，模拟自然生态系统建立的一种高效的产业体系，又可细分为生态农业、生态工业、生态服务业。简单而言就是人类在从事农业、工业、服务业等社会生产活动过程中，在满足人类物质和精神需求的同时，不能造成对自然生态系统的破坏。生产出好的产品与保持好的生态环境其实都是为了满足人类更高品质的生存需求，都是为了增进人类福祉。

县域是大城市和乡村之间的纽带，本身就具有比大城市发展生态经济的天然优势和条件，因此，其应该成为发展生态产业，推进生态经济的引领区。极重灾区县域具备发展生态经济的比较优势，更应该抓住国家实施生态文明工程、推进生态功能区建设的契机，主动作为，率先实施"生态+"战略。

一是"生态+农业"战略。生态农业要求从农作物生产的种子、土地、技术等基本要素，到生产过程和手段都要以不破坏自然生态系统为原则，如尽量减少化肥使用量、多使用有机肥，保障土壤不被污染、环境不被破坏。积极发展循环农业，实现低开采、高利用、低排放、再利用，最大限度地利用进入生产和消费系统的物质与能量，达到经济发展与资源、环境保护相协调，并符合可持续发展战略的目标。通过实施"生态+农业"战略推进传统农业转型，发展特色生态农业，形成特色生态农业品牌，加快农业提质增效。

二是"生态+工业"战略。极重灾区县域不仅有丰富的珍稀动植物资源，还拥有丰富的水资源、稀有的矿产资源。大多数县域过去都依托这些资源，实施工业强县战略，资源型工业成为县域的支柱产业。目前，受生态红线限制，许多地区都被划入禁止开发区，部分县域的资源型工业受到重创。在保护与发展的权衡中，保护必须被放在第一位，这关系到子孙后代的福祉。县域要发展，就只能另辟蹊径走可持续的绿色发展之路。目前，四川省政府正在部署鼓励部分民族地区发展"飞地工业"，如正在推动建设的德阿工业园、成阿工业园，既发挥了民族地区县域稀有矿产资源的优势，也推进了迁入县（市）向绿色工业转型。但这一战略实施过程中一定要避免矿产区过度开采，以及迁入地区再次被"污染"，一定要走新型工业化之路，发展绿色工业。

三是"生态+旅游业"战略。好的生态是发展旅游业的比较优势，但在旅游业发展过程中如果不注重保护好生态，旅游业的发展也是不可持续的。极重灾区县域拥有生态资源方面的比较优势，这是其旅游业发展的竞争优势，要保持这一竞争优势，在进行旅游开发的过程中必须以不破坏自然生态为底线，实现"生态+旅游业"的倍增效益，实现旅游业的可持续发展。

16.2　从同质竞争走向区域联动

汶川地震极重灾区县域的内外环境正在发生深刻变化，面临更加广阔的发展空间和十分难得的发展机遇。现在必须要抓住四川开放发展的历史性机遇，抓住"一带一路"倡议、长江经济带发展战略带来的对外开放新格局，积极应对挑战，把极重灾区县域可持续的发展置于广阔的国际空间来谋划，不断获得推动发展所必需的资源要素、市场机遇和先进经验。只有深化对外交流合作，充分利用国内外资源，才能在更高起点上推进可持续发展，实现后来居上。

16.2.1　平原地区县域主动融入中心城市

极重灾区县域中的平原地区县域包括安县、都江堰市、彭州市、绵竹市和什邡市。这些县域的县城地处平原，紧邻中心城市，具有显著的区位优势，可以利用中心城市的辐射效应，主动对接中心城市的城市规划和产业规划，争取与中心城市一体发展或同城化发展。

工业基础较好的县域，如彭州市。一是要聚焦重点项目和重点企业，通过经贸和产能合作，建设一批示范性项目，更高水平融入欧洲经济圈和亚太经济圈，推动与其他国家在高端产业和产业高端领域的合作。二是要积极引进仓储、物流、商贸、出口加工、进口资源加工的大中型企业进驻，形成产业链相对完善的产业集群。三是支持民营企业走出去，推动民营企业国际化。在民营经济较为发达的县域，如绵竹市和什邡市。打破县域行政限制，力争在"一带一路"倡议中争取到国家、省、市的大力支持。加强对民营企业对外投资经营的咨询、指导和信息服务等，助力民营企业走出去。加快产业园区化步伐，尽快完善产业园区配套，在人力成本优势逐步减弱的条件下，做好承接地人才技能培训和相关服务配套，吸引民营企业、民营经济进园区，壮大产业园区规模。

16.2.2 盆周山区县域打破基础设施瓶颈

盆周山区县域包括平武县和青川县。这类县域生态脆弱，资源较为丰富，交通基础条件差，经济外向型弱，可持续发展战略首先需要突破的就是交通瓶颈。

一是搭建交通对接发展平台。盆周山区要走开放之路，就要打破交通这一最大制约瓶颈，加快基础设施建设，尤其是要搭建交通对接发展平台。加快建设高速公路网络，构筑全面开放、高效快捷的干线公路网络，拓展与"一带一路"城市沟通的联动枢纽，搭乘"一带一路"的快速列车，加快由封闭走向全面开放的步伐，激活和释放县域的发展潜能。同时还要加快网络信息化建设步伐，实现与国内外的互联互通。

二是大力发展外向型特色农业。充分发挥县域特色农业资源比较优势，打造特色农业品牌，加快农业规模化、园区化、科技化、信息化、精品化、产业化"六化"步伐，将农业资源优势转化为产业优势。大力发展电子商务、跨境电商，创新传统农产品生产和销售模式，培育具有区域暨国际竞争力的特色农业品牌，实现特色农业的国际化。

三是推动文化旅游产业走出去。充分利用县域川西民族风情、白马藏族文化、报恩文化（平武报恩寺）等特色文化优势资源，打造文化旅游特色品牌，发展文化旅游产业。充分利用白马—王朗—虎牙—唐家河—清溪古镇等生态旅游资源，运用跨境旅游平台，实现区域旅游一体化、链条化发展，对接九寨旅游环线，尽快融入区域旅游环线，加快区域文化旅游走出去的步伐。

16.2.3 民族地区县域打造民族文化品牌

汶川县、北川县和茂县三个民族地区县域，拥有丰富的自然资源、民族文化资源和生态资源；但都地处内陆腹地，存在自然生态脆弱、外向型经济孱弱、思想观念滞后、资金短缺、各种基础设施落后等问题。立足于本地的资源禀赋、生态优势和独具特色的羌族文化，融入生态绿色的发展理念，把旅游文化产业作为优势最强、活力最旺、潜力最大的主导产业来打造，是民族地区融入"一带一路"的撬动点。

一是提升以地震灾害为主题的旅游品质。汶川地震的危害性、影响性都是举世罕见的，地震后极重灾区县域都基本建起了"汶川地震博物馆（或纪念馆）"，以汶川地震为主题的地震灾区游也曾火爆一时，成为极重灾区县域旅游业的新亮点。但随着时间的推移，单纯以地震遗址、地震灾害为主题的游览也难以成为极重灾区旅游业发展的持续动力，急需从内容到形式对地震灾害旅游品牌进行提档升级。一方面，将灾后恢复重建所创造的中国奇迹，以及所彰显的中国力量、防灾减灾知识、感恩文化、应急产业等新内涵融入其中；另一方面要积极尝试引入现代影音技术、动漫技术、信息技术等现代科技手段，满足人民对地震文化的多元化需求。三个县可以打破行政区划限制，共同开发打造中国汶川地震遗址主题旅游品牌。

二是打造以羌文化为主题的旅游品牌。三个民族地区县域是全国羌族聚居区，也是羌文化保存最为完整的区域。羌族"激越的莎朗、婆娑的羌红、醇美的咂酒、神秘的祭祀、苍凉的羌笛、悠扬的口弦、充满吉祥的婚俗、趣味的体育活动和悲壮的丧葬，在羌乡的每一个角落都飘荡着古羌的遗韵和自然的生命激情"[1]。基于三个民族地区县域共同的羌文化特色资源，三个县域应突破行政区划界线，走共同开发的羌文化旅游链条发展道路，将羌族非物质文化遗产融入旅游产品，打造羌文化主题旅游品牌，形成羌文化旅游特色产品，形成羌文化旅游发展带。

16.2.4　县域各自为政转为区域连片发展

极重灾区县域在地理区位上同属龙门山脉，互为近邻，拥有较为相近的自然资源、生态资源、旅游资源等资源优势，同时也存在交通瓶颈、生态脆弱、面临传统产业转型等方面的共同难题。地缘环境相近、资源条件相似，使得各县域之间在产业结构与产品结构等方面出现趋同和重合。在增加城乡居民收入、地方财政收入和固定资产投资任务的压力下，普遍把发展工业作为立县、兴县、强县的战略。近年来，旅游业迅速升温趋势明显，大多数县（市）又打出了"全域旅游"牌，但县域同质化竞争也越来越激烈，使极重灾区县域可持续发展的风险也越来越大。通过在极重灾区 10 县（市）的深入调查，我们认为极重灾区县域在统筹灾害治理、统筹基础设施建设、统筹产业发展等方面，不仅具有必要性和紧迫性，也存在可能性。

---

[1] 《县域概况》，http://www.maoxian.gov.cn/zjmx_mx/mx_xygk/201710/t20171017_1295884.html，2017 年 12 月 20 日。

一是急需统筹极重灾区县域地质灾害治理。"5·12"汶川特大地震极重灾区10县(市),都处于龙门山断裂带,都面临着地震后地质灾害频发、地质灾害隐患点剧增、灾害治理资金不足等难题。对极重灾区地质灾害治理和生态修复的难度、所需要花费的时间与面临的技术难题是在恢复重建时期预估不足的。震后10年来尽管各市县通过争取上级项目资金用于地质灾害隐患点的工程治理和应急排危除险,但相对于需要治理的隐患点的资金和技术需求,依然是杯水车薪。这就需要各级政府部门尤其是省级政府相关部门,对极重灾区县域地质灾害隐患点进行统一梳理和排查,统筹治理修复资金,统筹制订治理修复方案,加强对生态功能区的统一治理和保护。

二是急需统筹极重灾区县域基础设施建设。"5·12"汶川特大地震使极重灾区县域公路等交通基础设施严重损毁,经过震后10年的恢复建设,极重灾区县域交通条件尤其是县境内交通条件得以全面改善。但对于山区和民族地区县域来说,相邻不相通的问题依然存在,交通尤其对外通道依然是制约发展的一大瓶颈。目前,连接茂县、阿坝县与成都平原的绵茂公路(绵竹市—茂县)仍未完全打通①,北茂公路(北川县—茂县)一遇雨季就会因塌方、泥石流等地质灾害而难以通行,这几乎阻断了山区县域的对外通道,直接影响到沿线旅游业及相关产业的发展。这一问题的解决既需要省级相关部门打破市/州、县域行政区划界线统筹规划交通干线、统筹建设资金,也需要相邻县域携手合作共同建设。

三是急需统筹极重灾区县域产业发展布局。目前,极重灾区县域在工业、农业、旅游业等方面产业同质化问题突出,传统资源型工业(以水电、磷化工、水泥最为突出)、休闲农业、生态农业、休闲旅游业、生态旅游业等同质化趋势越来越突出,加剧了极重灾区县域之间的同质化竞争,削弱了区域整体竞争力。只有打破县域行政区划界线,使具有相同或相似资源优势的县域联手连片发展,打造区域生态农业、休闲旅游、生态旅游、旅游康养品牌,才能增强区域竞争力,使具有不同资源优势的县域互补互通发展。生态功能区禁止开发县域可利用自身稀有矿产资源优势,与平原地区县域合作发展"飞地工业",形成合力推进传统工业企业转型,培育经济发展新动能。

---

① 2009年9月8日,由香港特别行政区政府出资20亿元援建的绵(竹)茂(县)路正式动工,预计2020年底全线通车。绵茂公路的绵竹市至茂县段路线起于绵竹市汉旺镇,沿绵远河上行,然后沿清水河逆流蜿蜒而上,经黑洞岩、小木岭、烂柴湾、长河坝上行于牛圈沟,通过兰家岩隧道穿越九顶山,出洞下行,经茅香坪止于土地岭隧道北出口(北川段)与茂北线相接,全长56千米,是绵竹市乃至四川省最艰巨的交通灾后重建工程。

16.3　从要素驱动转为创新驱动

改革开放以来，中国充分发挥劳动力和资源等生产要素低成本的比较优势，获得了经济上的起飞。近年来，随着劳动力、土地、资本等要素成本上升，资源环境压力加大和老龄化程度加深，中国在人口、资源等方面的红利逐渐消失。再加上 2008 年国际金融危机以来，世界经济疲软，外需不兴，我国传统经济增长出口动力也逐步减弱，必须要寻求发展方式转变的新动能。相比劳动力、资源等生产要素，技术创新具备门槛较高、附加值高、模仿时间长等特征，在技术创新基础上的生产应用更具备相对长期竞争优势。因此，以技术创新为引领的产业创新、业态创新，会成为未来可持续竞争战略的必然选择。

自 2011 年德国政府提出"工业 4.0"项目、中国政府提出《中国制造 2025》以来，以信息技术、物联网技术、人工智能等先进技术为引领的第四次工业革命方兴未艾，以新技术、新产业、新业态等构成的新动能正在不断形成。《2017 年全球创新指数报告》显示，中国在全球被评估的 127 个国家（地区）中的排名从 2013 年的第 35 位攀升到第 22 位，5 年中名次提升 13 位。中国 GII（global innovation index，全球创新指数）排名的提升得益于创新投入和产出两个方面的指标表现良好。一级指标中，相较 2016 年，中国制度指标排名第 78 位，上升了 1 位；人力资本与研究指标排名第 25 位，上升了 4 位；基础设施指标排名第 27 位，上升了 9 位；知识与技术产出指标排名第 4 位，上升了 2 位；创意产出指标排名第 26 位，上升了 4 位。21 个二级指标中有 16 个指标排名呈上升趋势，其中，知识的影响指标排名提升最多，为 10 个位次；其次为创意产品和服务指标，提升了 7 个位次，信贷指标提升了 6 个位次，高等教育、信息通信技术和创新关联指标均提升了 5 个位次。[①]这表明，创新驱动引领中国经济转型发展的新动能已经基本形成。

党的十八大以来，我国经济发展已逐渐进入以创新发展理念为引领的新时代。《国家创新驱动发展战略纲要》《中国制造 2025》《"十三五"国家科技创新规划》等一系列创新发展战略和政策法规体系为创新引领提供了制度保障。实施创新驱动发展战略，基础在县域，活力在县域，难点也在县域，县域的创新是实现中国创新驱动战略的关键。为此，2017 年 5 月 11 日国务院办公厅发布了《国务院办公厅关于县域创新驱动发展的若干意见》（以下简称《意见》），明确提出了创新驱动、人才为先、需求导向、差异发展的基本原则，提出了"到 2020 年，县域创新驱动发展环境显著改善，创新驱动发展能力明显增强""到 2030 年，县域创新驱动发展环境进一步优化，创新驱动发展能力大幅提升"的"两步走"

---

① 数据来自《2017 年全球创新指数排名发布，中国上升至 22 位！》，http://www.sohu.com/a/149659296_177360，2017 年 12 月 22 日。

目标,并部署了加快产业转型升级、培育壮大创新型企业等八大重点任务。[①]《意见》为我国县域创新驱动提供了行动指南,针对极重灾区县域具体情况,作者以为极重灾区县域要实现从要素驱动型向创新驱动型转变,需要重点从以下几个方面着手。

16.3.1　完善创新创业体制机制

创新驱动,不仅是技术创新、产品创新、业态创新,也包括制度创新、商业模式创新等。制度经济学关于制度变迁的相关理论表明,制度创新常常受对旧有制度的路径依赖或来自既得利益集团的阻力等方面的影响而难以推进,制度创新可能比技术、产业等方面的创新更难。但制度创新往往有可能成为解放生产力、推进跨越式发展的最强有动力,如我国改革开放以来的多次制度创新对我国实现经济腾飞的影响。

长期以来,极重灾区县域因受自身区位、交通和其他资源禀赋的影响,基本形成了依靠土地、劳动力、自然资源、资本等要素的粗放型要素驱动发展模式,目前还有一些县域将发展重点放在招商引资、资源型工业上,绿色、创新等新理念还主要停留于规划上,而在产业转型升级方面缺乏动力和有效措施。目前制约极重灾区县域从要素驱动型转向创新驱动型的首要障碍还是观念和机制,必须要从体制机制入手,进一步优化创新环境。从政府职能转变、财政和金融政策支持、管理服务等方面入手,建立激励创新的长效机制,营造良好的创新环境,尊重企业、行业、社会组织、个体的自主性和创新精神,激发创新活力,形成从中央到省、市、县、镇乡、村的多级创新联动机制,激发各级政府组织、社会团体、民间机构、个人的创新热情和潜能。加强县(市)科技管理队伍建设,提高县(市)科技部门管理和服务能力,加强其对乡镇科技工作的指导。

16.3.2　加快传统产业转型升级

加快传统产业转型升级是实现要素驱动型向创新驱动型转变的首要任务。极重灾区县域长期以来大多依托自身的资源优势形成了以资源等要素为依托的资源型产业格局。以什邡市、绵竹市为代表的老工业基地县域,因为九顶山省级自然保护区探、采矿权依法有序退出所带来的一系列问题,面临着传统磷矿石产业的关停并转。这类县域要抓住新一轮国家推进县域创新驱动支持传统产业转型升级的契机,加快培育航天航空、生物医药、新材料等战略性新兴产业发展。什邡市要加快传统烟草种植、加工和商业模式转型升级,创新烟叶种植、生产加工、文

---

① 《国务院办公厅关于县域创新驱动发展的若干意见》,http://www.gov.cn/zhengce/content/2017-05/24/content_5196268.htm, 2017年12月22日。

化营销模式,尽快形成以"雪茄文化"为主题的创意农业、创意工业、创意服务业,打造雪茄产业园区,实现第一产业、第二产业、第三产业的聚合效应和品牌效应。绵竹市要加快传统白酒产业的转型升级,加快推进白酒产业园区建设,加快传统白酒企业向园区聚集,加大技术改造力度,提升品质。同时要创新商业模式,将酿酒文化、酿酒工艺、酿酒体验旅游有机融合,形成新的县域经济增长点。

以平武县、青川县、汶川县、茂县、北川县为代表的山区或民族地区县域,目前的主导产业还主要是水电、矿产、化工,以及传统农业。这些县域以水电、矿产和化工为主导的工业已因主体功能区战略下的生态红线而逐渐受到限制,需要寻求新的产业发展支柱。这类县域一方面要抓住国家生态功能区建设机遇,用活国家生态补偿政策,将优势生态资源转化为生态产业,推动生态农业、生态工业、生态旅游业等生态产业发展;促进农业+旅游+康养+电商等的有机融合,积极发展有机农业、观光农业、创意农业、电子商务等新业态。另一方面可以利用自身民族文化资源优势,大力发展文化创意产业、民族文化产业,推进文化+农业、文化+旅游、文化+互联网,将文化优势资源转化为文化优势产业。

16.3.3　加强创新创业载体建设

产业园区是产业聚集的载体,目前极重灾区县域基本上都建立起了县域的经济开发区或工业园区、农业产业园区、电商产业园区,但这些园区大多入驻企业较少,入驻的高新技术企业更显不足,没有充分发挥产业聚集的功能。极重灾区县域需要根据自身实际,以产业转型升级为导向,对各类园区进行有效整合,积极推进县域经济技术开发区、工业园区、农业产业园区向高新技术开发区、创新创业孵化园区、农业高新技术产业开发区转型升级。例如,彭州市、什邡市、绵竹市和安县等区位条件与工业基础较好的平原地区县域,主动融入区域中心城市高新技术产业园区规划,积极推进创新创业孵化园区建设,搭建能有效聚合战略性新兴产业、高新技术产业、文化创意产业、电子商务产业等新兴产业的平台,加快推进传统工业的转型升级和战略性新兴产业的发展。加快推进现代农业产业园向农业高新技术产业园区的转型升级,搭建能聚合农业高新技术企业、农业高新技术研究机构(高校)的有效平台,加快农业产、学、研一体化发展,为县域农业科技化、现代化打下可靠基础。青川县、平武县、北川县、汶川县、茂县等地处偏远山区的山区县和民族地区县域,可以充分发挥民族文化资源、生态资源、旅游资源等方面的比较优势,建设文化创意博览园,聚合民族文化创意龙头企业、民族特色产品龙头企业、民族文化旅游龙头企业、农村电商龙头企业等,逐渐形成规模和合力,推进民族地区和山区县域资源型产业转型升级,打造品牌县域、品牌镇村、品牌产品,形成县域可持续发展的竞争优势。

16.3.4　积极聚集创新创业人才

创新是人的活动,创新能力的提高有赖于人力资本的提高。习近平总书记在2014 年 8 月 18 日中央财经领导小组的第七次会议上也提出"创新驱动实质上是人才驱动"的科学论断。但长期以来,极重灾区县域自然环境比较闭塞、经济发展比较落后、教育事业发展比较滞后,严重阻碍了当地人力资本的培养和积累。因此,极重灾区完成产业结构转型和实现创新发展的前提就在于引入先进技术和人才,尤其是农业技术人才。

极重灾区应完善人才工作机制,通过搭建多种人才平台,引进高端人才。当地政府应围绕引进人才,开展人才需求调研活动。推进当地企业与全国高校、科研机构建立技术联盟,促进高校与企业之间的交流和产学研对接转化。另外,当地企业应与信息化技术企业建立长期有效的合作机制。在经济日益信息化、数字化的趋势下,移动互联、大数据等技术是推动经济快速发展的前沿技术。当地企业可以与 IT 巨头企业建立合作机制,充分利用互联网技术,发展当地的特色农业,形成线上渠道产、供、销一体化的发展模式。

16.4　从政府主导转为市场决定

政府和市场在经济生活中究竟应该扮演什么样的角色,从古典政治经济学的鼻祖亚当·斯密那里就开始了讨论,这一问题在我国学术界的争论也由来已久,形成的观点也五花八门。直到党的十七届五中全会公报中明确了市场在资源配置中起基础性作用,这一争论才暂告一段落;党的十八届三中全会公报又进一步明确为市场在资源配置中起决定性作用。这表明我党对政府与市场关系的认识在不断深化,也表明我党尊重市场规律的科学态度。

在县域经济这一层面,政府主导作用历来就很明显,政府主导型县域经济发展模式也是县域经济发展的主要模式。而县域作为国民经济的基本单元,县域的活力决定着整个国民经济的活力,县域市场化决定着整个经济体市场化进程。在社会主义现代经济体系越来越完善的大趋势下,极重灾区县域需要进一步理顺政府和市场的关系,必须要充分发挥市场在资源配置中的决定性作用,激发市场活力、激活要素、激活主体,并更好发挥政府作用,优化其对市场和经济主体的监管,实现市场有效和政府有为的统一。

16.4.1　充分发挥市场的决定作用

经济学中所讲的市场在资源配置中起决定作用,就是市场机制在资源配置中起决定性作用,而不是政府(计划)。价格机制、供求机制、竞争机制是市场机制的最主要内容，或者说市场在资源配置中起决定作用主要是通过价格机制、供求机制、竞争机制来实现的。价格机制在资源配置中起决定作用是指，要素价格、商品价格等都是由买卖双方认可并协议形成的价格。供求机制在资源配置中起决定作用是指，市场自动均衡形成的价格决定供求均衡数量，即供大于求时价格下跌引导供给减少；反之亦然。竞争机制在资源配置中起决定作用是指，生产要素和产品市场会青睐那些产品价格更低、质量更优的厂商，最终形成优胜劣汰的局面。可以将市场机制简单概括为：供求决定价格，价格决定生产要素和产品的流向，进而实现优胜劣汰。可见，由价格机制、供求机制、竞争机制等市场机制决定要素市场、产品市场价格及流向，是发挥市场在资源配置中的决定作用的基础和前提。

第一要加快推进要素市场化。要素市场化是市场在资源配置中起决定性作用的基础和前提。目前，极重灾区县域生产要素市场化程度还不是很高，土地制度、户籍制度、金融制度对生产要素市场化形成了一定程度的制约。基于此，极重灾区县域还需要进一步深化土地制度、户籍制度和金融政策等方面的改革，积极推进要素市场化。一是要深化土地制度改革，加快土地确权认证工作，推动土地市场化流转，实施农业规模化经营，最终实现农业的现代化转型。二是要深化户籍制度改革，打通农村剩余劳动力自由转移的障碍，推动城乡劳动力市场化；要加快城镇化步伐，完善县城及重点镇功能，鼓励农村居民在本地就业落户，实现农民就地转移、就地市民化。三是要加快农村金融体系改革，针对农村金融市场特点设计创新金融产品，实施创新型的抵押担保贷款，打通农业经营大户、农业龙头企业、家庭农场等中小微经营者和企业融资难的瓶颈。

第二要加快推进产品市场化。产品市场化是市场在资源配置中起决定性作用的集中表现。极重灾区县域大多处于偏远山区，拥有得天独厚的生态资源、农业资源和旅游资源。但这些优势资源的开发利用受到地理区位、交通条件、技术条件动能制约，开发程度还较低，资源优势还没有完全转化为产业优势和竞争优势。要将优势资源转化为优势产业，必须要加快要素和产品市场化进程。产品市场化的关键是特色化和品牌化，极重灾区县域一是要充分利用自身的优势资源，在生态、有机、健康等方面形成特色，拓展农业产业链、旅游产业链，打造县域特色，实现一县一特色。二是要着力打造县域品牌，要以消费者需求为导向，推出差异化、高质量的产品和服务，形成有比较优势和竞争力的地方品牌，实现一村一品牌。三是要充分发挥"互联网+"的作用，探索线上、线下多重渠道销售模式，借助"农业+互联网""旅游+互联网""文化+互联网""农场（农户）+互联网""镇/村+互联网"等模式，将偏远山区的特色产品、特色品牌推向国内外更广阔的市场。

第三要激发民间资本的活力。县域经济的特殊性决定了民间投资将是过去及未来发展的主体。如图 16-1 所示，10 县（市）2007 年民营经济增加值占 GRP 的比重为 33.0%～54.1%不等，最高的是都江堰市达到 54.1%，最低的是汶川县仅 33.0%；到 2016 年，10 县（市）中除了彭州市和茂县，其他县（市）民营经济增加值占 GRP 的比重与 2007 年相比都有不同程度的上升，上升幅度在 3.0～21.2 个百分点，上升幅度最大的是安县达 21.2 个百分点，最小的是都江堰市仅 3.0 个百分点；彭州市和茂县有一定下降。总体来看，2016 年 10 县（市）民营经济增加值占 GRP 的比重大多都在 50%以上，最高的安县达 70.9%，只有彭州市和茂县在 50%以下。但从 9 年间 GRP 与民营经济增加值年均增速看，除了彭州市民营经济增加值年均增速略低于 GRP 年均增速，其余 9 县（市）民营经济增加值年均增速都高于 GRP 年均增速。

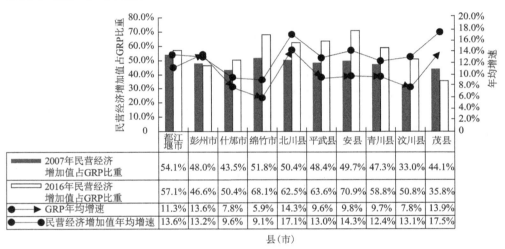

	都江堰市	彭州市	什邡市	绵竹市	北川县	平武县	安县	青川县	汶川县	茂县
■ 2007年民营经济增加值占GRP比重	54.1%	48.0%	43.5%	51.8%	50.4%	48.4%	49.7%	47.3%	33.0%	44.1%
□ 2016年民营经济增加值占GRP比重	57.1%	46.6%	50.4%	68.1%	62.5%	63.6%	70.9%	58.8%	50.8%	35.8%
● GRP年均增速	11.3%	13.6%	7.8%	5.9%	14.3%	9.6%	9.8%	9.7%	7.8%	13.9%
● 民营经济增加值年均增速	13.6%	13.2%	9.6%	9.1%	17.1%	13.0%	14.3%	12.4%	13.1%	17.5%

县（市）

图 16-1　10 县（市）2007 年与 2016 年民营经济增加值占 GRP 比重及年均增速

其中都江堰市数据为 2007 年与 2015 年数据，茂县为 2010 年和 2016 年数据

可见过去 9 年，极重灾区县域民营经济有快速发展势头，这成为极重灾区县域经济增长的主要支柱。从全国县域经济发展较发达的东部地区发展经验看，县域经济强则省域经济强，民营经济越强则县域经济也越强。因此，进一步激发民营经济活力，吸引民间投资向极重灾区县域流动，是极重灾区县域未来发展的一个重要战略取向。激发民间投资活力，需要进一步完善投资环境，挖掘县域比较优势、品牌优势，形成县域可持续发展的新动力。

16.4.2　规范和优化政府的服务职能

无论是从理论研究还是政策层面，早已明确了政府在宏观调控、市场监管、社会管理和公共服务四大领域的基本职能。但目前对县级政府职能的界定主要停留在学术探讨层面，还没有明确的政策和操作层面的县级政府职能划分。有学者提出"宏观调控和市场监管应是较高层级的中央政府和省级政府的主要职能，对处于较低层次的县级政府和乡镇政府而言，其职能应主要定位于社会管理和公共服务上"（王明清和赵丽艳，2014）。也正是基于此，尽管县级政府向服务型政府转变的方向早已明确，但实质性进展却难见到。目前我国经济社会体制改革已进入深水区，创新驱动战略及构建现代经济体系的现实需求，使政府职能转变尤其是县级政府职能转变迫在眉睫。

推进县级政府向服务型政府转变，其必要性和紧迫性主要基于县级政府作为国家宏观管理与微观管理的纽带、连接城乡的纽带，既是国家大政方针的执行者又是县域经济社会发展的指挥者，承载着承上启下的重大使命。作者认为，推进县级政府向服务型政府转变，必须要着力于以下几点。

一是要尽快退出资源配置领域。长期以来，县级政府既是县域治理者，也是各类资源的配给者、决策者，一些县级政府已习惯于将过多时间和精力用在项目审批、招商引资等直接干预经济活动的事务上，在一些领域甚至直接扮演着经济活动主体的角色。这使得县域经济发展主要取决于县级政府主要领导者的治理水平和其经营县域经济的能力。目前一些县域出现的如产能过剩、盲目引进、地方债务、生态环境恶化、公共服务缺失等问题，往往都与县级政府对资源配置干预过多或干预不当，以及市场监管、公共服务缺位有密切关系。西方市场经济国家及我国改革开放多年的实践证明，市场机制是最高效的资源配置方式，因此，在资源配置、微观经济活动等领域应该由市场这只看不见的手发挥作用，政府的过多干预会造成不必要的浪费和低效率。基于此，极重灾区县级政府要习惯在项目审批、招商引资、企业经营活动等方面放手于市场。

二是要加强市场监管与服务功能。虽然市场配置资源效率最高，但市场在某些领域某些时候也有失灵的时候，在市场失灵的领域需要政府这只看得见的手的干预。市场失灵的领域通常主要有公共服务、环境治理、市场监管等。目前创新、协调、绿色、开放、共享五大发展理念已成为我国发展的主旋律，促进更加公平、更加协调、更加绿色的发展，让广大人民群众共享发展成果、有更多的获得感和幸福感，是我们党和各级政府的职责所在。因此，作为基础的县级政府应该从资源配置领域退出，将更多的人力、物力投入到公共服务保障、生态文明建设、市场监管等领域，为县域经济发展和人民福祉的提高保驾护航。

参 考 文 献

奥斯特罗姆 E. 2000. 公共事物的治理之道: 集体行动制度的演进. 余逊达, 陈旭东译. 上海: 上海三联书店: 51.

奥斯特罗姆 E, 等. 2000. 制度激励与可持续发展: 基础设施政策透视. 陈幽泓, 等译. 上海: 上海三联书店: 46.

北京大学新闻与传播学院"汶川灾后重建模式研究"课题组. 2011. 汶川灾后重建模式研究——以广州市对口援建汶川县城威州镇为例. 经济研究参考, (14): 2-3.

北京日本学研究中心, 神户大学. 2009. 日本阪神大地震研究. 宋金文, 邵建国译. 北京: 北京大学出版社: 87.

边慧敏, 杨旭, 冯卫东. 2013. 社会工作介入灾后恢复重建的框架及其因应策略. 社会科学研究, (05): 122-128.

陈蓓蓓, 李华燊, 吴瑶. 2011. 汶川地震灾后重建理论述评. 城市发展研究, (03): 105-111.

陈红莉, 丁惠芳. 2016. 新型城镇化背景下的灾后农村社区重建模式研究. 理论与改革, (06): 124-128.

陈华恒, 蒋远胜, 王玉峰. 2010. 汶川地震灾后对口援建资金运行机制、问题及对策. 西南金融, (11): 21-23.

陈建西, 何明章, 刘学伟. 2011. 四川地震灾区灾后重建的农业可持续发展评价指标设计. 广东农业科学, (10): 161-163.

陈锦蓉. 2009. 基础设施重建对灾后经济发展作用研究. 哈尔滨: 哈尔滨工业大学.

陈静. 2013. 区域经济发展中的对口援助模式与运行研究. 成都: 西南财经大学: 92.

陈世栋. 2014. 废墟上的契机: 汶川地震灾后重建研究. 北京: 中国农业大学.

陈曦. 2013. 创新驱动发展战略的路径选择. 经济问题, (03): 42-45.

丛守武. 2011. 感恩丛书: 山西·茂县 人说晋茂好风光. 成都: 四川人民出版社.

崔玮, 潘月杰. 2009. 区域经济辐射理论与研究述评. 特区经济, (03): 277-279.

戴翔. 2013. 城乡统筹背景下乡村灾后重建研究: 以绵竹为例. 南京: 南京大学: 64.

邓丽, 邓玲. 2011. 推进汶川地震灾区可持续发展的对策研究. 西南民族大学学报(人文社会科学版), (05): 125-128.

邓文国. 2011. 感恩丛书: 江苏·绵竹 彩绘新家园. 成都: 四川人民出版社.

丁一, 俞雅乖. 2012. 气候变化下灾后重建的低碳农业发展研究——基于"低碳广元"的视角. 农村经济, (10): 63-66.

董传岭. 2012. 资源环境约束下的中部地区县域经济发展研究. 武汉: 华中科技大学: 72.

杜漪. 2009. 汶川地震重灾区新农村社区重建模式研究. 河北经贸大学学报, (06): 75-80.

段利杰. 2011. 北川县灾后振兴发展战略研究. 成都: 西南交通大学: 36.

段志成, 陈通, 杨秋波. 2013. 灾后基础设施重建中公众参与的行为框架及路径分析. 天津大学学报(社会科学版), 15(01): 54-60.

范方, 耿富磊, 张岚, 等. 2011. 负性生活事件、社会支持和创伤后应激障碍症状: 对汶川地震后青少年的追踪研究. 心理学报, 43(12): 1398-1407.

范如国. 2014. 复杂网络结构范型下的社会治理协同创新. 中国社会科学, (04): 98-120, 206.

冯年华. 2003. 区域可持续发展理论与实证研究——基于创新与能力建设角度. 南京: 南京农业大学: 86-92.

傅丽萍. 2014. 震后基础设施重建中的公私合作问题研究. 上海: 华东师范大学: 52.

辜胜阻, 李华, 易善策. 2010. 推动县域经济发展的几点新思路. 经济纵横, (02): 34-38.

顾东辉. 2009. 生命价值、生命能量激发与制度保障: 灾后社会工作的多元反思. 社会, (03): 159-166.

顾新. 2002. 区域创新系统论. 成都: 四川大学: 61.

郭岚. 2009. 汶川大地震灾后恢复重建社会援助的路径障碍与对策. 经济体制改革, (05): 58-61.

郭岚. 2010. 中国特色的对口援建: 成就、问题与政策建议. 西南金融, (10): 45-47.

韩俊. 2010. 灾后重建的成效、困难与对策. 四川行政学院学报, (03): 32-34.

韩正清, 杨明明. 2011. 灾后交通基础设施恢复重建融资方式选择. 重庆交通大学学报(社会科学版), 11(05): 22-25.

韩自强, 巴战龙, 辛瑞萍, 等. 2016. 基于可持续生计的农村家庭灾后恢复研究. 中国人口·资源与环境, 26(04): 158-167.

郝冀川. 2011. 感恩丛书: 浙江·青川: 钱塘江水润青川. 成都: 四川人民出版社.

郝冀川, 万时红, 龚秋晨. 2011. 感恩丛书: 广东·汶川 美好新汶川. 成都: 四川人民出版社.

何传启. 2009. 生态现代化与灾后重建. 世界科技研究与发展, 31(01): 190-193.

贺永红. 2006. 东方公司竞争优势与竞争战略研究. 南京: 东南大学: 64.

胡鞍钢. 2008. 特大地震灾害的应对周期. 清华大学学报(哲学社会科学版), (04): 5-14, 159.

胡鞍钢. 2012. 中国特色的PPP——汶川地震灾后重建机制创新//中国科学院——清华大学国情研究中心, 胡鞍钢. 国情报告(第十一卷·2008年(上)). 北京: 党建读物出版社, 社会科学文献出版社: 167-176.

胡丹. 2014. 我国产业梯度转移及其调控研究. 武汉: 武汉理工大学: 89.

胡敬斌. 2013. 我国西部地区可持续发展的制度安排——以毕节试验区为例. 长春: 吉林大学: 62.

胡正明, 郑予捷, 沈鹏熠. 2009. 基于可持续发展的地震灾区生态重建路径与机制研究. 农村经济, (05): 49-53.

黄承伟, 陆汉文. 2011. 汶川地震灾后贫困村重建: 进程与挑战. 北京: 社会科学文献出版社.

黄寰. 2009. 生态修复中的价值标尺与机制创新——汶川地震灾区生态价值补偿. 西南民族大学学报(人文社会科学版), 30(03): 16-21.

黄寰. 2014. 汶川地震灾区生态经济系统耦合协调度评价研究——以十个极重灾区为例. 西南民族大学学报(人文社会科学版), (12): 150-153.

黄艳芳. 2011. 对口支援运行机制探析. 经济视角(中旬), (06): 180-181.

蒋静瞻. 2008. 对灾后重建资金保障工作的思考. 财政监督, (23): 69-70.

蒋林. 2011a. 感恩丛书: 福建·彭州 八闽铸金彭. 成都: 四川人民出版社.

蒋林. 2011b. 感恩丛书: 上海·都江堰 共饮一江水. 成都: 四川人民出版社.

敬采云, 何苗, 雷文勇, 等. 2013. 后援建时代地震灾区可持续发展研究: 以北川县为例. 成都: 四川人民出版社.

李柏槐. 2011. 论旅游统筹全域景区的建设和发展——以汶川县地震灾后重建发展文化旅游为例. 中华文化论坛, (04): 157-162.

李国政. 2011. 比较优势、产业转移及经济发展——兼论四川承接产业转移问题研究. 华东经济管理, (02): 36-40.

李文东. 2009. 四川灾后重建中的产业优化重建. 理论与改革, (05): 72-74.

李雪萍. 2009. 灾后村庄重建: 公共产品供给——以四川省德阳市中江县光明村为例. 社会主义研究, (04): 42-47.

李彦之. 2017. 灾后重建可持续性融资难题与专项债券破解路径. 地方财政研究, (01): 36-42.

林珂. 2013. 汶川地震灾区重建中潜在的高碳化探析. 学术交流, (08): 98-101.

凌蓉. 2011. 感恩丛书: 河北·平武 燕赵壮歌. 成都: 四川人民出版社.

凌耀初. 2003. 中国县域经济发展分析. 上海经济研究, (12): 3-11.

刘碧. 2010. 基于产业梯度转移理论的我国产业转移问题研究. 科技创业月刊, 23(11): 1-4.

刘鸿渊. 2012. 农村社区性公共产品供给合作行为研究——基于嵌入的理论视角. 社会科学研究, (06): 101-107.

刘俊杰, 白雪冰. 2017. 创新驱动区域发展: 研究现状与展望. 区域经济评论, (02): 154-159.

刘奇葆. 2011. 社会主义制度铸就抗震救灾伟大奇迹. 求是, (09): 12-15.

刘世庆. 2008. 四川工业: 从灾后重建走向产业复兴. 西南金融, (07): 15-18.

刘铁. 2010. 论对口支援长效机制的建立——以汶川地震灾后重建对口支援模式演变为视角. 西南民族大学学报(人文社会科学版), (06): 98-101.

刘智勇, 刘文杰. 2012. 公共危机管理多元主体协同研究述评——以近 10 年来国内期刊论文研究为例. 社会科学研究, (03): 59-64.

卢现祥, 朱巧玲. 2007. 新制度经济学. 北京: 北京大学出版社: 78.

陆昇. 2009. 从汶川抗震救灾看改革开放三十年来我国政府应急管理机制的发展. 四川警察学院学报, 21(02): 8-14.

罗志辉, 傅元海. 2002. 县域经济特征与政府干预模式初探. 广东商学院学报, (06): 64-68.

罗仲平. 2006. 西部地区县域经济增长点研究. 成都: 四川大学: 54.

吕蕾莉, 陈炜. 2015. 舟曲泥石流灾后重建中受灾农民的可持续生计模式探讨. 湖南农业科学, (02): 117-122.

苗东升. 2006. 论系统思维(六): 重在把握系统的整体涌现性. 系统科学学报, (01): 1-5, 81.

诺思 D. 1992. 经济史上的结构和变迁. 厉以平译. 北京: 商务印书馆: 228.

诺思 D. 2008. 理解经济变迁过程. 钟正生, 刑华, 等译. 北京: 中国人民大学出版社: 10.

欧阳敏, 周维崧. 2011. 我国统筹城乡发展模式比较及其启示. 商业时代, (03): 13-14.

裴谕新. 2011. 性、妇女充权与集体疗伤——关于四川地震灾区刺绣小组的个案研究. 开放时代, (10): 36-48.

皮坤乾. 2008. 中国特色社会主义共同理想教育: 问题及对策. 福建论坛(社科教育版), (06): 69-72.

蒲实, 廖祖君. 2010. 灾后重建四大难题亟待破解. 农村经济, (07): 49-51.

钱正荣. 2017. "重建得更好": 国际灾后重建的政策创新及其实践审视. 中国行政管理, (01): 131-136.

覃继牧, 易峥, 何波, 等. 2009. 生态安全目标导向下的灾后重建规划模式探讨. 城市规划, (11): 65-68, 78.

萨瓦斯 E. 2002. 政府治理与改革系列: 民营化与公私部门的伙伴关系. 周志忍, 等译. 北京: 中国人民大学出版社: 105.

桑涛, 罗福周. 2008. 基于系统集成理论的建设项目管理与实施研究. 建筑经济, (08): 70-72.

上海市对口支援都江堰市灾后重建指挥部. 2010. 基于可持续发展与长效合作的对口援建机制探索——上海对口支援都江堰城市灾后恢复重建模式的实践分析. 四川行政学院学报, (03): 27-31.

盛洪. 2003. 现代制度经济学(上). 北京: 北京大学出版社: 290.

石盛林. 2011. 我国县域制度变迁路径分析及启示. 农业经济问题, 32(03): 87-91, 112.

世界环境与发展委员会. 1997. 我们共同的未来. 国家环保局外事办公室译. 长春: 吉林人民出版社.

宋林. 2011. 感恩丛书 辽宁·安县 辽河情溢安州. 成都: 四川人民出版社.

孙早, 杨光, 李康. 2015. 基础设施投资促进了经济增长吗——来自东、中、西部的经验证据. 经济学家, (08): 71-79.

谭聪, 谭大璐, 申立银. 2009. 基于可持续发展理念的灾后重建思考. 科技进步与对策, (21): 141-143.

王岱, 张文忠, 余建辉. 2010. 国外重大自然灾害区域重建规划的理念和启示. 地理科学进展, 29(10): 1153-1161.

王海燕, 郑秀梅. 2017. 创新驱动发展的理论基础、内涵与评价. 中国软科学, (01): 41-49.

王洪波, 何思南. 2011. 对口援建是极具中国特色的制度安排. 经济研究参考, (14): 3-11.

王洪涛. 2009. 制度经济学: 制度及制度变迁性质解释. 2版. 上海: 复旦大学出版社: 10.

王佳玲, 苏曲哈. 2011. PPP模式在灾后基础设施重建中的应用. 合作经济与科技, (08): 55-56.

王来军. 2014. 基于创新驱动的产业集群升级研究. 北京: 中共中央党校: 54.

王明清, 赵丽艳. 2014-01-11. 切实转变县级政府职能. 吉林日报, 005.

王霞, 淳伟德, 董文强. 2009. 以制度创新统筹推进灾后重建. 宏观经济研究, (09): 54-59.

王小兰. 2009. "汶川大地震"对四川旅游经济的影响及对策思考. 商场现代化, (04): 203-204.

王莹. 2010. 制造业企业竞争战略、竞争优势与企业绩效关系的实证研究. 哈尔滨: 哈尔滨工业大学.

王颖, 董垒. 2010. 我国灾后地方政府对口支援模式初探——以各省市援建汶川地震灾区为例. 当代世界与社会主义, (01): 131-136.

韦克难, 黄玉浓, 张琼文. 2013. 汶川地震灾后社会工作介入模式探讨. 社会工作, (01): 56-64.

魏英瑛, 白海娜, 牟岩, 等. 2008-10-09. 公共服务体系灾后重建的国际经验. 中国财经报, 004.

文军, 何威. 2016. 灾区重建过程中的社会记忆修复与重构——以云南鲁甸地震灾区社会工作增能服务为例. 社会学研究, (02): 170-193, 244-245.

伍奕. 2011. 感恩丛书: 山东·北川 再造新北川. 成都: 四川人民出版社.

夏南凯, 宋海瑜. 2008. 汶川5·12地震灾后重建工作的风险分析与应对. 城市规划学刊, (04): 11-16.

夏少琼. 2013. 对口支援: 政治、道德与市场的互动——以汶川地震灾后重建为中心. 西南民族大学学报(人文社会科学版), (05): 8-13.

谢和平. 2010. 中国的力量: 从汶川地震与海地震后 20 天看中国的制度、文化和精神. 成都: 四川大学出版社.

邢宇皓, 袁祥. 2008. 文化重建: 为灾区群众建设新的精神家园. http://news.sohu.com/20080627/n257776352.shtml[2017-04-15].

熊彼特 J. 1990. 经济发展理论. 何畏, 易家详译. 北京: 商务印书馆: 73-74.

徐富海. 2008. 巴基斯坦的灾后重建方式. 中国减灾, (01): 36-37.

徐玖平, 郝春杰. 2008. 汶川特大地震灾后对口援建系统工程的综合集成模式. 系统工程理论与实践, (10): 1-13.

徐玖平, 卢毅. 2008. 地震灾后重建系统工程的综合集成模式. 系统工程理论与实践, (07): 1-16.

徐玖平, 杨春燕. 2008. 四川汶川特大地震灾后重建的产业集群调整分析. 中国人口·资源与环境, (06): 142-151.

徐淑升, 吴舜泽, 逯元堂, 等. 2008. 国内外灾后重建经验与启示. 环境保护, (13): 39-45.

严江. 2005. 四川贫困地区可持续发展研究. 成都: 四川大学.

严岩, 孙宇飞, 刘建昌, 等. 2008. 基于环境容量的汶川地震重建规划区环境适宜性评价. 生态学报, 28(12): 5826-5832.

杨成章. 2010. 西部贫困山区新农村建设研究——基于建设模式及其发展要素的视角. 成都: 西南财经大学: 64.

杨红. 2011. 基于可持续发展观的汶川地震重灾区旅游产业重建研究. 成都: 西南交通大学: 68.

杨继瑞. 2008. 以工代赈: 抗震救灾与重建家园的重要抉择. 高校理论战线, (06): 18-21.

杨团. 2011. 巨灾重建融资政策体系之探索. 学习与实践, (04): 85-98.

杨艳. 2010. 围绕新农村建设战略任务 加快推进灾后恢复重建——关于四川省绵阳市灾后重建与新农村建设结合的思考. 北京农业, (03): 1-3.

杨正文. 2013. 巨灾风险分担机制探讨——兼论"5·12"汶川大地震"对口援建"模式. 西南民族大学学报(人文社会科学版), (05): 1-7.

尹强. 2008. 汶川特大地震的反思与重建规划的思考. 城市规划, (07): 24-27, 31.

于进川. 2010. 试析灾后重建与生态文明建设的协调发展. 经济体制改革, (02): 178-181

于景元. 2005. 关于综合集成的研究——方法、理论、技术、工程. 交通运输系统工程与信息, (01): 3-10.

于景元. 2006. 钱学森综合集成体系. 西安交通大学学报(社会科学版), (06): 40-47.

于景元, 周晓纪. 2002. 从定性到定量综合集成方法的实现和应用. 系统工程理论与实践, (10): 26-32.

于永利. 2013. 灾后对口支援的模式与合作化转向. 今日中国论坛, (17): 310-312.

俞启元, 吕玉惠. 2012. 基于系统集成理论的施工项目成本运动模型研究. 财会月刊, (24): 53-55.

俞雅乖. 2010. 补充与合作: 民间组织参与灾后农村公共服务供给的模式创新. 经济体制改革, (01): 112-116.

翟进, 张海波. 2015. 巨灾的可持续恢复——"汶川地震"对口支援政策案例研究. 北京行政学院学报, (01): 15-22.

张常珊, 夏丹. 2010. 四川汶川特大地震灾后恢复重建的"中国模式"探讨. 前线, (S1): 28-29.

张谷. 2008. 推进"五大转移"重振四川旅游. 四川党的建设(城市版), (12): 37.

张和清. 2010. 社会工作: 通向能力建设的助人自助——以广州社工参与灾后恢复重建的行动为例. 中山大学学报(社会科学版), 50(03): 141-148.

张鸿, 林超文, 王平, 等. 2010. 地震灾后山区新农村恢复重建的实践探索. 江苏农业科学, (05): 507-510.

张家鏊, 王小刚, 罗仲平, 等. 2005. 县域经济发展与县域经济增长极的理论思考. 经济体制改革, (04): 141-143.

张克中. 2009. 公共治理之道: 埃莉诺·奥斯特罗姆理论述评. 政治学研究, (06): 83-93.

张来武. 2013. 论创新驱动发展. 中国软科学, (01): 1-5.

张莉. 2011. 四川地震灾区新农村文化建设研究. 成都: 西南财经大学: 64.

张衔, 吴海贤, 李少武. 2009. 汶川地震后四川产业重建与可持续发展的若干问题. 财经科学, (08): 102-110.

张艳红, 汤鹏主. 2009. 农业产业化经营: 汶川地震灾后重建农业发展思路的探索. 社会科学家, (10): 56-59.

张志宏, 曹玉洁. 2009. 对地震后县域经济恢复与重建的探讨——以汶川县域经济为例. 商场现代化, (07): 211-212.

张忠, 孔祥武, 张文, 等. 2013-05-12. 汶川彰显"中国精神"(巨灾重建 五年回眸)——写在汶川特大地震五周年之际(上). 人民日报, 001.

赵兵, 杜黎明. 2009. 四川地震灾区公共服务设施重建研究. 阿坝师范高等专科学校学报, 26(02): 31-34.

赵东辉. 2009. 以人为本视角下我国地震灾区恢复重建的政府对策研究. 武汉: 华中师范大学.

赵静, 薛强, 王芳. 2015. 创新驱动理论的发展脉络与演进研究. 科学管理研究, 33(01): 1-4.

赵明刚. 2011. 中国特色对口支援模式研究. 社会主义研究, (02): 56-61.

郑长德. 2008. 汶川大地震对全国及地区经济增长的影响分析及对策研究. 西南民族大学学报(人文社会科学版), 29(07): 75-79.

郑柳青, 邱云志. 2011. 基于灾后旅游重建的"汶川模式"研究. 四川师范大学学报(社会科学版), (03): 107-112.

郑鑫. 2005. 我国产业的梯度转移与区域经济协调问题研究. 郑州: 郑州大学.

中共中央文献编辑委员会. 2006. 江泽民文选. 第二卷. 北京: 人民出版社.

中共中央文献研究室. 2009. 十七大以来重要文献选编(上). 北京: 中央文献出版社.

钟开斌. 2011. 对口支援灾区: 起源与形成. 经济社会体制比较, (06): 140-146.

周晶璐. 2008. 印尼亚齐: 为防贪腐故意放慢重建速度. http://business.sohu.com/20080602/n257216463.shtml[2017-05-06].

周庆智. 2013. 论县级政府职能及其转变条件. 华中师范大学学报(人文社会科学版), (05): 13-21.

周维现. 2013. 中国欠发达县域经济发展研究. 武汉: 武汉大学: 62, 67.

周晓丽, 马晓东. 2012. 协作治理模式: 从"对口支援"到"协作发展". 南京社会科学, (09): 67-73, 79.

周玉梅. 2005. 中国经济可持续发展研究. 长春: 吉林大学.

朱希峰. 2008. 以"社区重建"为理念的灾后社会工作服务——上海社工灾后重建服务团在四川灾区. 社会工作上半月(实务), (11): 4-8.

邹坤. 2011. 感恩丛书: 北京·什邡 北京大道通什邡. 成都: 四川人民出版社.

O'Brien P W, Mileti D S, 任秀珍. 2004. 防震减灾、应急准备和反应及恢复重建的社会学问题. 世界地震译丛, (02):1-14.

杉安和也, 村尾修, 仲里英晃. 2008. インドネシアにおける 2004 年インド洋津波被災地の復興マスタープランとインフラ復興の現況. 日本建築学会大会学术讲演梗概集: 319-320.

Adrian M, Subramaniam R, Stephens M. 2005. Rebuilding a better Aceh and Nias: preliminary stocktaking of the reconstruction effort six months after the earthquake and tsunami. Jakarta: Consultative Group on Indonesia.

Bankoff G. 2004. Time is of the essence: disasters, vulnerability and history. International Journal of Mass Emergencies & Disasters, 22(03): 23-42.

Breslau J. 2010. Globalizing disaster trauma: psychiatry, science, and culture after the Kobe earthquake. Ethos, 28 (02): 174-197.

Smith G P, Wenger D. 2007. Sustainable recovery: operationalizing an existing agenda//Rodriguez H, Quarantelli E, Dynes R R, et al. Handbook of Disaster Research. New York: Springer: 234-257.

Stromberg D. 2007. Natural disasters, economic development, and humanitarian aid. The Journal of Economic Perspectives, 21(03): 199-222.

附　　录

附表 1　2007 年社会建设与生态建设维度公因子得分

地区	F_1	F_2	F_3	F_4
汶川县	-0.094 16	-0.690 74	-0.632 39	0.492 95
北川县	-0.394 82	-1.741 16	0.287 45	-0.599 28
绵竹市	1.489 46	-0.670 44	0.145 22	0.034 29
什邡市	1.182 80	-0.469 32	-0.101 62	0.021 67
青川县	-0.887 64	0.211 26	-0.040 22	-0.134 33
茂县	-0.833 14	-0.495 00	-0.233 98	0.295 18
安县	0.190 17	0.407 18	0.263 59	5.024 77
都江堰市	1.738 19	0.225 47	-0.487 35	-0.000 09
平武县	-0.966 36	0.929 54	0.125 39	-0.075 95
彭州市	1.193 38	0.584 68	0.296 32	-0.479 71
江油市	1.395 38	3.959 63	0.250 91	-0.799 07
三台县	1.318 85	-0.398 81	0.355 36	-0.154 64
盐亭县	-0.278 98	0.215 92	0.559 80	-0.210 99
梓潼县	0.758 66	-2.514 76	0.279 93	-0.607 56
广汉市	1.970 28	-0.792 76	-0.276 25	0.185 37
罗江县	0.302 32	0.216 30	-4.598 22	-0.536 01
中江县	0.944 48	-0.221 36	0.962 36	-0.328 74
旺苍县	0.163 48	0.011 97	0.335 66	0.093 03
剑阁县	-0.146 18	0.138 00	1.305 70	-0.531 57
苍溪县	0.180 27	0.144 74	1.730 09	-0.729 34
理县	-0.895 29	0.106 52	-0.540 69	0.068 68
松潘县	-0.766 76	0.045 75	-0.068 22	0.013 72
九寨沟县	-0.433 60	-0.022 21	-0.131 87	0.164 49
金川县	-0.943 07	0.106 69	-0.120 06	0.018 17
小金县	-0.914 92	0.097 88	-0.123 85	-0.032 57
黑水县	-0.721 72	-0.009 30	-0.041 43	0.065 85
壤塘县	-1.199 80	0.168 92	-0.038 41	-0.228 41
阿坝县	-1.167 68	0.174 09	0.191 23	-0.474 09

续表

地区	F_1	F_2	F_3	F_4
若尔盖县	−1.197 92	0.180 66	0.310 16	−0.344 31
红原县	−0.985 68	0.100 67	0.035 41	−0.211 53

附表 2　2007 年社会建设与生态建设维度公因子权重

类别	特征值	方差贡献率	累积方差贡献率	权重
第一公因子（F_1）	4.002	44.464%	44.464%	0.549
第二公因子（F_2）	1.167	12.972%	57.436%	0.160
第三公因子（F_3）	1.071	11.904%	69.340%	0.147
第四公因子（F_4）	1.052	11.690%	81.030%	0.144

附表 3　2007 年社会建设与生态建设维度指数与排名

地区	数值	位序	地区	数值	位序
汶川县	−0.1841	15	罗江县	−0.5521	27
北川县	−0.5393	24	中江县	0.5769	8
绵竹市	0.7364	5	旺苍县	0.1543	11
什邡市	0.5622	9	剑阁县	0.0571	12
青川县	−0.4786	20	苍溪县	0.2712	10
茂县	−0.5283	23	理县	−0.5438	25
安县	0.9318	3	松潘县	−0.4215	19
都江堰市	0.9184	4	九寨沟县	−0.2372	16
平武县	−0.3741	17	金川县	−0.5155	22
彭州市	0.7229	6	小金县	−0.5093	21
江油市	1.3211	1	黑水县	−0.3942	18
三台县	0.6899	7	壤塘县	−0.6700	30
盐亭县	−0.0667	14	阿坝县	−0.6531	29
梓潼县	−0.0324	13	若尔盖县	−0.6325	28
广汉市	0.9406	2	红原县	−0.5501	26

附表 4　2015 年经济发展与产业发展维度公因子得分

地区	F_1	F_2
汶川县	−1.175 62	1.813 90

地区	F_1	F_2
北川县	−0.445 05	−0.411 33
绵竹市	0.626 89	1.342 43
什邡市	0.563 76	1.652 41
青川县	−0.490 38	−0.638 79
茂县	−0.838 33	0.123 73
安县	0.226 59	−0.212 20
都江堰市	1.499 67	0.810 07
平武县	−0.580 83	−0.213 28
彭州市	1.239 57	1.048 08
江油市	2.076 99	0.607 76
三台县	1.761 15	−1.797 92
盐亭县	0.356 90	−1.295 65
梓潼县	0.044 74	−0.755 86
广汉市	1.433 76	2.012 60
罗江县	−0.375 95	0.594 88
中江县	2.085 60	−1.172 37
旺苍县	−0.195 08	−0.116 47
剑阁县	0.009 95	−0.699 75
苍溪县	0.381 52	−0.727 61
理县	−1.252 80	1.163 08
松潘县	−0.834 92	−0.051 51
九寨沟县	−1.017 36	0.623 27
金川县	−0.729 80	−0.527 74
小金县	−0.787 73	−0.427 00
黑水县	−1.156 69	0.758 70
壤塘县	−0.688 27	−0.812 78
阿坝县	−0.566 24	−1.050 53
若尔盖县	−0.440 51	−1.125 39
红原县	−0.731 52	−0.514 71

附表5　2015年经济发展与产业发展维度公因子权重

类别	特征值	方差贡献率	累积方差贡献率	权重
第一公因子（F_1）	9.79	69.931%	69.931%	0.836
第二公因子（F_2）	1.92	13.712%	83.643%	0.164

附表6　2015年经济发展与产业发展维度指数与排名

地区	数值	位序	地区	数值	位序
汶川县	−0.6853	22	罗江县	−0.2167	15
北川县	−0.4395	16	中江县	1.5513	2
绵竹市	0.7442	7	旺苍县	−0.1822	14
什邡市	0.7423	8	剑阁县	−0.1064	13
青川县	−0.5147	17	苍溪县	0.1996	9
茂县	−0.6806	21	理县	−0.8566	30
安县	0.1546	10	松潘县	−0.7064	25
都江堰市	1.3866	4	九寨沟县	−0.7483	28
平武县	−0.5206	18	金川县	−0.6967	24
彭州市	1.2082	5	小金县	−0.7286	27
江油市	1.8360	1	黑水县	−0.8426	29
三台县	1.1775	6	壤塘县	−0.7087	26
盐亭县	0.0859	11	阿坝县	−0.6457	20
梓潼县	−0.0866	12	若尔盖县	−0.5528	19
广汉市	1.5287	3	红原县	−0.6960	23

附表7　2015年社会与生态建设维度公因子得分

地区	F_1	F_2	F_3
汶川县	−0.504 02	1.058 88	0.461 22
北川县	−0.451 62	−0.953 33	1.560 24
绵竹市	0.826 70	−0.097 73	0.246 50
什邡市	0.893 98	0.712 80	−0.053 34
青川县	−0.546 50	1.567 56	3.292 87
茂县	−0.544 36	0.205 40	−1.084 89
安县	−0.096 71	−0.043 80	1.155 59

地区	F_1	F_2	F_3
都江堰市	2.105 32	0.352 93	−0.586 31
平武县	−0.429 81	0.262 15	−0.163 53
彭州市	1.464 54	0.056 55	0.228 24
江油市	1.665 80	−0.659 08	−0.260 39
三台县	0.955 74	−0.875 30	1.682 61
盐亭县	0.260 27	0.483 18	−1.010 06
梓潼县	0.124 14	−0.127 08	−1.001 18
广汉市	2.163 01	0.675 39	−1.073 72
罗江县	0.064 48	0.186 19	−0.996 00
中江县	1.266 32	−0.958 71	−0.272 05
旺苍县	−0.074 26	−1.126 52	0.141 29
剑阁县	−0.125 30	−1.131 77	0.515 80
苍溪县	0.131 86	−1.779 53	1.373 31
理县	−0.476 52	3.084 35	−0.025 67
松潘县	−0.619 15	0.611 71	0.503 13
九寨沟县	−0.415 80	0.517 13	−0.234 70
金川县	−0.754 83	1.196 91	−0.425 03
小金县	−1.033 44	0.164 03	−0.521 27
黑水县	−0.748 13	−0.166 96	−0.535 20
壤塘县	−1.021 72	0.003 66	−0.726 55
阿坝县	−1.242 93	−1.098 14	−0.746 52
若尔盖县	−1.454 70	−1.261 05	−0.615 20
红原县	−1.382 35	−0.859 83	−0.829 19

附表 8　2015 年社会与生态建设维度公因子权重

类别	特征值	方差贡献率	累积方差贡献率	权重
第一公因子（F_1）	3.887	43.190%	43.190%	0.586
第二公因子（F_2）	1.673	18.589%	61.779%	0.252
第三公因子（F_3）	1.072	11.912%	73.691%	0.162

附表9　2015年社会与生态建设维度指数与排名

地区	数值	位序	地区	数值	位序
汶川县	0.0463	13	罗江县	−0.0762	14
北川县	−0.2531	21	中江县	0.4563	10
绵竹市	0.4997	8	旺苍县	−0.3049	23
什邡市	0.6952	5	剑阁县	−0.2756	22
青川县	0.6073	7	苍溪县	−0.1498	17
茂县	−0.4425	24	理县	0.4947	9
安县	0.1190	11	松潘县	−0.1272	16
都江堰市	1.2282	2	九寨沟县	−0.1512	18
平武县	−0.2122	20	金川县	−0.2091	19
彭州市	0.9095	3	小金县	−0.6486	26
江油市	0.7680	4	黑水县	−0.5671	25
三台县	0.6112	6	壤塘县	−0.7153	27
盐亭县	0.1112	12	阿坝县	−1.1262	28
梓潼县	−0.1211	15	若尔盖县	−1.2702	30
广汉市	1.2646	1	红原县	−1.1611	29

后　记

　　2008 年的"5·12"汶川特大地震的破坏力震惊海内外，由党中央、国务院直接领导的抗震救灾及灾后恢复重建创造的中国奇迹同样令世人惊叹。10 年来，遭受重创的极重灾区县域从废墟中崛起，取得了灾后恢复重建、灾区发展振兴的惊人成就，灾区面貌发生了翻天覆地的变化。将研究视域锁定在"5·12 汶川地震极重灾区县域"，源于作为身处极重灾区学者的责任及由此产生的对极重灾区县域发展的持续关注，更是源于这一研究对极重灾区县域经济可持续发展的重大实践意义。10 年中，我们多次深入极重灾区县域调研，目睹了极重灾区县域所发生的各种变化，以及发展中面临的问题和困难，不禁产生了对这些变化进行总结分析和研究的冲动。

　　本书选题是在我们近几年对极重灾区县域进行深入调研的基础上形成的，也是 2017 年四川省社会科学重大项目"5·12 汶川地震灾区县域经济可持续发展研究"的最终研究成果。本书尝试从经济学、管理学、社会学等视角对极重灾区县域 10 年发展成就、经验和模式进行总结提升，对其面临的问题和困难做尽量客观的呈现，并提出了极重灾区县域可持续发展战略选择的路径。对我们来说，这一尝试既富魅力，也是挑战。

　　在书稿得以完成即将出版之际，要特别感谢的是四川省社会科学院博士生导师杜受祜先生，西南财经大学博士生导师李萍教授，四川省社会科学界联合会的领导，绵阳师范学院的阮期平教授、许小君教授和臧志谊博士，本书得以完成，得益于他们的启发、点拨和指导。从选题、思路、视角、框架结构的反复研讨，到书稿的写作、最后成稿，无不凝聚着他们的心血。

　　还要特别感谢北川县、安县、平武县、什邡市、绵竹市、彭州市、都江堰市、汶川县、茂县和青川县政府及相关部门，在我们几次深入调研过程中给予我们的全力支持和帮助。

　　最后，向被我们引用、借鉴、参考的文献的作者们致谢！

　　我们以严谨的治学态度，力求呈现给广大读者一部完美的作品。但由于自身资质所限，加之研究时日尚短，书中难免存在不足之处。敬请阅读本书的读者批评指正，我们将以此作为接下来进一步研究的起点。

杜　漪

2018 年 5 月